本书受华南师范大学"211工程"经济学重点学科经费资助

SHANGYE YINHANG FENGXIAN LUN

商业银行风险论

凌江怀◎著

人民出版社

策划编辑:陈　登

装帧设计:肖　辉

图书在版编目(CIP)数据

商业银行风险论/凌江怀著.

-北京:人 民 出 版 社,2006.8

ISBN 7－01－005568－8

Ⅰ.商…　Ⅱ.凌…　Ⅲ.商业银行-风险管理　Ⅳ.F830.33

中国版本图书馆 CIP 数据核字(2006)第 048329 号

商业银行风险论

SHANGYE YINHANG FENGXIAN LUN

凌江怀　著

人 民 出 版 社　出版发行

(100706　北京朝阳门内大街 166 号)

北京建筑工业印刷厂印刷　新华书店经销

2006 年 8 月第 1 版　2006 年 8 月北京第 1 次印刷

开本:880 毫米×1230 毫米 1/32　印张:16.25

字数:389 千字

ISBN 7－01－005568－8　定价:32.00 元

邮购地址 100706　北京朝阳门内大街 166 号

人民东方图书销售中心　电话 (010)65250042　65289539

前　言

　　现实生活中，风险无处不在。无论是企业的生产经营，还是个体的投资理财都面临着各种各样的风险。通常人们总是厌恶风险的，因此如何规避、管理风险成为人们特别关注的问题。而风险管理的根本目的正是在控制风险的前提下获得最大收益。金融机构尤其是商业银行恰是风险管理的倡导者和创造者。

　　世界经济发展的现实充分表明，金融对经济的发展有着重要的影响力和推动力，尤其是在金融业已经成为现代经济体系核心的今天。然而，金融业亦是一个高风险行业，金融风险一旦聚集，在一些因素触发下暴露出来后很容易酿成金融危机，危机一旦爆发，不仅冲击金融体系，还将动摇整个经济体系，对宏观经济造成极大的甚至是破坏性的影响。而且在金融日益全球化的今天，一国爆发金融危机可能会波及其他国家，最终酿成世界性的金融危机。即使不发生金融危机，金融风险的积聚也会使得金融机构的形象受损，使公众对金融体系的信心受到打击，从而不利于货币信用工作的正常开展，对宏观经济运行造成不利影响。因此，世界各国都非常重视金融风险管理，以防范和控制金融危机的爆发。

　　在现代世界各国的金融体系中，商业银行占据着十分重要的地位。首先，尽管各国都存在着各种各样的银行，如商业银行、储蓄银行、投资银行、政策性银行、专业银行、信用合作银行等等，但由于商业银行在整个银行体系中占有的份额最大，其业务范围最为广泛，同时，商业银行通过办理非现金结算实现着全社会绝大部分的资金周转，并具有创造存款货币的功能，因此商业银行在银行体系乃至整个金融体系中的地位极为重要。其次，当今世界各国最大的银行都是商业银行，各国金融体系的主体亦是商业银行，商业银行出现了危机，不仅会直接影响金融体系的正常运转，而且会严重损害国民经济的发展。因此，研究商业银行风险及其管理具有重要的意义。

处于经济转轨时期的中国，金融风险正在不断积聚并以各种形式表现出来，特别是国有商业银行巨额不良资产的存在，使得金融风险、金融安全问题成为我们必须面对的一个非常紧迫的问题。这从近年来中央高层痛下决心，加紧国有商业银行的产权改革、股份制改造和股票上市等改革步伐中可见端倪。同时，目前我国仍然是一个典型的以银行间接融资为主的国家，金融风险在我国主要表现为商业银行风险，因此，在我国研究商业银行风险及其管理、防范和化解，更具现实性、针对性和迫切性。这也是本书写作和出版的初衷。

本书以制度经济学作为基本分析框架，密切结合中国商业银行改革与发展的实际，在回顾国有商业银行风险形成、发展、演变的基础上，对其成因分别作了制度性分析和市场性分析，并提出了有针对性的对策思路，然后对商业银行风险管理理论与方法作了系统的介绍。全书共十一章。第一章对商业银行风险及其管理的一些基本概念范畴作了介绍。第二章回顾了我国国有商业银行风险形成的历史和现状。第三、四、五章集中分析了国有商业银行风险的制度性成因和市场性成因，并提出了对策建议。在此基础上，第六章和第七章分别介绍了商业银行资产负债管理和表外业务风险管理。第八章介绍了商业银行风险量化管理的常用方法。第九章讨论了商业银行财务风险及其管理。第十章以国际视角，从宏观的角度分析了对商业银行风险的监管问题。第十一章探讨了对商业银行风险实施有效管理的外部环境条件。这是本书的逻辑终点。必须指出，银行风险涉及到市场参与者的各个投融资主体和方方面面，但本书是从经营银行业务的融资中介——商业银行的角度和立场上来研究银行风险及其管理的。

在本书写作过程中，许多同行专家对写作提纲和初稿提出了不少宝贵的意见和建议。我的博士生汪义荣、张海燕，硕士生彭正宇、董春柳、马彦波、曹洁、王远林、牛海霞、杨金娟等同学，也在本课题研究中参与了大量的讨论，并对书稿资料的收集、整理、校对等做了大量的工作。同时得到人民出版社经济编辑室陈登先生的大力支持和指导。本书的写作还参阅了有关专家学者大量的相关文献资料。作者在这里一致表示衷心的谢意。当然，由于水平和时间所限，缺点和错漏在所难免，仅由本人负责，并谨望得到批评指正。

凌江怀

2006 年 2 月

目　录

第一章　商业银行风险概述

一般而论，商业银行体系是现代金融体系的主体。而且在社会经济生活中，商业银行通过办理非现金结算实现着全社会绝大部分的资金周转，并具有创造存款货币的功能。可见，商业银行在银行体系乃至整个金融体系中占有重要地位，并且商业银行的稳定关系到整个金融体系的稳定甚至整个国民经济的稳定和发展。所以，研究商业银行风险具有重要的意义。本章将对商业银行风险内涵、风险种类及表现形式、商业银行风险与金融风险的关系及商业银行风险管理进行分析与探讨。

第一节　商业银行风险内涵

要了解什么是商业银行风险，首先需要了解什么是风险。风险是人们日常生活中常见的一个词，但人们对它的理解十分模糊，国内外学术界对风险的定义也很多。美国经济学家、芝加哥学派创始人奈特（Knight）在其 1921 年出版的《风险、不确定性及利润》一书中较全面地分析了风险与不确定性的关系。他认为，风险是从事后角度来看的由于不确定性因素而造成的损失①。哲理·S. 罗森布罗姆在所著《A Case Study in Risk Management》一书中对风险定义如下：风险就是损失的不确定性。C. 亚瑟·威廉姆斯与小理查德·M. 海因丝合著的《Risk Management and Insurance》一书定义风险为：风险是在特定的情况下，在特定时期内某种结果可能发生的变动。国内的经济学家对风险的定义主要有这样几种：风险是指可预测的不确定性；风险是指出现损失的可能性；风险是指对发生某一经济损失的不确定性；风险是指损失出现的机会或概率。我们认为风险是指不确定因素导致损失或收益的机会。

所谓商业银行风险，目前理论界较一致的定义是：商业银行在经营过程中，由于不确定因素的影响，从而导致银行蒙受经济损失或获取额外收益机会的可能性。在具体理解这一内涵上，我们必须把握商业银行风险的特殊性：

1. 商业银行风险的客观性

商业银行风险是商业银行遭受损失和获取收益的可能性，风险是否发生无法确定，并且这种不确定性是客观事物发展过程中所固有的特性，不以人的意志为转移。可以说，商业银行风险是无处不在、无时不有的客观存在。虽然随着科学技术的进步和经营管理的改进，人们认识、管理、控制风险的能力不断增强，甚至有的风险可以部分地防止，但是从整体来看，旧的风险在消失，新的风险又在不断产生。因此，商业银行在经营管理过程中，只能尽量使自己的损失最小化和收益最大化，而不可能完全消除风险。

---

① *The New Palgrave Dictionary of Money and Finance*，Edited by Peter Newman，Murray Milgate and John Eatwell，Published by the Macmillan Press Limited，1992.

2. 商业银行风险的可控性

商业银行风险的发生是多种不确定因素共同作用的结果，并且这些因素发生作用的程度和影响的大小通常也是不相同的。在经济运行过程中，人们可以通过对这些因素的控制和检测，把商业银行风险限制在一定范围之内。因为能够给商业银行业务活动过程带来风险的诸多因素，不会在同一时点（或同一时期内）以均等机会影响商业银行业务活动过程，其影响有主次、先后、强弱之分，人们可以通过一定的经济手段限制其影响的大小和出现的频率，进而达到控制商业银行风险损失产生的目的。资产组合理论、资产负债理论、金融竞争和金融创新引起的衍生金融工具的出现等，实际上均是为了适应对商业银行风险进行有效的管理这一现实需要①。

3. 银行风险与收益具有正向性

商业银行业务风险越高，遭受损失的可能性越大，其获得收益的机会也会随之增加。商业银行的经营管理者通常会根据国家的经济环境，各个客户的具体情况，制定适合自己的经营策略，开发新的金融产品，在收益与风险之间寻求最优平衡。

4. 银行风险涉及面广，损失大

由于银行是经营货币资金的特殊企业，与一般工商企业和其他经营单位不同，自有资本所占的比重很小，主要靠负债来经营，而且银行资金规模大，渗透面广，贷款和资金交易对象又错综复杂。因此，风险比其他行业大得多。重要的是商业银行的资金安全涉及千千万万个企业和居民的资金安全，一旦发生风险，可能会形成连锁反应，对金融系统乃至整个国民经济体系形成巨大冲击。

---

① 参见靳树均：《现代商业银行风险管理研究》，中国优秀硕博论文 2004。

第二节　商业银行风险种类及表现形式

为了有效地控制银行风险，首先需要对银行风险进行分类。根据不同的标准，商业银行风险可以划分为不同的类型，不同类型的风险有不同的表现形式和特征。对商业银行的风险进行分类，有助于更全面、更深刻地认识和把握银行的各类风险，进而采取不同措施进行有效的防范和化解，以达到风险管理的目的。商业银行风险分类的方法很多，这里主要介绍以下几种方法。

一、根据风险产生的原因，商业银行风险可分为自然风险、社会风险和经营风险

（一）自然风险

自然风险是指由于不可抗力的自然灾害所引起的风险。如火灾、水灾、洪水、地震、台风等自然灾害，都可能使银行蒙受经济损失。例如，2005 年夏天，我国广东、福建、浙江等地持续下暴雨，一些借款企业被洪水淹没，造成银行发生经济损失。

（二）社会风险

社会风险是指由于反常的不法的个人行为或不可预料的团体行为所引起的风险，它属于主观故意行为造成的风险。如战争、罢工、犯罪、诈骗等事故，都可能给银行带来经济损失。

（三）经营风险

经营风险是指商业银行在日常货币经营和信用活动中，由于主观努力程度和客观条件的变化而引起的风险。如经营管理不善、利率变化、汇率变化、通货膨胀等。这种风险与前两种风险不同，它所引起的后果可能是双重的，既可能使银行遭到意外的经济损失，也可能使银行得到额外的收益。我们通常所讲的银行风险管理，主要是对经营风险的管理。

二、根据风险的表现形式，商业银行风险可分为信用风险、市场风险、流动性风险、利率风险、国家和转移风险、声誉风险和操作风险

（一）信用风险

信用风险又称违约风险，主要是指由于债务人违约而导致贷款或债券等资产不能偿还所引起的风险。信用风险是银行业最古老的一种风险，而且现在它依然是商业银行面临的一个主要风险。首先，贷款是商业银行最主要的业务，而与贷款直接相联系的风险就是信用风险。其产生原因可能有三种情况：一是借款人在贷款到期前破产倒闭，资产价值不能抵偿债务，致使银行无法收回本金；二是借款人由于资金紧张，不能按期归还银行贷款；三是借款人在贷款到期时，没有破产倒闭，也不是由于资金紧张而是故意不归还贷款。第一和第二种情况的出现大都是由于银行发放贷款时采用信用放款的形式，就信用放款本身来讲，它不以任何物品做抵押，只凭借款者的信誉发放贷款，一旦借款人由于种种原因无力归还贷款时，就会使银行遭受损失。从产生信用风险的第三种原因来看，主要问题发生在借款者自身的信用品德不良。其次，随着商业银行经营业务逐渐多样化、复杂化，信用风险在其他表内业务和中间业务中也表现得日益突出。例如，贴现、证券包销、担保、备用信用证等业务。

（二）流动性风险

流动性风险是指银行不能满足客户存款提取、支付和正常贷款需求，使银行陷入财务困境甚至可能破产的风险。不管什么原因，商业银行必须保证存款的随时提取。若不能保证存款的按时支付，极易形成"挤兑"风潮，严重时甚至会置银行于死地。世界各国因流动性风险导致银行破产的事例很多。例如，1997 年爆发的亚洲金融危机中，泰国、印尼、日本、马来西亚等国家都发生了因客户"挤兑"引发的流动性危机，最后导致一大批银行倒闭。我国也有先例，如1998年6月21日海南发展银行因流动性风险出现"挤兑"而不得不破产。这是新中国金融史上第一家因支付危机而关闭银行。虽然流动性风险常常是银行破产倒闭的直接原因，但实际上往往是因为银行其他各类风险长时间的累积，最后以流动性风险的形式爆发了出来。因此，其他各类风险是流动性风险的根源。

流动性风险案例

海南发展银行（以下简称海发行）于1995年8月18日开业，它是通过向全国募集股本，并兼并了5家信托投资公司而设立的股份制银行，注册资金16.77亿元人民币。股东有43个，主要股东为海南省政府、中国北方工业总公司、中国远洋运输集团公司、北京首都国际机场等，由海南省政府控股。

海发行一开始就沿袭了原来那些信托公司的做法——高息揽存。1996年海发行5年期存款利息一度高达22%，在高息的刺激下，海发行的资产和存款规模急速膨胀。1996年底，海发行全行营运资本金便达到86亿元，各项存款比开业前增长152%，贷款比开业前增长97.8%；1997年底，海发行的资产规模发展到106亿元。1997年，在地方政府的压力下，成立不足3年、资产仅为110亿元海发行又并购了28家资不抵债的城市信用合作社。海发行接管的城市信用合作社总资产137亿元，总负债142亿元。这被普遍认为是海发行崩溃的导火线。接管之后，原以为取款无望的城信社的储户很快在海发行营业部的门口排起了长队，各种不利传闻甚嚣尘上，恐慌很快积累成挤兑风潮，海发行脆弱的存款根基在挤兑风潮中迅速瓦解，最后几乎只能完全依靠人民银行再贷款勉强支撑。

中国人民银行总行在陆续给海发行提供了近 40 亿元再贷款后，1998 年 3 月 22 日拒绝继续"输血"，这迫使海发行随后推出了限额取款政策，支付限制在 6 月初最严重时竟然规定个人储户一次只能支取存款 100 元，这种政策无疑进一步加剧了公众的恐慌心理。在相关政府部门的默许下，海发行试图以高利率挽留储户，但是已经经历了泡沫经济的存户却视这为该银行财务状况更加危险的征兆，大面积的挤提迅速冲垮了海发行脆弱的流动性防线的底线。其后，海南省政府也运用了高达 7 亿元的资金企图挽回局面，其中还包括一部分地方政府财政资金，但此时海发行已无回天之力。

1998 年 6 月 21 日，为了防止支付危机进一步蔓延，国务院、中国人民银行总行迅速作出决定，关闭海南发展银行，同时指定中国工商银行总行托管海发行的所有债权债务。

资料来源：黄宪、赵征、代军勋主编：《银行管理学》，武汉大学出版社 2004 年版，第 275～276 页。

（三）利率风险

利率风险通常是指在官方利率或市场利率发生变化时商业银行的资产收益与市场价值以及负债的成本与市场价值发生的不利于银行的变化，即商业银行的财务状况在利率波动时所面临的不确定性。[①] 银行面临的利率风险分为两种情况，一种是由利率性质不匹配引起的，比如银行借入的资金是按固定利率计息，而它贷出去的资金却是按浮动利率计息，或者是相反的情况。另一种是与计算利率有关的期限不匹配引起的，比如银行借入的资金是按 1 年期的固定利率计息的，而银行贷出去的资金虽然也是 1

---

① 资料来源：http：//202.113.23.180：9060/chapter/bank12/bank12-1-0.htm。

年，但是却是按半年调整一次的浮动利率计息的，这都会给银行带来利率风险。

在我国，商业银行的存贷款利率是由中国人民银行统一制定的，所以利率风险主要源于国家利率政策的调整。自从 1996 年以来，中国人民银行连续多次调整存贷款利率，但是从总体上来说存贷利差呈现出一种扩大的趋势，从而使我国的商业银行成为利率调整的受益者（见表 1-1）。但今后随着我国利率市场化改革步伐的加快，利率风险将逐步由政策风险向市场风险转变。

表 1-1　1996 年以来我国一年期存贷款利差变动情况

单位：%

时间	存款利率	贷款利率	利差
调整前	10.98	12.06	1.08
1996.5.1	9.18	10.98	1.80
1996.8.23	7.47	10.08	2.61
1997.10.23	5.67	8.64	2.93
1998.3.25	5.22	7.92	2.70
1998.7.1	4.77	6.93	2.16
1998.12.7	3.78	6.39	3.15
1999.6.10	2.25	5.85	3.60
2002.2.21	1.98	5.31	3.33
2004.10.29	2.25	5.58	3.33

资料来源：根据金融时报网站公布的数据整理计算而成。

（四）市场风险

市场风险是指由于市场价格波动，使商业银行的表内和表外头寸遭受损失的风险。这种风险的大小取决于商品市场、货币市场、资本市场、不动产市场、期货市场等多种市场行情的变动程度。此外，还包括经济周期的波动、国家政治经济制度的变更、国家经济政策的调整、自然灾害和战争等。20 世纪 90 年代以后，金融衍生工具及其交易的迅速增长，使市场风险日益突出。例如，商业银行国际贸易融资涉及汇率价格变动风险，期权买卖涉及利率变动风险等等。

（五）国家和转移风险

国家风险是指由于借款国家经济、政治、社会环境的变化使该国不能按照合同偿还银行债务本息的可能性。国家风险是最复杂、最难于捉摸、最危险的风险之一，其大小取决于：第一，借款国偿还外债的能力。具体来说，就是该国的宏观经济状况、国家经济政策、外汇管制、外债管理等，特别是出口创汇能力、国际收支、外债状况和从国际金融市场融资的能力等因素。第二，借款国偿还贷款的意愿主要与政局变动的可能性、国家首脑、外交关系、政府权力、民众意愿等有关。在经济意义上，一个国家不可能破产，而且可以在破产以后继续存在下去。但政局动荡特别是政权的更替，会给贷款银行带来严重的信贷风险。商业银行向某一国政府贷款时必须意识到：（1）如果该国不能够按时归还贷款，本商业银行进行催收的能力是十分有限的；（2）国家借款往往牵涉到政治问题而变得异常复杂；（3）国家风险有连锁效应，一国债务危机会波及其他国家偿还外债的能力，商业银行在进行国家风险分析时不能仅仅着眼于借款国一国。

转移风险是指由于借款国的外汇管制等原因而引起银行的外国客户不能按期偿还外汇债务的可能性。转移风险是国家风险的一种表现形式，比如借款人的债务不是以本币计值时，不管借款人的财务状况如何，借款人都可能无法得到外币，不能按期归还其外币债务。

（六）声誉风险

声誉风险是指由于银行操作上的失误，违反有关法规，资产质量低下，不能支付到期债务，不能向公众提供高质量的金融服务以及管理不善等原因，导致存款人、投资者和银行监管机构对其失去信心而影响商业银行正常经营所带来的风险。一方面，随着通讯设施的不断改进，媒体传播速度的增快，若银行出现经营管理不善或违规经营事件，曝光的概率和范围将比过去增大，由此给银行存款人、投资者、银行监管机构的信心带来负面影响，必然影响到银行的客户开拓，极端情况下甚至会引发挤兑，威胁银行的生存。另一方面，由于各银行间的业务相互渗透、紧密联系，同行之间相互存放、拆放款项经常发生。如果银行同业经营状况不良甚至破产倒闭，将会波及整个银行业，造成其他银行的呆坏账和不良资产增加，产生连锁反应，更严重的会引发公众对银行业整体的信任危机，对社会安定造成危害①。

（七）操作风险

巴塞尔银行监管委员会（BCBS）给操作风险所下的定义是："由于缺乏足够的或失效的内控程序、人为错误和系统故障或是外部事件导致的损失风险。"该定义包括法律风险，但不包括策略风险和声誉风险②。

20 世纪 80 年代以来，随着银行交易金额的不断增大，金融衍生产品的不断增加，与操作风险有关的事件屡屡发生（见表1－2），并给银行业造成巨大的损失，使得操作风险越来越受关注。新《巴塞尔资本协议》把操作风险纳入资本监管的范围，足以看出国际银行业对操作风险的重视。

---

① 参见宋清华、李志辉主编：《金融风险管理》，中国金融出版社 2003 年版，第 98 页。

② 参见 Carol Alexander，*Operation Risk*，published by Pearson Education Limited，p. 76。

表 1-2　与操作风险有关的事件

发生时间	事件	涉及的主要金融机构	事件概要	涉及金额
1995	巴林银行倒闭	英国巴林银行	隐瞒了日经指数交易失败的事实	14 亿美元
1995	大和银行国债交易失败	日本大和银行	在长达 11 年的资金交易中,有 3 万笔交易没经过授权,操作人员隐瞒了美国国债交易失败的事实	11 亿美元以上
2002	虚假交易	联合爱尔兰银行	伪造交易文件掩盖交易亏空	7.5 亿美元
2002	蓝田事件	中信实业银行、民生银行	虚报财务信息,以蓝田股份为核心的"大蓝田"套牢银行贷款十几亿元	10 亿元人民币以上
2004	德隆神话破灭	招行、中信实业银行、工行、中国银行	通过关联公司互保、股票抵押等方式向银行贷取高额款项	200 亿—300 亿元人民币

资料来源:根据各大财经网搜集整理所得。

三、根据风险回避方式,商业银行风险可分为系统性风险和非系统性风险

(一)系统性风险

系统性风险是指由于某种全局性或系统性因素引起的所有资产收益的可能变动。在现实生活中,所有企业都会受到社会、政治、经济等各个方面因素的作用。这些因素是每个企业无法回避的,它将对所有企业产生不同程度的影响,并且无法通过投资多样化加以消除,因而系统风险又称为不可分散风险或不变风险。系统风险主要包括市场风险、利率风险、购买力风险和汇率风险等。市场风险和利率风险前面已介绍,这里着重分析购买力风险和汇率风险。

购买力风险又称通货膨胀风险，是指由于通货膨胀使投资者的购买力下降而引起的投资风险。由于通货膨胀造成货币贬值，使投资者收入增加未必带来真正的获利。投资者实际收益率的大小取决于其名义收益率是否高于通货膨胀率。

由未预见到的汇率变化所造成的资产收益发生变化，这就是汇率风险。例如，某中国出口公司预计 3 个月后将收到一笔美元货款，若 3 个月后人民币升值，则中国公司收到的美元货款折算成人民币后将使中国公司遭受损失。这种由于人民币和美元的汇率变化所造成的收益变化就是一种汇率风险。在开放经济条件下，汇率风险对企业经营和投资的影响日益加大。

（二）非系统性风险

非系统性风险是指只对某个行业或公司产生影响的风险。非系统性风险通常由某种特殊因素引起，与整个市场价格变动不存在系统的联系，它只对个别或少数企业的收益产生影响。这种风险因素可以通过分散投资来加以消除，因而又称为可分散风险或可变风险。非系统风险包括行业风险、经营风险、财务风险和信用风险（即违约风险）等。

1. 行业风险

行业风险是指影响整个行业资产价格变动的因素。例如行业技术革新和行业所处的生命周期对行业内所有企业利润都有影响。另外，国家对某一行业的限制或鼓励政策以及关税的调整等都将对相关行业的企业产生影响。

2. 财务风险

财务风险是指由于企业财务状况变动引起的风险，如企业经营过程中入不敷出、资金周转不灵、债台高筑而不能按期偿还债务等等。

此外，信用风险（即违约风险）和经营风险也属于非系统风险，其含义前面已述。

四、根据经营业务的种类，商业银行风险可划分为负债业务风险、资产业务风险和中间业务风险

（一）商业银行负债业务风险

商业银行负债业务风险是指商业银行筹措经营资本与资金业务过程中存在的风险。主要包括银行资本风险、存款业务风险和借款业务风险。

1. 银行资本风险。一方面，如果商业银行资本金过多，超出了实际需要量，就会降低其财务杠杆比率，增加筹资成本，最终会减少银行的利润，给银行带来风险。另一方面，如果商业银行资本金过少，不仅会影响银行的社会信誉，不利于银行吸收外部资金，而且会降低银行抵御风险的能力，甚至会使银行陷入破产倒闭的境地。因此，商业银行应保持合理的资本充足率。《巴塞尔资本协议》规定，商业银行的资本充足率不得低于8%。

2. 存款业务风险。流动性风险是商业银行存款业务中面临的最大风险，因为难以预料的存款提取可能使银行发生流动性危机。不管出于什么原因，如果银行不能保证存款的按时支付，都会严重损害银行的信誉，甚至会导致银行因失去支付能力而破产倒闭。影响存款流动性风险的因素有活期存款与定期存款的比例、资本充足率、银行资产质量的好坏、国家的宏观经济环境等。

3. 借款业务风险。借款业务风险产生主要有两个方面的原因：第一，商业银行在借款之前，若市场利率比原来高，银行就要为其借款承担更高的成本；若商业银行已经按固定利率借入资金，而在借款到期之前市场利率下降，则银行的借款相对于已经降低的利率而言也要承担较高的成本，这都会使银行借入资金的盈利性受到削弱。第二，当商业银行在国际金融市场上筹集资金时，可能由于汇率的变动，使银行的实际债务增加，也会导致银行借款风险的增加。

（二）商业银行资产业务风险

商业银行资产业务风险是指商业银行资金运用业务过程中存在的风险。商业银行的资产业务主要包括现金、贷款和证券投资这三种。根据《中华人民共和国商业银行法》规定，我国的商业银行在中国境内"不得从事信托投资和股票业务，不得投资于非自用不动产，不得向非银行金融机构和企业投资"。因此，我国的商业银行的投资业务基本限于国库券投资。所以，商业银行资产业务的风险主要是信贷风险。

贷款业务是商业银行银行资产业务的核心。由于借款人本身经济条件的不确定性和外部经济环境难以预料的变化，贷款发放以后借款人有可能不能按期还本付息，也就是贷款是否能如约偿还存在着不确定性，这种不确定性就称为信贷风险。其根源在于市场经济活动本身的不确定性。商业银行的信贷风险主要表现为信用风险、市场风险、利率风险、流动性风险、操作风险等多种形式。

（三）商业银行中间业务风险

商业银行在中间业务的经营过程中由于各种不确定因素的影响，实际收益与预期收益会出现一定的偏差，从而会出现受到损失或获得意外收益的风险，这种风险就是中间业务风险。各种中间业务的风险大小存在着很大的差别。有的中间业务的风险很小，甚至没有风险，如代理类、全额质押承兑、咨询类等业务；有的中间业务的风险很大，如担保类、承诺类、交易类等业务。商业银行中间业务风险的表现形式主要有信用风险、市场风险、利率风险、诈骗风险、操作风险和结算风险等多种形式。

五、根据风险的状态，商业银行风险可划分为静态风险和动态风险

（一）静态风险

静态风险又称纯粹风险，是指只有损失而无获利机会的纯损失型风险，例如，商业银行被窃或遭受自然灾害而形成的风险。静态风险的产生一般与自然力的破坏和人们行为的失误有关，而且在基本相同的条件下，静态风险一般可重复出现。因此，人们可利用概率论中的大数法则来预测它的损失机会的大小。

（二）动态风险

动态风险又称投机风险，是指既有损失又有收益机会的风险。例如，商业银行在从事外汇买卖、证券投资和贷款等业务活动中所形成的风险。动态风险常与经济、政治、科技和社会的运动密切相关，且多为不规则的运动，也很难用大数定律来进行预测。因此，动态风险比静态风险复杂得多。

第三节　商业银行风险与金融风险的关系

一、金融风险及其表现形式

金融风险是指在资金融通过程中由于各种不确定因素的影响，使资金经营者的实际收益与预期收益之间发生某些偏差，从而使金融活动参与者蒙受损失或获得收益的机会或可能。[①] 按金融风险所涉及的范围不同，可以将金融风险分为微观金融风险和宏观金融风险。微观金融风险是指微观金融活动主体在其金融活动和管理过程中发生的资产损失和收益的可能性。宏观金融风险是指在宏观经济运行中，由于一国金融体系、金融制度的缺陷、

---

① 参见凌江怀主编：《金融学概论》，高等教育出版社 2004 年版，第 192 页。

金融政策的失误、微观金融风险的累积以及国际金融风险的传递等因素，导致一国经济波动的加剧和经济发展的停滞甚至倒退，从而给整个国民经济带来损失的可能性。可见，商业银行风险属于微观金融风险的范畴。当然，商业银行风险在一定条件下会转化为宏观金融风险甚至整个经济系统的风险。

（一）宏观金融风险的表现形式

1. 银行体系风险

银行体系风险是指银行作为一个行业性经济整体发生支付危机、破产倒闭的可能性。银行体系风险涉及面广，但并不是所有银行都要承担的风险，与风险中心银行联系紧密的银行承受这种风险的可能性较大，联系不紧密的银行承受这种风险的可能性较小。

2. 资本市场风险

资本市场风险的产生主要有两方面的原因：一是资本市场本身不完善及监管不力造成的市场波动带来的风险；二是在资本市场开放的情况下，国际资金的频繁流动可能会加剧国内资本市场的波动，如果国内监管及防范风险能力较弱，频繁的国际资金流动可能会引发宏观金融风险。

3. 债务风险

20 世纪 50 年代以来，发展中国家在进行国内经济建设时往往吸收大量的国外资金，有的国家甚至对外债产生依赖。如果对国外的资金使用不太合理，管理水平也较低，再加上本国国内储蓄能力没有相应提高等原因，当国际金融市场环境发生变化时，偿还债务可能就会出现困难，引发宏观金融风险。例如，20 世纪 80 年代拉美国家出现的债务危机。

4. 国际收支风险

国际收支风险是指由于货币因素、经济增长及经济结构的不同等因素造成的国际收支不平衡对本国经济发展、金融稳定带来的不利影响[①]。

（二）微观金融风险的表现形式

1. 金融机构风险

金融机构风险是指金融机构在经营金融业务过程中所面临的各种各样的风险。金融机构风险包括商业银行风险、证券公司风险、信托投资公司风险、保险公司风险等，具体表现形式有信用风险、利率风险、市场风险、汇率风险等多种形式。目前，在世界各国的金融体系中，商业银行是最主要的金融机构，面临着金融风险的严峻考验，商业银行是金融风险的主要承受者，也是金融风险管理的主要倡导者和创造者。

2. 企业金融风险

企业金融风险是指一国企业在从事金融活动时所面临的各种各样的风险。企业筹资有风险，企业投资风险更大，企业参与任何一项金融活动或交易都是有风险的。企业所面临的金融风险同样包括信用风险、利率风险、市场风险、汇率风险等多种风险。

3. 居民金融风险

居民金融风险是指一国居民在从事金融活动时所面临的风险。随着经济的发展和金融化程度的提高，居民金融资产不仅迅速增加，而且也呈现出多元化的特征。例如，在金融市场上存在存款、股票、基金、债券等多种可供居民选择的金融工具。居民不管选择哪一种或几种金融工具都面临着金融风险。当然，居民作为债务人也会面临风险。比如，居民作为借款人会面临利率风险、市场风险等多种风险。

---

① 参见李健主编：《国有商业银行改革：宏观视角分析》，经济科学出版社2004年版，第317～319页。

二、金融风险产生的理论分析

世界经济发展现实充分表明，金融对经济的发展有着重要的影响力和推动力，金融业已成为现代经济体系的核心。然而，金融业是一个高风险行业，当金融风险积聚起来以后，一旦在某些因素触发下暴露出来很容易酿成金融危机；而且一旦危机爆发，不仅冲击金融体系，还将动摇整个经济体系，对宏观经济造成极大的负面影响。在金融全球化的背景下，一国金融危机还会波及其他国家，最终可能酿成世界性的金融危机。即使不发生金融危机，金融风险的积聚也会使得金融机构的形象受损，使公众对金融体系的信心受到打击，不利于货币信用工作的正常开展，对宏观经济运行造成不利影响。

下面从理论的角度，结合金融行业特别是银行业的特点，对金融风险的产生进行简单的分析。

（一）金融体系的脆弱性

金融脆弱性（financial fragility）是指一切融资领域的风险积聚。根据信息经济学，金融机构（如银行）的存在一定程度上可以减少借贷双方信息不对称的矛盾，但其解决信息不对称的成效受到两个前提条件的制约：一是所有的存款人对金融机构保持信心并不同时取款；二是金融机构对借款人的筛选和监督是高效率、低成本并且是获利的。然而，由于信息不对称的存在，这两个条件都不能绝对成立。一方面，当某些意外事件发生时，存款人会对金融机构失去信心而对金融机构挤兑；另一方面，金融机构不可能比借款人更了解项目的收益和风险情况，因而，其对借款人的筛选和监督也不能保证高效率、低成本。当作为解决信息不对称而产生的金融机构由于信息不对称而难以解决储户信心和资产选择问题时，金融脆弱性就产生了。金融脆弱性在经济周期、外力（如国际投资资本）或内在偶然因素（如某一特大企业集团倒闭）的影响下极易激化成金融危机。

金融体系脆弱性假说是由美国经济学家海曼·明斯基（Hyman Minsky）提出的。他认为，商业银行和其他贷款机构的内在特性将使得它们经历周期性的危机和破产浪潮，金融中介的困境被传递到经济的各个方面，引起整个宏观经济的动荡和危机。明斯基的这种假说是建立在市场经济繁荣和萧条周期性波动基础之上的。他指出，正是在经济繁荣时期埋下了金融危机的种子。在经济繁荣时期，贷款人会放松贷款的条件，而借款人也会积极地利用这种宽松的信贷环境。明斯基将借款企业分为三类：第一类是避险性企业，它们只根据自己未来的现金流量作抵补，因而是最安全的借款者；第二类是冒险性企业，它们根据预测的未来资金的余缺状况来确定借款额度和时间；第三类是"庞齐"①性企业，它们将借款用于投资回收期很长的项目，在较长时期内无法用投资收益来还本付息，而需要滚动融资用于付息。在经济稳定增长时，多数企业属于第一类。随着经济的持续繁荣，企业家们和银行家们都在追逐大型、高风险和长周期的项目。所以，银行与冒险性或高风险性企业的业务往来越来越多，后两种企业的比重越来越大。生产部门、家庭以及个人的负债率提高，股票和房地产市场价格迅速上涨，经济逐步变得失去正常秩序。之后，必然迎来滑坡，任何打断信贷资金流入生产部门的事件都会引发违约和企业破产，而这很快反馈影响到金融部门，像传染病一样迅速蔓延，导致金融资产价格的破灭和金融危机的爆发②。

---

① 庞齐（Ponzi）是美国波士顿的一个金融家，他在20世纪20年代靠以借新债抵旧债迅速致富，套取大量资金。

② 参见赵其宏著：《商业银行风险管理》，经济管理出版社2001年版，第18～19页。

（二）信息不对称和不完全

信息不对称是指信息在交易双方分布的不均衡性。在现实经济中，信息不对称是普遍存在的现象。在日常交易活动中，当事人双方掌握的信息情况不一样多，某些参与人拥有某些信息而另一些参与人不拥有。如在旧车交易中，卖方对旧车的性能、存在问题等各方面信息的了解程度要大大高于买方。从不对称发生的时间来看，不对称可能发生在当事人签约之前，也可能发生在签约之后，分别称为事前不对称和事后不对称。事前信息不对称导致的市场失灵称为逆向选择（adverse selection）；事后信息不对称导致的市场失灵称为道德风险（moral hazard）。信息不对称将会导致金融活动发生"逆向选择"和"道德风险"等问题。

20世纪80年代以来，经济学家将信息不对称理论引入金融市场研究领域。一些学者的研究表明，与产品市场和要素市场相比，金融市场更是一个信息不对称的市场。在金融市场上，信息在借贷双方的分布是不对称的，最终借款人对其借款用于投资项目的风险和收益拥有更多的信息，而最终贷款人却对信贷的用途缺乏了解。金融机构面对公众的资产业务和负债业务都存在信息不对称。在资产业务方面，金融机构对授信业务的了解，一般不如授信对象自我了解更充分。如果授信对象资信条件不好，金融机构并没有充分了解而与之发生了授信业务，就有可能产生呆账，大批呆账的发生就会危及金融机构自身的安全。在负债业务方面，由于现代金融业务越来越复杂，金融机构越来越庞大，一旦金融机构经营不善亏损甚至于破产倒闭，就影响到不知情的公众投资者（包括存款人等）的利益。资产业务方面信息不对称的存在要求政府对金融机构实施监管，以限制其风险和风险集中程度；负债业务方面信息不对称的存在要求政府对金融机构实施监管，以保护公众投资者（存款人等）及相关人的利益。

信息不完全是指信息供给不充分、故意隐瞒真实信息甚至提供虚假信息等。由于信息不对称的存在和获取信息需要付出成本，金融市场参与者一般不具有完全信息。但是，信息又是金融交易必不可少的基本元素，因此，金融市场参与者的信息不完全导致了金融交易的风险，进而造成金融市场的不稳定性，甚至可能引起金融危机。

商业银行与企业之间的信贷市场是典型的信息不对称市场。最想取得商业银行贷款的企业往往是最有可能导致商业银行信贷损失的企业，这就是商业银行在信贷交易发生前所面临的"逆向选择"行为。在信贷交易发生以后，由于信息不对称，商业银行对企业的经营活动缺乏强有力的控制手段，难以督促企业按交易约定的内容行事，企业有可能从事商业银行所不愿看到而有损商业银行利益的活动，如企业用信贷资金炒股、进行高风险的房地产投资、借改制之机悬空银行债权等，这就是商业银行在信贷市场上面临的"道德风险"。

商业银行内在的"逆向选择"和"道德风险"。由于商业银行具有一定的技术性规定，存款人一般不具备金融机构的专业知识，无法知道商业银行的主要经营指标和安全性、流动性指标。特别是由于我国政府对银行业隐性担保的存在，致使效益好、风险低的商业银行和效益差、风险高的商业银行在存款人看来都是一样的。因此存款人在判断、选择商业银行时，不可能有效地规避风险。商业银行与存款者之间的信息不对称除导致逆向选择外，还可能增加商业银行的道德风险。由于存款人不能充分了解商业银行的信用能力，很难有效运用选择和转移存款的手段来对商业银行的经营施加外部压力，这就可能鼓励商业银行采取不利于存款人的经营行为，进行高风险的放款，导致不良贷款大量增加，资产的流动性和安全性下降，增加银行业风险。由于银行机制存在的缺陷，使得它又成为影响金融稳定的因素，增加金融风险和爆发金融危机的可能性。正因为如此，米什金（F. Mishkin，1991）对现代金融体系的危机做了如下的定义：所谓金融危机就是一种因逆向选择和道德风险问题变的更加严重，以至于金融市场不能有效地将资源导向那些拥有最高生产率的投资项目，而导致的金融市场崩溃[①]。

（三）负外部性效应

相对其他行业来说，金融行业的负外部性效应尤为严重。负外部性有两种形式。首先，由于金融机构之间的债权债务关系非常复杂，一家金融机构即使经营非常正常，也会因与之有较强债权债务关系的金融机构的倒闭而蒙受损失，损失严重时甚至可能步入倒闭之列，这是第一种形式的负外部性，它是由金融机构间的债权债务关系引起的。其次，金融业具有传染性，当某家金融机构（如银行）经营不善导致公众失去信心而发生挤兑（挤提）时，由于大部分公众对该家金融机构的了解不可能很充分，这种情形会波及到其他金融机构，这是第二种形式的负外部性，它是由于行业同质性和信息不充分引起的。金融机构经营中的负外部性对经营机构的负面影响极大，有时可能是破坏性甚至毁灭性的，个别经营机构出现问题有可能波及整个金融业，酿成金融危机。因此，必须对每一家金融机构实施严格的日常监管，以最大限度减轻负外部性。在全球一体化的形势下，第二种形式的负外部性作用可以跨越国界，这就需要国际金融组织、有关国家（地区）货币当局共同采取措施，稳定投资人的信心，以防范金融风险和金融危机在国际间的传播。

---

① 参见王自力著：《反金融危机——金融风险的防范与化解》，中国财政经济出版社 1998 年版，第 81 页。

（四）高负债性

金融机构尤其是银行具有比工商企业更高的负债比率。而且，金融机构的资产和负债收益不对称，其负债成本是相对确定的，但其资产收益是相对不确定的。高负债和资产负债收益不对称使金融机构承担特别的风险，即资产运用成功，金融机构的获利只是资产孳生的利息，而一旦失败则会损及本金；不管资产运用成功与否，除非倒闭，其负债的本金和利息都不能豁免。因此，一旦遇到大笔资产运用不当而遭受巨大损失时，即可严重侵蚀比例极低的资本金并危及金融机构安全。20 世纪 80 年代以来金融创新浪潮迭起，各种新的金融资产、负债及衍生工具被创造出来，更使金融机构面临的不确定性空前增大。①

三、银行风险与金融风险的关系

商业银行风险与金融风险是局部与整体的关系，金融风险涵盖了商业银行风险，商业银行风险是金融风险的一个有机组成部分。在当今，由于商业银行体系是各国金融体系的主体，商业银行体系风险的发生往往成为导致金融风险甚至金融危机和经济危机发生的主要原因。

从总体来说，首先，宏观金融风险的存在会加大银行风险的发生，因为银行等金融机构的经营活动总是在一定的宏观金融环境下进行的；其次，银行风险的累积会导致宏观金融风险的产生或加大。

以下是对银行风险与其他金融风险关系的简单分析：

（一）银行风险与资本市场风险的关系

银行风险与资本市场风险是密不可分的，两者会相互影响。资本市场的风险在一定程度上会影响银行业的资金供求，当资本

---

① 参见凌江怀主编：《金融学概论》，高等教育出版社 2004 年版，第 440～441 页。

市场发生剧烈波动时，可能会造成银行资金的损失，严重的会引发银行危机，甚至面临倒闭的危险。如20世纪20～30年代资本主义大危机时，由于股市泡沫破灭而引发的银行挤兑，造成大量银行破产倒闭。在资本市场对外开放的情况下，资本市场与国际经济发展动向、国际汇率、利率走向、国际上重大的军事、政治事件都有着千丝万缕的联系，国际市场的任何变化都会影响国内资本市场的运行状况。资本市场的波动，往往会引发系统性风险。如果监管不力，严重的会导致金融危机的爆发。反过来，银行风险也会传染为资本市场风险，甚至会演变为金融、经济危机。

（二）银行风险与债务风险的关系

债务风险在一定程度上也会引发银行风险。一方面，外债大多会直接或间接地流入到银行体系中，增加银行体系的流动性，从而增加银行体系的可贷资金。另一方面，大量的外债也需要国内银行提供相应的配套使用资金。在可贷资金相对充裕的情况下，银行就会降低贷款的条件，给信誉等级较低的借款人发放贷款，结果会导致银行体系的信贷资产质量下降，不良资产增加。同时，银行体系贷款的迅速扩张，通常与资金投向的不合理联系在一起，因为这些国际资本的流入带有很强的投机性，贷款的投向往往集中于房地产等行业。这种贷款投向的不合理，必然形成虚假的繁荣，造成泡沫经济，严重影响银行体系的安全[1]。

（三）银行风险与国际收支风险的关系

当国际收支失衡严重时会导致一国的汇率发生较大的变动，在资本市场对外开放的情况下会出现资金向国外流出，严重时可能会引起国家出现支付危机。此外，还会引起银行外汇资产价格

---

[1] 参见李健主编：《国有商业银行改革：宏观视角分析》，经济科学出版社2004年版，第325页。

的波动、不良资产的增加等，加剧银行风险的发生。

四、商业银行风险影响金融风险的具体途径

同业支付清算系统把绝大部分的商业银行紧密联系在一起，形成了相互交织复杂的债权债务网，这不允许银行产生流动性风险。一旦某家银行产生流动性风险，其债权债务关系得不到及时的清算，就可能影响到其他银行的流动性，从而可能演变成整个金融业的危机。例如，1997 年爆发的亚洲金融危机中，泰国、印尼、日本、马来西亚等国家就因为某一个或几个银行出现的流动性危机，最终导致了金融业危机，而且严重影响了整个国民经济的健康发展。

此外，当某一个或几个银行破产时，通过信用链产生连锁反应，可能转化为整个宏观金融风险。银行的破产效应与一般工商企业不同，一般工商企业的破产也会通过乘数效应扩散，但每一轮的传递效应是递减的。而各个银行之间通过信用链是相互依存的，若一家发生困难或破产，极易影响到与之有业务往来的其他金融机构，还会影响到它的存款人和借款人的资金状况。这样就可能使这些经济主体发生经营困难，甚至破产倒闭。最终可能会酿成整个宏观金融风险。

第四节　商业银行风险管理

商业银行风险管理是商业银行通过风险识别、风险估计和风险处理等方法，预防、规避、分散或转移经营中的风险，从而减少或避免经济损失，保障银行经营安全的一系列管理活动。风险管理既是现代商业银行的核心职能，也是商业银行的核心竞争力所在。因此，有效的银行风险管理是商业银行谋求持续生存和长期发展的必由之路。一般来说，商业银行风险管理的程序包括风险识别、风险估计和风险处理三个阶段。这三个阶段有着内在的逻辑联系。人们只有先对风险进行正确的认识和归类，然后对风险的大小作出较为准确的估计，才能有针对性地采取合理的措施处理风险。

一、商业银行风险识别

风险识别所要解决的核心问题，是商业银行要判明自己所承受的风险在性质上归属于何种具体形态。商业银行面临的风险往往是多种多样的、相互交织的，需要认真地加以识别，方能对其进行有的放矢的估计和处理。风险识别是风险管理的第一步，它为以后的风险估计和风险处理确定了方向和范围。商业银行风险识别有以下几种主要方法：

（一）财务报表分析法

财务报表分析法是商业银行经营管理中最直接、最方便的识别风险的方法，也是我国的商业银行识别风险主要使用的方法。目前，商业银行的财务报表主要有资产负债表、损益表、现金流量表和财务情况变动表等。通过财务报表，可以获得各种风险指标。例如，流动性风险比率、利率风险比率、信用风险比率、资本风险比率等。进行财务报表分析，不仅要分析风险指标的状况及变化，而且要对银行整个财务状况进行综合分析。除了进行静态分析，如比率分析、比例分析，还要进行动态分析，如时期比较分析、趋势分析等。就具体的业务，还要对与之往来的银行或客户的财务报表进行风险分析。采用综合、系统的财务报表分析方法，才能准确地确定银行目前及未来经营的风险因素。

（二）CART 风险分类法

CART 风险分类法，即分类和回归树分析（Classification and regression trees），它是依据选定的几项财务比率作为风险分类的标准，运用二分法，通过建立树型结构来分析被考察对象特定品质的方法。1984 年，M. Laurentiuw，James M. Patlell 以及 Mark A. Wolfson 把这种方法引入信贷资产的风险管理。CART 分析法在商业银行信贷资产风险管理中的主要意义在于通过预测借款人经营状况的变化及其破产的可能性，来估计其违约的可能性，由此来推测该借款人持有的贷款风险程度。CART 采用四个财务比率作为分类标准：现金流量对负债总额比率、留存收益对资产总额比率、负债总额对资产总额比率及现金对销售总额比率。这些财务比率属于不同的级别，适用于不同的分类阶段，其操作过程如图 1-1[①] 所示：

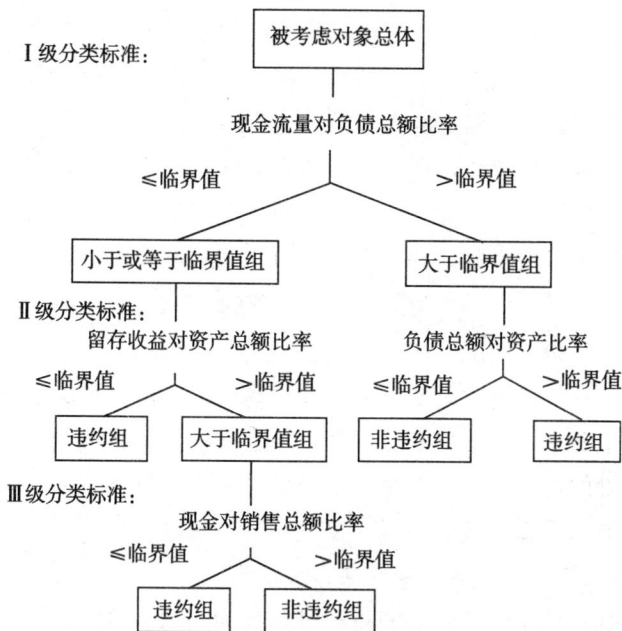

图 1-1 CART 风险分类示意图

---

① 参见赵晓菊著：《银行风险管理——理论与实践》，上海财经大学出版社 1999 年版，第 27 页。

CART 分析法的优点是有其理论上的科学性，它不但采用了哲学上的二分法，而且其分类标准的选择也包含着经济理论上的合理性，其三个等级、四个种类的分类标准，涵盖了借款人资产流动性、盈利能力、负债水平等重要因素，基本上包括了其运营的有关方面。因此，CART 分析法具有较高的准确性。

（三）德尔菲法（Delphi Method）

德尔菲法又称专家意见法，它是美国著名投资咨询机构兰德公司于 20 世纪 50 年代初提出的，德尔菲法是一种十分有效的利用专家的智力来识别风险的方法。该方法的具体操作过程是：商业银行的风险管理部门制定出一种调查方案，确定调查内容，以发放调查表的方式连同银行经营状况的有关资料一同发给若干名专家。专家们对所调查的内容独立地提出自己的意见，然后银行风险管理人员汇集整理所有专家的意见，并把这些不同的意见及其理由再反馈给每一位专家。这样的过程（集中—分别反馈—再集中）经过多次反复使意见逐步收敛，最后形成基本趋于一致的结果。

德尔菲识别风险方法的优点是，每位专家互不干扰地提出自己的意见，使各种意见能够充分地表达出来，再通过反馈各种意见给每位专家，使每位专家能从各种意见中得到启发，逐步得出比较正确的看法。这种方法的不足是，主观性影响较大，而且费时、费力、成本较高。

（四）筛选—监测—诊断法

筛选—监测—诊断法的一般过程分为筛选、监测、诊断三个紧密相连的环节。筛选是指风险管理人员对商业银行内部和外部的各种潜在的危险因素进行分析，确定哪些风险因素会明显地引起损失，哪些因素需要进一步地研究，哪些因素由于不重要应该排除出去。通过筛选过程，从而使管理者排除干扰，将注意力集中在一些可能产生重大风险的因素上。监测是指对筛选出来的结果进行观测、记录和分析的过程。当筛选结果提出后，必须对这些结果进行观测、记录和分析，掌握这些结果的活动范围和变动趋势。诊断是指根据银行的风险症状或其后果的起因关系进行评价和判断，找出可疑的起因并进行仔细检查。只有对商业银行的风险进行正确的诊断，才能真正达到对银行风险进行识别的目的。

二、商业银行风险估计

风险估计是在风险识别的基础上，通过对损失频率、损失程度和其他因素进行全面考虑，估计发生风险的可能性及其危害程度，并与公认的安全指标相比较，以衡量风险的程度。风险估计既是现代风险管理的核心内容，也是商业银行风险管理的难点之一。

例如，对一个刚参加工作的年轻人，若他确认疾病是他所面临的主要风险，他将选择购买保险。对保险公司而言，需要估计他的风险程度，如对他这种年龄和身体状况的人，得病的可能性有多大，治疗的费用又是多少；等等。保险精算师能够精确计算该年轻人购买健康保险所需的保费。又如，对个人和企业的证券投资而言，求助于专业的投资顾问帮助其进行投资分析，估计其投资组合的可能收益和风险。同样，商业银行决定是否对某企业贷款时，通常要对该企业进行资产估计以测定其贷款的风险。所有这些都是风险估计。

目前，我国商业银行的风险评估手段落后，风险评估方法停留在手工定性分析和简单财务报表分析阶段，并且风险评估主要局限于信用风险，对制度风险、利率风险、市场风险、操作风险和流动性风险等其他风险的评估还处在空白或落后状态。而西方商业银行大都结合数学模型对各种风险进行评估和管理。主要有以下几种方法：

（一）波动性

波动性是指实际收益与期望回报的差异程度，通常运用方差或标准差这种规范的统计方法来量化波动性。

在数学上，设离散型随机变量为 R，其概率分布率为：$P(R=r_i)=p_i$，$i=1$，2，…其中 r_i 为第 i 种可能收益，p_i 为其可能概率，$\sum\limits_{i=1}^{n} p_i = 1$。

数学期望值 $E(r)$ 的计算公式为：$E(r)=\sum\limits_{i=1}^{n} p_i r_i$。 （1-1）

方差的计算公式为：

$$\sigma^2(r)=\sum\limits_{i=1}^{n} p_i [r_i - E(r_i)]^2 \tag{1-2}$$

标准差是方差的平方根。公式为：

$$\sigma(r)=\sqrt{\sum\limits_{i=1}^{n} p_i [r_i - E(r_i)]^2} \tag{1-3}$$

我们将风险度量为收益率对其预期收益率（数学期望）的波动性，它反映了收益率概率分布的分散程度。方差越小，表示其实际收益率越可能接近于其期望收益率，那么该项银行业务的风险就越小；方差越大表明实际收益率越有可能偏离其期望收益率，那么该项银行业务的风险就越大。

波动性度量风险的优点是计算方便，适用于度量那些已知现金流的银行业务。但随着银行业面临的风险日益复杂化、多样化，其业务未来的收益率受到各种风险因素的影响，因此潜在的实际概率分布是无法知道的，所以波动性度量风险有很大的局限性。

（二）在险价值法（Value at Risk，简称 VAR）

在险价值法（VAR）是指在正常的市场条件和给定的置信水平下，某一资产在给定的时间区间内的最大期望损失。其数学表达式为：

$$P\ (\triangle P\ (\triangle t)\ >VAR)\ =1-\alpha \tag{1-4}$$

表达式的意义为损失值等于或大于 VAR 的概率为 $1-\alpha$，VAR 分析方法实际上是要回答银行的投资组合在风险概率给定的情况下，投资组合的价值最多可能损失多少。例如：假定某商业银行一天的风险值为 2 万元人民币的概率是 95％。这意味在今后 24 小时内该商业银行发生大于 2 万元人民币亏损的可能性仅有 5％。

下面，我们通过资产价值概率函数简易模拟图来计算 VAR，如图 1-2[①] 所示。

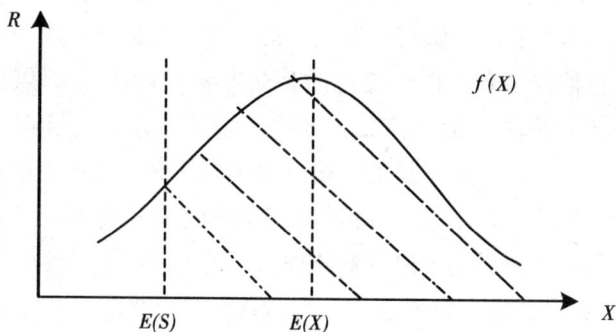

图 1-2　资产价值概率函数模拟图

图 1-2 中，横轴 X 表示资产的价值水平，纵轴 Y 表示相应的概率密度值；曲线 $f(X)$ 表示资产价值变化的概率密度函数；α（阴影部分的面积）表示一定的置信水平；$E(X)$ 表示资产价值的数学期望；$E(S)$ 表示在一定置信水平 α 下资产的最低收益水平，即资产价值 X 大于 $E(S)$ 的概率为 α。

---

① 参见任远主编：《商业银行经营管理学》，科学出版社 2004 年版，第 338 页。

则 VAR 值可表示为：

$$VAR = E(X) - E(S) \qquad (1\text{-}5)$$

由此可知，资产的 VAR 值的大小取决于资产价值的期望水平 $E(X)$ 和一定置信水平下的资产最低价值水平 $E(S)$。因此，如果能够唯一确定资产价值的概率密度函数，那么其数学期望 $E(X)$ 也就是唯一确定的，VAR 值就仅仅取决于置信水平 α 的选择，不同的置信水平会得出不同的 $E(S)$，其计算公式如下：

$$\int_{E(S)}^{+\infty} f(X)\, dx = \alpha \qquad (1\text{-}6)$$

VAR 方法具有以下优点：一是可以在事前衡量市场风险的大小，这样更有助于银行控制和处理风险；二是可以用作上市银行的信息披露工具，提高银行的公众形象。VAR 能提供公开的有关市场风险的定量化信息，这些定量化信息，能够帮助投资者、存款人、贷款人了解上市银行的风险状况，增强上市银行在公众中的信用度，维持上市银行的市场稳定；三是不仅可以用于风险控制，还可以用于银行业绩评估。

VAR 方法也有局限性：一是 VAR 值表明的是一定置信度内的最大损失，损失超过这个值的可能性还是有的，因此 VAR 法并不能涵盖一切，仍需配合使用其他的方法；二是 VAR 法是建立在历史数据的基础上，而且假设未来和过去具有相似性，事实上未来受很多不确定性因素的影响。

三、商业银行风险处理

风险处理是指银行根据风险识别和风险估计的结果，针对不同种类、不同概率和规模的风险，采取相应的措施或办法，使风险损失对银行经营的影响减少到最低程度。选择风险处理方法是风险管理中最为重要的环节，但它的效果取决于风险识别和风险估计的准确性。在现实中，商业银行通常运用以下几种方法来防止和降低其所面临的风险。

（一）风险规避

风险规避是指决策者考虑到风险的存在，选择主动放弃或拒绝实施某些可能引起风险损失的方案。风险规避是一种有意识地避免某种特定风险的决策。例如，贷款风险管理原则中首要的一条就规定对于风险较大、难以控制的贷款，必须采取规避和拒绝的原则。

风险规避是防范和控制商业银行风险最彻底的方法，采取风险规避措施可以完全消除某种特定的银行风险。但风险规避也是一种消极的风险处理方法，它在规避风险的同时，也放弃了风险收益的机会。

（二）风险预防

风险预防是指决策者通过对各种风险发生的条件、原因进行分析后，采取一定的预防性措施，以防止损失的实际发生或将损失控制在可以承受的范围之内。风险预防措施可以在损失发生之前、之中或之后采取。在商业银行的风险管理中，预防性策略是一种传统而又重要的风险处理方法。例如，商业银行为了防范操作风险：制定严格的内控制度；组织培训，提高员工的素质；要求每位员工严格按照各项操作规程工作。又如，商业银行为了防范信贷风险，建立了严格的贷款调查、审查、审批和贷后管理制度。

（三）风险转移

风险转移是指交易主体利用各种合法的交易方式或经济手段将风险全部或部分地转移给其他交易主体的行为。风险转移方法是商业银行处理风险的一个重要方法。在具体运用时，主要有以下几种方法：

1. 风险资产出售

即将商业银行自身不愿继续承担风险的资产出售给其他交易主体。与风险规避方法相同，风险资产出售也是一种彻底的风险管理方法，它在规避风险的同时，也失去了获得收益的机会。而收购风险资产的人一般是对该种风险有控制能力，愿意通过承担此种风险来获取收益。

2. 担保

担保是指将本应由银行承担的客户信用风险转移给担保人，但是银行在转移风险的同时，又承担了担保人的风险。《中华人民共和国商业银行法》第三十六条明确规定，商业银行贷款，借款人应当提供担保，商业银行应当对保证人的偿还能力、抵押物、质押物的权属和价值以及实现抵押权、质权的可行性进行严格审查，只有经商业银行认真审查、评估、确认借款人资信良好，确能偿还贷款的，才可以不提供担保。

3. 套期保值

套期保值的基本原理是建立对冲组合，使得当产生风险的一些因素发生变化时，对冲组合的净价值不变。例如，某客户与银行签订了 100 万美元的 3 个月远期卖出合约，那么银行就面临着汇率变动的风险。为了避免美元汇率贬值的风险，该银行可以通过套期保值，与其他交易主体签订出售 100 万美元的 3 个月远期卖出合约。常用的套期保值手段有期货、期权、互换、远期交易等。

4. 保险

即商业银行通过向保险公司交纳一定的保险费，将自身各类风险资产的风险转移给保险公司承担。例如，商业银行以自己的不动产、动产或债权为对象，向保险公司投保，一旦发生损失保险公司必须按照事先约定的条款赔付。保险作为风险转移方式之一，在风险管理中扮演了重要角色。但并非所有风险都可以转移给保险公司。通常，保险人承保的风险要满足纯粹性、偶然性、大量性、同质性和非人为性等特点。这就是说，对于那些投机性的风险、必然会发生的风险、只有极少数人拥有的风险和那些人为因素造成的风险，保险公司是不予承保的。一般的价格风险也是不可保险的，因为面临价格风险的企业在财务报表上不会相互独立，往往彼此具有趋同性，不满足承保风险要求的大量性和同质性特点。

保险机构是承担风险转移的专门机构，它通过风险汇聚来控制风险。保险公司通过向大量的、同质的被保险人收取保险费来承担被保险人一旦造成损失时的风险。保险依据的原理是概率统计中的大数定律。

商业银行的存款保险制度也是一种保险方式，它通过对存款的再保险来保障存款人的利益。

（四）风险分散

风险分散是指通过多样化的投资组合来分散风险。正如一句格言所说的"不要将所有的鸡蛋放在一个篮子里"。商业银行风险分散的具体方法有：

1. 业务经营多样化

资产种类、期限的多样化。即银行要在不同形式和不同期限的资产之间进行资产组合以达到分散风险的目的。

2. 借款人的多样化

即银行的借款人要分散化，不能将贷款集中在某一个或某一行业的借款人。我国的商业银行法明确规定，对同一借款人的贷款余额与商业银行资本余额的比例不得超过百分之十。

3. 资产币种的多样化

即根据国际金融市场的变化情况，对资产进行不同币种的调整和组合，以达到风险分散的目的。

4. 联合放贷

对大额贷款采取联合贷款或参与贷款的做法，使贷款的风险由几家商业银行来共同分担，一旦所放款业务的多家商业银行采用同一贷款协议，就可以按商定的期限和条件向同一借款人提供贷款。

但直到 20 世纪 50 年代马柯维茨的《证券组合的选择》论文的发表，才从理论上证明投资多样化可以降低投资组合的风险。数学分析如下：

资产组合的预期收益率是依据组合中各成分资产所占比重进行加权平均得出的。如果用 ω_i 表示第 i 种资产在资产组合中所占的权重，$\Sigma\omega_i = 1$，用 E_P 表示资产组合的收益率，则

$$E_P = \sum_{i=1}^{n} E_{ri} \cdot \omega_i \qquad (1-7)$$

资产组合中的风险由组合中各成分资产的风险与各成分资产之间的相关程度确定。一般说来，成分资产之间的收益率的正相关系数越高，该资产组合的风险越大；风险相关系数越小，该资产组合的风险越低。因此，选择不相关或负相关的资产进行组合，可以有效地实现风险的分散。

简单地，对两种资产 A 和 B 的投资组合，若相关系数为 ρ，则组合 P 的预期收益和方差分别为：

$$E(r_p) = \omega_A E(r_A) + \omega_B E(r_B) \qquad (1-8)$$

$$\sigma_P^2 = \omega_A^2 \sigma_A^2 + \omega_B^2 \sigma_B^2 + 2\omega_A \omega_B \rho \sigma_A \sigma_B \qquad (1-9)$$

特别地，当两种资产的收益率完全正相关时，$\rho = 1$，该资产组合的风险为：

$$\sigma_P = |\omega_1 \cdot \sigma_1 + \omega_2 \cdot \sigma_2| \qquad (1-10)$$

当两种资产的收益率完全负相关时，$\rho = -1$，该资产组合的风险为：

$$\sigma_P = \left| \omega_1 \cdot \sigma_1 - \omega_2 \cdot \sigma_2 \right| \tag{1-11}$$

当两种资产的收益率不相关时，$\rho = 0$，该资产组合的风险为：

$$\sigma_P = (\omega_1{}^2 \cdot \sigma_1{}^2 + \omega_2{}^2 \cdot \sigma_2{}^2)^{\frac{1}{2}} \tag{1-12}$$

一般地，对多种风险资产而言，其投资组合的风险计算原理相同，但涉及到 n 个方差和 n（n-1）/2 个协方差的计算，计算较为复杂，这里略去。

（五）风险补偿

风险补偿是指商业银行在风险损失发生时，用抵押品、质押品、保险、各种准备金、利润等资金获得补偿。由于客观的经济环境复杂多变，商业银行的经营活动中想完全规避、预防、转移和分散风险是不可能的。而恰恰正是因为商业银行经营活动承担了各类风险，才获得了利润。我国的商业银行法明确规定：当借款人不能按照抵押贷款合同履行偿付贷款本息责任时，贷款银行有权按照协议规定接管、占有、拍卖有关抵押品，以弥补银行的呆账损失；商业银行在利润中提取一定数额的呆账准备金，用作信用风险的补偿手段。为保障银行经营安全，呆账准备金应随时保持充足。而银行资本金，则是商业银行风险补偿的最后手段。

第二章 国有商业银行风险：历史、现状和发展趋势

国有商业银行是我国银行体系的主体，在整个金融体系中亦占主导地位。在我国以银行间接融资为主的融资模式下，金融风险主要表现为银行风险，而银行风险又集中体现在国有商业银行体系中。因此，对国有商业银行风险的分析具有非常典型的意义。本章在对我国国有商业银行①风险的历史发展演变简单回顾的基础上，介绍了其风险现状，并对其风险发展趋势进行分析。

第一节 对国有商业银行及其风险的历史回顾

我国改革开放前的银行体制基本上是模仿前苏联，按照计划经济的模式建立起来的。金融体制高度集中统一，中国人民银行一统天下，是我国唯一的国家银行，集中央银行与商业银行的职能于一身，它既是中央银行，行使金融调控职能的管理机关，又是全国唯一的一家经营日常具体金融业务的"商业银行"，掌握

---

① 事实上现在不能再简单地称四大国有商业银行，因为中国建设银行和中国银行已通过转制，改造成股份有限公司，特别是中国建设银行的股票已在香港上市。但为分析方便，本书仍沿用过去的称呼。同时，即使已完成改制，但仍是国家绝对控股。

了全国金融资产交易额的大约93％。中国人民银行是"现金、信贷和结算中心"，它发放现金和信贷，城镇居民所持现金和国有企业单位所掌握的信贷都存入其中，国有部门之间的支付也通过它来结清。①

为了适应经济体制的改革特别是市场经济发展的需要，国家从1979年开始，对我国的传统金融体系进行了逐步的改革和重建，改革的思路是按照市场化取向的要求，借鉴国际做法，破除原有的单元银行体制，建立"二元"银行制度，并最终形成以中国人民银行为核心，以商业银行为主体，多种金融机构和金融形式并存的金融体系。我国国有商业银行及其风险的历史发展演变大致可以划分为如下几个阶段。

一、国有专业银行的产生阶段（1979～1983）

这一阶段是为了适应中国整体经济体制改革的需要而对中国银行系统进行恢复和重建的时期。此期间的主要任务是改变中央银行仅作为财政出纳的金融角色，打破单一的中央银行体制，构建规范的双层银行体制，推行了央行和商业银行的分立。1979年2月23日，国务院发出《关于恢复中国农业银行的通知》，据此通知，中国农业银行总行于1979年3月30日正式办公，其主要任务是：统一管理支农资金，集中办理农村信贷，领导农村信用社，发展农村金融事业。1979年3月13日，国务院同意并批准中国人民银行《关于改革中国银行体制的请示报告》，中国银行从中国人民银行分设出来专司外汇业务，同时设立国家外汇管理局。1979年8月，国务院又批准中国人民建设银行从财政部独立出来，主要承担中长期投资信贷业务，1996年正式改称中国建设银行。1983年9月17日，国务院作出《关于中国人民银行专门行使中央

---

① 参见易纲：《中国的货币、银行和金融市场》，上海人民出版社1996年版，第20页。

银行职能的决定》，据此决定，中国工商银行于 1984 年 1 月 1 日正式成立，负责经营从人民银行分拆出来的城市工商信贷业务。中国工商银行的成立，也标志着中国人民银行管辖下的四大专业银行体系的初步形成，由此也基本完成了改革开放之初中国银行体系的重建。此后，中国人民银行开始专门行使中央银行的职能，集中力量研究和实施全国金融的宏观决策，加强信贷总量的控制和金融机构的资金调节，以保持货币稳定。我国中央银行制度的建立，在我国历史上成功地实现了中央银行与专业银行业务的分离，从而成为我国银行体制改革的重要里程碑。

但是，四大专业银行在 20 世纪 80 年代很大意义上是承担财政或政策性职能的，因为当时国家的投资体制实行的是"拨改贷"的形式，这就造成国有企业的资金特别是流动资金基本上是由专业银行来承担，这为以后四大国有商业银行的大量呆账坏账的产生埋下了隐患，由于当时《商业银行法》还没有制定，银行的分业经营、分业管理没有建立，银行的政策性职能和商业性职能不分，因此，无法对银行经营的效益进行明确的衡量，也就谈不上承担责任，导致各个银行乱办信托投资公司和各种其他经济实体，银行内部开始产生呆账和坏账。

二、国有商业银行格局的初步形成阶段（1984～1993）

1984 年至 1993 年这十年间，初步建立了我国的金融体系，即以中国人民银行为核心，以各专业银行为主体，多种金融机构和金融形式并存的金融体系。此阶段表现出的最主要特点，就是政府促进银行业竞争的意图开始显现，银行间的市场竞争势头日趋激烈。目前，我国的一些具有很强竞争力的股份制商业银行都是在这一时期创立的，如 1987 年至 1988 年的两年间，包括交通银行、招商银行、中信实业银行、深圳发展银行、福建兴业银行、广东发展银行等一批新兴的股份制商业银行得以创立，作为中国银行业的新生力量，它们的加入为中国银行业过于单一的银行生态注入了鲜活的力量，促使四大国有专业银行开始积极参与到市场竞争中来。

20世纪80年代末期，四大专业银行开始通过私人业务进行相互渗透，表现出积极的市场竞争姿态，银行间的初步竞争局面开始形成。当时银行间的竞争主要是通过国有专业银行业务交叉展开的，按照原先的制度设计，各家专业银行都有自己的专业分工和主要服务对象，但由于改革开放形势的发展，特别是由于市场经济体制的逐步形成，客观上要求专业银行必须打破原先的专业分工限制，以满足社会日益发展的广泛的金融服务的需要。专业银行间的业务交叉和竞争在改革开放的前沿深圳特区首先发展起来，并逐渐向其他地方扩散。形成当时"工行下乡，农行进城，中行上岸，建行拆墙"的竞争局面。①

1992年开始，又有一批股份制商业银行陆续成立，主要包括中国光大银行、华夏银行、浦东发展银行和中国民生银行等。不过，股份制银行在当时的出现，对中国银行业来说具有重要的象征意义，即中国银行业的市场化改革之路开始起步了。

尽管如此，直到20世纪90年代初，行政权力主导下的寡头垄断的中国银行业生态并未有太多改变，而且在此期间，由于向传统的老工业企业和盲目重复建设项目发放贷款，再加之碰到20世纪80年代末期的通货膨胀以及由于对通胀治理的"硬着陆"，直至90年代初的经济紧缩、市场疲软，使国有专业银行元气大伤，四大国有专业银行形成了到目前为止尚无法消除的大部分的不良贷款。

---

① 关于银行业务交叉和竞争的讨论，更详细的内容可参阅凌江怀著：《银行商业化新探》，中国经济出版社1998年版，第18~21页。

三、国有专业银行向国有商业银行的改革（1994～2003）

1994 年对于中国银行业来说是具有关键意义的一年。当年的 3 月至 11 月间，四大专业银行的政策性业务被正式剥离，国家为此成立了国家开发银行（从建行分出）、农业发展银行（从农业银行分出）和进出口银行（从中国银行分出）三大政策性银行，目的是使三大政策性银行来承担专业银行的政策性职能，使专业银行摆脱承担政策性任务，一心一意从事其商业性业务。

进入 1994 年以后，为了适应建立社会主义市场经济体制总体目标的要求，我们对金融改革的认识又有了新的提高，直截了当地提出了把国家专业银行转变成商业银行的改革口号，并以此作为中国金融改革的关键任务。

1995 年，国家先后制定了《中国人民银行法》、《商业银行法》，为构造商业银行体系和组织机构创造了条件，并为国家专业银行向国有商业银行转轨提供了法律依据。至此，四大专业银行无论从法理上还是业务上都开始向更具商业功能的银行转变，从而为更具市场化的银行业竞争奠定了基础，也使我国银行体系迈向了法制化、规范化的道路。

1997 年开始的席卷东南亚的金融危机对我国金融业的发展产生了深远影响，中国虽然在此次金融危机中得以幸免，但中国政府由此开始深切意识到金融危机的潜在可能性和破坏性，决定进一步促进四大国有商业银行的市场化改革。1998 年财政部发行 2700 亿特种国债（30 年期，票面利率为 7.2%），用以补充四大国有商业银行的资本金，使当年的资本充足率达到了 8%，满足了《巴塞尔协议》中关于银行资本充足率的要求。1999 年，政府又相继成立了四大资产管理公司（由中、农、工、建四家国有商业银行分出东方、长城、华融、信达四家资产管理公司），四大国有商业银行的 1.4 万亿元（约 1690 亿美元）不良资产予以剥离（四大资产管理公司同时向四大商业银行发行等值金融债券，作为收购不良贷款的回报）。2002 年，中央更是明确指出，国有商业银行是经营货币的企业，并开始积极推进商业银行的市场化改革。

四、国有商业银行的股份制深化改造（2004～至今）

2003 年成立新一届政府后，中国政府陆续出台了一系列的金融改革政策，显示了中国政府从根本上变革银行业、推动银行改革的鲜明态度。国有独资商业银行的股份制改造试点就是银行业改革的重要内容之一。2004 年 1 月 7 日，国务院决定动用 450 亿美元国家外汇储备（隶属于外管局、间接隶属于央行的中央汇金公司）补充中国银行和中国建设银行实施股份制改造所需的资本金，补充资本金后，中国银行和中国建设银行的资本充足率分别达到 6.50％和 4.14％，但工商银行和农业银行的资本充足率仍远低于 8％的国际标准（当年公开发布数字）。2004 年 6 月 22 日，中行和建行以 50％的面值向信达资产管理公司转售 2787 亿元人民币（约 350 亿美元）的不良贷款，此次转售采用拍卖的形式，信达以 30.5％面值的出价赢得这次拍卖，然后，信达按面值的 50％向中行和建行支付价款，这次收购由央行的再贷款安排来提供资金，央行承担了其中 19.5％的亏损。2004 年 8 月中国银行股份有限公司成立，同年 9 月，中国建设银行改组为中国建设银行股份有限公司，中央汇金公司成为这两家银行的最大控股股东。2005 年 4 月 22 日，汇金公司又向中国工商银行注资 150 亿美元，与财政部各占 50％的股份。此次注资，外管局向工行转让外汇储备资产作为新资本金，工行将保留 1240 亿元人民币（约 150 亿美元）的现有股本。2005 年 10 月 28 日，中国工商银行股份有限公司正式成立，中央汇金投资有限责任公司和财政部分别持有 50％的股份。近几年来，中国政府对国有商业银行进行了多次注资，实施财务重组，其主要事件见表 2-1。

表 2-1　中国政府近几年来对国有商业银行的财务重组方案

日期	行动方案	发起人	备注
1998 年	向四大商业银行注资 2700 亿元人民币（330 亿美元）	财政部	向四大商业银行发行特别国债（30 年期，票面利率为 7.2%）
1999 年	以面值向四大国有资产管理公司转移 1.4 万亿元人民币（1690 亿美元）的不良贷款	财政部	资产管理公司向四大商业银行发行等值金融债券，作为收购不良贷款的回报
2003 年 12 月 31 日	对中行和建行注资 450 亿美元（各获得 225 亿美元）	隶属于外管局、间接隶属于央行的中央汇金公司	向中国银行和建设银行注入外管局的外币资产
2004 年 3 月 11 日	对中行和建行提出经营目标，作为 450 亿美元财务重组的条件	中国银监会	必须在 2004～2007 年间向国际上最佳银行经营指标靠拢
2004 年 6 月 22 日	中行和建行以 50% 面值向信达资产管理公司转售 2787 亿元人民币（350 亿美元）的不良贷款	中行和建行	向四大资产管理公司拍卖不良贷款，信达以 30.5% 面值的出价赢得这次拍卖。然而，信达按面值的 50% 向中行和建行支付价款。这次收购由央行的再贷款安排来提供资金。央行承担了 19.5% 的亏损
2005 年 4 月 22 日	对工行注资 150 亿美元	隶属于外管局、间接隶属于央行的中央汇金公司	外管局向工行转让外汇储备资产作为新资本金，工行将保留 1240 亿元人民币（150 亿美元）的现有股本。注资后，汇金公司和财政部将分别持有工行 50% 的股份
2005 年 6 月底之前	工行出售或核销大部分不良贷款	工行	财政部承担损失类贷款损失，工行向四家资产管理公司拍卖可疑类贷款，央行承担损失

资料来源：根据穆迪及银行公开资料整理而成。

目前，四大国有商业银行在改革中都在积极引进海外战略投资者，2005 年 10 月，中国建设银行率先在香港公开发行股票，其他三大国有商业银行也计划在未来两三年内实现公开上市。公开上市只是国有独资商业银行改革步骤中的一个阶段，如果按照进程划分，也仅仅是处于整个国有商业银行改革过程中的前半阶段。事实上，既然国家有能力为国有商业银行注资和剥离不良资产，那么上市的主要目的就不仅仅是为了筹资，其目标是为了建立一整套新的市场激励和约束机制，强调投资者利益，建立规范的公司治理，彻底打破国有商业银行的"准官僚体制"，改变"官本位"，通过合理的、符合商业银行运营要求的绩效激励机制、充分的风险控制和资本约束，促使国有商业银行变成真正的市场主体。

第二节　国有商业银行风险现状

商业银行的业务主要分为资产业务、负债业务和中间业务，商业银行风险也存在于这些业务之中。下面分别从这三个方面，对国有商业银行的风险现状展开分析。

一、国有商业银行资产业务风险现状

商业银行的资产业务可以划分为贷款、投资和其他资产业务三种。贷款和投资业务是商业银行资产业务最主要的构成部分，也是商业银行最主要的利润来源，而其他资产业务则主要包括一些非赢利性资产项目，例如现金资产（包括库存现金、人民银行存款、存放同业的资金等）、固定资产（包括商业银行购置设备、房产等）及其他资产。根据《中华人民共和国商业银行法》的规定，我国的商业银行在中国境内"不得从事信托投资和股票业

务，不得投资于非自用不动产，不得向非银行金融机构和企业投资"。① 因此，我国商业银行的资产业务风险主要指的是贷款业务风险及投资业务风险。

截至 2005 年末，中国银行业金融机构②总资产为 374696.9 亿元，其中，四大国有商业银行③资产总额达到 196579.7 亿元，比上年同期增长了 16.1%，占全部银行业金融机构资产总额的 52.5%。见表 2-2：

表 2-2   2005 年国有商业银行总资产表   单位：亿元，%

2005 年	第一季度	第二季度	第三季度	第四季度
银行业金融机构总资产	328782.8	345567.1	359644.6	374696.9
比上年同期增长率	14.0	16.2	19.3	18.6
四大国有商业银行总资产	177227.2	183513.7	191532.2	196579.7
比上年同期增长率	11.5	14.0	17.5	16.1
占银行业金融机构比例	53.9	53.1	53.3	52.5

资料来源：中国银行业监督管理委员会网站，www.cbrc.gov.cn。

在商业银行的资产业务中，贷款业务又占据支配地位，截至

---

①   事实上，2005 年 11 月，工行批准参股长江航运，开创了银行投资企业先河。在总额为 49.8 亿元的贷款债务中，15.79 亿元的利息被一笔勾销，18.9 亿元的债务转为股权，在这次被称为"最具探索性的债务重组与谈判合作"中，中国工商银行首次突破"银行不得投资企业"的禁区，在与中国长江航运集团共同成立的债转股公司中直接持股 45%，而中国长航则以 1300 余艘船舶、160 万吨运力共 23.1 亿元资产出资，占 55% 股份。

②   以下所称银行业金融机构包括政策性银行、国有商业银行、股份制商业银行、城市商业银行、农村商业银行、农村合作银行、城市信用社、农村信用社、邮政储汇局、外资银行和非银行金融机构。

③   四大国有商业银行原指中国工商银行、中国农业银行、中国银行和中国建设银行，目前中国建设银行和中国银行已改造为股份制商业银行，中国建设银行还于 2005 年 10 月底在香港上市。因此，现在的说法应该有所改变。不过在本章的统计分析中仍沿用原来的叫法。

2005 年末，四大国有商业银行各项贷款余额为 102238.3 亿元，比 2004 年末增加 2107 亿元。其中，不良贷款数量过多、比例过高多年来一直是困扰国有商业银行的最突出问题，不过，经过向资产管理公司剥离以及自身的清理以后，国有商业银行的资产质量均有了提高，不良贷款余额和不良贷款率也都有不同程度的改善。根据银监会统计，截至 2005 年末，四家国有独资商业银行不良贷款余额为 10724.8 亿元，平均不良贷款率为 10.49％，比 2004 年末下降了 5.08 个百分点，不良贷款余额比 2004 年末减少了 5026.2 亿元①（见表 2-3）。

表 2-3　2005 年主要商业银行不良贷款情况表　　单位：亿元,％

	第一季度		第二季度		第三季度		第四季度	
	余额	占全部贷款比例	余额	占全部贷款比例	余额	占全部贷款比例	余额	占全部贷款比例
不良贷款	18274.5	12.4	12759.4	8.71	12808.3	8.58	13133.6	8.61
其中：次级类贷款	3410.1	2.3	4092.8	2.79	3955.0	2.65	3336.4	2.19
可疑类贷款	9353.0	6.3	4930.4	3.37	5110.9	3.42	4990.4	3.27
损失类贷款	5511.4	3.7	3736.2	2.55	3742.4	2.51	4806.8	3.15
主要商业银行不良贷款	17128.4	12.7	11637.3	8.79	11707.3	8.70	12196.6	8.90
其中：国有商业银行不良贷款	15670.5	15.0	10134.7	10.12	10175.4	10.11	10724.8	10.49
股份制商业银行不良贷款	1457.9	4.9	1502.6	4.66	1531.9	4.51	1471.8	4.22

资料来源：根据中国银行业监督管理委员会网站（www.cbrc.gov.cn）资料收集整理而成。

———————

① 根据银监会公布数据整理而成。

按照各银行年度报告公布的数据看，截至 2004 年末，中国工商银行资产总额 56705.21 亿元，其中，不良资产额为 8122.85 亿元，比 2004 年不良资产余额净下降 424 亿元，不良资产率降至 14.32%，比上年下降 1.87 个百分点；各项贷款余额 37053 亿元，比 2004 年不良贷款余额下降 171 亿元，不良贷款率降至 18.99%，下降了 2.25 个百分点。

表 2-4　中国工商银行资产结构表　　　单位：亿元人民币

	2004 年末	2003 年末	2002 年末
总资产	56705.21	52791.20	47767.73
其中：信贷资产	36840.83	33719.50	29887.55
非信贷资产	19864.38	19071.70	17880.18
不良资产	8122.85	8546.98	9216.00
其中：不良贷款	7036.44	7207.57	7608.83
非信贷资产风险	1086.41	1339.41	1607.17
不良资产率（%）	14.32	16.19	19.29

注：表中信贷资产为扣除呆账准备后的净额，非信贷资产为扣除不良资产处置损失专项准备后的净额。

资料来源：依中国工商银行 2004 年年报整理。

得益于中央汇金投资有限责任公司的注资及两次公开发行次级债券，2004 年，中国银行基本完成了对历史遗留的不良资产的处置。通过实施财务重组，中国银行资产质量、财务状况得到了根本的改善，资本充足率、不良贷款比率、拨备覆盖率等指标基本达到中国银行业监督管理委员会（简称"银监会"）相关要求。截至 2004 年末，中国银行资产总额为 42704.43 亿元，比上年末增加 2904.78 亿元；贷款余额达到 21464.62 亿元，比上年上升了 110.11 亿元，其中，不良贷款余额为 1099.20 亿元，比上年减少了 2413.04 亿元，不良贷款率为 5.12%，比上年大幅度下降了 11.16%。

表 2-5　中国银行贷款五级分类分析表

	2004 年末		2003 年末	
	余额（亿元）	占比（%）	余额（亿元）	占比（%）
贷款总额	21464.62	100	21574.73	100
正常贷款	16119.36	75.1	14912.81	69.12
关注贷款	4246.06	19.78	3149.68	14.60
不良贷款余额	1099.20	5.12	3512.24	16.28
其中：次级贷款	612.89	2.86	630.88	2.92
可疑贷款	329.31	1.53	1160.32	5.38
损失贷款	157.00	0.73	1721.04	7.98

资料来源：根据中国银行 2004 年年度报告整理。

从统计数据看，建设银行的资产质量在四大国有商业银行中是最好的。截止到 2005 年底，建设银行资产总额 45857.42 亿元，比上年末增加 6758.22 亿元，增幅 17.3%，其中贷款余额 24583.98 亿元，比上年增加 2328.13 亿元，增幅 10.4%；按国际通行的五级分类口径，建设银行不良贷款余额为 944.69 亿元，不良贷款率 3.84%，比年初下降了 0.08 个百分点。[①]

表 2-6　中国建设银行贷款五级分类分析表

	2005 年末		2004 年末	
	余额（百万元）	占比（%）	余额（百万元）	占比（%）
客户贷款和垫款总额	2458398	100	2227426	100

---

①　无可怀疑，四大国有商业银行近年来不良资产从绝对值到相对值的大幅下降，既与近年银行存贷款利差的不断加大、银行利润上升有关，更与银行产权改革、国家财政注资、不良资产剥离、引进战略投资者等密切相关，这在试点银行建行和中行身上表现得尤为明显。

续表 2-6

	2005 年末		2004 年末	
	余额（百万元）	占比（%）	余额（百万元）	占比（%）
正常贷款	2072969	84.4	1768578	79.4
关注贷款	290960	11.8	371468	16.7
不良贷款余额	94469	3.84	87380	3.92
其中：次级贷款	42456	1.7	51430	2.3
可疑贷款	45457	1.8	31059	1.4
损失贷款	6556	0.3	4891	0.2

资料来源：根据《中国建设银行 2005 年年度业绩公告》整理。

目前，农业银行的资产状况在四大行中是较差的一个，截至 2004 年末，农业银行资产总额为 40137.69 亿元，各项贷款余额为 25900.72 亿元，各项贷款比年初增加 3216.79 亿元，按五级分类，农业银行不良贷款余额为 6913 亿元，不良贷款余额比上年下降 30.96 亿元，占比下降 3.93 个百分点。全年清收不良资产本息 443 亿元，盘活不良资产本息 189 亿元，处置抵债资产 80 亿元，消化历史包袱 235.33 亿元。

事实上，当前国有商业银行存在的大量不良资产中，与多年来国有商业银行履行的双重职能有关，即一方面要承担"商业性职能"，也就是由企业属性决定的商业银行所共同具有的"信用中介、支付中介、金融服务、信用创造"等基本功能，商业银行通过自身的业务经营活动发挥这些功能，在向社会提供特定金融商品和服务的过程中，追求利润最大化；另一方面又要承担起"公共性职能"，就是由国有属性所决定的特殊功能，即通过贯彻执行国家政策和政府意图，为整体经济和社会发展提供支持，维护经济社会的稳定，追求国家利益最大化。尽管造成巨额不良贷款的原因是多方面的，诸如商业银行的经营失误、管理不当、市场变化、信息不对称造成的逆向选择和道德风险等，但最主要的原因应该是国有商业银行在改革与发展中履行"公共性职能"所承担的成本和风险。中国的改革和发展必然要付出成本和代价。国有商业银行的金融支持及其承担的改革和发展成本，是中国经济能够在改革过程中保持持续快速增长的重要条件。

总体看来，经过几年的努力，国有商业银行在清理呆坏账方面取得了不小的成绩，这无疑为它们今后的发展奠定了良好的基础。不过，需要看到的是，国有商业银行的呆坏账包袱仍然很重，而且，近年来贷款迅速扩张中对信贷质量要求的相对放松，也使新增贷款中蕴含了相当大的风险。因此，如何在业务扩展中控制风险，更重要的是如何拓展新的业务领域，寻找新的利润增长点，将是国有商业银行在将来亟待解决的问题。

二、国有商业银行负债业务风险现状

负债业务是商业银行筹集资金、形成资金来源的业务，是商业银行开展资产业务及其他业务的基础和资金保证。商业银行的负债主要包括自有资本、存款负债及借款三部分，相应地，商业银行负债业务也存在三大类风险，即自有资本风险、存款负债风险及借款风险。在商业银行的负债中又主要由自有资本及存款负债组成，下面主要介绍国有商业银行的资本金和存款负债现状及风险。

（一）资本金现状及存在的风险

国有商业银行要安全稳健发展，增强国际竞争力，就要在消化较高的不良资产的同时，还要提高资本充足率水平。目前，中行、建行与工行通过财政注资、引进战略投资者，资本充足率水平已经达到《巴塞尔协议》所规定的最低资本充足率标准（见表2-7），但还是低于国际优秀银行的资本充足率水平（见图2-1），而农行当前的资本充足率水平就更差，在近年农行的年度报告中都未披露出它的资本充足率水平。[①]

表 2-7　四大国有商业银行资本金现状

	2004 年末		2005 年末	
	资产总额（亿元）	资本充足率（%）	资产总额（亿元）	资本充足率（%）
中国建设银行	39047.85	11.29	45857.42	13.57
中国银行	42704.43	10.04	45440.38（截至 2005.6.30）	—
中国工商银行	56705.21	—	61400（截至 2005.6.30）	9.12（截至 2005.6.30）
中国农业银行	40137.69			

注：由于种种原因，农行在财务报告中一直进行"选择性披露"，未公布其资本充足率、不良贷款比率等敏感信息。因为只有如此，才能保持形象、维持市场竞争的地位，这是银行生存的生命线。

资料来源：依各银行网站及年度报告，中国银监会公布数据整理。

从表 2-7 中还可以看出，四大国有商业银行的资产总额这个分母很大，要提高资本充足率的水平，仅仅靠自己的税后利润积累来补充资本，不仅需要很长时间，而且也存在很大的困难，而财政注资的方式也越来越被很多学者诟病。[②] 目前看来，各商业银行是通过引进境外战略投资者直接引进境外资本，通过境内或境外上市，筹集更多资本来进一步提高银行的资本充足水平，这

---

① 历史事实一再证明，每一次政府对国有银行的大量注资，都会使其资本结构状况迅速改善，但随后随着资产规模的迅速膨胀，资本充足率也跟着迅速下降。这从 1998 年政府注资后四大国有商业银行资本充足率的变化中表现得尤其明显。

② 按照农行 2004 年末公布的数据：高达 25% 以上的不良贷款率和 40000 亿元以上的总资产，要一次性实现不良贷款率在 8% 以下，资本充足率达到 8% 以上，至少需要 6000 亿元左右的注资，大约 750 亿美元左右，远远高于中国银行和建设银行改制的注资总和。

是现实中各商业银行采取的最佳充实资本金的路径。

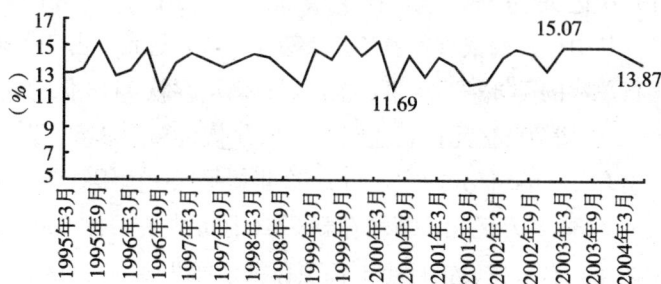

图 2-1　1995～2004 年美国商业银行的资本充足率

资料来源：李扬：《中国金融发展报告 2005》，社会科学文献出版社 2005 年版，第 445 页。

（二）存款负债现状

截至 2005 年末，中国银行业金融机构总负债为 358070.4 亿元，其中，四大国有商业银行负债总额为 187728.6 亿元，比上年同期增长 15.8%，占全部银行业金融机构负债总额的 52.4%。①

表 2-8　2005 年国有商业银行总负债表

2005 年	第一季度	第二季度	第三季度	第四季度
银行业金融机构总负债（亿元）	315704.6	331189.5	344580.3	358070.4
比上年同期增长率（%）	14.9	15.6	18.7	18.1
四大国有商业银行总负债（亿元）	170059.1	175604.2	183695.2	187728.6
比上年同期增长率（%）	13.7	13.7	17.4	15.8
占银行业金融机构比例（%）	53.9	53.0	53.3	52.4

资料来源：中国银行业监督管理委员会网站，www.cbrc.gov.cn。

---

①　中国银监会网站，http://www.cbrc.gov.cn/。

在存款规模上，2004 年末，四大国有商业银行各项存款规模达到 16 万亿元左右，[①] 比上年增加 1.65 万亿元，同比增长 11.4%。其中，工商银行各项存款余额为 5.2 万亿元，占四大国有商业银行总额的 1/3。2004 年，工商银行新增存款 4413 亿元左右，比 2003 年少增 700 亿元；农业银行各项存款余额为 3.63 万亿元，全年新增存款 5180 亿元左右，与 2003 年持平；中国银行年末各项存款余额为 3.58 万亿元，新增存款 3744 亿元左右，比 2003 年多增 500 亿元左右；建设银行年末各项存款余额为 3.53 万亿元，新增存款 3117 亿元左右，比 2003 年少增近 800 亿元。

从存款结构来看，2004 年末，四大国有商业银行企业存款总额为 5.9 万亿元，比上年增加 6309 亿元，增速为 12%。其中，增速最快的是农业银行，增幅为 19.6%；接下来依次是建设银行，12.8%；中国银行，11%；工商银行，7%。

截止到 2004 年底，四大国有商业银行居民储蓄存款余额为 8.5 万亿元，全年新增居民储蓄 8538 亿元左右，比 2003 年少增加近一半，增速为 11.2%，比 2003 年下降了 5 个百分点左右。分银行看，工商银行储蓄存款规模最大，为 2.8 万亿元，占四大行总额的 33%；农业银行、中国银行和建设银行的占比分别为 25%、22% 和 20%。从增长速度来看，农业银行增速最快，为 16%；以下依次为：建设银行，10.5%；中国银行，10.3%；工商银行，8.9%。

从以上对国有商业银行的存款负债业务现状的描述可以看出，国有商业银行在存款负债上主要存在着以下两种风险：

1. 存款规模过度扩张的风险

2004 年末，四大国有商业银行各项存款规模已达到 16 万亿

---

① 包括同业存款在内，以下同。

元左右，近几年每年的增长率均超过 10%。在商业银行的存款扩张冲动中，一个基本的道理往往被忽视，那就是存款并非越多越好，存款过多也会给银行带来风险。因为，首先，存款业务过度膨胀，会增大银行存款的资金成本和其他成本，从而相应扩大存款风险。其次，存款所提供的资金在被运用之前不仅不会给银行带来任何收益，还会使银行为之付出一定的成本。银行只有把存款形成的资金加以合理运用，使资产收益在抵消负债成本和扣除税收之后尚有一定的净利润，其运营活动才能取得成效。如果存款过多，超出了现实有利的放款和投资机会对存款资金的客观需求量，那么，银行对过多的存款就难以找到合理的出路，这不仅会造成资金的浪费，而且易于导致银行的亏损。再次，在客观条件一定时，每家银行都存在着一个存款的最佳数量界限，超出这个最佳数量界限，存款不仅不能给银行带来利润，还会引起亏损，带来风险损失。

2. 成本风险

商业银行的存款成本包括利息成本、营业成本及其他成本，这三种成本无论哪种成本发生重大变化，都有可能产生银行存款风险。就是说，如果存款的上述成本增大，导致存款成本过高，就有可能使银行利润减少，甚至使银行发生亏损。其中存款利息又是形成存款成本的最主要因素，因此，利率风险可以认为是最大的存款成本风险。如果银行存款利率上升，而贷款利率不能同步提高，就会使存贷利差缩小，影响银行的赢利能力。特别是在中国，银行存款的成本风险比较突出，这不仅表现在中国银行业的存款利率高于国外，有时甚至比国内同期贷款利率高，出现存贷利率倒挂现象，而且表现在一些商业银行为拉存款，擅自提高或变相提高利率，进行恶性存款竞争，从而既扰乱了金融秩序，也扩大了存款成本，增加了存款风险。

三、国有商业银行中间业务风险现状

商业银行中间业务存在的风险主要是指表外业务的风险。[①]由于表外业务杠杆率高，自由度大，而且透明度差，所以表外业务隐含的风险也多，巴塞尔委员会对表外业务有专门的规定。具体到我国，根据中国人民银行 2001 年 7 月 4 日公布的《商业银行中间业务暂行规定》及 2002 年 4 月公布的《中国人民银行关于落实〈商业银行中间业务暂行规定〉有关问题的通知》的规定，可以将中间业务划分为九大类，即支付结算类、银行卡类、代理类、担保类、承诺类、交易类、基金托管类、咨询顾问类及其他类业务。相应地，中间业务的发展又会产生信用风险、流动性风险、市场风险、筹资风险、经营风险、运作风险、定价风险、信息风险、结算风险及国家风险等风险。

长期以来，我国商业银行主要是借贷模式的运作，资产业务一直是其主要的利润来源，虽然开办了少数中间业务（如汇兑、结算等），但大部分都是提供无偿服务的（如异地划款只收取少量的邮电费或手续费）。然而，随着金融创新活动的深化和金融业竞争的加剧，传统业务所能提供的利润空间越来越狭小，大力拓展中间业务成为我国商业银行在激烈的国内外同业竞争中求生存、求发展的重要途径，近年来国有商业银行中间业务也获得了较为快速的发展。

从营业收入的构成来看，2004 年，由于存贷款增速下降，四大商业银行利差收入增速均有所减慢。工商银行净利差收入较上年增长 13.6%，占比 61%，中间业务净收入较上年增长 46%，占比已经上升到 9%；农业银行净利差收入较上年增长 9%，占全部营业收入的比重 64%，中间业务净收入较上年增长 105%，

---

① 表外业务与中间业务的分类请参见本书第七章。

占全部营业收入的比重上升到 11％；中国银行净利差收入较上年增长 41％，占全部营业收入的比重 55％，中间业务净收益较上年增长 22.4％，占全部营业收入的比重 16％；建设银行净利差收入较上年增长 23％，占比 61％，中间业务净收入较上年增长 91％，占全部营业收入的比重上升到 9％（见图 2-2、图 2-3、图 2-4、图 2-5)①。

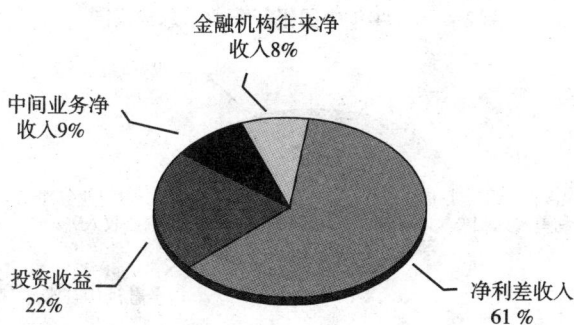

图 2-2　2004 年工商银行营业收入构成图

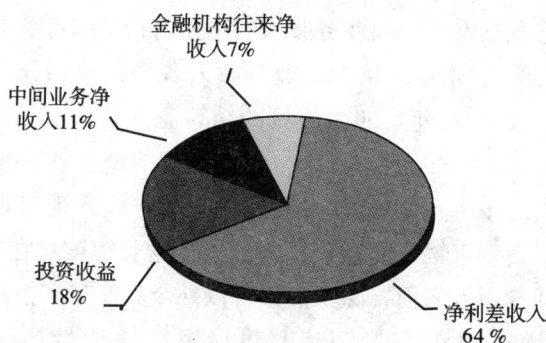

图 2-3　2004 年农业银行营业收入构成图

---

① 转引自李扬：《中国金融发展报告 2005》，社会科学文献出版社 2005 年 6 月，第 80～82 页。

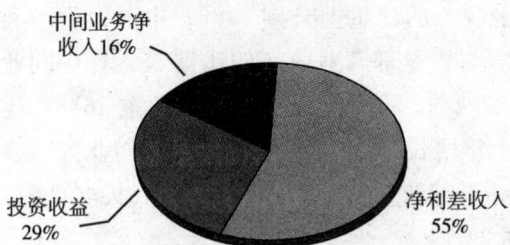

图 2-4 2004 年中国银行营业收入构成图

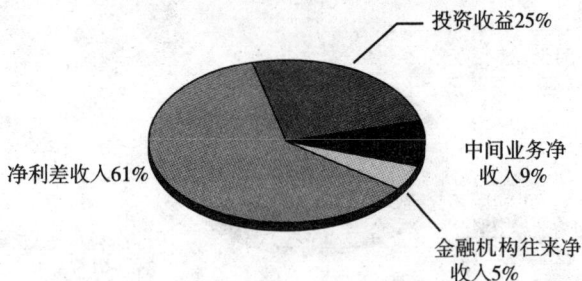

图 2-5 2004 年建设银行营业收入构成图

从上述数据看,中间业务收入的迅速增长是国有商业银行在2004 年中的一个亮点。从中间业务收入各个组成部分的增长变化情况看,在 2004 年,四大银行的结算业务增长比较快,结算收入增速均在 20% 以上,其中,建设银行的增长速度最快,达到了 70% 以上;基金托管收入以及代理业务收入也出现了较大幅度的增长,四家银行的基金托管收入的增长速度均在 100% 以上;而在代理业务方面,除工商银行以外,其他三家银行的代理业务收入增速均在 50% 以上,建设银行增长最快,达到了131%。在各项代理类业务中,2004 年最为突出的两个亮点是代客交易(主要是代客证券交易、代客外汇交易以及代客贵金属交易)和结售汇收入,各家银行在这两类业务上的增长速度均在100% 以上。

就上面这几类业务的情况来看，金融服务创新以及服务水平的不断提高，是国有商业银行中间业务收入快速增长的重要原因。不过，在2004年国有商业银行中间业务收入大幅增长的部分中，相当大的一部分却与服务水平提升及金融创新无关，而是来自于国有商业银行的市场垄断地位。2004年，四大国有银行利用其市场垄断地位联手对银行借记卡实行收费制，由此导致了四大银行中间业务项下银行卡收入迅速增加，工商银行全年银行卡收入增速为50％，农业银行较2003年增长了3倍多，中国银行增速为40％，建设银行则比2003年增长了2倍多。由此，银行卡收入占全部中间业务收入的比重也迅速上升，其中，建设银行银行卡收入占中间业务总收入的比重为30％左右，农业银行则更是超过了50％。工商银行和中国银行由于长期以来中间业务收入总量较大（工商银行是因为其在结算收入方面的优势，而中国银行则是因为其在中间业务上的整体优势），银行卡收入占中间业务收入的比率稍低，均在20％以内。①

从以上情况看，国有商业银行在发展中间业务方面主要存在以下的问题和风险：

1. 品种单一，滞后于需求

目前，国有商业银行开办的中间业务主要为支付结算类和代理类。银行卡类中间业务大部分在城区机构（县级）网点办理，承诺、交易类中间业务大都在一级分行及其以上机构办理，基金托管、咨询顾问类中间业务基本在总行级和个别经济发达城市办理。已开办的承诺、交易、基金托管、咨询顾问等中间业务，也只是开办了一些简单的业务。中间业务层次结构还处于较低水平，一些高技术含量、高收益、高层次的中间业务开展较少。这

---

① 参见李扬：《中国金融发展报告2005》，社会科学文献出版社2005年6月，第79页。

些与越来越多的多边信用关系、日趋复杂的经济往来等社会需求不相适应。

2. 无偿服务，收益占比小

随着市场经济的发展，国有商业银行同业间竞争日益激烈。部分商业银行不是依靠提高金融服务质量和水准来赢得客户和市场，而是通过无偿提供中间业务服务，甚至为客户提供办理业务的设施工具（办公场所、汽车、通讯设备、电脑等）等不正当手段，争市场，抢份额，开展无序竞争，使原本收益较低的中间业务更加收不抵支。即使收取部分手续费，除去开支工本费、人工费后，几乎没有盈余。据中国人民银行调查，2002 年中资商业银行整体中间业务收入占全部营业收入的比重不到 4%，而同期在华外资银行这一比例平均超过 10%。

3. 业务规模小，发展不平衡

近几年来，国有商业银行中间业务虽有所发展，但业务规模仍偏小。据统计，目前我国商业银行中间业务余额占同期业务总资产比例平均在 10%～11% 左右，个别中间业务办得好的股份制商业银行比例也没有超过 20%，而国有独资商业银行就更低了。同时，我国商业银行中间业务的发展还存在沿海城市快于内地城市，大中城市优于中小城市，股份制商业银行快于国有独资商业银行等问题，区域间、行际间的发展水平极不均衡。

第三节　国有商业银行风险发展新特点

一、转轨时期新旧体制交织产生的风险

我国银行业的风险，特别是国有商业银行巨额不良资产的形成，根源于旧体制下"大一统"的资金供给制痼疾，发端于转轨时期银行、企业、政府等各利益主体的矛盾冲突和改革步骤的不

协调，是经济体制改革和转轨深层次问题的反映，不少人认为这是"改革成本"[①]。

从体制上来分析，商业银行的风险在不同的经济体制下具有不同的特点。在计划经济体制下，银行业虽然也有银行风险的存在，但由于当时体制、制度和意识形态等方面的原因，其表现形式和特征与西方市场经济下的商业银行风险是截然不同的。国有银行的风险被高度集中的计划经济体制和金融体制所紧紧包裹着，人们几乎感觉不到有什么风险能危及到银行的生存，银行风险本质上就构成国家风险的一部分，国家计划支配着银行活动，同时国家承担着全部风险，只要国家政权稳定，国有银行就不会发生支付危机，就不会倒闭。在市场经济体制下的银行，其经营活动将充满着很多风险，但这些风险主要表现为由市场经济内在不确定性和银行经营活动的信息不对称性所造成的技术性、操作性和管理性风险，同时市场经济体制下的商业银行本身还具有管理和化解风险的客观功能。

具体到中国当前的实际，中国经济是处于体制转轨过程和高速发展的经济阶段，经济关系、法律制度和经济政策处于不断的调整和变化过程之中，产业结构、金融结构也在不断变动，国际化程度不断提高，这使得银行风险的形成和表现形式更具特殊性和复杂性。

---

① 国内外一些学者认为中国银行体系的不良资产是计划经济遗留下来的，但实际上我国经济改革已进行了 20 多年，我们脱离计划经济也有不少年了，最新的权威性分析表明，我国计划经济时期（即使包括 20 世纪 80 年代的许多年份在内）的不良资产只占目前不良资产总额的 1/3 左右，中国银行体系的风险和不良资产主要形成于改革之后的经济转轨过程之中，其中 20 世纪 90 年代呈明显的增长势头。厦门大学金融研究所课题组的一项抽样调查结果显示：国有商业银行的不良贷款增幅 20 世纪 90 年代以来均高于贷款总量的增幅。见《经济研究》1999 年第 5 期。

1. 从利率风险来看，虽然近几年银行普遍存贷利差趋于扩大，但早几年高息揽存引起的存贷利率倒挂，以及存贷资金利率档次偏少等因素导致的商业银行收入明显减少，可以预见，随着利率市场化改革的推进，利率将进一步由资金供求决定并波动更加频繁，必将使国有商业银行面临更加严峻的市场利率风险挑战。

2. 从外汇风险来看，1996 年底人民币已实现了经常项目下的可自由兑换，国有商业银行外汇经营的环境发生了很大变化，国有商业银行开始更多地开办外汇资金拆放、外汇买卖、外汇资本市场及外币市场业务，相应地，商业银行已面临外汇头寸管理的汇率风险、外汇交易的变动风险、外汇信贷风险、外汇金融衍生商品的交易风险及国家主权风险等各类现实的外汇风险，尤其是对于外汇风险识别和管理能力相当不足的商业银行来说，外汇风险的挑战更为严峻。

3. 从操作风险来看，国有商业银行的问题较突出。在实际的银行经营管理过程中，因账务设置不合理，业务流程和组织分工不当，制度和操作规程不严谨、技术手段落后、信息不对称、人员素质不高等原因给银行造成损失的案件已经大量存在并不断出现。

4. 从道德风险来看，主要是指银行经营管理者在得到第三方面保障的情况下，只负责决策而不承担责任给银行造成损失的可能性，这一风险在信息不对称的情况下，已相当普遍地存在于包括我国在内的新兴市场国有银行体系之中，并越来越引起人们的关注和重视。

中国在经济转轨过程中存在的另一个问题是政府的过度行政干预产生的银行风险。尽管随着金融体制改革的逐步深化和完善，国有商业银行逐步获得了相对的经营自主权和独立性，但由于政府职能转换滞后，尤其是银行产权制度改革不够深入，使政府干预银行工作的现象仍然经常发生。政府对银行的干预往往表现在五个方面：一是地方政府热衷于上规模、上项目，搞低水平的重复建设，铺底资金和资金缺口要求银行弥补；二是干预银行贷款投向，要求银行信贷服从地方计划和党政机关的个人意志；三是要求银行对亏损企业发放贷款，用信贷资金作为扶贫、就业和救济资金；四是随意减免企业债务，冲减银行信贷资金，逃债废债；五是给不服从政府干预的银行领导出难题等等。这些不规范的政府干预行为直接加剧了商业银行的经营压力和风险，成为巨额不良资产产生的重要原因之一。

总之，由于转轨时期新旧体制交织并存，市场体制不健全，法制约束不严，导致金融领域大量"寻租"活动的产生，给金融机构违规和违法操作留下了余地和空间。转轨时期是一个旧的规章制度失去效力而新的规章尚未形成的时期，由此出现了许多监管上的真空和漏洞，这使许多不利于金融秩序稳定、不利于商业银行稳健经营的违规、违法活动得以滋生和发展，进而导致了国有商业银行的各种风险。

二、市场化改革使银行风险日益凸显

以往其他发展中国家的金融市场化改革，基本都是以传统金融发展理论为指导，实行以利率市场化为核心的金融市场化改革。对于中国来说，依然是基本沿着这一思路逐步推行金融领域的市场化改革。我们把这一过程称之为"金融转型"，即由传统金融通过金融转型，建立现代市场金融体制。在这一转型过程中，我们所面临的环境是非常严峻的。

就利率市场化改革来说，到目前为止，包括国债市场、金融证券市场和企业债券市场在内的全部金融市场的利率已经基本实现了市场化；包括同业拆借市场，银行间债券市场、贴现、转贴现和再贴现市场等在内的货币市场都已基本实现了利率市场化；外币市场利率市场化也基本实现；存款金融机构的贷款利率浮动幅度基本不再对银行利率的选择构成太多的约束。虽然国有商业银行的存款利率仍未完全实现自由化，但是相对于资本项目的开放以及金融机构准入的自由化，中国的利率市场化改革已经可以说是先行一步，走得更远，推行得也更为深入。

伴随着利率市场化改革的推进，中国国有商业银行首先要面对的就是由于利率波动幅度及变动频率的增大所带来的不确定性给其带来的利率风险，具体可以分为重新定价风险、基本点风险、内生选择权风险和收益曲线风险，这些风险将会伴随中国利率市场化改革的始终。由于长期实行固定利率，我国国有商业银行普遍缺乏利率风险管理意识以及利率风险管理的经验，随着利率市场化程度的加深，利率的变动将会使国有商业银行越来越多地暴露于利率风险之下，这也给国有商业银行的风险管理带来了新的课题。

目前，国有商业银行的主要借款人都是国有企业，利率市场化过程中利率的升高，会给原本就已经步履维艰的国有企业带来沉重的债务包袱，这不但会增加银行的信用风险，也会降低银行的资产质量，造成银行的资产损失，增加国有商业银行的流动性风险。

此外，利率市场化改革将给予银行资产的自主定价权，这使国有商业银行作为金融企业的主体特征也会越来越突出。一方面，这意味着国家将逐步放松对信贷规模的控制，将其主动权交给商业银行，商业银行可以根据市场供求、风险状况以及借款人的资信来自主决定其信贷规模，这有可能会引起信贷膨胀的风险抬头，如果监管和调控措施滞后，就会在很大程度上带来信贷风险的增加。另一方面，各商业银行作为金融市场的主体，可以自主决定不同资产的利率水平，这必然会使各商业银行之间的竞争加剧，从而增加国有商业银行的经营风险。

三、对外开放带来新的银行金融风险

对外开放带来的银行金融风险问题包括以下几个方面的内容：

1. 加入 WTO 带来的风险

银行业的开放是一个国家金融市场开放的标志之一，因此，银行业的开放在金融市场对外开放中自然是首当其冲。这就意味着中国金融市场在加入 WTO 后将直面金融全球化的挑战。中国国有商业银行虽然在本土化、客户关系、网点分布等方面有自己的优势，但是与外资银行强大的经济实力、高效的运营效率和先进的管理技术相比，国有商业银行劣势也是十分明显的：资产规模小、资本充足率低、不良资产率高、盈利能力差、产权不明晰等无一不是国有商业银行面对外资银行竞争时的硬伤。按照中国入世的承诺，2006 年底金融市场将全面开放，到时国有商业银行面临的就不仅仅是国内同行的竞争，更有外资银行的激烈争夺。如果国有商业银行不能解决自身问题，及时提高自己的竞争力，就很有可能会在内外夹击中面临被蚕食鲸吞的命运。①

2. 资本账户开放带来的风险

伴随着金融市场的对外开放，资本项目的管制也将逐步放松。对于中国这样的发展中国家来说，开放资本账户，必然会引起资本的大量流入。诸多国际经验表明，资本的过度流入，不但会引起银行的过度冒险行为，造成银行信贷的过度膨胀，从而使商业银行面临更加艰巨的决策和管理任务，还会引起资本流动易

---

① 具体分析请参阅本书第四章第三节——加入 WTO 与国有商业银行风险。

变性的增加，从而使银行面临着更大的风险和更为严峻的挑战。①

3. 人民币汇制改革带来的风险

由于近年来中国国际收支顺差数量逐步加大，在 2005 年底，中国的外汇储备余额达到 8189 多亿美元。从 2004 年起，美国、日本等国不断给中国施加压力，要求人民币升值和加快改革现行人民币汇率制度。结合国际国内形势和我国改革开放进一步深化的考虑，2005 年 7 月 21 日，中国人民银行发布公告，我国开始实行以市场供求为基础、参考一篮子货币进行调节、有管理的浮动汇率制度。人民币汇率不再盯住单一美元，形成更富弹性的人民币汇率机制。并宣布当日人民币对美元汇率上浮 2%。随着人民币汇率制度改革的深化，人民币汇率将更加频繁波动，商业银行将进一步面对汇率风险，银行汇率风险管理的复杂性和难度也将不断增加。②

4. 对外开放将增加金融危机爆发的可能性

还有一个不容忽视的问题，就是伴随着我国金融市场的对外开放，中国金融市场与国际金融市场越来越融为一个整体，一旦他国爆发金融危机，可能会殃及我国国有商业银行，为国有商业银行带来巨大风险。在东南亚金融危机中，中国之所以未被波及，一个重要原因就是中国包括银行业在内的金融市场对外开放程度还较低，中国的资本项目尚未对外开放。随着我国金融市场的进一步开放，如果再爆发类似的大规模的国际金融危机，国内银行业，包括国有商业银行将很难再次幸免于难。

四、科技进步给商业银行带来新风险（以发展电子货币为例）

科技创新和进步既给银行业带来业务的发展和突破，由此带

---

① 关于资本账户的开放带来的风险问题，在本书第四章有详细论述。
② 详见本书第四章第四节。

来经营成本的下降和可观的利润，但同时也带来新的风险。这是银行业必须面对的新问题。这里以商业银行发展电子货币为例，分析阐述这一问题。

（一）电子货币

关于电子货币的研究随着互联网的发展正方兴未艾，这里首先从探讨电子货币的含义着手分析。电子货币的定义有很多，其中以巴塞尔委员会 1998 年发布的关于电子货币的定义和国际清算银行的定义比较权威。

巴塞尔委员会认为：电子货币是指在零售支付机制中，通过销售终端、不同的电子设备之间及在公开网络（如 Internet）上执行支付的"储值"（stored value）和预付（prepaid）支付机制。国际清算银行把电子货币定义为以电子形式储存于消费者持有的电子设备，依现行货币单位计算的货币价值。

国内学者的研究中，比较有代表性的关于电子货币的定义有：（1）电子货币是以金融电子化网络为基础，以商用电子化机器和各类交易卡为媒介，以电子计算机技术和通信技术为手段，以电子数据（二进制数据）形式存储在银行的计算机系统中，并通过计算机网络系统以电子信息传递形式实现流通和支付功能的货币（高嫒，1999）。（2）用一定数额的现金或存款从发行者处兑换并获得代表相同金额的数据，通过使用某些电子化方法将该数据直接转移给支付对象，从而能够清偿债务，该数据本身即可称作电子货币（赵家敏，2000）。（3）电子货币是指在继承传统货币的交易行为自主性、交易条件一致性、交易方式独立性、交易过程连续性等特性的基础上，与传统货币在价值尺度上保持固定的兑换关系，通过预先储存的货币价值，利用网络和电子设备作为交易媒介的一类便利支付工具（邓顺国，2004）①。

从以上定义，我们可以把电子货币包括的内容分为两大类：一类是"卡基"类，发行"卡基"电子货币的机构包括银行、信用卡公司、电信公司、大型商户和各类俱乐部等；另一类是"数基"类，"数基"电子货币完全是基于数字的特殊编排，依赖软件的识别与传递，不需要特殊的物理介质。只要连接上网，电子货币的持有者就可以随时随地通过特定的数字指令完成支付，例如电子支票。

（二）电子货币的风险问题研究

电子货币是一种特殊的现代信用货币，"信用货币"本身存在一些风险，比如被伪造、偷盗、假冒、发行失控等，同样也存在于电子货币之中。早在1996年，巴塞尔委员会和国际清算银行发布的《电子货币安全》文件中，就强调了电子货币可能面临的设备仿造、假冒数据与软件、更改交易信息、偷盗、赖账（repudiation of transactions）等危险。1997年在十国集团发表的《电子货币》报告中，又强调了利用电子货币"洗钱"、犯罪等问题。因此，与传统货币相比，电子货币在发展过程中，面临着一些特有的风险问题。从国外的一些实践情况及国内的一些学者的相关研究来看，发展电子货币存在的主要风险问题有以下几种。

1. 流动性风险

流动性风险是指网络金融机构没有足够的资金满足客户兑现电子货币的风险。风险的大小与电子货币的发行规模和余额有关。发行的规模越大，用于结算的余额越大，发行者不能等值赎回其发行的电子货币或清算资金不足的可能性越大。通常，电子货币的发行者，不会也不需要保持同其发行余额等值的100%的

---

① 邓顺国：《网上银行与网上金融服务》，清华大学出版社、北京交通大学出版社2004年版，第109页。

准备。目前，大部分的电子货币发行者是以既有货币（现行纸币等信用货币）所代表的现有价值为前提发行的，是电子化、信息化了的交易媒介，还不是一种独立的货币。交易者收取电子货币后，并未最终完成支付，还需要从发行电子货币的机构收取实际货币，相应地，电子货币发行者就需要满足这种流动性要求。当发行者实际货币储备不足时，就会产生流动性危机。流动性风险也可由网络系统的安全因素引起。另外当计算机系统及网络通信发生故障，或病毒破坏造成支付系统不能正常运行时，还会影响正常的支付行为，降低货币的流动性。

2. 安全性风险

电子货币的安全性主要是指在使用电子货币进行支付，在交易信息传递过程中金额、卡信息（如密码和持卡人身份证等信息）传递的安全问题，电子货币系统是电子化的数字系统，其安全性必须得到保证。当前，安全性风险已成为商业银行发展电子货币的一种现实风险，也已成为人们关注的焦点。电子货币，尤其是电子现金无法利用物理手段防伪，只能依赖于加密算法、数字签名等技术手段，如何防止伪币大量出现造成的系统损失甚至瘫痪就是一个十分严重的问题。

"电子假币"不同于纸币假币。纸币假币是近似的仿冒，比如利用彩色复印手段复制等，假币不可能与真币完全一样；而电子货币的仿冒必须完全相等，只有掌握了电子货币的编码技术，才有可能伪造，如果不了解技术机密，根本不可能伪造。因而，电子假币在技术上与电子真币完全一样，而且只要掌握了关键技术和数据，伪造起来轻而易举。同时，如果一个电子货币系统受到黑客的恶意攻击，其发行者就面临着是否接受与赎回其发行的电子货币的两难选择。如果同意赎回消费者未使用的余额，伪造者就可以在瞬间造出大量的假币，使发行者破产；如果不同意赎回消费者未使用的余额，就会产生大量的司法纠纷，同样也会面临破产的危险。另外，消费者的身份数据（如信用卡号和密码）也可能被盗用，除财产损失外，还可能引起诸如透支责任、合约责任等纠纷。

3. 法律风险

法律风险主要是指由于网络金融立法相对落后和模糊而导致的交易风险。电子货币在我国还处于起步阶段，许多法律法规尚未明确，如在电子货币的市场准入、交易者的身份确认、电子合同的有效性确认等方面尚无完备的法律规范。因此，在网络金融条件下利用电子货币提供或接受金融服务，签订经济合同就会面临有关权利与义务等方面的相当大的风险，容易陷入不应有的纠纷之中，使交易者面临关于交易行为及其结果的更大的不确定性，增大了电子货币的交易费用。另外，还有一类法律风险源于一些电子货币类型的完全匿名性，它使"洗钱"、欺诈、逃税等犯罪活动更加方便。对于由此产生的问题，特别是跨国犯罪问题，目前还没有特别有效的治理手段。

4. 发行者风险

发行者风险主要是指对发行者发行电子货币行为的控制问题。随着电子信息技术发展的突飞猛进，利用电子手段进行支付的需求越来越高，而创造电子支付手段的难度却越来越低。大量企业、社会机构、私人部门（俱乐部）都有可能发行或变相发行电子货币，这就使如何控制电子货币发行者就会成为一个大问题。

目前，对发行者的管理主要分为两类：一是对主体资格的限制，如德国、意大利规定，只有信贷机构可以发行多用途电子货币；二是对发行行为的限制，如按日本《预付卡法》的规定，商家与发行者同为一人（2-party issuers）时，发行电子货币只需向大藏省备案，其他发行者（3-party issuers）则需要先在大藏省登记。但也有一些国家（如美国）对发行者没有限制。无论采用哪种办法，实际运行中都存在一些问题。

另外，电子货币发展规模的扩大可能会带来庞大的国际游资，目前全球的国际游资数额超过了任何一个国家的国民生产总值。电子货币出现后，各种市场主体将会利用其便捷的电子化手段和较低的交易成本经常性地调整货币的持有结构，减少手持现金和活期存款的比例，增加以追逐高额短期回报为目标的金融资产比例，从而可能形成更大数量的国际游资（Hot Money）。同时，电子货币的"无形性"使其活动失去了时间和地域的限制，交易过程更加不透明，导致国际投机资本的运作更具隐蔽性和复杂性，其与金融监管当局之间的信息不对称程度将趋于严重，增加了金融当局对其进行控制的难度。大量国际游资的突发性转移无疑将引致金融市场的波动，而电子货币的快速传播特征又会使这种波动迅速蔓延，造成整个金融体系的不稳定。

第三章　国有商业银行制度性
风险成因分析

　　上一章介绍了国有商业银行的风险状况，在此基础上，本章以制度经济学理论为主要分析工具，探讨国有商业银行风险的制度性成因。结构安排如下：第一节对国有商业银行风险成因进行一般分析；第二节主要探讨国有商业银行产权制度风险；第三节着重讨论国有商业银行内部控制制度风险；第四节分别从我国现行分业经营制度和中央银行监管体制两个方面，分析其与国有商业银行风险的关系。结合实际情况，本章的分析主要是围绕着国有商业银行资产业务中的信贷风险来展开的。

第一节　国有商业银行风险成因的一般分析

一、对国有商业银行风险成因的理论分析

　　银行信贷风险产生的原因一般被归结于借款人本身经济条件和外部经济环境存在不确定性。而借款人本身经济条件和外部经济环境之所以会存在不确定性，原因在于市场有不完全信息的缺陷和经济人的有限理性。一方面，市场不能提供有关借款人本身经济条件和外部经济环境的完全信息；另一方面，商业银行在有限理性的限制下，不能对未来做出完全预期。因此市场的不完全

信息和经济人的有限理性是信贷风险产生的根本原因。

正因为存在市场的不完全信息和经济人的有限理性，所以商业银行贷款业务的经营需要在一系列内部与外部制度的安排下进行。制度安排提供了不完全信息条件下商业银行和借款人所应遵循的行为规范，对商业银行和借款人的有限理性进行激励与约束。如果这些制度安排存在缺陷，就不能有效约束商业银行和借款人的行为，从而造成信贷风险。因此银行风险的产生就需要考虑商业银行内部与外部制度因素。

1. 商业银行风险产生的内部制度因素

商业银行内部制度主要由产权制度和内部控制制度构成。产权制度是商业银行法人产生的制度基础。如果商业银行产权制度存在缺陷，商业银行法人就会有人格上的缺陷，从而进一步削弱其作为经济人的有限理性。而商业银行的有限理性正是其内部控制制度存在缺陷的根本原因。内部控制制度是商业银行内部各要素的运转机制，也即是银行业务经营的实现机制。内部控制制度的缺陷一方面将导致人力资本要素的载体——经理和职员利用市场信息不完全的缺陷从银行业务中牟取私利；另一方面会导致商业银行不能有效管理风险。

2. 商业银行风险产生的外部制度环境

中央银行监管制度①与社会信用制度构成银行业务经营的外部制度环境。中央银行监管制度主要对商业银行进行激励与约束；社会信用制度则主要对借款人进行激励与约束。中央银行监管制度的缺陷可能导致商业银行高风险经营；而社会信用制度不健全，借款人就没有如约还款的激励。即使借款人具有还本付息的经济能力，也会利用信用制度的缺陷设法拖欠贷款或赖账来获

---

① 对商业银行的宏观金融监管可能由一个或几个部门来实施，如我国目前主要由银监会管理，但传统上一般都由中央银行负责。

取额外的收益。

虽然制度安排提供了不完全信息条件下商业银行和借款人所应遵循的行为规范，但是制度安排本身也是有限理性下的产物，因此不存在完全有效的制度安排。于是有限理性的借款人所固有的机会主义倾向，就会在市场不完全信息的条件下显露出来：一方面，借款人在申请贷款时可能隐瞒不利于贷款申请的信息，骗取银行贷款；另一方面，借款人在获得贷款后，可能不守信用，隐瞒贷款的使用情况，违反信贷协议，私自改变贷款用途，或隐瞒收入和财务状况，故意拖欠银行贷款。正由于信贷风险的产生与借款人信用有关，因此银行风险主要表现为信用风险或违约风险。

通过以上的粗线条分析，可以将商业银行风险的成因归结为两类：一类是制度性因素，主要与经济人的有限理性有关，由商业银行业务经营的内外部制度安排和社会信用制度的缺陷造成。另一类是市场性因素，主要与信贷市场不完全信息的缺陷有关，包括贷款风险无法完全预期和存在借款人利用信息不完全欺骗银行的可能性。据其成因，可以把商业银行风险分为两类：制度性风险和市场性风险①。由于经济人的有限理性与市场不完全信息的缺陷对银行风险的影响互为条件，制度性信贷风险和市场性信贷风险并非截然分开，而是相互结合，共同作用，构成了商业银行信贷风险的主体。虽然还存在自然灾害和国家政治、军事事件导致的风险，但因其偶然性而不在商业银行风险的主体之中。

二、对国有商业银行风险成因的现实分析

造成目前我国商业银行不良贷款居高不下，信贷风险加剧的原因是非常复杂的，可以从不同的角度去分析。但无论是制度性

---

① 由于篇幅所限，关于国有商业银行市场性风险，将在下一章中专门展开分析。

风险还是市场性风险，我们都可以从主观方面和客观方面找到原因。因此，大致可分为外部原因和内部原因两个方面。

（一）外部原因

1. 体制转轨与银行信贷风险

在高度集中的计划经济时期，国有金融制度安排是中国人民银行集中央银行和商业银行于一身的"大一统"银行制。国有企业资金几乎全部由财政供给，人民银行只负责对国有企业发放少量流动贷款。而国有企业缺乏自生能力及预算软约束，致使国有企业的资源配置效率越来越低下，政府不得不进行由计划经济向市场经济的改革。在经济转轨过程中，国有企业仍然缺乏自生能力，同时必须承担经济转轨的政策性负担，致使政府不得不继续对国有企业提供资金支持。但是，政府又进行了"放权让利"的改革，国民收入分配格局迅速向居民部门倾斜，造成财政收入迅速减少，国家财政无力承担向国有企业供给资金的重任。在这种情况下，政府急需一种新的金融制度来聚集分散于居民部门的金融资源，以提供国有企业所需的资金。于是，政府从 1979 年开始相继重建和成立了中国农业银行、中国银行、中国人民建设银行和中国工商银行四家国有专业银行，自此人民银行只承担中央银行职能，由四家国有专业银行分享商业银行职能。国有专业银行一经成立，就开始替代财政为国有企业提供信用资金支持。1985 年，政府实行"拨改贷"改革，国有专业银行正式替代了财政。此后，国有专业银行不仅包揽了国有企业流动资金的供给，而且越来越进入固定资产投资领域，甚至提供社会保障性质的安定团结贷款。这些贷款都是应政府要求而发放的政策性贷款，国有专业银行没有选择的余地。虽然政策性贷款暂时满足了国有企业的资金需求，但是大多数贷款最终成为不能按时收回的不良贷款。而国有企业缺乏自生能力的局面并没有多大改变，传统体制下财政为主时代的预算软约束变成了信贷软约束，而且因为政府的权力下放，在国有产权内部，形成了银行产权归中央，企业产权归地方的产权格局。各地方政府为了本地区利益尽量向银行要贷款，而银行按行政区划设置分行则为地方政府干预银行信贷提供了便利，导致政策性贷款的增长超出了中央编制的信贷计划。为了解决政策性贷款问题以及与国际银行业接轨，1994年，政府先后批准成立了国家开发银行、中国农业发展银行和中国进出口银行等三家政策性银行，专门承担政策性贷款业务，以分离政策性金融与商业性金融。1995年《商业银行法》的颁布正式确认了国有专业银行为商业银行，至此，国有金融制度安排又进入了一个新阶段。但是因为国有商业银行掌握着大部分的金融资源，所以大部分政策性贷款仍然要由国有商业银行承担[①]。表 3-1 反映了国有商业银行政策性贷款规模的变动情况。

表 3-1　国有商业银行的政策性贷款：1984～1996 年

年份	政策性贷款总额（亿元）	国有银行贷款总额（亿元）	政策性贷款占贷款总额的比重（%）	政策性贷款增长率（%）
1984	1266.21	4420	28.65	122.45
1985	1857.70	5906	31.45	46.71
1986	2340.36	7590	30.83	25.98
1987	2776.83	9032	30.74	18.65
1988	3286.82	10245.70	32.08	18.37
1989	4251.21	12064	35.24	29.34

---

① 我国的政策性贷款通常包括四部分：(1)基础工业和基础设施的固定资产投资贷款；(2)农产品收购和进出口产品采购所需流动资金贷款；(3)支持农业、扶贫、地方发展和科技开发贷款；(4)预算拨款贷款。参见高洪星、杨大勇：《经济转型期不良贷款与政策性贷款研究》，载《财贸经济》2000年第10期。

年份	政策性贷款总额（亿元）	国有银行贷款总额（亿元）	政策性贷款占贷款总额的比重（%）	政策性贷款增长率（%）
1990	5459.21	14759.80	36.99	28.42
1991	6781.70	17594.80	38.54	24.22
1992	7410.90	21081.70	35.15	9.28
1993	9322.60	25869.70	36.04	25.80
1994	11485.20	32441.20	35.40	23.20
1995	14159.70	39249.60	36.08	23.29
1996	16440.10	47434.70	34.66	16.10

资料来源：张杰：《中国金融制度的结构与变迁》，山西经济出版社 1998 年版，第 259 页。

从"大一统"银行制到中央银行与商业银行的分离，再到政策性金融与商业性金融的分离，改变的只是国家垄断产权形式的内部结构。而国有金融制度安排作为国有企业配套角色的性质并没有根本改变，为国有企业供给政策性贷款仍然是国有商业银行的主要任务。政策性贷款是政府以国家信用为担保，通过国有金融制度安排提供给国有企业的信用支持。当国有企业不能偿还政策性贷款时，国有企业与国有商业银行都不需要对政策性不良贷款负责。政府会以担保责任对政策性不良贷款负责。因此，政策性贷款所造成的风险就是国家信用制度风险。但是，国家信用制度风险的产生不仅仅在于政府担保，其更深层次原因在于国有商业银行没有贷款的自由。这就涉及到国有商业银行的产权问题。①

---

① 参见张杰：《中国金融制度的结构与变迁》，山西经济出版社 1998 年版，第 50 页。

2. 政府不适当干预

市场机制的作用在于能引导和协调人类的生产交换活动，而国家的作用是弥补市场的缺陷。政府通过行业管制促进市场有效竞争，防止过度垄断行为；通过制定各种法律规定，保证市场秩序，可以对市场起到积极的调节作用。但实际操作中，政府干预往往同时带来诸多的负面效应。这是因为，政府虽然具有管理经济的职能，但它不是直接的经营者，只能通过经济政策和经济手段从宏观上对银行施加影响。然而长期以来，我国各级政府却通过种种方式对商业银行的信贷活动进行过多干预，这无疑加大了银行风险。它主要表现在：

（1）政策失误，调控不当

政府干预经济生活的一个重要手段就是制定和实施宏观经济政策，但是如果经济信息搜集不准确和不及时，经济预测的不正确及决策程序的非民主化和非科学化，必然导致政策失误。政策失误不仅体现在政策的不正确和贯彻不力上，还表现在货币政策效应时滞导致的不能恰当掌握调控时机和力度上。改革开放以来，银行对资金的配置完全依靠行政手段计划分配实现的局面已有较大改观，政府已开始注意运用经济手段进行调节。但国家为了发展经济而采取的降低贷款门槛、调低贷款利率及相应的吸引企业贷款投资的政策却导致企业行为扭曲，对货币的需求量扩张性膨胀。在企业产权尚不明晰的情况下，企业基本上呈负盈不负亏，盲目贷款，造成大量呆账无法收回。

其一，管理体制未理顺，"统管"变成"统包"，企业成为银行资金的无底洞。20世纪80年代我国资金管理体制的一项重大改革，就是企业经营资金由原来财政包干改为由银行贷款、统一管理。这一改革的本意是想打破资金供应的"大锅饭"体制，但总体思路还是国家统一核算、统一管理，未考虑培育企业法人这个市场经济主体的客观要求。同时由于"拨改贷"只是形式上的转变，没有真正建立起银企之间的债权债务约束关系，这样，由银行统管企业流动资金就逐渐演变成由银行统包企业流动资金。现实中，国有企业普遍面临着自有资金比例过低、各种债务负担过重、缺乏自身"造血"机能、负债率偏高的困境。一些大中型国有工商企业净资产只占总资产的 10％左右，甚至更低，有不少企业资产负债率已超过 80％，自有流动资金只有 6％～7％。这种高负债经营的企业，一旦离开银行贷款便难以为继。结果是：银行成为企业的"银靠山"，企业没钱便找银行，而对利率高低和期限长短毫无兴趣，因为贷款可以不还，可以贷了又贷。在企业巨大的资金渴求下，银行信贷规模一再突破，正常的银企信贷关系已严重扭曲，造成银行不堪重负。在银行贷款数量急骤增长、规模不断突破的同时，贷款结构却在劣化、质量不断下降，银行不良债权越来越多，国有信贷资产大量流失。国有商业银行数万亿的不良贷款，主要就是在这样的背景下产生的。并且这些不良债权正通过各种形式和渠道迅速大量流失。

其二，经济形势的变化，宏观调控负效应显现。对 1988 年严重的通货膨胀治理中的"急刹车"、"硬着陆"带来随后几年中国经济的疲软，接着是 20 世纪 90 年代初宏观经济的放松。1993年下半年以前银行的信贷资金一直都比较宽松，很多企业都感觉到贷款并不难，当时不少地方掀起了开发区热、房地产热和股票期货投机热。不少企业纷纷买地建楼，而大部分的企业都向银行申请房地产开发贷款，由于企业有地有房，银行可以通过发放这部分贷款吸收企业的售楼款作存款，所以大部分银行都愿意发放这种贷款。到 1993 年下半年以后，国家实行宏观调控，紧缩固定资产投资，使得银行不再有新的贷款发放房地产开发贷款，造成很多开发企业断绝了这方面的融资途径，被迫减慢对固定资产的投资速度，甚至把整个投资计划暂停，造成很大的损失。这样一来，使得银行不但吸收不了存款，而且还难以收回原来的贷款，从而形成不良资产。这是由于经济环境的变化造成的。我国经济体制正处于由计划经济向市场经济过渡时期，现代企业制度尚在建立，市场经济运行机制尚待完善。在国家经济体制还未彻底转轨的前提下，商业银行贷款的发放一方面要兼顾国家计划调节的要求，另一方面又要根据市场导向合理地配置信贷资金。这两种方式的混合交叉必然增大贷款的风险。1993年下半年开始的宏观调控，直接导致了中国20世纪90年代中后期的经济紧缩和通货紧缩，国有商业银行的不良资产在这一时期形成高峰。

（2）地主保护主义

在市场经济条件下，商业银行如何发放贷款，对哪些企业发放以及发放多少，应由商业银行结合自身的资产负债情况，在遵守国家有关法规政策下进行择优选取。但是，由于银行作为政府的一个特殊部门的行政隶属关系的缘故，商业银行的地方化问题一直未能得到很好解决。各级政府为了在任期内使本辖区的经济发展大见成效，往往从自身的短期利益出发，以行政手段迫使银行给一些优先发展的项目贷款，而这些项目并不一定符合贷款的标准。不少"政绩工程"带来的银行巨额不良贷款便是有力的例证。尤其在政府不承担项目风险责任的情况下，银行贷款往往是没有安全保证的。

地方政府在自身经济利益的驱动下，往往还采取各种非经济手段对银行的业务经营进行干预，这在很大程度上造成了信贷资金质量的劣化；再加上一些地方政府法制观念淡薄，在银行依法收贷，向法院提出诉讼时出面干预，助长企业逃债，使银行的利益受到极大的损害。

（3）中央银行等宏观金融管理机构的独立性和监管能力不够

中央银行具有特殊的职能，主要表现在中央银行是发行的银行、国家的银行和银行的银行。在我国，体制上的不健全造成了对这三大职能的扭曲：作为发行银行，因需求膨胀转嫁形成的信贷收支不平衡，迫使中央银行发行货币弥补，失去了控制货币发行量的作用。作为银行的银行，不顾经济规律制约，无限扩张货币和信贷供应，使中央银行无法抵御外来力量的干扰，扩大了信贷风险。作为国家的银行，受制于政府部门，尤其是地方政府的干预，难以自主配置资金，使银行成为政府的附属机关。显而易见，这不利于银行从宏观上减少信贷风险。

在金融监控方面，我国尚未建立完善有效的监控机制。有些金融机构违规经营严重，中央银行和银监会未能及时发现并采取有效措施予以控制，致使风险加剧。

（4）财税制度不合理

改革开放以来，国家推行"减税让利"的政策，使政府财政在国民收入的初次分配中对资金的支配能力弱化。财政和国有银行是国家聚集分配运用资金的两大渠道。由于财政收入萎缩，必然挤占银行信贷资金。面对大量的经济建设资金供给任务，财政出现大量无法弥补的赤字，结果只能挤占银行信贷资金，其安全性和流动性却无法保证。

3. 企业体制不合理

目前，我国企业产权关系界定不清，利益激励机制与约束机制不对称，给银行信贷活动造成极大被动性。产权的本质在于通过确定和实施有效的规则约束，降低内部交易成本，增加和实现经济的剩余。如果产权能够明确界定，结构合理，经济主体交易各方就会力求降低彼此的交易成本，使资源利用率达到最大化，实现资源的优化配置。

我国国有企业与国有商业银行之间的借贷实质是同一所有者（国家）的不同部门之间的资金流动。所有权难以有效分开，产权僵化，难以流动，破产淘汰机制不规范，风险因素上升。这样，一旦企业出现问题，如资金周转不畅、管理混乱、亏损增加和效益下降等，银行信贷资金将面临直接受损的可能。

4. 企业经营效益差，经营者信用观念扭曲

企业的经营受到多种因素的制约，如资金来源构成、市场变动、人员组合、企业经营者经营管理水平、主要产品的更新换代等。从资金来源构成来看，前面已经提到，目前绝大部分国有企业自有资金不足，对银行的依赖性严重，自身承担风险的能力差，致使贷款风险性大；从市场因素来看，市场发生变动，企业产品转化为商品的风险性大，进而影响贷款的安全；人员组合搭配失当，影响劳动者积极性的发挥，进而影响到产品的生产和销售不能顺利完成，影响银行贷款的正常偿还。不少有识之士认为，当前国有企业中普遍存在的怠工现象的危害比失业造成的损失更大。另外，企业经营机制尚未完善，企业经营缺乏自我约束能力，企业短期行为严重，迄今许多企业还没有真正实现与市场的对接，在现实的市场环境中，难以实现正常效益。在这种情况下，银行大量的贷款被企业消耗殆尽。曾经风靡一时的企业承包制，由于承包人的短期行为严重，贷款能推则推，能拖则拖；有的企业实行转制，每次变更法人代表，则"新官不理旧账"，造成贷款无法收回；有的企业停产整顿、被收购兼并、解散或破产，银行贷款被架空；有的企业明关暗不关，让银行挂账停息；有的企业连年亏损，资不抵债，银行收贷无望；有的企业多头开户，资金流向隐蔽，有意逃避银行的监督，沉淀贷款无法收回；有的企业怕还贷后再贷困难，故意有钱不还，任其逾期；有的企业利用转换机制的机会，变相甩开银行债务；等等。企业经营者

这些扭曲的信用观念,是造成银行贷款质量下降,信贷风险剧增的一个重要根源。

5. 法律制度不健全

20 世纪 90 年代中期以来,虽然陆续出台了《中华人民共和国人民银行法》、《中华人民共和国商业银行法》、《中华人民共和国担保法》和《中华人民共和国票据法》等诸多法律,但这些法律本身存在内容不够细化、全面的问题,而且有些法律条文还有待商榷、修改。如《中华人民共和国担保法》,对保证行为中的诸多问题未作规定或规定不明。再如我国《企业破产法(试行)》规定以破产方式终止企业法人资格时,债务人只有以实有资产清偿债务的责任,并免除了其不能偿还部分的清偿义务,使得有的债务人有利用破产逃避债务的动机。

另外,法律与国家的有些政策规定相抵触,使得银行在保全银行债权方面有法难依。如《企业破产法(试行)》中规定"债务人不能清偿到期债务,债权人可以申请宣告债务人破产"。而国务院《关于在若干城市试行国有企业破产有关问题的通知》中又规定:"在实施企业破产中,采取各种有效措施,首先要安置破产企业职工,保持社会稳定",这使得债权人在向法院申请债务人破产时,要先提出安置破产企业职工的方案,债权人往往无法拿出安置方案。实际中,这就使债权人无法适时申请债务人破产,以最大限度减少债权损失。

一些地方政府和企业法制观念淡薄。由于信用风险的加剧,银行信贷管理基本上建立了担保抵押制度。但由于产权界定、抵押拍卖和银行处置权都缺乏法律依据,加上银行缺乏专门的法律人才,使抵押、担保形同虚设。银行实行的担保、抵押制度,因法律措施不配套,往往使银行得不到公平的待遇。如某企业用厂房在某银行基层行抵押贷款人民币 800 万元,由于企业经营效益差，贷款拖了几年未还，仅利息就达 400 多万元，企业已名存实亡，后经法院判决，厂房拍卖，仍是由银行找买主，最后是银行不得不贷款给买主买下厂房，算是解决了这桩官司，但包袱仍然得由银行来背。现行企业破产条例先工资、税款、职工安置，最后才考虑银行贷款的偿债顺序，对银行这一最大债权人非常不利，银行贷款得不到应有的保护。一般情况是，企业破产，财产处理后，银行连贷款利息都无法收回，更不用说本金了。还有一些地方政府法制观念淡薄，在银行借助法律武器依法收贷，向法院提出诉讼时，就出面干预，致使银行的正当权益得不到保障。

第二节　国有商业银行产权制度及其风险

一、产权与法人所有权的制度经济学分析

按照德姆塞茨的定义，"产权是一种社会工具，其重要性就在于事实上它们能帮助一个人形成他与其他人进行交易时的合理预期。这些预期通过社会的法律、习俗和道德得到表达。产权的所有者拥有他的同事同意他以特定的方式行事的权利"。"产权的一个主要功能是为人们将外部性内在化提供激励"，从而增进经济效率①。产权有三个基本特征：可分割性、排他性和可交易性。可分割性指的是产权所包括的各种权利可以分割开来；排他性指产权的独占性和垄断性，取决于产权界定的明晰程度；可交易性指的是产权全部权利的永久让渡或产权部分权利在一定时期内的让渡。产权对其拥有者而言既是权利也是责任。因此产权对其拥有者有激励与约束的功能。产权界定得越清晰，权利与责任

---

① 科斯等：《财产权利与制度变迁》，上海三联书店、上海人民出版社 1994 年版，第 97~98 页。

的对称关系就越明确，产权的激励与约束功能就越强大。

在功效上，完全的产权等同于所有权。所有权通常包括对财产的占有权、使用权、收益权和转让权。当引入有限责任成立现代法人公司以后，企业的所有权和企业的法人所有权就分离成两个不同的概念。企业的所有权是指股东拥有企业的剩余索取权和剩余控制权。简单说，剩余索取权指的是对企业利润的要求权，而剩余控制权则指的是在合同中没有特别规定的活动决策权①。而企业的法人所有权则是指企业作为一个独立的法人主体，对企业财产的所有权。企业的所有权和企业的法人所有权通过企业的法人治理结构相互结合。企业的法人治理结构是一系列的制度安排，是所有者与经营者之间的权利分工与权利制衡机制，其目的是实现所有权与经营权的相互分离。有效的法人治理结构应当能够通过权利部门的分开设立，实现所有者投票权、决策权、监督权三权分立与制衡，保证由决策部门委托的职业经理享有代理企业全部法人产权的权利。职业经理代理的法人产权越完全，企业就越能成为人格化的法人。

二、国有商业银行的产权特征

1. 所有者虚置与政府垄断产权

国有商业银行作为一级法人，对国家投入资本所形成的法人财产应当享有占有、使用、收益和转让等权利，而国家作为所有者只应当享有对银行的剩余索取权和剩余控制权。但是在国有商业银行国有独资的所有权结构下，银行的法人产权制度存在天生

---

① 关于产权与所有权的定义参见张维迎：《企业理论与中国企业改革》，北京大学出版社 1999 年版，第 70～71 页。关于产权的特性与功能参见袁管华：《开放条件下的国有商业银行制度创新导论》，中国社会科学出版社 2000 年版，第 82～83 页。

的缺陷——所有者虚置①。所有者虚置指的是国有商业银行不存在最终的具体的所有者。原因在于国有商业银行属于全民所有，而全体国民由于散布在广大的地域范围，不可能聚集起来行使对银行的所有权，因而只能由国家的代理人——政府来代表全体国民行使对银行的所有权。银行只有名义上、法律上的所有者，但在实际运作上只有代理人，而没有真正的所有者。其结果是造成了政府对银行所有权的完全垄断，从而不存在能够分离所有者投票权、决策权与监督权的法人治理结构。政府能够凭借对银行所有权的完全垄断，进一步垄断银行的法人产权。

2. 企业管理组织异化为政府行政组织

虽然，国有商业银行建立了由职工代表大会、党委会和工会组成的法人治理结构来分别行使投票权、决策权与监督权。但是，由于职工代表大会和工会都没有代表全体国民的民事行为能力，投票权、决策权与监督权实际上都在政府手中，政府的权利行使不受任何制约。于是，政府就通过行政式的政府—行长委托代理制垄断了银行产权。政府为各级行长设定行政级别实行官本位制，再通过行政式的委托代理关系委托行长代理银行产权。行长的实际身份是政府官员，直接听命于政府。这样，政府就通过行长的代理而垄断了银行产权。政府可以直接命令行长向国有企业供给政策性贷款，从而导致大量政策性不良贷款的产生。因此，政府垄断银行产权的制度安排是政策性不良贷款产生的制度根源，也就是国家信用制度风险产生的根源。

三、国有商业银行产权的二重结构与外部性问题

如果国有银行只能经营政策性业务，则银行产权属于政府所

---

① 所有者虚置会导致"内部人控制"问题，即代理人利用所有者虚置控制剩余索取权的问题。由于内部人控制反映的主要是政府及其代理人在所有权上的争夺，因此本书关于产权问题的讨论不涉及内部人控制问题。

有可以确定，产权的可分割性和排他性仍然满足。但是，政府为了经济发展的需要而允许国有银行有经营一部分商业性业务的权利，银行就拥有了一部分自有产权，由此产生了银行产权的二重结构问题。在银行产权结构里政府产权与银行自有产权并存。但是政策性业务占国有银行业务的大部分，因此政府产权居于垄断地位。国有银行产权二重结构问题的核心在于：产权的可分割性是否满足？也即是，政府产权与银行自有产权是否能够界定清楚？如果能够界定清楚，产权的排他性就能满足，政府和银行分别行使各自所享有的权利并对行使权利所造成的结果承担责任；如果界定不清，产权的排他性不能满足，政府与银行的权利—责任关系也会界定不清，就会产生权利与责任不对称的外部性问题。政府和银行的一方可能行使了权利，却利用权利—责任关系的界定不清而把自己应当承担的责任推给对方。

先从贷款业务来看，政府拥有经营政策性贷款的权利，银行拥有经营商业性贷款的权利。虽然政策性贷款经营与商业性贷款经营使用的是同样的银行法人财产，但是政府与银行各自的权利仍然可以界定开来：政府拥有经营政策性贷款的优先权，银行法人财产必须先由政府占有、使用。政府的优先权可以看做是政府通过市场准入限制和利率管制为银行创造垄断地位的回报。这样，政府权利被事先给定。在政府权利被满足的前提下，银行可以运用其法人财产从事商业性贷款经营，赚多赚少是银行的事情。也即是，银行法人财产的收益权由银行享有。政府之所以没有分享收益权，一是因为政府的利益在于政策性贷款本身，而不是政策性贷款经营的结果；二是因为政府希望银行独享收益权，能激励银行改进经营管理，降低经营风险，逐步向现代商业银行靠拢。但是，收益权不仅跟贷款业务有关，也跟存款业务有关。所以，还需要考虑存款业务的情况。

在存款业务方面，由于不存在政策性存款与商业性存款的划分，吸收存款的权利由政府与银行共享，因此产权的可分割性与排他性都不能满足。在权利方面界定不清，就会造成责任方面也界定不清。因为政府与银行不能确定任何一笔给定的存款到底是被用于政策性贷款业务还是被用于商业性贷款，所以政府与银行都必须承担所有存款的兑现责任。银行对存款的兑现责任的承担以银行破产为限。但是政府为了维持政策性贷款的供给不会让银行破产。于是就发生了政府责任对银行责任的替代：银行对存款的责任只限于满足日常兑现，这实际上没有任何风险；而一旦出现支付危机，就是政府的责任。这意味着，银行享有商业性贷款的经营权，而不必承担由于商业性贷款经营不善所导致的破产风险。于是外部性问题出现，银行可以搭政府的便车，享有权利而不必负责任。在银行权利的使用失去约束的情况下，收益权对银行的激励必然导致银行对权利的滥用。银行会为了追求高收益而发放高风险的商业性贷款，从而造成大量的商业性不良贷款。

因此，银行二重产权结构所导致的外部性问题破坏了产权的约束功能，是商业性不良贷款产生的重要原因。

四、二重产权结构对行长的激励与约束

国有商业银行的二重产权结构制度决定了行长[①]具有双重身份：作为政府官员经营政策性贷款业务与作为银行经理经营商业性贷款业务。由于政府产权在银行二重产权结构中居于垄断地位，因此在行长的二重身份中政府官员身份是行长行为的决定因素。

对行长政府官员身份的激励与约束来自于政府，而非来自于银行产权。作为政府官员，行长的主要职责是执行政府的命令，

---

① 这里所说的行长，通常是一个指称，代表拥有一定权利的国有商业银行管理者。

完成发放政策性贷款的任务，其个人目标是追求官职的升迁和政府的表彰。行长为了实现个人目标只有做出"政绩"：迅速扩大资产负债规模，完成政府分配的任务。因此，行长往往会采取粗放型经营策略，只关心"政绩"的大小，不关心贷款质量的高低和银行收益的多少。由此导致行长受到的激励越大，银行的经营风险也就越高。

　　作为银行经理，行长的职责是经营好银行，创造银行收益。其个人目标是追求经理人的自我实现和个人收益最大化。由于银行的基本内部控制制度由政府决定，只有一部分商业性贷款经营权的行长注定是银行经营的失败者，无法成为成功的经理人。因此，银行产权对行长的经理人自我实现目标激励不足。但是，银行的二重产权结构却为行长个人收益最大化目标的实现创造了条件。其原因在于：其一，二重产权结构所造成的外部性问题使行长享有商业性贷款的经营权，而不必受银行破产的约束；其二，国有独资银行产权制度所存在的所有者虚置问题使行长几乎不受监督约束。由于约束不足，行长就产生了利用商业性贷款经营权牟取私利的激励。行长之所以会牟取私利，是因为行长的个人目标与政府的利益并不一致，并且行长是有限理性的经济人，具有机会主义倾向。而行长之所以能够牟取私利，根本原因在于政府与行长之间的信息不对称。根据信息经济学理论，政府与行长的委托—代理关系发生后，行长在银行经营方面拥有信息优势：一是因为行长比政府更了解银行的业务经营；二是因为政府不可能完全监督行长的行为。因此，存在行长利用信息优势滥用权利牟取私利，损害政府利益的可能性①。这种可能性被称为道德风

---

　　① 由于代理人与委托人在利益上不一致，并且存在道德风险，因此委托人必须设计出有效的制度安排来激励与约束代理人，使代理人行为与委托人利益一致，称为激励相容。而有效的产权制度安排是实现激励相容的最基本前提。

险。由于银行产权对行长的约束不足，导致银行存在严重的道德风险。这充分反映在行长利用商业性贷款经营权牟取私利上[①]。

由于政府通过利率管制实行低利率政策，从而形成了民间资金市场利率高于银行信贷市场利率的双轨利率体制。对于非国有企业和得不到政策性贷款的国有企业而言，只要得到一笔国有银行商业性贷款就能节约一笔利息成本，也就意味着获得了一笔利差租金收益。因此，企业有强烈的商业性贷款需求。而且，因为市场利率是风险的量度，企业的风险越高，需要支付的利率也越高。因此风险越高的企业从商业性贷款中能够获取的租金收益也就越多，从而风险越高的企业对商业性贷款的需求也就越大。由于国有银行商业性贷款数量有限，就引起了企业争夺商业性贷款的寻租活动。拥有商业性贷款经营权的行长就能利用职务之便参与寻租活动。通常，风险越高的企业能够给予的租金也越丰厚。行长有对高风险企业发放贷款的倾向。由于银行产权制度对行长约束不足，行长能够轻易逃避政府的监督，不负造成商业性不良贷款的责任[②]。

五、政府垄断产权与产权的可交易性

政府垄断国有商业银行产权造成的另外一个产权问题是破坏了国有银行产权的可交易性。由于政策性贷款的回收率极低，银行资本金受到侵蚀，增长机制也被破坏，而银行的资产规模又必须不断扩张以供给政策性贷款，这就造成了银行资本金比率的低下。在此状况下银行之所以没有出现流动性危机，是因为：政府

---

① 实际上，由于政策性贷款有规模限制，行长也会利用手中可以控制的贷款规模对政策性贷款进行寻租。但是政策性贷款的责任已经由政府承担，所以本书只讨论商业性贷款寻租的情况。

② 斯蒂格利茨和魏斯（1981）指出，由于信息不对称，信贷市场上的逆向选择行为使得仅仅依靠利率不再能够确保市场达到均衡，这个时候会出现"信贷配给"现象，需要其他方面的信息来帮助银行选择借款。

以对所有存款的兑现责任为银行提供了信用担保，而居民部门相信政府的信用担保，其储蓄资源源源不断流入银行体系，就造成了银行存款的迅速增长。截至 2005 年底，中国的居民储蓄存款余额已突破 14 万亿元人民币，而且存款额仍在急剧增长。银行的流动性也由于存款的持续迅速增长得以保证。因此，银行产权依存于政府担保。银行产权买断交易成立的条件就变得十分苛刻。或者买断方能够将银行资本金补充到足够满足流动性需求；或者买断方能够替代政府的责任保证，维持银行存款的迅速增长。由于银行资产规模十分庞大和政府拥有强制经济力量，很难找到满足交易条件的买断方。这时，银行信用实际上就已异化为国家信用。

六、国有商业银行产权体制改革中需要澄清的误区

过去的一些年里，在国有商业银行改革过程中，要不要借鉴国际规范和基本做法进行产权改革，特别是股份制改造，在认识上是不统一的，在实践中也曾存在着徘徊观望的状况。笔者认为，在这一问题上，有如下认识上的误区需要加以澄清。

1. 现存国有商业银行的产权是否清晰

目前仍有人认为，国有商业银行的产权是明晰的，所有权属于国家，国有资产管理局（现改为"国资委"）代表国家对国有商业银行行使所有者的职能。[①] 而笔者认为，目前国有商业银行的产权并不明晰。所谓产权明晰，从国家的角度来看，就是要对企业每一部分经营性的国有资本都有明确的投资主体，而这个投资主体又全权行使所有者的权利，并且承担相应的责任。这样就改变了国有资产所有者职权分散、无人负责的状况。目前，企业中的国有资产，从归属意义上来看，其产权是明确的，国有资产

---

① 参见《金融时报》2000 年 12 月 7 日文章《国有商业银行的性质和改革方向》。

国家所有，国务院代表国家行使所有者职能。但这是一个非常笼统的概念，而对企业中的每一部分国有资产，还没有明确界定哪一个机构来全权负责，这种谁都可以管，谁都不负责的状况是国有资产流失的重要原因。现在的体制实际上是整个的政府机构都在行使所有者的职能，这是政府部门多头干预企业的体制基础。产权明晰，对企业而言，就是要使所有者的代表进入企业，形成本企业的权力机构、决策机构和监督机构，改变国有企业所有者缺位的状况。在我们的国有企业中有劳动者、经营者，但所有者缺位，因此不能构成本企业的权力机构、决策机构和监督机构。① 同其他国有企业一样，目前国有商业银行存在着产权主体单一而且产权关系模糊的问题。银行资本中到底哪些是国家的，哪些是集体的，哪些是属于个人的，都没有明确的界定，相互之间的责权利关系不能准确地划分。即使是国有资本，谁来真正代表所有者，如何才能保持国有资本的保值和增值等，都没有得到很好的解决。总之，笔者认为，产权明晰是指终极所有者的清楚、明确，而我国现存国有企业包括国有商业银行产权体制，只有中间代理人，国务院也好，财政部也好，国资委也好，主管部门也好，都只是代理人，但恰恰就找不到最终所有者。因此，其所有者是模糊的、缺位的。

2. 国有商业银行是否需要进行产权改革特别是股份制改革

有人认为，国有商业银行改革，主要是内部经营管理机制的转换，而不是什么产权改革，更不是股票上市。但笔者认为，如果国有商业银行不进行产权改革和制度创新，就难以适应市场经济的运作，就不能真正转换经营管理机制，就不可能建立现代金融企业制度，国家银行向真正意义上的商业银行的转轨也只是一

① 参阅陈清泰：《关于建立现代企业制度需要进一步探讨和澄清的几个问题》，载《管理世界》2001 年第 4 期。

句空话。有人甚至指出，国有商业银行经营机制的转换如果不是建立在产权体制改革的基础上，其前景很可能是暗淡的，甚至最终以失败告终。在产权制度尚未进行根本性的改革之前推行银行商业化，必然使商业银行行为异化，国有财产也将会不断地被蚕食、流失，这自然有悖于银行商业化改革的初衷。商业银行实行股份制，可以比较有效地理顺国有产权关系，实行政企分离和所有权与经营权相分离，建立起多元投资主体制和现代法人治理制。这也是当今国际性大型商业银行的企业组织与管理的主要形式。然而，目前仍然存在着认为金融组织不能实行股份制的认识。事实上，银行股份制是所有权关系的改革问题，是可以和它的业务经营管理权分离的。因此，把银行股份制与国家金融政策调控需要对立起来的疑虑是不必要的。国家的决策者应制定更有突破性的改革政策措施和方案，以推动更多的商业银行向股份制发展。同时，国有商业银行作为外向型全方位发展的大型商业银行，实行股份制改革后，将会大大改善其治理结构，提高经营管理水平和国际信誉，有利于与国际接轨，参与国际合作与国际竞争。

3. 国有独资的产权模式是否符合现代企业制度的基本要求

按照国际规范和做法，现代企业制度有如下基本特点：（1）产权体制上的多元投资主体制，现代公司产权体制的一大特色就是投资主体的非单一性，它是由多个投资主体（股东）构成的；（2）经营管理上的委托代理制，现代公司一般实行"两权"分离的经营管理方式；（3）有完善的激励和约束机制。我国的《公司法》与美国的比较接近。美国基本上以个人产权为主，占人口60%的 1.3 亿人都是公司股东。日本则以法人产权为主，企业法人相互参股，被称为"法人资本主义"。据统计，1999 年日本个人持有的股票只占 22.6%。如果按股票时价金额计算则只占20.5%，而 70%以上的股票是由各种法人，即银行、保险公司和大企业等所持有。但不管是美国模式还是日本模式，其基本特点都是投资主体的多元化。而从我国目前推行现代企业制度的试点企业的情况来看，据统计，国有独资公司占80％以上。有些专家指出，这并不是真正意义上的现代公司改造，而是"翻牌的国有企业"，因为它不符合现代企业制度的基本前提。如何构造我国多元的产权主体？专家们认为，小企业用民营、租赁方式更合适；关键问题在于大中型企业，大中型国有企业的产权改革应基本上坚持走股份制道路。日本的法人股权结构模式似乎更适合我国情况，以法人产权为主，逐渐演化，非私非国，保持公有制，同时，其独立性又很强，形成相对集中的股权结构，由大的法人股东作主，最终建立起我国非国有但公有的产权制度和法人治理制度。

4. 是否银行只有国有国营才能控制国民经济命脉、执行国家政策和承担金融宏观调控的任务

事实上，只要我们考察一下中外各种性质的银行机构，它们都毫不例外地要贯彻执行国家的金融政策、配合完成金融宏观调控任务的，问题是它借以实现的形式和手段。在计划经济体制下，由政府以行政手段的直接干预形式来实现是一种选择，而在市场经济体制下，通过商业性经营的市场金融形式来实现，也是一种选择。实践证明，后者比前者会更有效地实现宏观调控和国民经济的发展目标，并在微观上也更有效率。我们既不能把国有国营视为商业银行执行国家政策与调控金融的唯一手段，历史已证明这种调控方式存在着极大的局限性和容易导致失误，也不能把商业银行的产权组织形式的不同以及实行商业化经营与执行国家政策、实施宏观调控直接联系起来甚至对立起来。[1] 此外，那

---

[1]　参见王涛《国有专业银行向商业银行转换的几个问题》，载《国际金融导刊》1999年第2期。

种一说到要控制国民经济命脉就非要采取国家所有的产权控制方式来实现的思维方式和做法主张也是很值得商榷的。世界各国经济发展史已充分证明，国家对国民经济的控制权并不与国家经济所有权完全画等号。笔者认为，目前国有商业银行产权改革与股票上市后，国家仍绝对控股的做法只是一个过渡现象，它只是中国渐进式改革模式在这一改革领域的反映罢了，并不意味着这就是改革的最终目标。

第三节 国有商业银行内部治理结构、控制制度及其风险

一、国有商业银行治理结构①的现状及其风险

（一）国有商业银行治理结构的特点

国有商业银行的公司治理结构正在变革当中，主要有以下几个特点：

1. 从所有权结构来看，国有商业银行是国有独资，国家是唯一的股东。国家对国有商业银行具有完全的控制权和剩余索取权。

2. 从资本结构来看，国有商业银行的资本结构比较单一，基本是一级资本中的国有所有者权益为主，没有优先股；但在外国商业银行中，不但有一级资本，而且也有诸如优先股、次级债务这样的二级资本。债务资本主要是广大存款人的储蓄存款、企事业单位的存款。

3. 国家行使出资人的权利主要是通过政府部门的外部监督

---

① 有些研究文献认为，公司治理包括内部治理和外部治理两个部分，外部环境（如市场组织、法律制度、宏观监管等）也是公司治理的一个有机组成部分。本书只是从狭义的角度，即从公司内部自身的角度来谈公司治理结构的。

来进行的。财政部主要从出资人的角度对国有商业银行的财务状况、税收情况、费用情况进行审查和监督；人民银行（现在主要是银监会）代表广大存款人的利益对国有商业银行的日常经营管理进行监督检查；审计署代表国家对国有商业银行进行审计监督；国家经贸委对国有商业银行不良资产处理、呆账核销等方面进行直接的审查；中央金融工作委员会、中央组织部、国家人事部对高级员工进行选拔、考察任命。事实上，这些活动都是作为外部人角色来监督的。

4. 国有商业银行内部决策机制中，总行党委处于决策地位，近似于股份制商业银行的董事会；处于经营管理层的行长班子成员基本都是党委委员，决策机构和执行机构没有分开，相互制衡的关系不很明确；国有商业银行的监事会刚刚成立，发挥的作用还有待进一步检验。

5. 国有商业银行组织结构采取一级法人、授权经营、分支行制。国有商业银行是典型的多级委托代理组织，委托代理链比较长，并且按照行政区划设置分支机构，因而委托代理成本和管理成本比较高。

（二）国有商业银行独特的运行机制

有一个问题是我们必须思考的，按道理，国有商业银行的资本充足率距离《巴塞尔协议》的基本要求还有一定的距离，国有商业银行存在大量的不良资产，远远超过银行正常风险防范的基本标准，但为什么国有商业银行没有出现挤兑的现象，没有出现真正的破产，反而存款不断上升，还能够不断地为企业和居民提供贷款支持，还能够不断地扩大业务服务范围，其主要原因就是因为国有商业银行具有独特的资本结构。

在国有商业银行的资本结构中存在着一个十分奇特的虚置资本现象，这是决定中国国有商业银行体制的关键因素（张杰，

1998）。具体而言，虚置资本现象是作为出资人与所有者的国家并不直接对国有商业银行注入真实资本，而是以国家信用充当资本份额，也就是所谓担保性注资。国有商业银行之所以在资本比率迅速下降的情况下能够继续提供信贷供给，在很大程度上是依赖于这种担保性注资。这种担保性注资其实是虚拟的，需要一个真实的资本载体，居民储蓄充当国家担保性注资的真实资本载体。

国家无力为国有商业银行注资，但却有能力提供担保。国家对国有商业银行提供足够的担保，并使其树立一个强金融的形象，提高了公众对国有商业银行体系的信心，社会公众基于对国家银行、国家信用的信任，认为国家银行不会倒闭，存款放到国家银行是绝对安全的。

其实国有商业银行是在国家信用的担保下，通过向储蓄者举债进行债务性注资的，这种以债务性注资为核心的资本结构的精妙之处在于，来自储蓄者的这一注资并不改变产权结构，因为债务性注资在资本结构中占的比例再大，也只是一种债权而不是所有权。这样，国家一方面不需要拿出钱来，避免对财政的压力；另一方面，国家银行并没有放弃金融控制和国有产权。储蓄者拿了钱，但并没有取得广大的金融产权。

在国家提供担保的情况下，国有商业银行吸收存款本身具有一部分国家注资的性质，正是基于此，各家银行才不惜一切代价相互争夺个人部门的储蓄，因为吸收的存款越多，就等于得到更多的国家担保性注资。国有商业银行对国有企业的贷款也是由于国家有形无形的担保，本来应该是商业行为的贷款变成国家对国有企业的注资了。

国家作为注资人、出资人，它无法通过退出权来保护国有产权，因为国家退出的成本更高。既然如此，国有商业银行的理性反映自然是利用国家无法利用退出权来实施惩罚的弱点和信息不对称,通过增加在职消费等办法,最大限度地增进自身的利益,增加国有商业银行的经营成本,也可能采取损害国有产权的机会主义行动,而把国家政策干预形成的呆账以及自身经营中产生的大量呆账甩给国家。

在这种机制下,老百姓的存款要让国家负责,银行的不良资产要让国家负责,企业脱贫解困要让国家负责,其结果就是银行风险的不断积累,国家承担最后风险。要解决这些问题,关键是解决如何处理国有产权的问题,如何确定国家的定位问题。必须减少风险、控制风险、分散风险,才能保障银行体系的稳定,减少银行危机发生的可能性。

(三) 国有商业银行治理结构中存在的主要问题

我国现行国有商业银行的治理结构的特点是所有权与行政权合一、所有权与经营权合一。不可否认,这种结构有利于利用国家的政治优势和国家信用力量,促进国有商业银行的快速成长。但在国有商业银行也积累了许多问题,主要是不良资产比较高、资本金不足、管理水平比较低,业务创新能力不足,这种体制很难适应建立社会主义市场经济的需要,很难为国家调整经济结构很好地分配稀缺的资金资源。其主要问题是国有商业银行的治理结构存在很大的缺陷,这些缺陷已经越来越显著地影响到国有商业银行的经营效率和市场竞争力的提高,从而直接导致国有商业银行赢利性差,资本充足率低,营运成本高及不良资产多。其主要缺陷是:

1. 产权结构单一——国有独资

就像所有国有企业一样,国有商业银行也面临着如何提高国有产权的效率问题。国有商业银行的委托人是国家(政府),政府任命、监督行长,并对银行提供资本金。因而国有商业银行根本就不存在内部所有者，纯粹是外部投资人。国有商业银行的所有权和控制权的分离程度高，代理问题实际上更为严重。另外，国有商业银行名义上国家所有，但到底应该由谁完全代表国家作为国有财产的真正所有者行使国家财产的所有权，并真正承担起国家财产所有权的所有者责任；由谁在获得了与国家财产所有权相对应的收益的同时，承担起与国家财产所有权相对应的可能损失的责任，这些问题尚不明确。从信息经济学的角度讲，由于信息的不对称性，要将优秀的人才选择到经营者的岗位本身就是一件很难的事。政府官员要花费很大的经历来选择经理，但选择经理的业绩和他自己的实际所得又没有直接的关系，这也就注定政府官员不会像真正的所有者那样更关心经营者的水平和素质。政府官员有权利选择银行行长却不为其选择负责任，这也就出现了各级政府官员通过掌握的投资权、人事权、财务权进行寻租。从国有商业银行产权关系来看，国家作为其产权的主体，必须拥有对国有商业银行的控制权和剩余收益索取权，要求国家不管、不监督国有商业银行，实际上是对国家所有权的一种侵害。而国家作为超经济力量，不仅具有纯经济性质的权利，而且还具有法律、行政等超经济的权力。这就决定了国有商业银行具有内在的政企不分，甚至政企合一的制度特征。

2. 经营目标多元、绩效难以衡量

过渡经济中，国有商业银行被赋予了利润最大化与金融支持双重职能，要求响应政府业已存在的金融支持政策的要求，加快重点公有经济部门的资本形成，推动经济结构调整。这一功能的赋予使作为代理人的国有商业银行行长面临双重委托目标：一方面，国有商业银行承担着实现国有资产保值增值的使命，要求以利润最大化作为经营目标；另一方面，要求自觉地作为国家推行产业政策的工具，加快重点公有经济部门的资本形成，促进经济结构调整。

国有商业银行缺乏对董事会、经理层和员工的有效的、市场化的、公开透明的监督、评估机制。国家作为所有者和社会经济调控者的双重角色，使得其对国有商业银行提出的经营目标在事实上也是双重的，这使得对国有商业银行的实际经营状况难以进行清晰有效的考核和评估。

3. 制衡机制缺乏、决策效率低

目前国有商业银行的决策机制主要是外部监管决策和内部决策相结合的机制。国有商业银行的外部监督相当多，而且比较乱，如何进一步分工是值得深入探讨的问题。人民银行和银监会代表政府对国有商业银行进行金融监管；财政部代表出资人，对国有商业银行的财务进行管理；国务院各部门，如经贸委、发展计划委员会均行使管理职能；审计署、金融工委、监事会进行监督；还有许多外部公共监管部门，如检察院、法院、工商局等。这些部门缺乏协调，谁也惹不得，谁也动不得。到底谁代表股东、谁代表存款者，应该进一步明确。按理说，外部监督的部门不能说不多，监督的次数不能说不够，监督的程序不可谓不严。但为什么还不能保证国有商业银行的稳健经营呢？关键是这些措施的制定不能保证激励相容，监督的成本高，激励的效率低，所以被监督者的积极性没有调动起来。银行的经营管理，外部监督固然重要，但是外部监督一般是事后的，由于信息天然的不对称，监督和反监督的博弈一般么是被监督者逃避了监督，要么是付出特别多的监督成本才使信息的真实性发生作用。所以说，外部监督是成本很高的监督，效果未必好。国有商业银行内部没有建立公司治理结构的基本范式，尤其没有在现代银行中处于决策中心地位的独立的董事会，使得决策机制、制衡机制不健全，容易造成决策失误和道德风险。

4. 组织机构庞大、委托代理链长、代理成本高

国有商业银行是典型的多级委托代理组织。在既有的国有商业银行制度安排下，国家是第一级委托人，国有商业银行总行的行长是第一级代理人，国有商业银行实行的是一级法人体制，上级行和下级行之间是授权经营的关系，因此总行和一级分行、一级分行和二级分行、二级分行和支行，支行和分理处、分理处和储蓄所及各个营业部门，营业部门和员工之间都有委托代理关系，即层层授权，层层代理，导致委托代理链过长。委托代理层次越多，代理成本越高，委托代理链越长，信息损失越多，上级行的控制力越弱。

我国国有商业银行规模的巨大与代理链条的过长，容易产生银行管理层的"官僚失灵"。我国国有商业银行的行政科层组织设置实际上类似一种官僚机构。由于庞大的管理层造成银行组织的成本增加，效率下降，即"官僚失灵"。产生的原因是，在大银行中，各层官员出自经济人的本性与职位竞争压力考虑，在信息传递过程中总是根据利弊作出取舍，既放大自己的权力，又规避了竞争的风险。其结果是，非但不能充分沟通信息，甚至有可能互相隐瞒信息，加大信息不对称程度。银行的规模越大，层级越多，信息不对称性就越突出，这就使得委托人为谋求代理人的积极合作需要付出的信息租金成本成倍放大。

政府垄断国有商业银行产权的目的在于控制金融资源和为国有企业提供政策性贷款。但是，中央政府对国有企业进行的放权让利改革造成了企业产权归地方的局面。而中央政府为了控制全国金融资源必须把银行产权握在手中，从而形成了企业产权归地方，银行产权归中央的国有产权格局。由此造成了银行向企业供给资金的不便。为了解决这个问题，中央政府把银行分支机构按行政区划层层设置，实行多级经营多级管理体制，称为"一级法

人，多级经营，集中领导，分级管理"。一方面，各地区分行与本地区企业能够结成密切的利益关系；另一方面，每一级地区分行都多多少少拥有经营决策权，就能及时满足本地区企业的资金需求。虽然，多级经营、多级管理体制经历了一些变化，从总行、省行、市地级行三级管理，县级行一级经营，到总行、省行、市地级行三级管理，总行、省行、市地级行、县级行四级经营，再到强调银行一级法人制。但是，银行内部权利的下放与上收并没有改变按行政区划设置分支机构的多级经营、多级管理体制。因为，只有按行政区划实行多级经营、多级管理才能使银行的中央产权与企业的多层次地方产权连接在一起。只要银行与企业的产权格局不发生根本改变，这套经营管理体制就不可能发生根本改变。

虽然，这套经营管理体制方便了银行发放政策性贷款，但是却不利于银行对政策性贷款的发放进行控制。一是按行政区划设置分支机构一则造成银行的委托代理链条过长，不利于银行的内部控制；二则方便了各地区政府干预本地区银行业务，使银行产权的一部分实际上落到了地方政府手中。二是实行多级经营、多级管理造成了授权管理的混乱，导致多头管理、政出多门。几方面原因相结合，出现了一套政策性贷款发放上的"倒逼机制"。由于银行内部控制混乱，贷款三查制度有名无实，方便了各地区企业少报项目所需贷款额度，使贷款能在本地区银行的权限之内得以批准。等到资金缺口出现时，企业再通过地方政府逼银行继续追加贷款。下级银行则将地方政府的压力向上级银行层层传递。倒逼机制实际上是地方产权倒逼中央产权的机制。倒逼的结果往往是中央政府出于整体利益考虑不得不向地方政府妥协。因此，国有商业银行的多级经营、多级管理体制不仅是中央政府政策性贷款的实现机制，也是地方政府政策性贷款的实现机制。

5. 国有商业银行内部人控制、代理问题严重

在政府和国有商业银行之间、国有商业银行上级行与下级行之间，都普遍地存在明显的"内部人控制（Insider control）"的问题，即基本上无须承担财产风险的经理人员和下级行员工共同取得了对国有商业银行资产的事实上的控制权和支配权，这种控制权和支配权使得经理层和员工合谋运用银行的资产为局部和个人牟取利益。这被经济学界视为转轨经济中国有企业在公司化过程中的内生现象（青木昌彦，1995）。四大国有商业银行都在一定程度上存在内部人控制问题，各级银行行长在其管辖范围内事实上或依法掌握了控制权，他们的利益在银行战略决策中得到充分的体现。由于事实上各级银行行长和内部员工的利益是相一致的，他们更可能共谋获得超出竞争性标准的报酬。各级银行普遍存在的内部人控制，使得从市场上选择经理变得越来越困难。例如，在缺乏以利润为导向的、清晰公平的评估考核机制下，国有商业银行的一些经理人员就发现，增加利润上交而得到上级的好评，远不如隐藏利润用来内部分配而获得个人福利和员工的拥护来得实惠。国有商业银行近年来不断增长的管理费用就是一个简单的证明。

6. 信息披露机制不健全、经营数据失真严重

透明度和真实性是治理结构的基础环节。商业银行的透明度问题在治理结构中是很重要的一个环节，也是一个银行制度问题。透明度问题其实也还是一个信息的问题。透明度问题就是要解决股东和经营者之间、管理者和被管理者之间、监管者和被监管者、上级行和下级行之间的信息对称问题。如果对一些重要信息缺乏了解，或者得到的是歪曲的信息、经过加工过的数据，那么如何行使监督权和决策权就是一句完完全全的空话。国有商业

银行的不良资产问题、利润问题、账外经营问题、非法经营问题等都是一道难解的谜。国有商业银行的信息披露机制缺乏，数据真实性差，给银行经营管理带来很大困难。

二、国有商业银行内控制度及其风险

内控制度是银行的自我约束机制，是银行信贷风险防范的制度基础。其内容主要包括：组织结构控制、授权控制、职责分离控制、人事控制、金融交易风险控制、业务操作程序控制、内部会计控制和内部稽核①。银行信贷风险防范的效果在很大程度上取决于内控制度的完善与否。内控制度的完善包括两个方面：一是内控制度要健全，能够涉及银行的各项业务、各个层面，并且各项业务、各个层面的权责要明确；二是内控制度的建设要能够跟得上银行风险的变化。虽然，国有商业银行已经建立了一套内容比较齐全的内控制度，但制度不健全与制度建设滞后的问题仍然很严重，不利于银行的信贷风险管理。

1. 内控制度不健全集中表现在内控制度的执行缺少制度上的保证，导致许多内控制度实施不力

这主要有两个原因：（1）组织结构不合理，组织控制乏力②。一是由于所有者虚置，银行法人治理结构不健全，缺少监督部门，行长的权利缺乏约束，增大了银行的道德风险；二是在纵向上按行政区划实行多级经营、多级管理，造成委托代理链条过长，决策、管理层次多，加深了委托—代理双方信息不对称的程度，进一步增大了银行的道德风险；三是在横向上按贷款种类设置信贷部门，形成了工商信贷部、技术改造或项目信贷部、房

---

① 参见赵晓菊：《银行风险管理——理论与实践》，上海财经大学出版社1999年版，第317～324页。

② 参见李炳炎，徐银芬：《金融深化改革与金融风险防范对策》，中国经济出版社2000年版，第279～280页。

地产信贷部、国际业务部等自成体系的权利中心，不利于统一管理。而且，由于各部门贷款种类划分的方法不一致，造成各部门之间权责交叉，各部门之间扯皮的事情时有发生，不利于加强信贷管理。(2) 内部稽核部门缺乏独立性与权威性[①]，难以履行稽核职能。内部稽核部门负责对银行各项经营管理活动和责任履行情况进行检查、监督与评价。因此，内部稽核制度是确保内控度实施的制度安排。内部稽核制度的有效性取决于内部稽核部门的独立性与权威性。而国有商业银行内部稽核部门的人事控制、经费开支受制于行长，其独立性与权威性得不到保障。内部稽核部门一旦查出问题直接涉及到银行或者会影响行长的"政绩"，就不敢揭发出来。此外，在稽核方式上，内部稽核多以突击性现场检查为主，没有建立一套完善的非现场稽核制度，难以检查出问题。实际上，内部稽核制度的检查职能在很大程度上已经失效，其监督与评价职能也就无法发挥作用。

正由于组织控制乏力，内部稽核职能又无法发挥作用，造成了行长的绝对权威，商业性贷款的发放由行长一个人说了算，信贷风险防范的内部控制制度失去作用。例如，国有商业银行内一人身兼数职的情况很普遍，职责分离制度执行不力；人事控制中的岗位轮换与离任稽核制度也难以落实；而至于信贷业务的操作程序控制，则经常出现反程序操作和跳程序操作问题。贷款"双签"程序与贷款三查程序未能严格执行。总之，内部控制制度不健全导致制度执行不力，是目前国有商业银行内部控制制度的最大问题，严重影响了信贷风险的防范。

---

　　①　内部稽核的独立性主要包括业务上的独立性与部门设置上的独立性。参见赵晓菊：《银行风险管理——理论与实践》，上海财经大学出版社1999年版，第324页。

2. 内控制度建设滞后充分反映在银行风险控制制度的建设上

由于以行政命令方式发放的政策性贷款占国有商业银行贷款业务的大部分，造成国有商业银行风险意识淡薄，风险控制制度的建设十分落后，没有建立一套能够有效控制银行风险的风险评估、规避、预防、分散、转移和补偿机制。尤其反映在风险评估方面缺少企业信用评级制度；在风险预防方面缺少风险预警系统；在风险分散方面缺少风险分散的金融工具，分散渠道单一。

第四节 分业经营制度、银行监管制度与 国有商业银行风险

一、分业经营制度与国有商业银行风险

由于在 1992 年，国有商业银行资金通过银行经营的证券公司和信托投资公司大量流入股市和房地产业，造成严重的金融秩序混乱。政府从 1993 年开始，在全国金融系统推行分业经营、分业监管的政策。随后，由 1995 年颁布的《商业银行法》和 1998 年颁布的《证券法》正式确立分业经营、分业监管的制度。其基本要求是：银行业、信托业、证券业和保险业分开运作，从公司组织、股本结构到人事安排，业务范围都要划分开来①。

政府推出分业经营、分业监管的制度安排主要目的是为了减少国有商业银行的金融风险，规范国有商业银行的运作。在金融体制改革步伐加快，而金融制度尤其是金融监管制度供给不足的情况下，实施分业经营、分业监管确实有其合理性，但是分业经营、分业监管只能是一种平定混乱局面的短期政策。1995 年，

---

① 参见李扬、王松奇主编：《中国金融理论前沿》，社会科学文献出版社 2000 年版，第 199 页。

国有专业银行转变为商业银行，运作模式逐渐向现代商业银行靠拢，分业经营对国有商业银行的不利影响也就逐渐显露出来。虽然分业经营免除了银行经营证券和信托、保险业务的风险，但是却增加了银行从事信贷业务的风险。因为从本质上说，多元化经营是一种分散风险的机制，而非增加风险的机制，单一业务的经营风险可以由其他业务分担，在正确的经营策略下，多元化经营的风险能够小于单一业务经营风险之和。具有分散风险的功能正是多元化经营存在的原因，而分业经营则剥夺了国有商业银行分散风险的机会。由于国有商业银行只有贷款和政府债券两种资产业务，银行的经营风险几乎全部集中在贷款业务上，极大增加了银行的信贷风险，因此，分业经营是造成国有商业银行不良贷款迅速增加的一个重要原因。从某种意义上说，分业经营体制使商业银行风险更加集中。而且国内银行分业经营制度与国际银行业混业经营的发展大趋势也是不合拍的。

二、中央银行监管制度①与国有商业银行风险

中央银行监管作为国有商业银行业务经营的外部约束，对国有商业银行风险的防范作用主要体现在三个方面：（1）对银行资本充足率的监管；（2）对银行持有资产的监管；（3）对银行经营范围的监管。虽然，政府相继颁布了《人民银行法》、《商业银行法》和《商业银行资产负债比例管理监控、监测指标》作为中央

---

① 2003 年，我国从中国人民银行分离出中国银行业监督管理委员会，由中国银行业监督管理委员会行使对银行业的监督管理权，而中国人民银行则专门行使货币政策职能。但实际上，由于中国人民银行具有"防范和化解系统性金融风险，维护国家金融安全"和必要时充当"最后贷款人"的职能，中国人民银行仍具有对银行业的部分监督管理权。为了涵盖历史和现状，本处用"中央银行"一词来概指"代表政府行使银行监督管理权的所有机构"，既包括 2003 年以前的中国人民银行，也包括 2003 年以后的中国人民银行和中国银行业监督管理委员会。

银行监管的法律、法规依据，但是中央银行监管对国有商业银行风险的迅速增长并没有起到应有的约束作用。究其原因主要有三个：

1. 中央银行监管缺乏独立性和权威性

由于政府垄断了国有商业银行产权，以行政方式管理银行，政府对银行的行政监管就会排斥中央银行的法律监管。作为国有资产的所有者或监护人，政府首先必须关心国有资产的保值和增值，与国有商业银行存在着十分密切的利益关系；而作为宏观经济的管理者，政府同时必须站在中立的立场，对银行业实施合规性和风险性监管。这两个角色，一个是"运动员"，一个是"裁判"，立场必然相互冲突。虽然代表所有者的是财政部，代表监管者的是中央银行①，是两个同级的部门，形式上仍然相互独立，但实际上中央银行的金融监管往往受到财政部的制约，难以贯彻落实。这一点由资本充足率监管失效充分反映出来。政府要求国有商业银行为经济转轨供给政策性贷款，一方面导致了大量不良贷款的产生，削弱了国有商业银行资本金增长的基础；另一方面国有商业银行必须不断扩大资产规模，供给政策性贷款。这就造成了国有商业银行资本充足率长期低于《巴塞尔协议》规定的 8％的资本充足率要求。尽管政府于 1998 年 8 月增发了 2700 亿元特别国债用于充实国有商业银行资本金，也只是使国有商业银行资本充足率暂时提高到 8％以上。仅到 1999 年 9 月，四大国有商业银行资本充足率又分别下降到：工行 4.57％，农行 1.44％，建行 3.79％，中行 8.5％。中央银行本来应当对资本充足率过低的国有商业银行采取惩罚措施，但是由于政府的行政干

———————

① 更糟糕的是，在中国银行和中国建设银行的股份制改造过程中，中央银行又通过中央汇金投资有限公司成为商业银行的间接股东，既充当商业银行的股东，又充当商业银行的监管人，同时又是货币政策的制订和实施者。

预，中央银行只能听任国有商业银行扩大资产规模。各级政府对中央银行监管的行政干预不仅破坏了中央银行监管的独立性，也削弱中央银行监管的权威性，导致国有商业银行也敢于干扰中央银行监管。即便中央银行检查出问题，也只能对国有商业银行进行通报、批评等处罚，对国有商业银行没有多大约束作用。

2. 中央银行监管手段落后

中央银行监管开始时以现场监管为主，后来因为监管人员不足改为依据商业银行提供的各种报表实施非现场监管。但是，中央银行还没有形成系统的商业银行风险监管体系，缺乏专门的监管信息收集、加工、分析系统，既不能及时、全面地获取监管信息，也难以判断监管信息的真实性。

3. 分业监管制度存在监管上的漏洞

这充分反映在信贷资金流入股市问题上。在银行、证券分业监管制度下，各监管部门由于监管目标不同，相互之间又缺乏信息交流，导致监管口径不一，出现监管真空。企业往往将信贷资金在不同银行账户间进行转移，或者经由关联企业账户进行转移，进入证券经营机构账户，从而流入股市。

第四章　国有商业银行市场性风险分析

上一章对国有商业银行的制度性风险作了分析，本章将对国有商业银行面临的市场性风险展开探讨，以使我们对其所面临的风险有一个较为全面的认识和概括。由于商业银行面临的市场风险很多，本章密切结合中国的现实情况，着重从利率市场化改革、人民币资本账户开放以及人民币汇制改革和中国加入 WTO 等几个重要的方面展开论述。

第一节　利率市场化与国有商业银行风险

一、利率市场化的理论基础

20 世纪 20、30 年代到 50 年代，大部分国家都实行利率管制的政策。20 世纪 50 年代以后，众多实行利率管制的国家出现了通货膨胀日趋严重而失业率又不断上升的经济现象，因此产生了一股反对金融管制理论的思潮。这种金融自由化理论的复归表现为各种经济学派的崛起，并逐渐地在这些国家取代了金融管制理论的地位。

1973 年，麦金农和肖分别出版了《经济发展中的货币与资本》和《经济发展中的金融深化》。他们及其追随者对金融发展理论的一系列研究，最终形成了以这二人为代表的麦金农—肖学派，该学派的学说构成了传统金融发展理论的核心。麦金农—肖学派的主要观点有两个：一个是金融抑制论；另一个是金融深化论。金融抑制论认为，在发展中国家，市场极度不完全甚至市场缺失；金融市场分割和缺乏有效率的金融体系从而导致金融浅化，企业只能局限于内源融资。政府为了降低企业的融资费用，支持企业的发展，一般都对本国金融体系实行严格的控制和管制，其首要的工具，就是实行利率上限管制，同时辅之以高昂的准备金要求和强制性的信贷配给。在这样一个受抑制的金融环境中，持有货币的收益率，也就是实际利率，远远低于市场出清的均衡利率，甚至为负数。麦金农认为，这样的低利率往往会阻碍存款的动员，造成资源配置的低效率以及信贷配给的出现。肖也提出，发展中国家的金融抑制通过"扭曲利率、汇率在内的金融资产价格和其他手段，减低了实际经济的增长率，缩小了金融体系相对于非金融体系的规模。在所有情况下，这种战略都阻止了或减缓了经济发展过程……"。

对于如何消除发展中国家的金融抑制，使发展中国家走上金融发展与经济增长的良性循环道路，麦金农和肖给出了明确的答案，就是走以利率市场化为核心的金融自由化道路。肖在他的书中指出："而金融深化战略——金融自由化战略则始终促进经济发展。"在传统金融发展理论看来，金融自由化的目的就是保证利率处于均衡水平，其核心就是利率市场化。在金融抑制下，发展中国家由于过低的实际利率而造成存款动员不足和可贷资金不足，这与贷款利率上限管制所造成的超额投资需求相结合，最终造成发展中国家普遍存在的信贷配给。麦金农和肖认为，打破金融抑制，动员储蓄，促进经济发展，最主要的手段就是通过降低通货膨胀率和提高货币存款的名义利率来提高货币的实际收益率。这构成了传统金融自由化提高利率和利率自由化的理论依据。M. Fry（1978）对这一点进行了概括（见图 4-1）。

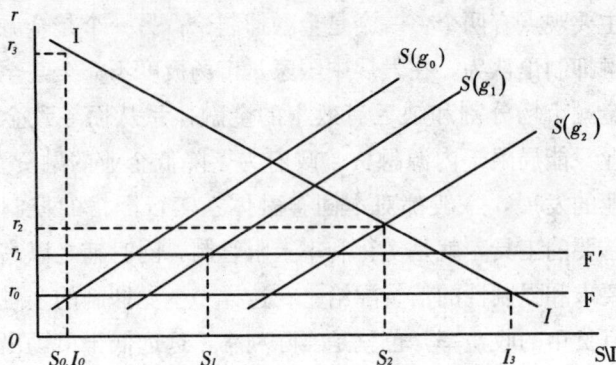

图 4-1 利率自由化与储蓄—投资

图 4-1 中，II 曲线（投资函数）是利率的减函数。$S(g_0)$ 代表经济增长率为 g_0 时的储蓄函数。Fry 把储蓄函数看作是利率和经济增长的增函数，直线 F 表示政府施加的利率上限。如果利率上限制施加于储蓄函数，实际存款利率被限制在 r_0 上，则所能形成的储蓄只有 S_0，从而可能的投资资金也就只有 I_0。但利率在 r_0 上，投资需求是 I_3，在这时，贷款利率就会上升为 r_3，这样，金融中介就获得了不合理的高额利润。假设同时存在存贷款利率的上限，贷款利率也被限制为 r_0，这时信贷市场处于供不应求的情况，信贷资金的非价格信贷配给就必然发生，从而造成投资效率低下和资源配置的扭曲。如果政府提高存贷款利率上限，如图 4-1，提高到 F'，也就是 r_1，则储蓄总额会相应的提高到 S_1，另一方面，贷款利率提高了，原来收益率低于 r_1 的项目就会被淘汰，这样投资效率就得到了提高。于是经济增长率也就相应的由 g_0 提高到 g_1，储蓄曲线由 $S(g_0)$ 移动到 $S(g_1)$。如果彻底放弃利率管制，利率完全由市场决定，那么，利率会上升到 r_2 水平，这时储蓄增加了，投资效率也提高了，市场处于均衡状态，经济增长也加快了。

　　不仅如此，麦金农还认为，经济增长和发展也会反过来促进金融体系的发展，提高储蓄倾向，从而实现金融发展和经济增长的良性循环。这一点体现在其修正的哈罗德—多马模型当中。

　　原始的哈罗德—多马模型没有考虑金融的因素，只是假定储蓄自动转化为投资，而这些投资的收益率被假设为相同。因此，有生产函数：

$$Y = \sigma K \tag{4-1}$$

　　上式中，Y 代表实际总产出或总收入，K 代表实际资本存量。σ 为产出—资本比率，哈罗德—多马模型假定为常数。哈罗德—多马模型还假定储蓄（投资）倾向仅仅是收入的一个固定比率 s。也就是说，

$$S = I = \mathrm{d}K/\mathrm{d}t = sY \tag{4-2}$$

　　（4-2）式中，t 代表时间。将（4-2）式代入（4-1）式，得到哈德罗—多马模型的基本表达式：

$$\dot{Y} = \sigma s \tag{4-3}$$

　　（4-3）式表示，均衡经济增长等于产出—资本比率同边际储蓄倾向的乘积。

　　麦金农认为，原始哈德罗—多马模型的储蓄倾向为常数的假设不符合发展中国家的实际情况，因此需要对原始的哈德罗—多马模型进行修正。麦金农的修正就是放弃了储蓄倾向不变的假设，认为储蓄倾向是可变的，储蓄倾向是：

$$s = s\,(\dot{Y},\ \rho) \tag{4-4}$$

　　其中，$\dot{Y}$ 表示经济增长率，ρ 表示货币的实际收益率等其他影响储蓄的因素。$0 < s < 1$，$\partial s / \partial \dot{Y} > 0$，$\partial s / \partial \rho > 0$。将（4-4）式代入（4-3）式，可得均衡增长率：

$$\dot{Y} = \sigma^* s\,(\dot{Y},\ \rho) \tag{4-5}$$

可以看出，在被作为外生变量时，经济增长率将决定于影响储蓄的经济增长率本身的资产组合效应。麦金农用图 4-2 对(4-5)式做了进一步的说明。

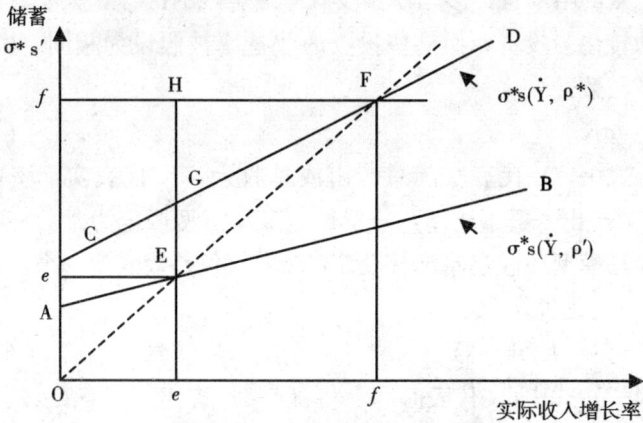

图 4-2　储蓄倾向和收入增长率

图 4-2 反映了实际收入增长率、储蓄倾向以及金融深化之间的相互影响、相互促进的关系。在图 4-2 中，实际增长率表示在横轴上，预期储蓄倾向和产出—资本比率的乘积表示在纵轴上。在经济处于均衡增长时，两者相等，这种关系用 45°线表示。AB 和 CD 分别是金融改革前后的储蓄函数，两条直线均向上倾斜，反映了储蓄倾向是实际收入增长率的增函数的性质。

在金融改革前，金融处于抑制状态（$\rho = \rho'$），持有货币的实际收益率和货币/收入比率都很低，因而储蓄很少。在这一储蓄水平上，均衡经济增长率为 e。金融改革消除了金融抑制，持有货币的实际收益率提高，引起货币/收入比率的上升。于是，ρ 由 ρ' 移动到 ρ^*，储蓄函数由 AB 移动到 CD。因此，麦金农指出，这种金融改革将对储蓄产生两种影响："一是作为整体的储蓄函数向上移动，二是储蓄函数对收入增长率的斜率上升"。

随着储蓄函数从 AB 移动到 CD，均衡增长率也从 e 提高到 f。麦金农认为，这种提高由两种效应组成。其中，由 E 提高到 G，是在实际经济增长率提高前，因金融改革而提高了储蓄倾向；而由 G 提高到 H，是由于经济增长率上升到新的均衡水平而引起储蓄的进一步增加。

由此可见，在金融自由化理论看来，以利率市场化为核心的金融自由化，可以直接通过储蓄倾向的提高来增加储蓄和投资，促进经济的增长，而经济的进一步增长又可以反过来增加储蓄和投资[①]。所以，实行利率市场化，走金融自由化之路，也是解除金融抑制，实现金融发展和经济增长的良性循环的关键。

基于利率市场化作为金融自由化的核心地位的认识，许多经济学家对利率市场化能否促进经济增长做了大量的实证研究。其中两项最著名的研究分别是由国际货币基金组织和世界银行完成的，二者都得出了利率市场化能够促进经济发展的结论，从而有力地支持了以利率市场化为核心的传统金融发展理论[②]。

二、中国的利率市场化进程

中国从 1993 年开始逐步推行利率市场化改革，利率市场化的目标是建立由市场供求决定金融机构存、贷款利率水平的利率形成机制，中央银行通过运用货币政策工具调控和引导市场利率，使市场机制在金融资源配置中发挥主导作用。中国的利率市场化次序，总体上是先外币、后本币；先贷款、后存款；先长期、大额，后短期、小额。

1993 年的《中共中央关于建立社会主义市场经济体制若干

---

① 参阅彭文平：《金融发展二阶段论》，经济科学出版社 2004 年版，第 28 页。

② 详细内容可参见彭文平：《金融发展二阶段论》，经济科学出版社 2004 年版，第 33 页。

问题的决定》和《国务院关于金融体制改革的决定》最先明确了利率市场化改革的基本思路,由此开始逐步推行利率市场化改革。1995 年《中国人民银行关于"九五"期间深化利率改革的方案》初步提出利率市场化改革的基本步骤。接着,1996 年 6 月 1 日放开银行间同业拆借市场利率,实现由拆借双方根据市场资金供求自主确定拆借利率;1997 年 3 月改革再贴现率和贴现利率的生成机制,放开了贴现和转贴现利率;1998 年放开了政策性银行金融债券市场化发行利率,将金融机构对小企业贷款利率浮动幅度由 10%扩大到 20%,农村信用社的贷款利率最高上浮幅度由 40%扩大到 50%,允许县以下的金融机构贷款利率最高上浮 30%,将对小企业贷款利率最高可上浮 30%的规定扩大到所有中型企业;1999 年 9 月实现国债在银行间债券市场利率招标发行,同年 10 月,对保险公司大额定期存款实行协议利率,对保险公司 3000 万元以上、5 年以上的大额定期存款,实现保险公司与商业银行双方协商利率的办法;2000 年 9 月 21 日实行外汇管理体制改革,放开了外币贷款利率,3000 万美元以上的大额外币存款利率由金融机构与客户协商确定;2002 年 3 月将境内外资金融机构对中国居民的小额外币存款纳入人民银行现行小额外币存款利率管理范围,实现外资金融机构在外币利率政策上的国民待遇,统一了中外币利率管理政策,同时进一步扩大农村信用社利率改革的试点范围,扩大农村信用社利率浮动幅度;2004 年 1 月 1 日,人民银行决定扩大金融机构贷款利率的浮动区间,并采取不再根据企业所有制性质、规模大小分别确定贷款利率浮动区间的办法,10 月 29 日,允许人民币存款利率下浮,并彻底放开了金融机构贷款利率上限(城乡信用社贷款利率上限扩大到基准利率的 2.3 倍)。

到目前为止,包括国债市场、金融证券市场和企业债券市场在内的全部金融市场的利率已经初步实现了市场化；包括同业拆借市场，银行间债券市场、贴现、转贴现和再贴现市场等在内的货币市场都已基本实现了利率市场化；外币市场利率市场化也基本实现；存款金融机构的贷款利率浮动幅度基本不再对银行利率的选择构成太多的约束。

三、利率市场化给国有商业银行带来的风险

自 20 世纪 80 年代以来，许多国家开始推行利率市场化改革，不仅包括发达国家，而且也包括发展中国家，世界银行和 IMF 也向诸多发展中国家推荐利率市场化改革的措施。进行利率市场化改革的目的是希望通过市场来决定利率的高低，从而通过利率的作用合理的配置资金，最终促进经济的发展。有些国家从利率市场化改革中获益。比如美国，在利率市场化改革之后，经济发展的整体结构更趋合理。但是许多国家，尤其是大部分发展中国家，在推行利率市场化改革之后引起了经济混乱，金融风险大幅度增加，甚至是金融体系的崩溃。比如阿根廷，实行利率市场化改革之后，由于处理不当，大量商业银行破产倒闭，最终导致严重的经济危机①。即使一些利率市场化改革比较成功的国家，由于没有处理好利率市场化改革的负面作用，也同样付出了不菲的代价。由此可见，利率市场化是一把双刃剑。它不仅能促进经济的增长，也会给一国带来巨大的金融风险，如果处理不好，甚至会对一国经济发展产生灾难性影响。以至于有人在拉美等国家利率市场化改革纷纷失败以后不禁惊叹："再见！金融抑

---

① 阿根廷在 1977 年放开所有存贷款利率，并取消对银行信贷的管制，降低所有种类的存款准备金率。但是其实际 GDP 增长率由 1977 年的 6.39% 下降到 1980 年的 1.49%；国内储蓄总额/GDP 由 1977 年的 30.29% 下降到 1980 年的 20.55%。1980 年阿根廷爆发金融危机，诸多银行倒闭，政府彻底放弃了金融自由化措施，重新实行管制，阿根廷金融自由化改革宣告失败。

制；你好！金融崩溃"①。

利率市场化进程中，随着利率波动不确定性的加大，银行将会日益暴露在利率风险之下，并且利率风险会伴随利率市场化长期存在，因此有学者又将利率风险称为利率市场化的恒久性风险②。另外，由于长期的利率压制，利率市场化以后，利率水平必然会升高，这也是推行利率市场化的一个主要目的。但是，如果利率上升过快、过高，同样会带来一些负面影响。利率显著升高以后，会从 5 个方面从整体上加重银行体系的风险，这 5 个渠道分别是：项目申请中的逆向选择行为、风险朝银行集中、资金来源上的激烈竞争、企业偿债负担加重及财政负担转嫁增多。这五个渠道作用于商业银行，就会增加商业银行的信用风险、流动性风险以及经营性风险。

（一）利率风险——利率市场化的恒久性风险

利率风险源自于利率变动的不确定性，具有长期性和非系统性，只要实行利率市场化，就必然伴随着利率风险，各商业银行对利率风险的承受能力取决于其经济实力、风险管理水平等。随着我国利率市场化进程的深入，利率水平随信贷资金供求状况的变动将越来越频繁，变动的不确定性也会越来越强。而国有商业银行由于长期以来处于计划经济体制下利率管制的金融环境中，利率风险管理意识非常薄弱，利率风险规避工具单一，对利率风险的度量和控制技术也相对落后。同时，从收入构成上来看，净利差收入仍然占到整个国有商业银行收入的一多半，中间业务收入、投资收益等其他收入还远不能成为国有商业银行的主要收入

---

① Diaz-Alejandro 的经典名言。1985 年他在 *Journal of Development Economic* 发了一篇以此为题的文章。

② 黄金老：《利率市场化与商业银行风险控制》，载《金融研究》2001 年第 1 期。

（相关图表见本书第二章图 2-2，图 2-3，图 2-4，图 2-5）。

由此可见，利率市场化以后，利率的频繁波动将会给我国国有商业银行收入的预期带来更大的不确定性，从而使利率风险成为我国国有商业银行面临的主要风险。

从国际经验来看，20 世纪 80 年代以前，大多数银行的经营失败，都是由于对利率的预测发生了错误。所以在美国，利率风险管理成为商业银行资产—负债管理的主要内容，美国的许多资产负债管理书籍也多把利率风险管理作为其主要甚至是唯一的研究对象[①]。可以说，如何较好地控制利率风险直接关系到商业银行的发展甚至存亡。正因为如此，在体现国际商业银行联合监管基本原则的《巴塞尔协议》中，利率风险已成为其核心内容。

《巴塞尔协议》在《利率风险管理原则》中把银行利率风险分为以下四种：重新定价风险、基本点风险、内含选择权风险和收益曲线风险。

1. 重新定价风险

重新定价风险主要来源于资产负债在总量及期限结构上的不匹配。商业银行的利息收入和利息支出取决于资产和负债的数额、结构和期限。当银行资产与负债的期限结构不对称或者利差波动不一致时，利率的经常性波动会引起商业银行的风险。例如，商业银行有一笔相同数量的存款和贷款。当存款利率保持不变，而贷款利率变化较频繁时，该资产在银行经营中就属于资产敏感。当利率趋于上升时，资产敏感的银行将会获得较多的净利差。如果贷款利率保持不变，而存款利率变化频繁，则该资产在银行经营中就属于负债敏感，当利率趋于上升时，负债敏感的银行将获得较少的净利差。

---

① 葛奇：《美国商业银行利率风险管理》，中国银行纽约分行，1998 年。

从 1996 年开始至今，我国共进行了十次利率的调整。最近两次利率调整是把利率上调，其他的八次均为利率的下调。1996年 5 月 1 日到 2002 年 2 月 21 日，我国连续八次降息后，一年期存款利率从 10.98％下降到 1.98％，一年期贷款利率从 12.06％下降到 5.31％。我国国有商业银行一年（含）以下的存款约占存款总量的 80％，而一年以上的中长期贷款约占贷款总量的 40％，反映了在国有商业银行系统中存在很大的负债敏感性缺口，当利率上升时，很容易遭受利率风险损失。同时，由于我国商业银行的存量资产质量低于增量资产质量，利率下降将会影响总体资产收益。

表 4-1 列出了我国从 1996 年以来的一年期人民币存贷款利率的变化。

表 4-1　金融机构一年期人民币存贷款利率变化表

	存款利率（％）	贷款利率（％）
1996 年 5 月 1 日	9.18	10.98
1996 年 8 月 23 日	7.47	10.08
1997 年 10 月 23 日	5.67	8.64
1998 年 3 月 25 日	5.22	7.92
1998 年 7 月 1 日	4.77	6.93
1998 年 12 月 7 日	3.78	6.39
1999 年 6 月 10 日	2.25	5.85
2002 年 2 月 21 日	1.98	5.31
2004 年 10 月 29 日	2.25	5.58
2006 年 4 月 28 日	2.25	5.85

资料来源：根据中国人民银行官方网站（http://www.pbc.gov.cn/）相关资料加工编制成表格。

2. 基本点风险

也称为基准风险，其含义是指当一般利率水平的变化引起不同种类的金融工具的利率发生程度不等的变动时银行所面临的风险。基准风险主要来源于实际利率调整中存贷利率调整幅度的不一致。当期限结构匹配，重新定价形式相同，但由于利率变动幅度不相一致时，也可能引起银行收益变化，从而使得商业银行面临利息收入不确定的变动风险。例如，商业银行有笔金额为 10 万美元、利率为 8％、期限为 120 天的定期存款，再假定该银行将这笔 10 万美元的存款以 10％的利率贷给客户。如果在 30 天后，银行的存款利率调整到 9％，而贷款利率也从 10％调整到 11％。则银行的利差仍为 2％。如果银行贷款利率从 10％调整到 12％。这时银行的利差增加。这种利率的调整幅度的不一致会引起银行的利差的变化，从而导致风险的产生。

我国从 1996 年 5 月 1 日到 2006 年 4 月 28 日共十次调整利率，一般调整存贷款利率的幅度并不相同，使得银行的利差改变。以一年期的存款利率和贷款利率为例，在这九次调整中，只有 2004 年 10 月 29 日这次调整的幅度相同，而其他九次存贷款利率调整后，利差均有所改变。

3. 选择权风险

主要源于利率改变后存贷款业务的重新选择的不确定性。在商业银行的许多业务中，客户享有提前偿还贷款或者提前提取存款的权力，而利率的变动可能促使借款人提前偿付未到期贷款或存款客户提取未到期存款。由于商业银行具有债权人与债务人的两重特征，所以，无论利率上升或者下降，商业银行都要面对这种选择权的风险。利率变动的速度越快，变动的幅度越大，银行面临的选择权风险就越大。尽管大多数银行为了避免这类风险，对提早偿还贷款和提前支取定期存款实行某种惩罚性的罚款。但是对于商业银行来说，选择权风险依然存在。

我国的金融法并不禁止存款客户提前提取存款或者贷款客户

提前偿还贷款。当存款利率升高，存款客户就有可能提前提取存款，再以更高的存款利率存入银行。当贷款利率下降时，贷款人可能提前偿还贷款，并以更低的借款利率从银行获得贷款。尽管我国的利率变动并不很频繁，而且有规范性协议防范随意提前还款或提前取款，但是仍然存在着内含选择权风险。自从我国开始利率市场化的改革，利率变动比以前增加，可预计随着利率市场化改革的不断深入，利率变动会更加频繁。如果一旦利率变动的幅度比较大，则很难避免提前偿还贷款或者提前提取存款的情况。一些惩罚性的措施，比如对提前支取定期存款的利息按活期利息计算，能够在一定程度上防止内含选择权风险。但是如果利率波动幅度比较大，惩罚性措施就很难防止内含选择权风险。随着利率市场化改革的深入，我国商业银行所面临的内含选择权风险将加大。

4. 收益曲线风险

收益曲线是将某一债券发行者发行的各种成熟期不同的债券的收益率在图上用一条线连接起来。收益曲线的斜率会随着经济周期的不同阶段而发生变化。正常情况下，长期债券的收益率高于短期债券的收益率。这种收益曲线称为正收益曲线。而负收益曲线表示长期债券的收益率低于短期债券的收益率。收益曲线风险指的是由于收益曲线斜率的变化导致期限不同的两种债券的收益差幅发生了变化。收益曲线的形状和斜率会使银行暴露于重新定价风险中。收益曲线意外的移动使得银行收入或潜在经济价值造成负面影响时，就产生了收益曲线风险。

从 1996 年以来我国总共经历的十次人民币存贷款利率调整来看，每次利率调整各种期限档次间的利率变化幅度都不一致。从总体上看，存款的平均利率的调整幅度要大于贷款平均利率的调整幅度，而中长期贷款利率的调整幅度要大于短期贷款利率的调整幅度。从图 4-3 可以看到，我国每次利率调整后，贷款的收益曲线都不是平行移动，这意味着不同期限间的收益率结构处于变化过程中。不同期限存贷款利率波动的差异，会引起商业银行利率上的结构性风险。如我国商业银行存差资金的主要投向之一是国债。当利率上调时，国债价格下降，商业银行的收益将减少。利率市场化改革中利率波动较频繁，商业银行面临巨大的收益曲线风险。

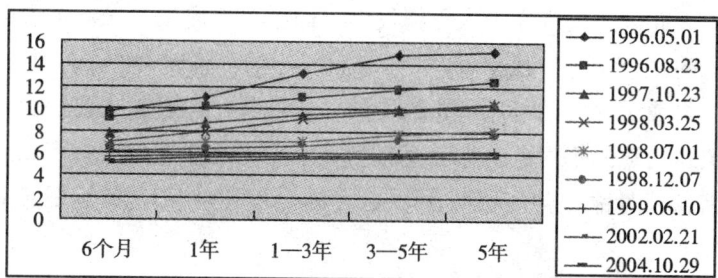

图 4-3 收益曲线变动图

资料来源：根据中国人民银行官方网站（http：//www.pbc.gov.cn/）相关资料加工绘制成图。

（二）利率市场化所带来的信用风险

信用风险既有可能是因为内部因素而产生，我们称之为内部机理生成的信用风险；也有可能是因为外部因素而产生，我们称之为外部机理生成的信用风险[1]。内部机理生成的信用风险主要是由于商业银行自身行为而产生的信用风险，主要源自商业银行经营管理机制、融资机制以及银行体制等因素，因此不在本节做详细论述。

外部机理生成的信用风险主要发生在两种情况下：一是社会

---

[1] 甘春来：《入世后我国国有商业银行风险的变化及对策》，载《国际经济问题》2002 年第 8 期。

公众或国有企业对国家银行存在着信任危机，存款者挤提存款而银行没有足够的资金支付，给银行造成风险；二是企业对银行存在着信用危机，即借款人到期不履行合同，无力偿还或不愿偿还贷款，致使银行因贷款本息不能按期收回而遭受资金损失的一种风险，也就是企业风险转化为银行风险。

在我国现有体制下，国有银行产权属于国家，国家作为银行的最后担保人，使我国的国有商业银行在公众中拥有较强的信用，因此，挤提现象不太可能发生。而第二种现象则是需要着重考虑的。

企业对银行的信用危机引发的信用风险，其根源主要是企业与银行信息的不对称。尤其是在利率市场化条件下，信贷市场上的信息不对称，会使银行面临更大的信用违约风险和信用息差风险。

一般来说，银行与企业在投资风险方面的信息是不对称的，企业对一个项目风险状况以及自身财务状况的了解会比银行多，银行为获得对自己有用的信息，通常都需要付出一定的信息搜寻成本，但是有时可能会因为成本过于高昂而使这种信息的获得成为不可能。利率市场化以后，银行手中具有资金的自主定价权，银行可以根据一个项目或企业的资信状况决定一笔贷款的利率水平。当企业信用状况不好，或者项目风险较大时，制定较高的贷款利率以获得一定的风险补偿。因此，企业在申请贷款的过程中，为了更容易取得贷款或者能够以较低的利率水平取得贷款，有可能会故意隐瞒项目风险或企业资信状况，也就是说，企业行为存在道德风险。在西方发达国家，信用体系比较完善，建立了一整套对借款者信用状况的评价体系，对借款人的信用状况进行系统科学的评价，这样可以较好地规避企业的道德风险，提高银行的信贷资产质量。我国目前市场体系发育仍不完全，全社会的信用体系仍未建立，法律制度在很多方面缺位，从而使得一方面，国有商业银行在发放贷款时不能准确地判断贷款者的信用状况以及风险大小，或者要花很高昂的成本才能获得相关信息，导致银行对大量急需资金的企业和项目惜贷，企业得不到资金无法发展，同时银行也因为未能真正将资金配置到高效率的部门而降低了部分盈利能力；另一方面，诸多企业利用虚假信息骗取银行贷款，却由于市场监管机制的缺位，没有受到应有的惩罚，给其他企业起到了负面的示范作用，从而造成银行将一部分贷款发放给资信差、风险高的借款者，使银行更多地暴露在信用违约风险下，降低了国有商业银行的信贷资产质量，增加了银行的信用风险。

　　此外，利率管制条件下，利率受到抑制，低于均衡利率水平，利率放开以后，利率走势将会呈现出向上朝着均衡利率恢复的变动。而在信贷活动中，不同借款人的违约概率不同，但贷款人无法知道谁的违约概率更高。随着实际利率的升高，偏好风险的借款人将更多地成为银行的客户，产生"逆向选择效应"；而原本厌恶风险的抵补性企业（hedge - financed firm）也倾向于改变自己项目的性质，使之具有更高的风险和收益水平，这就产生了"风险激励效应"。所以，利率的提高会诱使资产的平均质量下降，信贷风险加大。尤其是利率超高时，一般生产性投资项目不可能产生足够多的利润来支付利息，信贷资金就会设法流入投机性极强的房地产业、证券投资等高风险行业。中国在 1993 年的投资膨胀便是一个经典例证。而对于银行来说，更大的问题在于，由于信息不对称，贷款风险与贷款利率高低之间并不一定呈现正相关关系，也就是说，银行贷款利率不能正常反应风险补偿。目前我国国有商业银行的委托—代理机制极不健全，银行经理人员的放纵使得这种逆向选择和风险激励的负面效应在我国信贷市场进一步放大。麦金农曾经义愤地指出，金融自由化过程中的银行"道德风险"将大大加重,"银行是一场针对政府的不公正赌博的受益者,它保留了不正常的利润,而不必支付因风险贷款所带来的巨大的损失而产生的全部社会成本(政府会出面救助危机银行)"。

(三)利率市场化与国有商业银行流动性风险

银行的流动性是指一个银行可以在任意特定的时点以合理的价格获取足够的资金来满足其客户随时提取资金的要求。是一种在不损失价值情况下的变现能力,一种足以应付各种支付,及时获得充分的可用资金的能力。商业银行的流动性一般包含两个方面的含义:一是资产的流动性;二是负债的流动性。资产的流动性是指银行持有的资产能够随时得到偿付或者在价值没有损失前提下确有销路。负债的流动性是指银行能以较低的成本适时获取所需资金的能力。我国国有商业银行一般都会对资产和负债按其流动性和稳定性进行划分。详细划分方法见表4-2。

表4-2 银行资产负债划分简表

	资产	可变现程度	流动性贡献	负债	稳定性情况	流动性贡献
即期	现金	立即支付	一级支付能力	管理负债,偶发性存款	极不稳定	可能减少资金来源
	流动资产	可迅速变现	市场融资能力			
	中长期贷款	自然到期	无	核心存款,长期存款,资本债券	较为稳定	较高
	项目融资,固定资产	基本无变现可能	无	股本,长期次级债	极为稳定	高
预期	增加/变现资产新增贷款			存款增加/减少筹资		

当银行的流动性面临不确定性时,就产生了流动性风险。流动性风险来源于两个方面:资产方和负债方。资产方引起的流动性风险主要是指表外业务的贷款承诺;负债方引起的流动性风险

是源于商业银行很难在不受损失的情况下变现资产或者被迫以较高的融资成本来满足债权人即时提现的需求。银行的流动性风险一般表现为三种形式：再融资风险、偿还期风险和提前支取风险。再融资风险是由于资产负债的成熟期不匹配引起的，银行一般通过"借短贷长"使资金期限发生嬗变，这样极易造成银行资产负债到期日不一致，从而造成银行资产与负债期限的不匹配甚至是错配。偿还期风险主要指银行信贷业务中贷款逾期不能按时偿还的可能性。如果借款客户不能按照信贷合约的规定及时还本付息，银行就得被迫动用流动性储备来满足其他客户的提现或贷款需求。提前支取风险则是指大额银行存款的非预期提取和信用额度的非预期使用。

　　长期以来，出于收益性的考虑，我国国有商业银行长期贷款的绝对值远大于长期存款的绝对值，中长期贷款占全部贷款总额的比例远高于中长期存款占全部存款的比例。这种资产与负债期限结构错配，必然造成相当大部分的流动性负债被用于非流动性贷款，大大增加了国有商业银行的流动性风险。造成我国国有商业银行目前这种资产负债期限结构错配的原因，主要有以下几个方面：

　　从存款方面来看，首先，央行连续的降息，使长期存款与短期存款的利差不断缩小。在收益差距不大的情况下，存款人更倾向于选择流动性更强的短期存款，这是存款期限短期化的直接原因；其次，中国目前正经历新一轮的经济增长，2005年全国GDP总值达到182321亿元，按可比价格计算，比上年增长9.9%，全国居民消费价格总体水平比上年上涨1.8%，扣除物价上涨因素，居民实际可支配收入增加，从而相应的增加了居民流动性需求；再次，居民活期存款结算功能的强化，提高了活期存款的预期收益。这一点主要表现在借记卡的广泛发行和使用。

据统计，从 1985 年中国发行国内第一张银行卡到 2005 年 6 月底，我国已发行银行卡 8.75 亿张，其中 91％是借记卡。以上原因促使银行存款期限出现短期化趋势。

从贷款方面来看，我国国有商业银行贷款期限结构近年来一直呈现出长期化趋势。

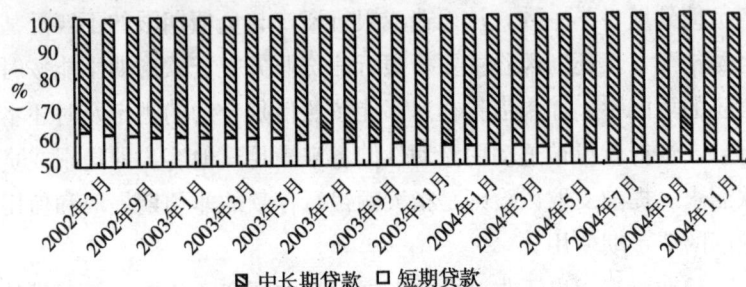

图 4-4　中国金融机构贷款期限结构的变化（2002～2004）

资料来源：转引自李扬：《中国金融发展报告 No.2》（2005），社会科学文献出版社 2005 年版，第 37 页。

2003 年初，短期贷款占全部贷款的比重还超过 60％，从那以后，其比重就一直呈下降趋势。与此相反，中长期贷款比重却不断上升。造成目前国有商业银行贷款期限结构变化的原因是多方面的：首先，中国自 1995 年降低法定存贷款利率以来，贷款利率的期限结构变得非常平缓，这样，对借款人来说，获取中长期贷款，一方面增加了企业的资金可得性，另一方面还使得他们获得了一定程度的利息优惠；其次，监管当局考核机制的变化也是促使贷款期限中长期化的重要原因。2003 年中国银行业监督管理委员会成立之后，便提出了降低不良资产和不良资产率的"双降"考核要求。贷款的长期化显然有利于商业银行在短期内达到监管当局的监管目标；第三，宏观经济走势的变化以及银行业之间竞争的日益加剧，增加了借款者在获得银行贷款时的讨价还价能力，银行为了争取优质客户，也不得不接受借款者的中长期贷款要求；第四，改革开放以来，中国的经济增长主要依赖投资增长的拉动，这种趋势近年来表现得越发突出，长期的高投资率需要中长期资金的支持，而在中国目前资本市场发育仍然相对落后的情况下，巨额的长期融资需求只能依赖于银行的中长期贷款，这成为导致银行中长期贷款比重逐步提高的重要原因①。此外，近年来以住房和汽车等耐用消费品为对象的中长期信贷快速发展；以及银行官员任职期限与贷款期限的不一致，使他们在理性的博弈中更倾向发放中长期贷款，因为这样即使这些放款形成不良资产，一般其任职期限已过去，很难追究当事人的责任。以上这些原因，也对中长期贷款的急速上升起到了推波助澜的作用。

因此，从目前来看，国有商业银行所面临的流动性风险还是比较大的。随着利率市场化的逐步推行，由于利率的频繁波动，必将会对国有商业银行资产负债流动性产生较大影响。

从资产和负债的角度看，利率的变动会从以下两个方面对国有商业银行的流动性风险产生影响：

从流动性需求方面来看，当预期利率上升时商业银行存款额会呈上升趋势，相反，贷款成本因利率的上升而增加时，将导致对贷款需求的减少。当预期利率下降时，商业银行的存款会因投资和消费的膨胀而下降，此时贷款需求会因投资过旺而扩大。当银行主动负债的能力有限时，就会产生对贷款资金需求的缺口，从而大大降低银行流动性。如果银行为了最大限度获取利润而用高利率负债去满足贷款需求，那么这类贷款的对象通常是高风险的企业，从而不但增加了银行的信用风险，也增加了银行的流动性风险。

---

① 李扬：《中国金融发展报告》，社会科学文献出版社 2005 年版，第 37 页。

从流动性供给方面来看，利率敏感性资产与利率敏感性负债在动态变化过程中必然会产生缺口。当利率敏感性缺口为正时，在资产与负债到期或重新定价时，利率上升会带来银行净收益增加，流动性增强。相反，当利率下降时，银行净收益就会减少从而减弱银行的流动性。在利率缺口为负时，利率的上升会带来银行收益的减少，从而流动性减弱。

目前，我国国有商业银行仍未建立起完善的流动性风险预测体系，不能准确地预测银行的流动性风险状况，因此也就难以根据银行的流动性状况对银行的资产和负债进行有效的综合管理。在浮动利率之下，利率频繁波动，使国有商业银行的流动性面临更大的不确定性。这对商业银行度量和管理流动性风险提出了更高的要求，即如果不能迅速地提高这方面的度量技术和管理水平，尽快建立起完善的流动性风险预测体系，就会使我国国有商业银行面临越来越大的流动性风险。

第二节　资本账户开放与国有商业银行风险

一、资本账户开放的理论

（一）资本账户开放的内涵

资本账户是国际收支平衡表中用来记录国际资本流动的一个账户，属于国际收支账户的范畴，具体是指资本的输入与输出，也就是一国同其他国家的金融资产的交易，表现为一国对外金融资产与负债的变动。资本账户也叫资本项目，是和经常项目、平衡项目相并列的一级账户。

按照1993年以前国际货币基金组织《国际收支手册》的分类，国际收支账户的两个基本大类名称为"经常账户"和"资本账户"；1993年，国际货币基金组织在《国际收支手册》第五版中将"资本账户"进一步细化为"资本与金融账户"。其中，资本账户包括资本转移、债务减免、移民转移和非生产、非金融资产（如专利、版权等无形资产）的收买或放弃等内容；金融账户则包含直接投资、证券投资、储备资产以及其他投资等内容。

由于资本账户这一称呼已被人们广泛接受，除了在一些特别正式的场合需要准确的使用"资本与金融账户"一词以外，我们一般都用"资本账户"一词来表述"资本与金融账户"的内容。

到目前为止，对于"资本账户的开放"的含义，国内外仍然有着不同的界定①。但是从总体上，我们可以从以下几个方面来把握资本账户开放的内涵：

第一，资本账户开放主要是指不对资本跨国界交易及与之相关的支付和转移进行限制，或采取可能影响其交易成本的相关措施。在这里有几点需要注意：一是资本账户的开放不仅仅意味着放松或取消对汇兑和支付方面的管制，还包括放松或取消对跨国资本转移、直接投资、证券投资及其他投资等的管制。二是资本账户的开放不仅包括取消各种针对资本流动的直接限制，而且包括取消各种对资本交易成本具有影响的相关措施，比如"交易税收和补贴"；三是资本账户开放包括单一汇率或非歧视性汇率安排的要求，但并不一定要求实行浮动汇率，因为不能排除"硬钉住货币安排"或货币局安排，比如香港和阿根廷的做法。

第二，资本账户开放在国际经济中是一个相对的概念。从世界各国的资本账户开放和汇兑安排实践中我们可以发现：不存在绝对的开放，也没有绝对的管制。在放松或取消资本账户中一些主要子项管制的条件下，一国货币当局依然可以对资本账户中另一些子项实施管制；当国内外经济环境变化时，一国货币当局也

---

① 这方面的总结可参见温建东：《资本账户可自由兑换的内涵与外延》，载《国际金融研究》2001 年第 7 期。

可以对已取消管制的资本账户子项再次实行管制。因此,在资本账户开放的条件下,一国货币当局仍然可以维持对部分资本账户子项的管制。

第三,从操作层面上看,资本账户开放通常不是一个可以一次完成的安排,因为它不但涉及一系列具体管制措施的取舍,而且其开放的程度须依据国内外经济环境变化不断的进行动态的调整。IMF 在《汇兑安排与汇兑限制年报》(Annual Report on Exchange Arrangements and Exchange Restrictions,简称"AREAER")中,对资本交易管制作了一个比较宽泛的定义:"资本管制包括完全禁止;经事先批准、核准或登记后方可进行;双重或多重汇率;歧视性税收;实施无偿储备或利息惩罚,既由当局对交易与支付活动,或对本国居民持有外国资产或外国居民持有本国资产进行调节。这种调节范围涉及收入和支付,以及由居民或外国居民引起的各种交易"。根据这一定义,这份每年出版的报告对于各国涉及资本交易的管制措施有着详细的记录,并将资本账户下可能存在的管制分成了 13 大类。在很多国家,各大类之下还可以发现有很多更为详细的分类,总计可以达到 50 余项。因此,可以认为,在绝大多数国家,资本账户的开放表现为一个需要分多次进行、不断推进和调整的过程。[①]

(二)资本账户开放的前提和顺序

在资本账户开放的进程中,有两个核心问题必须引起我们的关注:一个是资本账户开放的前提条件,也就是说,在什么样的条件下,或者需要创造什么样的条件,才能使我们最大限度地获取资本账户开放的收益,减少开放所带来的成本;另一个就是资本账户开放的顺序,我们应该如何设计资本账户开放的顺序,才

---

① 张礼卿:《资本账户开放与金融不稳定:基于发展中国家(地区)相关经验研究》,北京大学出版社 2004 年版,第 11~12 页。

能顺利地实现资本账户的开放。

1. 资本账户开放的前提条件

第一，健康的财政与货币政策。在资本账户开放的进程中，价格、利率、汇率等经济杠杆将在经济生活中具有越来越大的影响力，健康的宏观经济政策是这些经济杠杆发挥积极作用、有利于经济发展的保证。

第二，完善的金融体系。建立和完善金融监管体系，是发展中国家开放资本账户不可缺少的前提条件之一。资本账户的开放需要在一个平稳、积极的环境中逐步地推进，监管体系的缺位，会大大增加金融风险和金融动荡的可能性。而一旦发生金融动荡，资本账户开放的进程势必会被迫中断，并且很可能再次返回严格管制时代，使过去改革的成果毁于一旦。

第三，适当的汇率制度安排。根据"蒙代尔三元悖论"[1]，在资本自由流动的情况下，保持富有弹性的汇率安排，可以大大增强本国货币政策的独立性，并且成为阻止外部市场动荡对国内冲击的"防火墙"，是减少资本账户开放的代价和开放过程中可能出现动荡的明智选择。

第四，相对充足的外汇储备。充足的外汇储备对于资本账户有着重要的意义[2]。随着资本流动规模的扩大，一国经济的开放

---

① "蒙代尔三角"又被称为"三元悖论"，是指任何国家最多只能同时实现下列三项目标中的两项：完全的资本流动、货币政策独立性和汇率稳定。具体而言，在资本完全自由流动的情况下，如果想要维持汇率的稳定（如实行固定汇率制），就只能牺牲货币政策的独立性；如果想要保持汇率稳定而又维护货币政策的独立性，就必须进行资本管制。这是由蒙代尔在20世纪60年代初的一篇论文中最初提出的。

② 这是IMF的观点，姜波克对"充足的外汇储备"这一条件提出了批评，认为这是一个模糊不清的概念，应该用"外汇短缺的消除和可维持的国际收支结构"来代替更为合适。详见姜波克等：《人民币自由兑换与资本管制》，复旦大学出版社1999年版。

程度日益提高，经济运行中的不确定性也会显著上升。相对充足的外汇储备可以较好地应付各种冲击，熨平金融波动，减轻国际收支调节的压力。

2. 资本账户开放的顺序

资本账户开放的顺序包含两个方面的内容：一是国际收支中贸易自由化、经常账户开放与资本账户开放孰先孰后；二是资本账户本身子项目开放的顺序。

贸易自由化、经常项目开放和资本账户开放，是一国对外经济部门自由化的主要内容。这三个方面的自由化顺序向来是各国经济学家关注的焦点。大多数经济学家坚持认为，贸易自由化和经常账户开放应当先于资本账户的开放。将贸易自由化与经常项目开放置于资本账户开放之前，更有利于一国的宏观经济稳定和发展。原因主要有两点：首先，从微观层面上看，资本账户开放以后大量流入的外国资本必须得到合理有效的配置，只有这样，才能真正发挥资本账户开放的作用。而贸易自由化和经常项目开放，能大大消除国内商品价格的扭曲，从而为外国资本流入后的合理使用创造有利的微观环境。其次，从宏观层面上看，资本账户的开放对国际收支均衡管理提出了更高的要求。解除或放松资本管制以后，短期内发生的大量资本流入，会造成国际收支顺差的迅速积累，进而引起实际汇率升值，最终导致出口竞争力下降和经常账户恶化。如果贸易自由化和经常账户开放先行一步，就可以在一定程度上缓解这一国际收支失衡的现象。因为在发展中国家，贸易自由化与经常项目开放以后，通常会引起贸易逆差增加。而这种逆差只要不超出可控制的水平，同资本账户的顺差相结合，就有助于国际收支总体均衡的实现。也就是说，如果在资本账户开放的时候一国存在可以控制的贸易逆差，那么由于开放引起的大量资本流入就不会引起过大的国际收支顺差，实际汇率升值的现象也可以在很大程度上得到缓解。退一步讲，如果实际汇率升值已经发生，在贸易自由化和汇兑安排下，作为对货币升值的反应，进口会很快增长，从而相应的减轻或提前释放可能出现的国际收支失衡的压力。

而资本账户各子项开放的顺序决定于一国的实际情况，尤其在发展中国家，由于其法律制度、公司治理结构、银行监管体系、资本市场发展及宏观经济条件等方面存在着巨大的差异，因此，要找到一个具有普遍意义的有序开放资本账户的方案是不可能的[①]。

二、中国的资本账户开放进程——动因与路径

（一）中国资本账户开放的动因

1. 加速深化金融体制改革

中国的金融体制改革是一个渐进的过程。在金融机构主要采取国有制、金融市场处于政府强力管制的条件下，推动金融改革的直接动力与其说是各种金融机构不如说是政府部门。在这20多年的改革中，虽然随着金融业对外开放的展开，金融改革的步伐明显加快；虽然加入世贸组织以后，金融改革的深化程度将明显提高，但是，这些改革均可以在基本不改变中国金融体系的制度基础的条件下展开。[②] 要切实深化金融体制改革，我们不但要实行"引进来"的战略，更要在现有金融制度基础上解决好"走出去"的问题，要做到这一点，仅仅在现有金融制度基础上通过"引进来"是很难达到的。为此，我们必须有一个外部的更加有

---

① Harwood，A. （1997），*Financial Reform in Developing Countries*，*in Sequencing? Financial strategies for Developing Countries*，edited by Alison Harwood and Bruce L. R. Smith，Washington D. C. ：The Brooking Institute Press.

② 王国刚：《直面资本账户开放的中国金融政策选择》，载《资本账户开放与中国金融改革》，社会科学文献出版社 2003 年版。

力的推动和压力，这就是"开放资本账户"。

2. 完善金融监管体系

随着中国在 1996 年实现了经常账户的开放，对资本账户实施管制的成本也越来越大。从理论上说，一国开放了经常项目的管制以后，其对资本账户的管制会在一定程度上失效。如果勉强继续实行严格的资本账户管制政策，就要付出更大的代价，区分经常账户交易和资本账户交易的工作量将呈现上升的趋势，同时，还会造成国际收支政策方面的一系列不协调和对外经济活动方面的诸多困难。因此，为了降低管制成本，协调内外经济政策，完善金融监管体系和提高监管能力，有必要实现资本账户的开放。

3. 加速融入全球化

在经济全球化背景下，金融全球化已经是大势所趋，不可逆转。中国要想在金融全球化的浪潮中最大化自己的利益，就必须以主动的姿态迎合这一趋势。第二次世界大战以后，资本的国际流动已经成为带动国际贸易扩展的重要机制，金融活动的广度和深度严重影响实体经济部门在国际市场竞争中的金融支持力度。因此，在资本账户尚未对外开放的条件下；中国的国际投资、经贸活动以及其他国际经济活动都难以得到中资金融机构提供的金融服务支持，从而使这些实体经济部门在国际市场的影响力和发展前景受到严重制约。为了有效发挥中国经济在国际上的影响力，迅速提高中国经济在国际市场中的地位，开放资本账户势在必行。

4. 加快经济发展步伐

在经济全球化的背景下，资源的有效配置已经突破国界，实现资源在全球范围内的有效配置已经成为保障一国经济持续发展的重要机制。改革开放以来，中国经济一直保持高速增长，可以说，这样的高速发展是在境内资源与境外资源共同推进下取得的。中国经济如果想在未来一直保持持续、稳定、健康的高增长的趋势，客观上需要境内外两方面资源持续不断且日益增强的供给。

（二）中国资本账户开放的路径选择

以怎样的路径实现资本账户的逐渐开放，对于中国的金融自由化进程有着极为重要的意义。从亚洲金融危机的教训来看，金融自由化路径选择不当，结果将是灾难性的。根据当前中国的实际情况和经济形势，我国的资本账户开放应该采取以下步骤：

第一，资本账户开放应逐步推进。

当前，面对复杂的境内外经济、金融和政治环境，对我国来说，资本账户的开放不可能一蹴而就，而必须采取分步渐进的开放政策，即根据国内经济和金融改革的进程，分阶段地逐步放松和解除不同类别的资本管制措施。

第二，提高汇率灵活性应比资本账户开放超前一步。

在改革汇率制度与资本账户开放方面，很多国家奉行的路线是首先提高汇率的灵活性，然后逐步取消资本管制，例如英国在1979年才取消了资本管制，而日本是在1986年取消。大多数欧洲国家则是在20世纪80年代晚期和90年代初才这样做，都晚于实行灵活汇率的时间。实际上，正是由于实行了这种资本管制，日本的银行才没有大规模的暴露汇率风险。我国可以尝试在资本管制的自由化和使人民币完全自由兑换之前，适度提高汇率的灵活度。

第三，继续对短期资本流入保持控制。

目前，我国在拥有大量的经常账户顺差的同时，积累了大量的资本账户顺差。这种"双顺差"局面进一步发展，外汇储备呈现出跳跃性增长，并成为人民币升值以及国内通货膨胀压力不断扩大的主要来源。因此，应当努力采取措施继续对短期资本流入保持控制。

第四，积极推动外国直接投资流入自由化进程。

尽管在总体上应当保持对资本流入特别是短期资本的限制，但是，对于外国直接投资进入的自由化进程仍然需要积极地推进。事实上，这类资本流入限制的放松乃至解除应当成为近期资本账户开放的最主要内容之一。此外，更多地引入外国直接投资也有助于继续推进国内企业改革。金融部门外国直接投资的自由化，还将推进金融机构的重组，增强其市场竞争力和抗风险能力，从而有利于整个金融体系的稳定。当然，如果在短期内外商直接投资出现了过快增长，并且严重影响到国内宏观经济的稳定，那么也不排除对其实施某种间接控制。

第五，逐步放松国内企业的海外投资管制。

理论和经验均表明，海外直接投资是扩大出口的有效方式之一。目前，由于严格的管制，中国的境外直接投资规模比较有限。将来，在进出口贸易将会面临更为激烈的市场竞争的情况下，扩大境外直接投资，探索新的出口增长途径，显然具有非常重要的意义。随着我国国际收支继续处于巨额顺差状态，有限度地放松企业的对外直接投资管制将有助于减轻人民币的升值压力，进而有助于内外经济均衡的实现。

三、资本项目开放与国有商业银行风险

资本账户开放的一个直接后果，就是一国金融市场与巨大而又活跃的国际金融市场迅速融为一体，随着资本账户的开放，国际金融市场上的资本流动性得到了进一步的扩张，这对整个银行业市场和银行体制都将构成严峻的挑战。我们可以用资本流动的易变性（Volatility）来描述一国的资本流动状况。所谓资本流动的易变性，是指在一定时期内国际资本流入和流出一国的数量变化和流向的逆转频率。2000 年世界银行出版的《增长的质量》

（中文版）一书通过建立指数，对 1975～1996 年间的 42 个发展中国家的私人外国资本流量易变程度进行了分别测算。该指数计算公式如下：

$$V_i = \frac{S(\mu_{it})}{GDP_{i,1996}}$$

其中，$S(\mu_{it})$ 是根据 1975～1996 年的时间序列数据，运用公式 $KF_{it} = a_i + \beta_i KF_{i(t-1)} + \mu_{it}$（这里，$KF_{it}$ 代表国家 i 在 t 年总的私人资本净流量，μ_i 表示误差）计算出的残差的标准差用普通最小二乘估计。该测算的具体结果（资本易变指数）列于下面的表 4-3。

表 4-3 部分发展中国家私人外国资本流量的易变程度

高度易变		易变		较为易变		极不易变	
国家	指数	国家	指数	国家	指数	国家	指数
牙买加	3.23	墨西哥	1.54	哥伦比亚	0.99	乌干达	0.63
加蓬	2.93	厄瓜多尔	1.50	突尼斯	0.98	巴西	0.60
尼日利亚	2.07	肯尼亚	1.49	印度尼西亚	0.95	巴拉圭	0.58
委内瑞拉	2.04	尼加拉瓜	1.48	土耳其	0.93	中国	0.54
马来西亚	1.97	玻利维亚	1.44	阿根廷	0.91	斯里兰卡	0.46
约旦	1.82	智利	1.38	哥斯达黎加	0.85	巴基斯坦	0.44
巴拿马	1.79	埃塞俄比亚	1.31	乌拉圭	0.83	危地马拉	0.43
喀麦隆	1.60	菲律宾	1.27	埃及	0.74	多米尼加	0.39
赞比亚	1.59	洪都拉斯	1.04	坦桑尼亚	0.72	印度	0.38
津巴布韦	1.59	泰国	1.01	摩洛哥	0.64	萨尔瓦多 尼泊尔 孟加拉国	0.32 0.29 0.10

资料来源：文诺德·托马斯等著：《增长的质量》（中文版），中国财经出版社 2000 年版。

从表 4-3 可以看出，20 世纪 70 年代以后，随着各国资本流动的迅猛发展，大多数发展中国家都出现了较高的资本流动易变性。尤其是当时相对开放资本账户的国家，如牙买加、委内瑞拉、马来西亚、巴拿马等，都经历了较高的资本流动性。而在当时资本账户处于管制状态的国家，如印度、中国、巴基斯坦等国家，则避免了这种局面。由此可以看出，资本账户开放与资本流动易变性之间，存在着显著的统计关联。

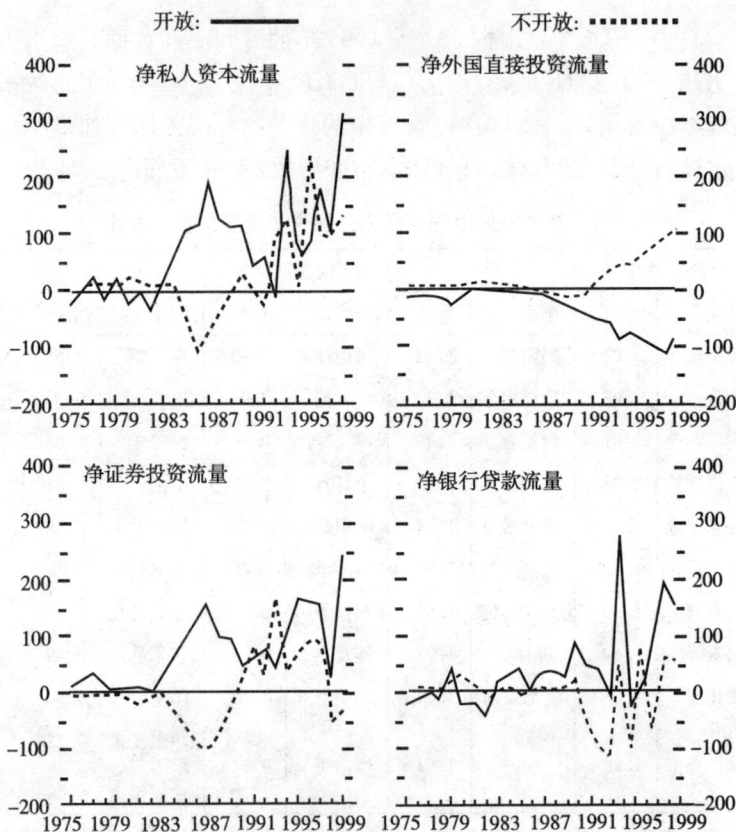

图 4-5 资本账户开放与资本净流入的易变性（单位：10 亿元）

注：如果一国的资本账户开放度（以"总体开放度指标"测量大于根据所有被观察国家计算获得的平均值，则将其定义为"开放"；否则，将其定义为"不开放"。

资料来源：转引自张礼卿：《资本账户开放与金融不稳定：基于发展中国家（地区）相关经验研究》，北京大学出版社 2004 年版，第 109 页。

国际货币基金组织也在 2001 年下半年的世界经济展望中，以《国际金融一体化和发展中国家》为题发表了一份研究报告，该研究也证实了资本账户开放与资本流动易变性之间的关系。这份报告运用"总体开放度指标"（overall openness）考察了发展中国家 1975～1997 年间资本账户开放度与资本净流动易变性之间的关系。

研究结果表明，与"封闭"的资本账户相比，"开放"的资本账户面临着更为剧烈的净资本流动易变性。而在所有的资本易变性当中，净银行贷款的易变性最为明显，净证券投资的易变性位居其次，净直接投资的易变性则相对较弱，这表明，在资本账户开放条件下，银行将面临着更大的风险和更为严峻的挑战。

净资本流动的易变程度反映了一国可能面临的资本过度流入或流出状况，反映了在特定环境下资本出现迅速逆转的情况。在开放经济条件下，由于资本净流动规模的变化对于一国金融业有着重要的影响，因此，资本易变性不但是影响一国银行业稳定的重要因素，也是衡量一国包括商业银行在内的金融部门稳定程度的重要指标。对于中国来说，伴随着资本账户的逐步开放，国有商业银行也必将面临由于资本流动易变性的增加所带来的种种风险。

1. 弱化银行功能，诱发银行危机

根据信息经济学的观点，信息不对称会造成金融市场上的逆向选择和道德风险问题。由于事前的逆向选择问题，贷款人总是会避开那些愿意支付最高利率的借款人以规避风险。这就需要贷款人对借款人进行甄别和筛选。但是，由于甄别和筛选需要付出非常高的信息收集成本，而且这个过程也很难做到充分，所以，出于对逆向选择的担心，往往会导致贷款人惜贷，从而使信贷规模大大小于均衡水平，甚至是信贷市场的萎缩和消失。同时，金融交易中也存在着事后的道德风险，由于借款人很可能在拿到贷款之后去从事更高风险的投资活动从而给贷款人带来无法收回贷款的损失，贷款人就需要制定一些限制性条款并加强对贷款的事后监督。然而，这些限制和监督往往也是要付出很大代价的，并且效果一般也不会很理想，贷款人与借款人因道德风险产生的冲突也同样会造成信贷活动的萎缩甚至消失。而银行作为中介机构，它的出现在很大程度上缓解了信息不对称所引起的上述问题。当最终的贷款人（储蓄者）将他们的资金集中到银行时，他们事实上委托了一个代理人来对不同的贷款人进行筛选，并根据他们的相对风险大小来决定是否贷款以及（当贷款决定后）对贷款进行定价，这样就可以减少逆向选择。而且，相对于零散的储蓄者，金融机构也处于更有利的地位来监督和影响借款人在借款后的行为，从而限制道德风险。

虽然银行具有集中生产信息和解决信息不对称的优势，但是从另一个角度看，他们面对借款人时同样存在着信息不对称。一般来讲，金融机构解决信息不对称问题的成效要受到两个前提条件的限制：第一个条件是储户对金融机构的信心，只有在所有的储户保持对银行的信心，因而不同时提款的条件下，才可以保证商业银行将其零散的流动性负债转化为借款人的非流动性债权，并获得利润。第二个条件是，商业银行对借款人的筛选和监督是高效的，并且是低成本的。只有如此才能保证商业银行可以通过其资产业务赚取利润，弥补成本而有余。

当储蓄者对银行失去信心时，就会出现对金融机构的挤兑。作为一种中介机构，银行的重要功能之一就是通过"借短贷长"实现可贷资金的期限嬗变。从银行的负债方面来看，只要储户的提款是随机的，则根据大数法则，金融机构的资金来源就是稳定的；从银行资产方面来看，如果金融机构将其资产都持有到到期日，则银行收入也就是稳定的。只有保持存款基础的稳定，银行才可以在保持足够的流动性前提下，将其一定比例的资金提交于流动性不高的资产上，实现其作为金融中介的重要功能。

从目前情况来看，我国国有商业银行似乎不存在出现挤兑的风险。这主要是因为目前中国政府一直充当国有商业银行"最终贷款人"的角色，在储蓄者心目中，国有商业银行的信用与国家信用是混为一体的。所以即使在资本充足率和资产质量都不高的情况下，国有商业银行每年仍能够吸收到大量的存款。但是，在资本账户开放的条件下，居民的储蓄转移更加方便，国家面临国际资本冲击的压力越来越大，使得政府对银行控制的能力减弱，而公众对国有银行的信用将会有一个新的认识。在这种情况下，国有商业银行潜在的风险将会日益暴露，严重时，就会爆发挤兑行为，使银行丧失其作为金融中介的正常功能甚至引发银行危机。

而对于第二个条件，随着资本账户的逐步开放，资本流动的易变性增加，金融交易中的不确定性也会随之大幅度增加，而金融不确定性的上升，会使国有银行对借款人的甄别和筛选更加困难，成本更高。这在降低商业银行的资产质量，增加银行的信用风险的同时，也会削弱商业银行集中信息生产、缓解信息不对称的功能。

2. 信贷规模过度膨胀，不良资产率迅速升高

随着资本账户的开放，外国资本会大量流入本国，商业银行的可贷资金将相应大量增加，对于中国这种拥有银行主导型金融结构的国家来说更是如此。1997 年亚洲金融危机中有关国家的经验表明，面对资本大量流入所引起的银行体系可贷资金的迅速膨胀，如果没有有效的银行监管，那结果将是灾难性的。在发展中国家，特别是亚洲国家，由于资本市场不发达，银行机构通常

是主导型的金融中介。在不少国家，银行资产大约占据了全部金融资产的 60％以上，资本账户开放以后，常常形成资本的过度流入。在银行主导型的金融结构下，无论这些外国资本最初采取商业银行贷款，还是证券投资或者直接投资，其中的大部分都会以直接或间接的方式流入银行体系，并相应的增加商业银行的可贷资金（各类存款和储备金），除非他们被用于货物进口或中央银行通过"冲销性干预"吸收。

从国际经验来看，国际清算银行在 1995～1996 年度报告提供的资料表明，由于外国资本的大量流入，从 1980 年到 1995 年，亚洲新兴国家和地区商业银行对私人部门的信贷占 GDP 的比重几乎都增长了一倍以上，个别国家（如印度尼西亚）则高达六倍。[①] 从 Mejia 的一项研究中，我们可以更清楚地看出资本的过度流入与国内银行信贷的相关关系。作者选择了 11 个国家在两次资本流入高峰时期（即 20 世纪 70 年代后期和 90 年代上半期）银行对私人部门的贷款情况，并以此同高峰期前三年的相应数据进行比较。结果发现，在所进行的 16 组对比中，除 2 组外，其余 14 组中，资本流入高峰期银行私人部门信贷占各国 GDP 的比重均高于前三年。

可以预见，随着我国资本账户的不断开放，资本流入的迅猛增加，商业银行的信贷扩张将不可避免。

在许多国家，伴随着可贷资金的迅速增加，不良贷款也明显增多。比如，在马来西亚，不良贷款率自 1985 年后急剧上升，1988 年曾高达 32％。印尼的不良贷款率自 1990～1994 年的 4.5％急剧上升，最高时达到 16％。泰国的不良贷款率在 20 世纪 80 年代高达 15％，在 90 年代前虽有所下降，但在 90 年代中

---

① 张礼卿：《亚洲金融危机的教训》，载《国际金融研究》1998 年第 1 期。

后期又呈急剧上升的态势。韩国的不良贷款率在 20 世纪 80 年代一直控制在较低水平，但 90 年代初也出现上升的势头。在整个 20 世纪 80 年代初，受债务危机的影响，拉丁美洲各国的不良贷款率普遍高于亚洲国家，如阿根廷和哥伦比亚 20 世纪 80 年代不良贷款率分别达到年均 30.3％和 25.3％。进入 90 年代，不少国家情况出现好转，但 1994 年危机中的墨西哥的该项比例仍高达 14.4％。

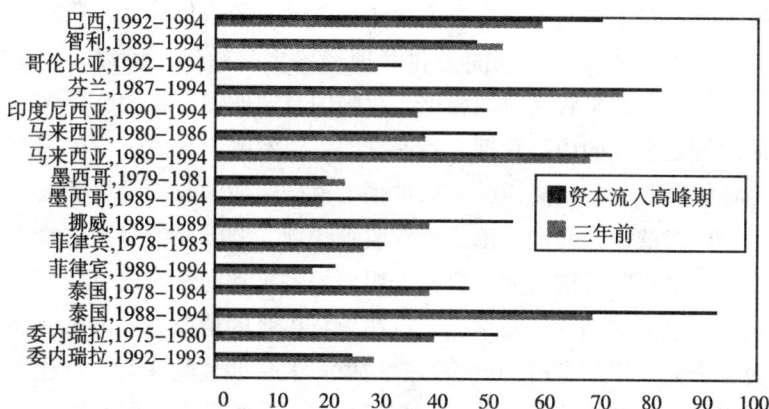

图 4-6　部分国家资本流入高峰期及其前三年的
银行私人部门信贷状况对比（占 GDP 的比重）

资料来源：Mejia（1999），IMF《国际金融统计》数据库。转引自张立卿：《资本账户开放与金融不稳定：基于发展中国家（地区）相关经验研究》，北京大学出版社 2004 年版，第 130 页。

学术界普遍认为发展中国家在过去十多年中的高不良贷款率由两个基本原因造成：一个是银行自身管理和风险控制能力的局限性；另一个就是金融自由化过程中银行监管的相对滞后。而许多发展中国家资本账户开放的草率更加剧了这两个基本因素发挥作用的程度。

在资本账户开放的过程中，面对可贷资金的过度膨胀，商业银行将面临着更加艰巨的决策和管理任务。对于我国来说，一方面，随着资本账户的开放，肯定会造成大量资本的流入和可贷资金的迅猛增加，国有商业银行在短时间内会面临迅速增大的信贷业务量。如果此时国有商业银行仍然不能解决信贷程序混乱、风险评估和控制能力（包括对道德风险的控制能力）严重不足的问题，内部管理仍不能适应资本大量流入所带来的信贷量的扩张，就肯定会出现类似于亚洲其他国家那样的不良资产率迅速增加的境况。而对于涉及外国资本流动和汇兑事务的信贷活动，我国国有商业银行的风险控制能力和管理经验更是缺乏。可以肯定地说，同过去资本管制时期相比，我国国有商业银行将面临更多的风险和更复杂的内部管理。另一方面，资本账户开放过程中国有商业银行私人信贷规模的迅猛扩张，也会使我国监管当局面临更严峻的挑战。在我国，由于现有监管法规、监管设施乃至监管人员的激励机制等诸多方面存在着明显的不足和问题，监管体系存在着明显的缺陷并且效率低下。在信贷扩张的情况下，就可能会使国有商业银行有机会放松风险约束，大量涉足高风险的行业或部门。如将贷款直接投向房地产和有价证券等具有高回报的领域，或是通过参股、控股房地产公司和证券公司变相地将资金投入进去。大量银行资金的流入，会使这些部门的资产价格迅速膨胀，而房地产、股票价格的膨胀，又会使利用这些资产进行抵押的贷款进一步膨胀，经济泡沫和巨额的不良资产将会生成，银行危机也就难以避免。

因此，如果国有商业银行不能及时解决自身风险控制的问题，并建立有效的银行监管体系，那么，在资本账户开放的进程中，随着信贷规模的急剧扩张，国有商业银行巨额不良资产生成的可能性和银行危机发生的概率都会大大高于资本管制的时代[1]。

3. 造成私人部门的过度冒险行为

20世纪80年代初，有学者发现，债务融资的有限责任（Limited Liability）特点将导致代理人问题，即借款者在获利时得到好处，但在发生损失时却得到保护。在这种类似于购买买入期权（Call Option）的机制作用下，借款人将倾向于过度借款和投资，并利用他人资金从事过度冒险（excessive risk taking）活动，而贷款人则倾向于信贷配给。[2] 随后，有学者研究发现，资本账户开放所带来的信贷扩张，会在很大程度上加剧借款人的过度冒险行为。随着资本账户的开放，大量资本流入国内，使得商业银行出现信贷扩张现象。此时，利率通常呈现下降趋势，这势必会鼓励投资者借款。同时，信贷扩张又会使投资者形成资产价格上升的预期，从而增加投资者对资产的需求，而这又进一步鼓励冒险借款和投资，因为借款者从信贷扩张引起的资产价格上升中得到益处，但却不用承担信贷收缩时发生的所有损失。有学者通过实证研究证明，资本账户开放过程中出现的国内信贷扩张与过度冒险有着重要的联系，并且是银行危机的重要原因[3]。

有限责任不仅导致借款人的过度冒险，而且导致贷款银行从事过度冒险活动。这主要表现在银行特许权价值（franchise value of banking license）的变化。所谓银行特许权价值，是指根据

---

[1]　相关的实证研究参见 Eichengreen, Barry（2001），"International Financial Crises: Is the Problem Growing?" Personal Homepage, University of California, Berkeley, August。

[2]　Stiglitz, J., and Weiss, A.（1981），"Credit Rationing in Markets with Imperfect Information", *American Economic Review*, 73.

[3]　Demirguc-Kunt, Asli, and Detragiache, Enrica, "Financial Liberalization and Financial Fragility", MF Working Paper, WP/98/83, June.

银行未来预期利润进行贴现所获得的现值。在资本账户开放的过程中，监管当局放松了银行市场准入的限制，银行就会逐渐失去其垄断地位，从而使原先依靠特许权获得的垄断利润也随之减少。为了继续生存，商业银行就会倾向于从事更多的冒险贷款和其他投资活动。而银行的有限责任特点正好为这种冒险活动提供了保障。这是因为，如果冒险活动成功，银行将继续存在并获得发展；如果失败，银行所承受的损失也是有限的，通常来讲，由于发展中国家普遍存在政府作为银行"最终贷款人"的现象，因此，商业银行并不会因为这种冒险贷款活动引起倒闭。这等于对这种过度冒险实行了变相激励，鼓励银行放松风险约束。一个最近的事例就是亚洲金融危机，在亚洲金融危机中，绝大多数银行都不进行外汇风险抵补，这正是金融动荡产生的一个重要原因。

除了由于资本流动的易变性给商业银行带来了一些风险之外，还有其他一些因素也会随着资本账户的开放给我国国有商业银行带来一定的风险。比如，随着资本账户的开放，外资银行会大量进入从而产生"脱脂效应"。所谓"脱脂效应"，是指外资银行进入后造成国内商业银行优质客户的大量流失，进而使国内银行面对更多的劣质客户和高风险客户[①]。在本章的下一节将会分析到，外资银行与国有商业银行相比，在诸多方面具有很大的优势，外资银行会充分利用这些优势与国内商业银行争夺优质客户，使国有商业银行客户总量中优质客户所占的比例大幅度下降，而劣质客户和高风险客户所占比例迅速上升，很明显，当这种"脱脂效应"使国有商业银行的客户质量下降时，必然会造成国有商业银行总体信贷资产质量的下降，不良资产比率也必然会相应上升，在总体上增加国有商业银行体系的不稳定性。

---

① 张礼卿：《资本账户开放与金融不稳定：基于发展中国家（地区）相关经验研究》，北京大学出版社 2004 年版。

总之，随着资本账户的开放，国有商业银行的脆弱性将逐渐暴露，所面临的风险也会迅速增加，这不但会增加整个银行体系的不稳定性，也会增加银行危机在中国发生的概率。显然，这与中国资本账户开放的初衷是相违背的，也是我们在资本账户开放的过程中应该尽量避免的。

第三节　人民币汇制改革与商业银行风险

从 2005 年开始，我国开始了新一轮的人民币汇率制度改革，实行以市场供求为基础、参考一篮子货币进行调节、有管理的浮动汇率制度，形成更富弹性的人民币汇率机制。在人民币汇率制度改革中，如何应对汇率风险成为商业银行当前面临的一个重要问题。随着人民币汇率制度改革的深化，商业银行汇率风险管理的复杂性和难度将不断增加。本节就人民币汇率改革进程中商业银行所面对的汇率风险展开分析。

一、人民币汇率制度改革内容及对商业银行的影响

（一）人民币汇制改革的背景及原因

推进人民币汇率形成机制改革，是缓解对外贸易不平衡、扩大内需以及提升企业国际竞争力、提高对外开放水平的需要。近年来，我国经常项目和资本项目双顺差持续扩大，加剧了国际收支失衡。2005 年 6 月末，我国外汇储备达到 7110 亿美元，我国的对外贸易顺差持续扩大，与他国的贸易摩擦也进一步加剧。因此适当调整人民币汇率水平，改革汇率形成机制，有利于贯彻以内需为主的经济可持续发展战略，优化资源配置；有利于增强货币政策的独立性，提高金融调控的主动性和有效性；有利于保持进出口基本平衡，改善贸易条件；有利于保持物价稳定，降低企业成本；有利于促使企业转变经营机制，增强自主创新能力，加

快转变外贸增长方式，提高国际竞争力和抗风险能力；有利于优化利用外资结构，提高利用外资效果；有利于充分利用"两种资源"和"两个市场"，提高对外开放的水平。

随着中国经济的持续、快速、健康发展，经济体制改革的不断深化，金融领域改革取得了新的进展，外汇管制进一步放宽，外汇市场建设的深度和广度不断拓展，为完善人民币汇率形成机制创造了条件。完善人民币汇率形成机制改革，是建立和完善社会主义市场经济体制、充分发挥市场在资源配置中的基础性作用的内在要求，也是深化经济金融体制改革、健全宏观调控体系的重要内容，符合党中央和国务院关于建立以市场为基础的有管理的浮动汇率制度、完善人民币汇率形成机制、保持人民币汇率在合理均衡水平上基本稳定的要求，符合我国的长远利益和根本利益，有利于贯彻落实科学发展观，对于促进经济社会全面、协调和可持续发展具有重要意义。

（二）人民币汇制改革的历史进程

中国的人民币汇率改革是一个长期渐进的过程，这与金融全球化和中国经济实力日益增强的深层次背景密不可分。从新中国建国以来至今，中国汇率制度改革大体经历了以下过程：

1.1949年至1952年，新中国政府逐渐稳定了局势。由于当时物价变化极为猛烈，所以为了使创汇企业和依靠侨汇收入的人民不至于亏损和生活困难，政府以内外物价，主要是国内物价为依据，不断地调整人民币汇率。

2.1953年起，中国实行计划经济体制，对外贸易由国营对外贸易公司专管，外汇业务由中国银行统一经营，逐步形成了高度集中、计划控制的外汇管理体制。国家对外贸和外汇实行统一经营，用汇分口管理。

3. 从1979年起开始实行外汇留成办法。为调剂外汇市场需要，1980 年 10 月起中国银行开办外汇调剂业务。1988 年 3 月放开汇率，由买卖双方根据外汇供求状况议定，中国人民银行适度进行市场干预。

4. 1994 年对外汇体制进行重大改革，实行人民币经常项目有条件可兑换。1996 年取消经常项目下尚存的其他汇兑限制，该年 12 月 1 日宣布实现人民币经常项目可兑换。

5. 2005 年 7 月 21 日中国人民银行发布公告称，人民币汇率不再盯住单一美元，而是按照我国对外经济发展的实际情况，选择若干种主要货币，赋予相应的权重，组成一个货币篮子。同时，根据国内外经济金融形势，以市场供求为基础，参考一篮子货币计算人民币多边汇率指数的变化，实行有管理的浮动汇率，维护人民币汇率在合理均衡水平上的基本稳定。

（三）人民币汇制改革的主要目标及原则

人民币汇制改革的总体目标是，建立健全以市场供求为基础的、有管理的浮动汇率体制，保持人民币汇率在合理、均衡水平上的基本稳定。

人民币汇率改革必须坚持主动性、可控性和渐进性的原则。主动性，就是主要根据我国自身改革和发展的需要，决定汇率改革的方式、内容和时机。汇率改革要充分考虑对宏观经济稳定、经济增长和就业的影响。可控性，就是人民币汇率的变化要在宏观管理上能够控制得住，既要推进改革，又不能失去控制，避免出现金融市场动荡和经济大的波动。渐进性，就是根据市场变化，充分考虑各方面的承受能力，有步骤地推进改革。

（四）人民币汇制改革的影响

人民币汇率的升值并不是迫于国际社会特别是对中国贸易有巨大逆差的西方国家的压力下出台的，而是在国内经济快速增长的基本面支撑下得以实现的，汇率的调整将对商业银行的资产、利润、未来规模扩张产生不同程度的影响。虽然短期内对商业银行的业绩不会产生较大的冲击，但由于汇率机制的变动改变了商业银行的经营环境，因此对商业银行的长期影响可能大于短期影响。

1. 商业银行的资产总值可能会小幅缩水。人民币升值，外汇相对于人民币来说就贬值了，因此商业银行持有的外汇资产也随之贬值。但总体要看银行的净头寸在资产方还是在负债方。如果净头寸在资产方，人民币升值对银行产生负面影响；如果净头寸在负债方，人民币升值对银行产生正面影响。我国商业银行的外币净资产占全部资产的比例相对较小，而且部分商业银行也采用了对冲手段来规避汇率调整对净资产的影响，因此人民币汇率的小幅升值对商业银行的总资产可能会有一定的影响，但影响程度较小。

2. 商业银行的规模扩张与经营战略也将受到影响。近几年，我国货币供应量和经济增长速度都保持在较高水平，外汇占款成为基础货币投放的主要渠道，有关研究表明商业银行的资产规模扩张速度和货币供应量增长有着非常密切的关系，货币供应越多，银行的资产规模也越大，外汇资产也相应增大，汇率制度的改革将会对整体经济产生影响，而经济的增长速度又将直接影响商业银行的规模扩张与经营战略。

3. 由于人民币汇率的升值和今后波动幅度的加大将进一步增加商业银行、企业和个人的汇率风险，因此客户对可以规避汇率风险的金融相关产品和服务的需求将会有较大的增长，这也会成为商业银行利润的增长点之一。但对这些金融衍生产品的推出一定要做好充分的调查，尽可能地满足不同客户的需求。

最新一次对人民币汇制的改革具有历史性的意义，对于中国整个金融市场甚至整个经济的发展具有重大影响，特别是商业银

行等金融机构。因此人民银行调查统计司对全国 31 个省的 1863
家地市级及以上的国有商业银行、股份制商业银行和外资（合
资）银行进行了一次快速调查，看看商业银行等金融机构有什么
样的反应，看看这次汇制的改革对于商业银行的经营到底有多大
的影响。调查结果如下[①]：

（1）银行存、贷款业务。调查结果显示，人民币存、贷款情
况基本未受影响，外币存贷款情况略有变化。在超过 5 成的银行
表示外币存款有所减少的同时，77.60％和 85.21％的银行认为
信贷需求和实际投放量基本不变。其中，认为外币贷款需求增加
的银行所占的比重较高，达 23.37％。

（2）银行结售汇业务。多数银行认为结汇业务量增加，售汇
业务量基本不变。调查数据显示，38.23％的银行认为本行结汇
业务量增加，32.32％的银行认为没有影响；49.56％的银行认为
本行的售汇业务量未受影响，24.57％的银行认为售汇业务量有
所增加。

（3）银行外币理财业务。银行对外汇理财业务的判断并不十
分一致，除 24.78％的银行明确表示未涉及此项业务外，
26.19％的银行认为外汇理财业务有所增加，24.84％的银行认为
没有变化，24.19％的银行认为有所减少。由于外汇理财占银行
总业务量的比重较小，银行及客户对这部分业务的敏感性显然弱
于外币存贷款业务。此外，各行及时推出各种新型外币理财业
务，也在一定程度上防止了部分业务的流失。

（4）银行远期结售汇业务。调查显示，34.98％的银行已经
开展远期结售汇业务，而仍有高达 65.02％的银行还未开展此项
业务。但其中又有 50.67％的银行明确表示准备增加此类业务。

---

① 中国人民银行政策分析小组：《中国货币政策执行报告》，2005 年 8 月。

由此可以看出各银行都在积极探索各种规避汇率波动风险的产品和服务，以应对改革和竞争。

这次调查共回收有效问卷 1844 份，调查显示本次人民币汇率形成机制改革对银行业自身经营活动的影响不大，各银行积极应对改革，但从另外一个角度来看，人民币汇制改革将有助于商业银行深化风险管理及加强经营管理，将为商业银行的金融创新注入新的活力。但随着人民币汇制的改革，商业银行也必然面临一定的风险，尤其是汇率风险。

二、商业银行在人民币汇制改革进程中面临的风险

随着人民币汇率制度的改革，商业银行面临的机遇和竞争加强，同时与之相关的金融风险也加大，结合巴塞尔银行监管委员会 1997 年 9 月公布的《有效银行监管的核心原则》，商业银行一定要加强管理，防范汇制改革带来的风险。这里主要针对商业银行面临的汇率风险进行讨论，商业银行汇率风险主要是由于汇率波动的时间差、地区差以及币种和期限结构不匹配等因素造成的。从理论上来说，商业银行在汇制改革中面临的风险有以下几种：

（一）交易风险

交易风险是指，银行在对客户外汇买卖业务或在以外币进行贷款、投资以及相关的汇兑换活动中，因汇率变动可能遭受的损失。最常见的是银行代客户购买外汇业务，如果在得到客户订单与交割期间汇率发生异常变动，就可能给银行造成损失；此外银行的外汇存款和外汇贷款的币种头寸或资金运用期限不匹配时，银行的汇率风险就会增加；银行在日常经营管理中需要保留一定量的未平盘头寸，也承担了汇率风险。随着我国对外经济的开展和加入世贸组织，银行的外汇业务必然会增加，因此在频繁本外币的汇兑活动中，商业银行面临的交易风险是不可避免的，商业银行只有在具体业务操作中通过各种风险规避手段将交易风险化为最小。

（二）折算风险

汇率变动会引起商业银行资产负债表某些外汇项目金额变动的风险，其产生是因为进行会计处理时将外币折算为本国货币计算，而不同时期使用的汇率不一致，所以可能出现会计核算的损益。比如：银行为了编制合并财务报表，需要将以外币表示的资产和负债换算成本币表示的资产和负债，这就会面临汇率换算的风险，从而影响银行的财务报告结果。

（三）经济风险

由于汇率非预期变动引起商业银行未来现金流量变化的可能性，它将直接影响商业银行整体价值的变动。汇率变动可能引起利率、价格、进出口、市场总需求等经济情况的变化，这些又将直接或间接地对本行的资产负债规模、结构、结售汇、国际结算业务量等产生影响。如：本币汇率上升时，国内出口下降，收汇减少；进口增长，对外付汇增加；外资外债流入减少，对外投资则可能扩大。

（四）市场风险

面对人民币汇率制度的改革，商业银行必然会推出各种金融衍生产品服务来防范汇率风险，但这些金融衍生产品同时也会带来一定的市场风险。市场风险是指由于基础资产市场价格（如利率、汇率、股票指数等）的不利变化或急剧波动而导致衍生产品价格或价值变动的风险。在金融衍生交易的各种风险中，市场风险是最为普遍和最为经常的风险，在很大程度上，正是因为有了市场风险，才会出现信用风险和流动性风险，市场风险存在于每一种衍生产品交易之中。因此从理论上来说，汇率制度的改革间接也带来了市场风险。

以上几点是从理论角度来讨论汇率制度改革给商业银行带来

的风险，当前，根据中国的具体经济环境和银行的经营状况，我国商业银行面临的风险主要表现在以下几个方面：

第一，商业银行外汇资本金面临的汇率风险。目前，国内商业银行的外汇资本金来源可主要分为三类：一是在境外股票市场，通过公开发行上市募集的外汇资金，比如在香港或美国的股票市场上市筹资，由于人民币升值会导致募集的外汇资金相对于人民币贬值；二是由境外的战略投资者认购一部分股权形成的外汇资本金，同样道理这些外汇资本金会贬值；三是由国家通过外汇储备注资方式形成的外汇资本金。受到人民币汇率波动的影响，银行的外汇资本金折算成人民币资本数额也会发生变动。如果人民币出现较大幅度升值，则商业银行的总资本金数额可能会发生较大缩水，这无疑对商业银行的资本充足率水平和经营绩效会产生不利影响。

第二，资产与负债的汇率风险敞口。人民币汇率制度的改革将会影响银行外汇资产的头寸匹配和不同币种搭配，从而直接影响到商业银行的抗风险能力。随着我国对外经济的不断发展，国内企业对外汇资金需求不断上升，然而商业银行的外汇资金来源并没有显著增加。据有关资料显示，在过去两年中，国内银行体系的外币业务贷存比一度高达 90％以上，反映出银行外汇资金供应相当紧张。在这种情况下，为了保证外汇信贷业务的需要，多家银行向主管部门申请了以人民币资金购买外汇，并向客户发放外汇贷款。这样做虽然解决了外汇资金来源问题，但是也造成了银行外汇资产与人民币负债之间的币种不匹配。当人民币出现升值时，必然给商业银行带来汇率损失。

第三，结售汇等中间业务的汇率风险。由于人民币汇率浮动频率和区间不断加大，商业银行的结售汇等中间业务的汇率问题也逐渐显现出来。按照新的汇率形成机制，人民币兑美元汇率每天的波动幅度在千分之三以内。目前，国内银行人民币兑美元的牌价一般按照前一天人民银行公布的中间价确定，同时对前一天各分支机构结售汇的轧差头寸在市场中平盘。如果出现市场平盘价低于对客户的结算价，银行就要承担其中的汇率损失。

第四，人民币汇率形成机制实行新的安排后，意味着汇率的波动幅度比过去扩大，变动频率加快，因此会导致国内企业的外汇风险上升，会增加银行受损的可能性。汇率形成机制改革和汇率水平的调整不仅会直接影响银行的敞口头寸，也会通过影响企业的财务状况，而对银行的资产质量和盈利能力带来影响。汇率波动的频率提高后，银行客户面临的外汇风险会增加，特别是直接从事国际贸易的企业会因汇率波动而导致盈亏起伏，这也就影响到银行盈利水平。

第五，我国商业银行过去长期在固定的汇率环境下经营，外汇风险意识普遍比较淡薄，有效的风险管理和控制体系有待建立，外汇风险管理现状不容乐观，相关的外汇风险管理的制度、技术、人员、体系等尚未经历过弹性汇率的检验。同时外汇风险的政策和程序还有待进一步完善，执行力度有待加强。目前大部分商业银行的外汇风险管理的政策和程序离专业化的要求还有一定距离，很多出台的制度和政策还只是停留在纸上，在实际中实施不力，甚至根本无人执行。

当然，对于人民币汇率制度的改革要持客观的态度对待，风险和收益就像是一枚硬币具有两面性，银行在承担外汇风险的同时，也有可能获取一定收益。首先，汇率波动区间扩大后，金融机构和企业规避外汇风险的需求会上升。外币与人民币之间的远期、掉期交易量会相应上升，商业银行的相关业务会增加特别是一些中间业务。其次，在从事外汇衍生产品交易的过程中，如果银行能有效利用自身技能对风险进行合理定价或对冲，就可能从中盈利。同时，客户对外汇有关的金融产品需求的增加，也为银行发展外汇业务、开发外汇新产品（如个人外汇理财产品等）提供了良机。因此商业银行要积极面对，不断创新业务，运用科学的方法尽可能地降低汇率变动带来的风险。

第四节 加入 WTO 与国有商业银行风险

一、WTO 条款与中国银行业市场的开放

（一）WTO 条款中对中国银行业市场开放的要求

2001 年 12 月 11 日，中国正式加入世界贸易组织（WTO）。中国国有商业银行将直面金融全球化的挑战。按照中国加入 WTO 的协议，到 2006 年 12 月 11 日，中国将完全放开包括银行业在内的金融市场准入限制，外资银行将在税收、业务、金融产品及保护方面享受国民待遇。在 WTO 所属的诸多协议中，与中国银行业关系最为密切的当属 GATS（General Agreement on Trade in Service），即《服务贸易总协定》。GATS 是关税及贸易总协定（GATT）乌拉圭回合谈判所达成的成果之一，他首次确立了有关国际服务贸易规则与原则的多边框架，并倡导在透明度和逐步自由化原则下推行自由贸易。在《服务贸易总协定》中有关银行业服务贸易的规定具体体现在它的两个附件中，即《金融服务附件》和《金融服务第二附件》。这两个附件对金融服务的范围和定义、国内法规、承认、争端解决等有关事项做出了规定。附件还允许成员方基于审慎原因，如出于为保护投资者、存款者、投保者等原因，或为保证金融体系的完整和稳定起见，采取与 GATS 有关条款不符的措施。附件还要求成员方相互承认对金融服务适用的审慎措施，达成审慎协议的各方对其他成员方

加入应提供充分的机会，并适用对等的规则和监督措施①。GATS 涵盖了所有可能的融资、支付、证券发行、金融中介和咨询、资产管理等金融服务领域。在 GATS 框架下，全球 95％的金融服务贸易被纳入逐步的自由化进程，其目的是消除各国长期存在的银行业、保险业和证券业中的贸易壁垒，确立多变的、统一开放的规则和要求。

《服务贸易总协定》对金融市场的开放提出了具体的要求，其中最主要的是加入国应遵循四大原则：市场准入原则、最惠国待遇原则、国民待遇原则和透明度原则。GATS 的各项原则表明，全球金融服务领域中一项统一的、追求全球开放的惯例已经形成，它的实施将推动国际市场一体化的进程②。

在 1999 年 11 月，中美签订的双边贸易协定中也对中国银行业的开放做出了具体的规定：

中国已承诺在所有重要的服务行业，在经过合理的过渡期以后，取消大部分外国股权限制（尤其是对美国有重大商业利益的行业），同意加入《基础电信与金融服务协议》，以及不限制美国服务供应商进入目前的市场。中国将不限制所有服务行业的现有市场准入和活动，还将保护现有在中国的美国分销服务、金融服务和其他服务活动，包括那些根据合同或股东持有许可证而进行经营的公司，使他们在中国逐步实施协议的同时免受限制。

中国已承诺在 5 年内使美国银行获得充分的市场准入。在准入后的两年，外国银行将可以与中国企业进行人民币业务来往；在准入后 5 年，外国银行将可以与中国居民进行人民币业务来往；在 5 年内，地理限制和顾客限制都将取消；在准入后，非金

---

① 目前国际间广泛接受的审慎协议主要是《巴塞尔协议》。

② 详细内容参见江春、胡昌生、张蕾、王文祥：《中国金融业成功应对 WTO》，武汉大学出版社 2001 年版。

融财务公司可提供汽车贷款。

（二）中国银行业市场开放现状

银行业的开放是一个国家金融市场开放的标志之一。在加入世贸组织之前所进行的双边和多边谈判中，中国政府根据本国国情争取获得了发展中国家待遇，因此，在开放时间表上，中国的银行业有五年的过渡期来迎接金融市场全面放开所带来的挑战，在这五年的过渡期中，对申请进入中国金融市场的外国银行或投资者采取审慎的态度在不同的地区不同的领域分步骤准入的原则。目前，外资银行除在越来越多的业务领域及地域范围与中资银行展开直接竞争外，更是借参股方式积极谋求与后者之间实现优势互补，从而更快更多的得以分享中国经济建设的巨大成就。随着入世保护期行将届满，按照加入世贸组织时所做出的承诺，中国正逐步放开对外资银行的各方面限制。

截至2005年8月，外资银行在华设立的营业性机构已达225家，代表处240家，本外币资产总额为796亿美元。按照到2005年9月末我国银行业金融机构境内本外币资产总额35.96万亿元计算，外资银行资产总额仅占我国银行业金融机构资产总额比例的1.8%。

从业务范围来看，自2003年12月1日银监会宣布允许外资银行向中资企业提供人民币业务以来，截止到2004年底，已经有118家外资银行机构获准开办中资企业人民币业务。此外，共有24家外资银行机构获准开办衍生产品业务；已有3家外资银行获准在华开办网上银行业务；5家外国银行分行获准开办合格境外机构投资者（QFII）托管业务等。外资银行在规定范围内经营的业务品种已经达到100多种。此外，在2003年，银监会还颁布了《汽车金融公司管理办法》，开放汽车融资金融服务，先后批准了上汽通用汽车金融有限责任公司、丰田汽车金融（中国）有限公司、大众汽车金融（中国）有限公司和福特汽车金融（中国）有限公司、戴姆勒－克莱斯勒等 5 家外资汽车金融公司的筹建，其中 2 家已于 2004 年开业经营，使我国金融体系中又增加了一类全新的非银行金融机构。2004 年 9 月 1 日，银监会颁布并实施了《企业集团财务公司管理办法》，允许外资投资性公司设立独资的财务公司，并鼓励境外战略投资者参股中资机构的财务公司。

在经营地域方面，2004 年，监管部门许可外资银行经营人民币业务的城市由原来的 9 个增加到 13 个，同时允许外资银行在已开放人民币业务的地域向中国企业提供人民币业务。从 2004 年 12 月 1 日开始，中国将在其后的一年里，按照计划开放昆明、北京、厦门、西安、沈阳五个城市的人民币业务，从而使开放人民币业务的城市从 13 个增加到 18 个。此前，已开放上海、深圳、天津、大连、广州、珠海、青岛、南京、武汉、济南、福州、成都、重庆。其中，西安和沈阳经国务院批准，提前至 2004 年开放，以促进外资金融机构更好地为中国经济发展提供金融服务，特别是为我国西部大开发和振兴东北老工业基地战略的实施提供支持。此外，从 2004 年 12 月 1 日起，设在西部和东北地区的外资银行，对于经营人民币业务的申请，银监会将放宽审核其盈利的资格条件，即从目前考核单家分行的盈利，改为合并考核申请人在华所有分行的盈利。也就是说，只要申请人在华合并报表是盈利的，他们在西部和东北地区的分行都可以取得申请人民币业务的资质。同时，对于外资银行在西部和东北地区设立机构和开办业务的申请，中国银监会在审理时将设立绿色通道，在同等条件下优先审批。

除了在业务范围和经营领域方面逐步放开以外，银监会也逐步放宽了外资金融机构参股中国银行的限制。2003 年 12 月 1 日，银监会将外资金融机构对中资银行持股上限调到单一外资机构持股比例不超过 20％，所有外资机构持股比例不超过 25％，欲通过放宽参股比例限制的方法来引进外国战略投资者，以全面提升中国银行业的经营水平。

表 4-4　外资银行入股中资银行一览表

外资金融机构	入股对象	各自持股比例	外资持股合计
美洲银行、亚洲金融控股私人有限公司	建设银行	9.001%、5.1%	14.101%
苏格兰皇家银行、亚洲金融控股私人有限公司、瑞银集团、亚洲开发银行	中国银行	10%、10%、1.61%、0.24%	21.85%
高盛、德国安联集团和美国运通	中国工商银行	7%、2.5%、0.5%	10%
香港上海汇丰银行	交通银行	19.9%	19.9%
花旗银行	浦东发展银行	4.62%	4.62%
汇丰银行	福建亚洲银行（已改名为平安银行）	50%	50%
新桥投资集团	深圳发展银行	17.89%	17.89%
中国光大集团（香港）、亚洲开发银行	光大银行	20.1%、3%	23.1%
国际金融公司（IFC）	南京市商业银行	15%	15%
荷兰 ING 集团、国际金融公司（IFC）	北京银行	19.9%、5%	24.9%
恒生银行、新加坡政府直接投资有限公司、国际金融公司（IFC）	兴业银行	15.98%、5%、4%	24.98%
国际金融公司（IFC）、加拿大丰业银行	西安市商业银行	12.5%、12.4%	24.9%
国际金融公司（IFC）、新桥集团	民生银行	1.6%、4.82%	6.42%
国际金融公司（IFC）、汇丰银行、上海商业银行	上海银行	7%、8%、3%	18%
德意志银行和萨尔·奥彭海姆银行	华夏银行	14%	14%

资料来源：根据各银行公开网站相关资料整理而得。

2004 年 12 月 1 日，银监会进一步决定将外资银行分行营运资金最高一档从 6 亿元人民币降低到 5 亿元，将第五档从 4 亿元降低到 3 亿元；将在华注册独、合资银行分行的营运资金要求从六档简化和降低为 1 亿元、2 亿元和 3 亿元三个档次；并进一步简化市场准入程序。

二、中国国有商业银行与国外商业银行比较

（一）中国国有商业银行的比较优势

中国国有商业银行在过去二十多年的改革开放进程中，通过不懈的努力，不断地发展壮大，提高自身竞争力，获得了众多的比较优势，具体表现在：

1. 国有商业银行的本土优势

从硬件方面来看，经过几十年的发展，国有商业银行已经形成了自己庞大的分支机构网络，计算机、远程通信网络的运用，使得各商业银行的分支机构可以互相融合，在资金余缺地区间调剂、信息的收集、国内结算的质量等方面有着外资银行不可比拟的优势。另外，国人对国有商业银行的安全性有天然的信任感和足够的信心，与外资银行相比，国有商业银行是人们存款的首要选择。

国有商业银行植根于本国经营，有着厚实的客户基础和庞大的营业网点，特别是已经遍布全国的经营网络，这是外资银行所不可比拟的。由于银行业存在规模效应因素，外资银行对国内情况尤其是文化背景的了解有一个过程，并且缺乏国内客户基础，也存在着因贷款失误而带来的损失。例如，日本北海道拓殖银行和加拿大皇家银行这两家较早进入中国市场的外资银行，就由于种种原因在 1998 年 4 月关闭了其在中国的分行。

2. 国有商业银行的金融实力不容低估

国有商业银行在以往开拓国内市场的过程中，基本形成了自

己的固定客户，特别是一些大型、特大型客户，在长期的合作过程中，他们已经形成了相互依赖、相互支持的利益相关关系。而外资银行在华业务规模与国有商业银行同业业务规模相比，仍然存在着较大的差距。而且，外资银行在经营人民币业务的过程中也遇到不少问题，包括人民币来源比较有限，业务品种比较单一，资金期限不匹配等等。即使在外资金融机构最发达的上海，国内金融业也占绝对优势。

（二）中国国有商业银行与国外银行的差距

1. 资产规模比较

1997 年亚洲金融危机以后，国际银行业掀起了两次大的兼并浪潮，第一次兼并浪潮的特征是"大吃小"，即大银行把小银行吃掉从而组成更大规模的银行；第二次兼并浪潮的特征是"大并大"，即大银行通过强强联合组成"巨无霸"银行。在金融危机的威胁之下，银行也不得不靠规模扩张来取得更大的生存空间。目前全球最大的金融集团排名如下（见表 4-5）。

表 4-5 基于资产规模的全球最大的金融集团排名

序号	排名银行	资产规模（10 亿美元）
1	美国花旗集团	1097.19
2	日本瑞穗集团	1029.69
3	瑞士银行	851.69
4	日本三井住友银行	826.60
5	德意志银行	795.74
6	日本东京三菱银行	784.52
7	美国摩根大通	758.80
8	荷兰 ING 集团	751.78
9	英国汇丰银行	748.89
10	法国巴黎银行	745.41

资料来源：《全球金融杂志》2003 年全球前十大银行排名。

最近几年，随着国有商业银行的不断改革，银行规模有所扩大，截至 2004 年，资产规模最大的中国工商银行总资产约为 7000 多亿美元，而其他三家银行资产规模则在 5000 亿美元左右，仅相当于花旗集团 2003 年资产总额的 1/2。在激烈的竞争中，银行的生存几率只有在一定的规模下才能有所保障。有学者估计：未来银行的生存空间是大于 6000 亿美元或小于 300 亿美元的大小银行，在此区间内的银行将难以生存。这样看来，我国四家国有商业银行中，有三家的资产规模处于一个危险的边缘！

2. 银行资产质量比较

2002 年世界前 20 大银行的平均不良资产比率为 3.27%，其中花旗银行和美洲银行的不良资产比率分别为 1.4% 和 0.85%，而国有商业银行 2002 年底不良资产加权平均为 26.12%，比国际大银行的平均不良资产高出约 23%；到 2003 年底，中国工商银行的不良资产比率仍为 21.24%，农业银行的不良资产比率为 30.07%。经过这两年的剥离、注资，截至 2005 年末，国有商业银行平均不良贷款率已下降至 10.49%，跟国际大银行相比仍有很大差距。

事实上，按照官方公布数字，中国农业银行的不良资产比率超过 20%，已经超过 1997 年亚洲金融危机时泰国和韩国银行的不良资产比率，从技术上说均已达到破产要求。众所周知，日本近几年的银行不良资产率估计在 5% 左右，达到这一比率的国家被国际上称为"银行坏账困扰国家"，而我国农行的不良资产比日本银行业平均高出 15 个百分点，加入 WTO 以后，这么高的不良资产很难让市场所接受，也很难得到国际同行的认可。

3. 银行自有资本比较

《巴塞尔协议》对银行自有资本比率有明确的要求，作为 WTO 成员，中国有义务按照承诺接受和执行这一协议。按照

《巴塞尔协议》1998 年版的规定，商业银行的资本充足率要求达到 8%，巴塞尔新协议由三大支柱构成：一是最低资本要求，资本充足率仍然是 8%；二是监管当局对资本充足率的监督检查；三是信息披露。到目前为止，建行、中行可算基本达到这三个要求，而农行则相差甚远。① 从国际大银行的情况来看，2000 年世界排名前 20 位的大银行（不含我国银行）的平均资本充足率为 11.52%，其中美国花旗银行和美洲银行的资本充足率分别为 12.43%利 10.88%，瑞士信贷集团则高达 19.10%。资本充足率是衡量银行业竞争力的重要标志，资本充足率的短缺，对银行来说，本身就是一种风险。

4. 银行盈利能力比较

与外资银行相比，我国商业银行的盈利能力总体来说比较差，四大国有商业银行 2000 年以来一直在盈亏的边缘上徘徊，表现为有盈有亏，时盈时亏。中国人民银行行长经济顾问朱民教授曾经对中外银行的盈利情况作过比较发现：从资本盈利能力上来看，花旗、美洲、大通银行的资本盈利能力均在工商银行的 10 倍以上，盈利较差的法国农业银行也在工商银行的 6 倍以上；从资产盈利能力上来看，花旗、美洲、汇丰、大通银行资产盈利能力均在工商银行的 11 倍以上，最高的大通银行资产盈利能力是工商银行的 14.82 倍，盈利能力较差的法国农业银行也在工商银行的 7 倍以上。若从人均利润来看，有学者研究得出：四大国有银行、国内股份银行、外国银行人均年创利约为 1：10：25。近几年我国商业银行借助经济的回暖和改革创新，盈利能力有了大幅度提升，据建行 2005 年业绩报告，其税前利润由 2004 年人民币 511.99 亿元上升 8.1%至人民币 553.64 亿元，净利润达到

---

① 相关数据可参见本书第二章。

人民币 470.96 亿元。其他三行的经营状况也有所改善，但这只能看作一个良好的开端，还不能说已经彻底扭转了盈利能力低下的局面。况且近年来我国商业银行经营状况的好转和盈利能力的提升有很大的政策性因素在里面，如利率连续下调后银行存贷利差的扩大给银行带来更多的利润等，外部因素多于内部的努力。

5. 银行税负比较

2006 年底中国金融业全面开放后，意味着外资银行经营范围将与中资银行相同，但按照目前实际情况，其税负却远低于中资银行，外资银行将享受超国民待遇。目前中资银行的所得税税率为 33%，而外资银行仅为 15%。很多外资银行的所得税可以享受减半的优惠税率，在一些开发区注册的银行还可以享受一定时段的免税。综合各种优惠，外资银行的实际所得税率平均仅有 11%。税负差距使得中资银行在竞争中处于劣势，在同样的税前利润下，中资银行的盈利水平大打折扣。中资商业银行尤其是股份制商业银行曾在各种场合呼吁统一中外资银行的所得税税率，但银行业税负改革的进展并不如人意。中外资银行税负差距有历史的因素，但入世过渡期结束后，应逐步拉平中外资银行的税负差异，以免造成中外资银行竞争环境的不公平。

三、入世后国有商业银行面临的潜在风险

从国有商业银行与外资银行的比较中我们能够发现，其实国有商业银行入世以后所面临的风险主要就是根源于与外资银行的巨大差距以及来自外资银行的激烈竞争。如果不能尽快缩小我国国有商业银行与外资银行之间的差距，在 2006 年银行业完全放开以后，国有商业银行面对外资银行的大量涌入以及诸多强手的激烈竞争将会难以招架，这会使我国银行在 WTO 原则下逐渐失去竞争力和市场份额，甚至导致金融风险或危机的爆发。

从国有商业银行与外资银行的差距来看，第一，从资产规模上看，我国国有银行业处在大的不够大，小的不够强的状态下，也就是说，与外资银行相比，四大国有商业银行既没有"船大抗风浪"的优势，也没有"船小好掉头"的灵活[①]。从目前情况来看，四大国有商业银行如果不能达到 6000 亿美元以上的稳定规模，在银行业开放的环境下就难以依靠规模取得竞争优势。而我国的诸多中小银行又面临规模过小、竞争力太弱的问题，大多数的资产规模处在死亡空间范围，2006 年，国有商业银行如果不能凭借自己在国内银行业市场超强的金融实力，发起对中国银行业的资源整合，那么，就不能壮大自己的势力，提升自己的竞争力，在外资银行大批涌入国内市场的时候，就有可能面临其市场份额被外资银行蚕食鲸吞甚至是被外资银行挤垮的危险，这是银行业的风险之一。

第二，我国国有商业银行资产质量低下，不良资产数额巨大，1/4 以上的不良资产基本上处在历史上诸多国家和地区发生金融危机时的水平，若按国际标准衡量，也在破产的边缘。巨额不良资产的存在，严重影响银行贷款业务的有效规模和新业务的开拓发展，同时，这些不良资产的盘活和消化占用了银行家们大量的时间和精力，影响了银行长远目标的规划和实现。由于过去的信贷业务造成了大量的不良资产，致使银行本能地厌恶贷款规模的扩大，导致融资萎缩，致使大量的资金积压在银行里，一方面企业缺资金，需要高成本的引进外资，另一方面约有 4 万亿的存贷差[②]不能有效地使用，直接造成银行利息支出的增加和企业生产成本的提高，这种情况如果不能从根本上得到解决，在后

---

① 郭玉得：《WTO 与我国银行业潜在的危机及对策研究》，载《商业研究》2005 年第 6 期。

② 周小川：《关注金融改革》，载《上海金融报》2003 年 3 月 27 日第一版。

WTO时代，我国银行业的生存空间将受到严重挤压，存贷萎缩、盈利下降、市场相对缩小，银行业务开展困难，长此以往，将会严重影响我国银行业的安全运行。

第三，我国国有商业银行业的资本金严重不足，既达不到国际同行的水平，也远未达到《巴塞尔协议》的要求。就像某些国有商业银行，每年以万亿计的新增存款使资本金的比率越来越低，并且长期得不到有效补充，这是很危险的。众所周知，资本充足率标志着银行资本金抵御可能发生的意外损失的能力，足够高的资本充足率可以使银行在突发风险造成损失时不致破产，尤其是在加入WTO以后，银行的资本金充足与否，直接关系到未来市场份额、国际信用评级、融资成本等诸多问题，关系到银行的地位和协议的保护程度。资本金不足削弱了银行消化贷款损失的能力和偿付能力，严重制约着银行业的抗风险能力和扩张能力。弄不好还可能危及整个金融体系的安全。

第四，盈利能力低下，也是我国国有商业银行的老问题，这与我国长期实行计划经济体制有密切关系。而银行的盈利能力是其发展的源泉和动力，也是银行在金融市场赖以生存的长久之计和抵御风险的主要手段。在市场竞争环境下，银行作为经济运行实体，也要接受市场优胜劣汰的选择，效率低下，盈利不高，就要面临被淘汰出局的险境。另外，按照国际银行业的惯例，作为银行的盈利，除了补充银行的资本金以外，还要提取部分利润作为平衡新生不良贷款的准备头寸。我国商业银行的现行做法是按照五级分类分别提取不同比例的准备金。因此，一家银行，它的不良资产比率越高，需要从利润中提取的准备金就越多，从我国国有银行的高不良贷款率看，我国银行现在的盈利能力对巨额的准备金提取需要来说，无疑是杯水车薪。这一方面使这些银行很难通过盈利进行积累、补充资本金和提取准备金，使它们的竞争能力越来越弱和金融创新难以有效进行；另一方面更加削弱了与外资银行公平竞争的能力。盈利能力低下是银行诸多问题的根源所在，也是形成银行风险的直接原因之一。

从国有银行与外资银行的竞争来看，在未来完全开放的银行业市场，中外资银行的短兵相接是不可避免的。

人才的储备是商业银行获得可持续发展能力的基石。外资银行要想尽快适应中国的市场环境，在中国站稳脚跟，就必须根据自己的业务发展战略和国有银行的优势有选择的招揽本地人才。外资银行一般会特别看重以下种类人才：一是优秀的管理人员，以年轻、学历高、外语好、业务熟练的中层管理者为主；二是业务骨干，如外汇交易、国际结算、项目评估等方面的人才，甚至包括一些熟练的柜台操作人员；三是有海外工作经历的银行专业人才。与此同时，外资银行还会加强在外部市场上的人才争夺，近年来逐步加大了在校园招聘中"揽才"的力度，吸引了众多具有发展潜力的优秀毕业生。

客户的数量与质量很大程度上决定了一家银行的市场份额和发展前景。目前，四大国有银行在以往的国内业务开拓中，已经有了一批大型、特大型的优质客户，他们在很大程度上保证了国有商业银行有一个稳定的利润来源。但是，目前国有银行手中既有的客户，以及希望在未来稳定和开拓的客户群与外资银行正在锁定的目标客户群有相当高的吻合度，主要集中在跨国公司、大型国有企业、民营企业和富裕的个人等中高端客户。从而，国有和外资银行在客户资源的争夺上将会异常激烈。毫无疑问，如果国有商业银行不能尽快提高自己的服务水平和服务效率，很好地与国际接轨，按照国际行业惯例来办理相关业务，那客户资源的流失将会在不久的将来变成四大商业银行现实的威胁。[1]

银行人才和客户是通过银行业务来连接的，外资银行在业务方面具有较强的优势和创新能力，银行业市场放开以后，外资银行重点争夺的目标将是那些风险小、成本低、利润高的国际结算等中间业务以及外汇资金和外汇存贷款等外币业务，而这些业务正是国有银行进行结构调整期望重点发展的领域，这种业务趋同现象必然导致中外银行的激烈竞争，这种竞争，具体表现为十大业务的竞争：

1. 国际结算业务。国际结算业务具有收益高、风险小的特点，而且又是外资银行的强项。因此，虽然外资银行之间也会存在不同市场定位，但它们都会将国际结算业务作为率先争夺的业务品种。

2. 企业外汇存、贷款业务。外资银行在外汇存、贷款利率定价，设计复杂的结构性融资产品、提供项目融资等方面优势显著，且目前外资银行在贸易项下的外汇贷款可以结汇的政策优势会促进外资银行在该领域的快速发展。

3. 个人存款业务。外资银行将凭借在个人理财服务、信用卡业务、网络银行业务、电话银行业务等领域的优势和经验，争取更多的高端客户。

4. 个人消费贷款业务。特别是在汽车消费贷款领域，目前已有4家外资汽车金融公司获准开业，它们凭借与汽车厂商的密切联系，为汽车购买者提供低息甚至零息贷款，提供更加便捷的贷前和贷后服务以赢得更多的汽车消费信贷客户从而给国有银行汽车消费贷款带来较大冲击。

5. 银行卡业务。这是外资银行大力拓展的业务领域。外资

---

[1]　郭玉得：《WTO与我国银行业潜在的危机及对策研究》，载《商业研究》2005年第6期。

银行不仅争夺高端客户的发卡业务，而且有可能垄断外卡收单业务。目前，外资银行主要通过战略合作者的方式进入中国银行卡市场，它们依靠中资合作银行的国内分支机构以及外资银行的海外分支网络，使银行卡业务获得快速发展。

6. 个人理财业务。个人理财业务服务于中高端客户，收益远高于社会平均利润，将成为中外资银行未来竞争最激烈的领域之一。

7. 企业现金管理业务。企业现金管理是银行综合竞争力的体现，也是未来中外资银行重点角逐的领域。但是，该产品需要很好的 IT 技术和网络银行的支持，而这正是目前中资银行与外资银行差距较大的地方。

8. 资金管理业务。外资银行凭借其在国际金融市场上丰富的管理和操作经验，积极推动金融创新，发展衍生金融产品，并以此获取超额利润。中资银行很难在金融衍生产品和金融前沿领域获得竞争主动权，处于产业链的下游，业务盈利能力弱。

9. 托管业务。托管业务对中资银行来说既是新业务又是大力发展的中间业务。但是随着 2002 年底颁布的《合格境外机构投资者境内证券投资管理暂行办法》首次将托管市场向外资银行开放，以及 2004 年 8 月《保险外汇资金境外运用管理暂行办法》的出台，允许外资银行参与保险公司外汇资金境外投资的托管业务，外资银行对中国托管业务市场的争夺正逐步展开。从国际托管市场的发展来看，只有少数的大托管银行可以占据市场，如果中国过早地开放托管市场，四大银行将没有足够的时间培育和提高竞争力，很可能造成少数外资银行"赢家通吃"的局面。

10. 电子银行业务。对公业务方面，外资银行将凭借与一些企业的国外母公司的业务关系将其服务扩展到国内的分公司或合资企业，通过其先进的现金管理服务为这些企业提供跨国界的电子银行服务，这将对中资银行的优质客户群造成很大冲击；对私业务方面，外资银行在发卡、营销高端客户方面必将加大投入，在中高端客户中形成一定规模，取得较高的社会认可后，将会利用网络银行把这种品牌的优势延伸到更多的普通客户中。

第五章 国有商业银行风险防范与化解

前面第三章和第四章分别对国有商业银行风险的制度性成因及市场性成因作了分析，本章试图在此基础上，探讨国有商业银行如何防范与化解风险。本章的基本结构是：首先提出了国有商业银行风险防范总体思路；接着探讨了国有商业银行产权体制改革和股票上市问题；然后分析了国有商业银行治理结构和内部控制制度改革；最后讨论了国有商业银行市场性风险防范对策，包括完善国有商业银行市场性风险防范机制、利率市场化改革与银行风险控制及国有商业银行应对人民币汇制改革和 WTO 的策略等。

第一节 国有商业银行风险防范总体思路

一、对国有商业银行风险成因的总结

1. 国有商业银行风险主要是制度性风险。第一，产权制度风险。由于国有商业银行产权制度存在所有者虚置的缺陷，就造成了政府对银行产权的垄断，由此导致了两个后果：一是政府将银行纳入国有金融制度安排，命令银行发放政策性贷款，从而产生了国家信用制度风险；二是造成了银行二重产权结构下的外部性问题。银行没有破产的市场约束，银行产权的激励与约束功能

遭到破坏。第二，内部控制制度风险。（1）组织设置不合理，授权控制系统不健全，一则导致多头管理，二则导致行长权利缺乏约束，道德风险严重；（2）内部稽核制度不健全，稽核职能难以履行；（3）信贷风险防范系统建设滞后，不能有效防范市场性风险。第三，经营制度风险。分业经营使银行经营风险向信贷风险集中。第四，中央银行监管制度风险。（1）央行监管缺乏独立性与权威性，监管制度执行不力；（2）央行监管手段落后，监管信息可获性差；（3）分业监管制度造成监管上的真空。

2. 国有商业银行的市场性风险成因可以归结为：信贷风险无法完全预期以及借款人存在逆向选择行为和道德风险，并且，市场性风险会由于利率市场化而增加。特别是在加入 WTO 后，我国的银行业对外开放速度加快，外资金融机构的加速进入，银行竞争加剧，随着人民币的日益国际化及其汇率制度的改革，汇率风险也随之增加，市场风险越来越大。

二、国有商业银行风险防范策略

明确了国有商业银行风险的成因，也就明确了风险防范的根本策略在于以制度防范为主，以技术防范为辅，二者相互结合，互为补充。

1. 制度防范的要点在于通过制度创新恢复和加强由市场约束、监管约束、银行同业协会约束与银行内部约束构成的由外到内的风险防范体系：（1）进行产权制度改革，解决银行所有者虚置问题，消除政府垄断产权与二重产权结构，主要是对国有商业银行进行股份制改造并实现股票上市；（2）完善内部控制制度，解决权利分配，组织控制与内部稽核问题，加强对银行管理层的激励与约束，并与技术防范相结合，建立和完善风险防范系统；（3）恢复金融监管部门监管的独立性与权威性，并从技术上改进监管手段；（4）逐步实现混业经营、混业监管。

2. 技术防范的要点在于与制度防范相结合，通过风险防范手段的改进，建立不完全信息下的风险防范机制：（1）缩小银行与企业、央行与商业银行的信息差距；（2）建立和完善商业银行风险的评估、规避、分散机制和风险预警系统。

第二节　国有商业银行产权制度改革

目前，我国银行商业化改革面临着许多困扰和严峻的挑战，自 2003 年以来，产权改革与股票上市成为国有商业银行改革的新的突破口和攻坚战。笔者认为，前些年，银行商业化改革之所以难以取得实质性的进展和突破，其根本原因在于我们一直都在回避国有商业银行产权体制改革这一重大问题。国有商业银行产权界定模糊，产权主体虚缺错位，不具备成为真正独立核算、自主经营、自负盈亏、自担风险、自求发展、自我约束的金融市场主体，这不仅使其缺乏创新和开拓的利益机制、动力机制和内部法人治理结构，而且也阻碍了规范化的金融市场的形成，从而在总体上限制了市场化金融的培育和发展。国有商业银行自身也一直在低效运行，大量贷款不能收回，不良资产居高不下，金融风险越来越大，甚至隐潜着金融危机的可能性。特别是近几年来，国有商业银行面对中国加入 WTO、企业转制、产权重组特别是股份制改革以及民营经济迅速发展的新环境，其自身也同样迫切地面临着产权改革和制度创新的问题。

一、我国新兴商业银行股份化的初步尝试及其启示

前些年，虽然由于种种原因，国有大型商业银行的产权改革特别是股份制改造进展较慢，但我们对新建的商业银行却允许实行不同的产权组织形式，其中大多数是实行股份制模式，即使是兴建初期仍然实行国有的新型商业银行，近年来也大多进行了股

份制改造。迄今为止，我国新兴的股份制商业银行已有十来家。如交通银行、中信实业银行、招商银行、华夏银行、民生银行以及多家地方发展银行和城市商业银行等，这些银行大部分已上市。

从我国建立股份制商业银行的初步尝试来看，其成功之处是有目共睹的。这些基本上按照商业银行体制建立起来的新型商业银行，在产权体制和经营模式等方面都具有许多不同于国有商业银行的特色，具备了许多优点。如深圳发展银行自成立以来，业务发展迅速，经营效益不俗，一直是深圳股市的龙头股；交通银行重新组建二十年来，一直保持了较高的资产收益率和利润总量等，这充分说明商业银行依法稳健经营，注重资产质量、提高经济效益的经营思想在全行已经确立起来，经营管理正朝着规范化方向发展。

我国股份制商业银行创办的成功经验，为国有商业银行产权改革和机制转换提供了许多有益的启示。具体来说：在产权关系方面，改变了旧体制产权关系模糊不清、所有者错位或虚设的状况，同时，能较好地实现"两权"的真正分离，有利于完善银行的法人治理结构和经营管理机制，实行企业化经营；在分配体制和劳动人事制度上，有利于打破"大锅饭"、"铁饭碗"和平均主义，极大地调动全体员工的积极性和创业精神，从而为提高银行的经济效益打下了坚实的基础；在信贷体制上，不会像国有商业银行那样，难于摆脱政策性业务的困扰，而基本上按照商业原则择优贷款，由于其产权的独立性，使其能够较好地处理好与各级政府、与企业、与财政、与中央银行之间的关系，基本上能实现独立自主经营，从而可以较轻松地参与市场竞争，而没有国有商业银行那么多"公公"、"婆婆"，那么多斩不断，理还乱的关系，那么多沉重的社会负担和历史包袱，及由此带来的大量不良资产；在内部管理上，股份制商业银行都积极进行机制转换，实行资产负债管理和资产风险管理等各种科学管理制度和方法，形成充满活力适应市场竞争的商业银行管理体制；在经营范围上，大胆地拓展新的业务领域，开设新的网点，多功能、全方位地发展，业务发展和规模力量突飞猛进，市场份额不断增加，取得了很好的经济效益和社会效益。商业银行实现资本股份化，把银行的产权与经营权的关系得到较好的处理，有利于调动各方面的积极性，按照市场经济的法则来经营，银行成为自主经营的企业法人。从目前情况来看，国有商业银行实行股份制改造的必要性至少有两点：一是有助于理清国有商业银行的产权关系，建立起一个高效的法人治理结构，从而使国有商业银行得以实现向现代企业转换；二是有助于国有商业银行资本金的补充，缓解其资本不足、资本比率低下的困境，这也是国有商业银行面临的一个十分现实和迫切的问题。

二、国有商业银行产权制度改革的目标模式

政府之所以能够垄断国有商业银行产权，根本原因在于：在国有商业银行国有独资的所有权结构下，会出现所有者虚置问题，由此造成了政府对银行所有权的垄断，从而银行法人治理结构无法实现所有者投票权、决策权、监督权三权分立与制衡，银行法人产权也就进而被政府所垄断。

因此，国有商业银行产权制度改革的核心在于：（1）改变国有独资的所有权结构，解决所有者虚置问题。（2）建立有效的法人治理结构，保证所有权与产权分离。在现代企业制度里，实现所有权多元结构下所有权与产权分离的最优产权制度是股份有限公司制。1994年，中国人民银行经过专题研究，把股份有限公

司制作为现有商业银行改制和新建股份制商业银行的标准模式①。因此，国有商业银行产权制度改革的目标模式是建立股份有限公司制。

国有商业银行改组为股份有限公司后，国家在保留控股股份的条件下，可以将其余股份出售给国有经济部门、非国有经济部门和居民部门以及外国投资者，形成多元化的、国有经济与非国有经济大股东并存的所有权结构。然后，由发起股东召开股东大会，根据决策权、选举权和监督权三权分立的原则建立由董事会、股东大会和监事会组成的法人治理结构。股东只享有对银行的剩余索取权和剩余控制权，银行产权属于银行法人，由董事会委托的银行经理代理。董事会虽然享有重大决策权，但不能干预银行的日常经营。这一点由股东之间的权利制衡，以及股东用手投票和用脚投票机制保证。由于大股东享有较大的剩余索取权，其权利受经营业绩的影响也较大，因此大股东有强烈的责任激励，关心银行各项制度安排的有效性和银行的运作情况。而且大股东拥有较多的投票权，并在董事会中有较大的发言权，从而大股东有能力对银行负责。这样国有商业银行原有所有权结构下的所有者虚置问题由于大股东的参与而得到解决。

国有商业银行改造为股份有限公司后，国家股不能由政府直接持有。应该成立专门的国家控股银行资产管理公司，负责国家股的管理与委派国家董事代表进入国家控股银行董事会。虽然国家董事代表在银行董事会中有较大的发言权，但在其他大股东董事代表制约下，国家董事代表也不能直接干预银行的日常经营业务。这样，通过资产管理公司的"权利隔离"与大股东之间的相互制约，政府即便能够控制资产管理公司的运作，也难以干

① 参见李扬、王松奇主编：《中国金融理论前沿》，社会科学文献出版社2000年版，第193页。

预银行的经营和管理。我们认为，国家控股商业银行也只是一个具有中国特色的过渡模式，目标模式并不一定要求国家控股。①

银行所有权与产权的分离使得银行产权得以明晰、排他性得以满足，这一方面保证了银行对其权利的行使，另一方面也使银行承担了与其权利相对称的责任，进而使银行的激励与约束功能得以发挥。如果银行努力改善经营管理，增加盈利，银行收益就能增加，反之，则不但收益无法增加，反而有可能产生破产的风险。同时，银行经营业绩的好坏直接影响银行的市值，这就进一步增强了银行产权的激励与约束功能。银行产权的激励与约束功能将直接作用在银行的产权代表——银行经理身上。银行经理对银行产权的运用不仅会影响其收益及其在经理市场上的价值，而且对其自我实现目标而言，权利的运用本身就是一种激励、一种约束。

国有商业银行改造为股份有限公司后，不但银行产权的排他性及其功能的发挥得到保证，而且银行产权的可交易性也大为增加，尤其是国有商业银行成为上市公司后，资本市场强大的交易功能方便了银行进行重组、分离、收购和兼并。

三、加快国有商业银行产权体制改革

西方发达国家商业银行一般都建立起了适于市场经济运作的

---

① 关于国有商业银行未来的控股结构，目前主要有三种观点：一是国家绝对控股，即国家占51％以上股份，这是官方舆论普遍支持的观点。二是国家相对控股，即国家虽然控股，但国有股份占50％以下，多数学者支持这种观点。三是国有商业银行民营化，即国家对银行完全不控股，少数学者支持这种论点。笔者认为，以上三种观点有些偏颇，只代表了国有商业银行改革中的三个阶段。从短期来看，国家肯定是绝对控股的；从中期来看，国家应实行相对控股；至于长期，国家应保持相对控股，还是完全不控股，应当由市场竞争来决定，不应设置太多的条条框框来限制。

产权体制。以股份制为基础，以公司制为特征，明确银行法人产权，在产权主体多元化的基础上，有效地实现了"两权"分离，并由此派生出委托代理制度及激励和制约机制，这是现代金融企业制度的基本框架。与国际接轨，要求我国商业银行，特别是国有商业银行，必须建立起明晰的符合国际规范的产权制度。从长远来看，股份制产权模式应是我国银行产权改造的方向。由于我国目前市场经济尚不发达，金融作为调控国民经济的重要杠杆和资金要素的特殊性，以及现代企业制度才刚刚起步等实际情况，对国有商业银行股份制改造应该有一个渐进的过程。但我们不能以此为由，无限期地拖延这一根本性的问题。

股份制是市场经济高度发展的必然产物，是现代最具代表性的产权体制和企业组织形式。笔者认为，股份制是我国市场经济体制下银行产权模式的最佳选择，也应成为国有商业银行产权转换的主要方向。现存国有商业银行必须按照国际规范来塑造本银行的产权体制和经营管理体制，成为名副其实的国际巨型商业银行。

国有商业银行应审时度势，争取主动，加快产权改革，特别是股份制改革的步伐。当前，中国的经济已经日益市场化，消费品和生产要素价格已普遍放开，企业已基本进入市场。在这种情况下，银行商业化改革不能停留在机制转换的水平上，也不能停留在整改的一些临时性措施上，应建立产权明确的现代企业法人制度，努力做到责任到位，权力分明，利益清楚，只有这样才能适应市场经济发展的要求。股份制改革的具体做法主要包括：一是可以把现有的固定资产和经营资本折成国有股份；二是将自有资金折成法人股份；三是通过在市场上发行股票，扩充资本金。通过理顺国家所有权和银行经营权的关系，落实银行法人财产权，真正确立股份制商业银行在市场经济中的金融主体地位。

前几年，中央已批准了深圳市国有商业银行产权体制转换的方案，具体途径有两条：一条是将国有商业银行改造成总行全资附属的具有独立法人地位的地方性商业银行；另一条是改造成商业银行总行控股、地方单位参股的股份制商业银行。笔者认为，第一条道路虽然在目前比较可行，但从产权明晰和转换的角度来看，其作用并不明显，只不过是把原来的国有转变成地方国有，其主要作用是放权，通过这种方式，可以争取到作为企业应有的自主经营权。从长远考虑，应该主要走第二条道路，即股份制改造的道路，把国有商业银行改造成股份制商业银行。但总行控股比例是否一定要不低于 50％，却值得考虑，即使国家对改造后的商业银行实行全面控股，也不一定需要这么高的比例。此外，在目前情况下，国有商业银行股份制改革后仍需要国家控股有充足理由的话，那也仅仅是一个过渡性的措施，并不能当作不可逾越的鸿沟。另外就是关于国有独资银行只能改造成有限责任公司形式（即只允许法人参股）的意见也不一定妥当，有条件的改造成股份有限公司形式（即公众公司）也未必不好。不要说在国外，就是在国内，也已有先例。国有商业银行应结合自身的特点，借鉴别人的经验和做法，及早制定出国有商业银行产权体制改革和企业化经营的具体实施方案，争取主动，加大改革力度，尽快使国有商业银行真正成为自主经营、自负盈亏、自我约束、自求发展的金融企业集团，成为真正意义上的商业银行。笔者认为，只有改革进行到这一步，中国的商业银行体制才算基本建成。而由于诸多主客观因素的限制，这一过程看来是漫长的，甚至是痛苦的和充满风险的。

四、国有商业银行股份制改革和股票上市的步骤及应注意的几个问题

(一) 基本步骤

首先，做好股份制改造和股票上市的前期准备工作。[①] 主要任务是：尽最大努力压缩和处置不良资产，迅速降低不良贷款比率；完善激励和约束机制，提高银行的总体经营效益；精简机构和人员，初步实现人员的优化配置和机构网点分布的合理化；实行谨慎会计制度，逐步扩大信息的公开和透明度。

其次，要搞好清产核资工作。这项工作前些年已经开始，对银行的资产进行一次全面彻底的清理，盘清家底，明确产权，对存在的问题，要拿出处理意见。如对已经形成的风险呆账贷款，要区分不同原因，单独列账，能收回的逐年收回，能冲减信贷基金的及时冲减，能依法治贷的通过司法部门来解决，需要停账挂息的，请求有关部门准于豁免等。清产核资很重要，银行实行股份制改革，要根据清产核资确定的各项资产总额，包括固定资产净值、流动资产净值、专项资产、负债总额等，来确定发行股票的总额。只有通过清产核资才能清楚银行家底有多大，到底资产有多少，这些资产可以折算多少股本，在此基础上可以发行多少股票等。

再次，实现转制。在做好上述工作的基础上，将有条件的国有独资商业银行改组为股份制商业银行。国内企业、居民和外国资本都可以参股，完善商业银行的公司法人财产制度和公司治理。鉴于目前的状况，宜先将国有独资商业银行改制为国家控股

---

① 据悉，到目前为止，农行已上报了三次股改方案，但均未通过。其中最大的原因就是农行连自己都无法（或不想）划清政策性亏损与一般性商业亏损的区别，以便获得更多的注资，进而将一般商业行为产生的不良贷款当作政策性亏损冲销掉。

的股份制商业银行。

最后，股票上市。将符合条件的国家控股的股份制商业银行公开上市。

（二）应注意的几个问题

1. 先行试点，再予推广

对国有商业银行进行股份制改革，是一项复杂的系统工程，难度很大，因此，一定要先做好试点工作，总结经验教训，然后再逐步推广。

2. 要明确上下级行之间的关系

实行股份制的企业已与主管机关脱离了隶属关系，企业不再受原主管单位的领导，但银行的情况却有所不同，应该设想一家银行就是一家大集团公司，总行是母公司，下级分行是子公司或孙公司，改变现行的上下级行的行政隶属人事制度，上级行对下级行的控制和管理等，是通过购买下级行的一定比例的股权来实现的。这样就仍然维持了全国性大型商业银行的格局。当然，如果考虑到现行国有商业银行规模太大，同样造成了规模不经济的现状，以及现时中国商业银行数量太少，不利于减少垄断，开展竞争，提高效益等情况，也可考虑大型国有商业银行实行股份制改造后，拆为多家，缩小规模。也许这种模式，更利于构建适于市场经济的我国新型商业银行的组织体系。

3. 分拆上市，抑或整体上市

有一种意见认为，四大国有商业银行这么多人和网点，各分行效益参差不齐，整体上市不见得上得了，宜将几家效益好的省级分行合并在一起组成一家独立的银行先上，上市后内部改制加强，进一步提高经营效益，然后再将其余分行逐步并入。这种向"中国电信上市模式"学习的做法，仅从上市角度来说，是可行的。因为尽管银行是一个网络，上市部分和未上市部分之间的业务往来不能割断，两者之间激励机制的不同会产生摩擦，但总行作为上市部分的控股股东和未上市部分的全资股东，可以对双方的业务往来进行有效的协调，并对关联交易定出合理价格，使得上市部分和未上市部分能协作运行。海外投资者对这种做法是熟悉的，也是认同的。诚然，这对总行的管理能力提出了极高的要求。

这种做法的一个主要弊端是它避重就轻，难以做到通过上市而对中国银行业的运营环境产生良好影响。至少在两个方面，中国银行业的营运环境还不尽理想：一是 5％ 的营业税，二是非常低的呆账核销比例。对银行的毛收入抽 5％ 的营业税是各主要国家都没有的事，把银行的利润都抽光了，银行很难在资本市场上有良好表现。而不合实际的过低的呆账核销比例，则使银行的盈利情况失真，银行不良资产越积越多，海外投资者无法判断银行的真实财务状况。抽出几个好的分行上市，那么即使监管当局不在上述两个方面作出改进，恐怕也能上成，从而失去了一次借上市改变中国银行业营运环境的好机会。但是如果整体上市，那么监管当局不在上述两个方面作出实质性改变的话，上市就几乎不可能。所谓实质性改变，也就是要求财政部订出一个在三五年内将营业税逐步减到零、呆账核销比例由银行自定的计划，并不要求在银行上市前都做到。

分拆逐步上市的另一个弊端是，需要很长一段时间才能将上市完成并在全行建立起现代银行制度。这与我国经济快速发展的要求显然不相适应。应该强调指出的是，整体上市的困难也不像通常想像的那么大，比如建行或中行上市，像高盛、摩根斯坦利这样的国际一流投资银行肯定愿意做主承销，并且肯定能将上市完成。因为国外投资者看中国的银行，最重要的是看潜力，而不是看现在怎么样。只是整体上市需要将一个银行的全部真实情况展示在国外投资者面前，这是需要有关管理部门下大决心才能做到的。

现实操作中的两家试点银行，2005年10月底，中国建设银行已实现整体上市，中国银行的上市方案也已确定是整体上市。

4. 海外上市，还是国内上市

国有商业银行的首次上市（IPO）应该考虑在海外。首先，从市场容量考虑，沪、深两市难以吃得下。以建设银行为例，无论是与印度等发展中国家在海外上市的银行比较，还是用现金流折现的方法计算，建行上市，其市值大约为2000亿元人民币。即使只上25％，也达到500亿元。按照目前深圳、上海两个市场的总融资量，如果一下子就融资500亿元还是比较困难的，并且对整个一级和二级市场都会产生不良的影响。而海外上市则不存在容量的问题。其次，到海外上市也是从对上市公司的市场监管的规范程度、股票期权和其他内部激励措施的可操作性等方面考虑的。在这些方面，国内上市显然不如海外上市。鉴于国有商业银行上市不仅仅是为了融资以补充资本金的不足，更重要的是借此改变经营机制，因此到海外上市是顺理成章的。实际操作中，中国建设银行选择在香港上市，根据建行2005年10月13日发布的招股书，该行计划全球发行264.86亿股H股，其中5％拨作香港公开发售，其余95％（约251亿股）作国际配售，招股价介于1.9港元至2.4港元，集资总额503亿港元至636亿港元。另有15％的超额配股权，如果行使超额配股权，集资总额可增至最高731亿港元。而实际上，11月9日建行首次全球公开发行超额配售部分全部发行完毕，以每股2.35港元共超额发售约39.7亿股。至此，建行首次公开发行总数达305亿股，相当于发行后总股本的13.5％，筹资金额高达715.8亿港元，折合92.3亿美元。这是有史以来全球银行业规模最大的IPO，也是全球资本市场第六大 IPO，创下最近 5 年半以来全世界首次公开发行的最高纪录。

首次上市后，在银行的内部激励机制建成，银行运作符合市场监管规范后，当然可在国内股市进行二次上市。二次上市的规模可视当时国内股市的情况而定。

尽管目前国有商业银行问题很多且相当严重，但中国的商业银行市场还是一个有待于继续挖掘的市场，市场空间很大，在诸如住房贷款、汽车贷款、信用卡等能够盈利的个人服务方面，业务才刚刚开始。随着中国经济的进一步发展，这些业务将给银行带来丰厚的利润。就是在企业融资方面，虽然在国外商业银行正在减少对企业的融资，但我国由于证券市场尚不发达，商业银行在对企业融资上仍有许多可盈利的业务可做。所以，中国的银行上市，在"增长"这个对上市公司最重要的概念上不存在问题。此外，国外投资者一般把商业银行看成是一国经济的代表，只要对一国的经济有信心，他们对这个国家经营好的有行业地位的商业银行就有信心。中国加入 WTO 后全世界都看好中国的经济，以四大银行在中国经济中的地位，只要它们能让海外投资者相信，通过上市它们的经营机制将会变得与市场经济接轨，它们就会得到海外投资者的青睐。总的来说，若上市前的改制工作做得好，上市机遇掌握住，那么在海外成功上市应不是问题。建设银行在香港的成功上市就是一个例证。

5. 加强立法工作，建立国有商业银行股票发行制度

加强银行股票发行的立法工作，是银行推行股份制的一项重要任务，应以《中华人民共和国商业银行法》、《中华人民共和国证券法》等法规作基础，使银行股份制改革一开始就纳入法制轨道。

6. 加快培训股份制商业银行经营管理人才

股份制商业银行经营管理和股票交易人才的缺乏，是目前国有商业银行股份制改革的严重障碍。现有银行人员大多数股份经济知识理论不足，实践经验少，难于胜任这项工作。因此，应加快这方面的人才培训，有选择地送到国外股份制银行去学习锻炼，这是一项重要的工作。

（三）国有商业银行上市的利弊分析

1. 有利方面

（1）以上市直接融资方式充实资本。衡量银行资本状况的重要指标是资本充足率，按照《巴塞尔协议》的要求，商业银行资本充足率不得低于 8%，我国《商业银行法》也有同样的规定。资本充足率代表了商业银行应对金融风险的能力，该比率越高，存款人的本金安全就越有保障。目前国有商业银行中三家的资本充足率已达标了。

（2）有利于社会监督与透明化。成为上市公司后，依法定期公布信息，经营业绩与公司重大做法可达到一定的透明度，股东、监管部门与社会大众的监督力度会与日俱增，有利公司的管理与经营的改造。相对而言，投资决策失误、公司重大措施的制定受到一定的约束，可避免黑箱作业。

（3）有利于分散银行的经营风险。股票发行与上市意味着银行经营风险分担的社会化，集中表现在股份银行体现着"利益共享，风险共担"的原则。银行的股份越是分散，股东数量越多，其分散风险的功能就越显著。如此一来，国家一肩挑起的风险，可逐步放下。同时商业银行过去依赖政府财政补助的习性，也可日渐获得改善，走向向股东负责，非向上级政府负责之路。相对而言，银行经营效益自然增长。

（4）资源可妥善运用。所谓资源，不仅是所获资金，还包括人员与设备等。过去国企办社会视为当然，把企业的资源去办社会福利事业，造成沉重负担。上市后，社会福利事业应剥离，企业只须依法缴纳员工的社会保障金的一部分。如此企业资源可妥善运用，过去拨去办社会事业的人员与设备可收回，加以重新训练和安置。

2. 不利方面

（1）容易误以为上了市，就可达到公司改造的目的。上市后，固然有来自外界监督的压力，但公司本身如缺乏改制上市后的自觉自律，不良资产仍然会产生，就会成为股东及投资者避之惟恐不及的股票。因此，千万不可误以为上市是解决国有商业银行困境和与国际接轨的万灵丹。如上市查核与公司负责人心态不调整，易陷入为人诟病的"吃完财政吃股民"，即以发行股票换钞票的"圈钱"弊病。中国股份制改革和股票市场发展的实践已证明，我们并不能希冀于"一股就灵"。

（2）股民负担改革成本。国有商业银行上市，一方面开拓了股民投资的管道，另一方面是否也由股民担负了其中一份改革的成本，这点值得商榷。在国有股与法人股比例过大的条件下，小股民股东大会的发言权是否受重视，值得考虑，而以上市作为改革的方式对股民是否公平，应慎重考虑并向股民详细说明。更重要的是通过上市，彻底改变经营体制，使股价为社会大众认同，对国家、企业及股民都有利。

（3）关注银行风险转为财政风险。国有商业银行股份制改造和股票上市是一种耗资巨大的改革工程。1998年财政部向国有独资商业银行发行2700亿元的特别国债，专门用于补充国有商业银行的资本金；1999年还剥离了四家国有商业银行近1.4万亿元的不良资产；2003年又对两家试点银行——中国建设银行和中国银行注入外汇资金450亿美元；2005年又对工行注资150

亿美元，同时，这几家银行在改制过程中，仍有数千亿不良资产要剥离。这些都是数目庞大的改革成本，必然要转嫁给财政，弄得不好，银行风险就会转嫁为财政风险。

从以上分析看，国有商业银行股票上市，利大于弊，即使是弊的方面，改进与防范并不难做到。有的只是观念上的问题，例如上市前股份制改革，上市后避免再吃大锅饭；而有的为法令规章和制度设立的问题，如银行风险管理制度的依法建立、上市后信息的定期披露等，既对股民公平，又可防范风险。

（四）结论

由政策背景的客观讨论中可知，四大国有商业银行上市是有必要的，而利弊分析中，虽利弊互见，但从现状与未来看，利大于弊。对国有独资商业银行进行股份制改造，形成现代化公司，逐步实现股票上市，既减轻了政府财政负担，又开拓了股民多元投资渠道，并在依序操作下尽可能地避免了金融风险和金融危机。因此，迟做不如早做。我们必须朝这个方向迈出坚实的步伐，克服困难达到上市的目的。

2005年10月底，中国建设银行在香港实现整体上市，股改取得了圆满的结果。另一家试点银行——中国银行也在紧锣密鼓加快上市步伐，估计2006年可以完成整体上市的目标。

第三节　国有商业银行治理结构和内部控制制度改革

一、组织控制制度改革

1. 外部组织结构重组。国有商业银行应当根据市场定位和客户的特点不断完善总分行制的结构，改变按行政区划层层设置分支机构的组织方式，以大中城市为中心，实行中心分行制，简化和减少管理层次，提高组织效率。选择若干经济辐射面广的中心城市设置中心分行，直接对总行负责；中心分行下按城市设置区域分行，由中心分行管理。原有地区行与城市行设置重复的，将其合并重组。对层层设置的基层金融机构进行重组、兼并或资产转让，这一方面减少组织层次，另一方面收缩经营规模，使银行退出一些原有机构设置不合理的地区。

2. 内部组织结构重组。国有商业银行改造为股份有限公司后，法人治理结构按股东大会、董事会、监事会设置，银行总经理直接对董事会负责。对原有稽核部门进行重组，由董事会负责管理。对银行原来按贷款类别分设的信贷部门进行合并，成立统一的信贷业务部。

3. 完善外部组织与内部组织的授权与授信管理。（1）中心分行下属城市分行的管理权归中心分行所有，总行拥有全行的稽核监督权，但不能越级管理。（2）坚持有限授权原则，严格执行授权与转授权制度，并在授权过程中实行分类型、分档次、有差别的授权，使分行的经营权与经营风险相匹配。（3）内部组织授权还要与职责分离控制相结合，对容易发生差错或舞弊的两项或数项职责的授权，其权限一定要相互分离，使其相互监督、相互制约。（4）建立和完善统一授信制度，将本外币、表内外所有信用业务的授信统一到一个管理部门，防止多头授信、片面授信。授信审批部门与授信执行部门权限要分明。对授信企业的金融风险和财务状况进行跟踪评估，适时调整其最高综合授信额度。

4. 在授权管理的基础上，健全责任的约束机制，实行责任人制度，使权利与责任相对称。引入有效的激励与约束机制，进一步强化组织控制的力度。

二、完善内部稽核制度

1. 保证内部稽核部门的独立性。对原有稽核部门进行重组，在董事会下设立总稽核部，中心分行与城市分行实行派驻制[①]，派驻稽核部门由上级行直接管理。内容主要包括：（1）派驻稽核部门的人事控制权归上级行，不与派驻分行发生人事关系；（2）派驻稽核部门的工资、待遇、福利等一切费用独立核算，由上级行独立拨付，不与派驻分行发生经济利益关系；（3）派驻稽核部门不参与派驻分行的具体业务。从而建立一个在人事上、经济上和业务上完全独立的，权利得到充分保障的内部稽核体系。

2. 完善非现场稽核制度，实现稽核方式由现场稽核向非现场稽核转变。由于内部稽核人员占银行总人数的比例以 3％左右为宜，采用现场稽核方式只能进行突击性检查，稽核效果不全面。因此，必须改进稽核的方法与手段，解决稽核任务与稽核力量的矛盾，实现非现场稽核：（1）采用制度基础稽核的方法[②]。首先对银行内部控制系统的健全性与有效性进行审查与评价，然后根据内部控制系统的优点与弱点再确定稽核的范围、重点和方法，这样就减少了稽核人员对大量经济业务会计记录的查证。（2）充分利用电子信息技术的发展，建立和完善银行管理信息系统和业务信息系统，提高稽核信息获取与分析的效率。

三、建立和完善信贷风险防范系统

信贷风险是当前国有商业银行最大的风险，建立和完善信贷风险防范系统尤为迫切和重要。应该在制度创新、风险控制技术创新和金融工具创新相结合的基础上，构建国有商业银行信贷风险的评估、规避、预防和分散机制。为此，国有商业银行必须再做好以下工作：一是要健全信贷决策体系。纵向上由总行、一级

---

① 派驻制参见李炳炎、徐银芬：《金融深化改革与金融风险防范对策》，中国经济出版社 2000 年版，第 288 页。

② 制度基础稽核参见赵晓菊：《银行风险管理——理论与实践》，上海财经大学出版社 1999 年版，第 325 页。

分行、二级分行三个级次组成，横向上由本级行信贷决策委员会、贷款审查部门、贷款经营部门和贷款稽核部门组成。二是精心构筑制度、舆论、法律"三道防线"。推行纵横制约的审贷分离制度，积极推行三查分离制度，随时监测和反映企业的生产经营、资产负债以及借款结构和风险度变化情况，对贷款质量做出预警，依据预警，果断采取措施，并通过社会监督，促使信贷人员照章办事，循规放款。对新发放的各项贷款，必须保证借款合同、借款借据、担保意向、财产抵押和有关凭证符合法律程序和规定，具有法律效力。三是健全信贷资产管理责任制。推行资产负债管理，重点抓存贷款比例管理、单个企业和项目比例控制、固定资产贷款比例核定、三项不良贷款占比等方面的管理。四是工作中要坚持责任到人、责任具体、主要责任下明确严惩发生风险损失的条款，并坚决贯彻落实。

第四节　完善国有商业银行市场性风险防范机制

一、建立企业信用评级制度，完善信贷风险评估机制

信贷风险评估是信贷风险防范的第一道程序，其主要内容包括：(1)借款人的信誉、财务状况、现金流量、经营状况、发展前景等；(2)贷款用途；(3)还款期限；(4)担保物；(5)还款方式。信贷风险评估在操作上分为两道程序：首先搜集评估所需的信息，然后运用各种风险分析工具对所获信息进行加工、处理，得出分析结果。由于存在信息不对称，借款人在自身的风险状况、贷款用途和担保物的真实价值等方面拥有不为银行所知的私有信息。因此，银行信贷风险评估的效果在很大程度上取决于对借款人私有信息的挖掘情况。由于借款人可以利用私有信息优

势在多家银行借款，抑制借款人的私有信息优势就有赖于银行业的共同努力。到目前，银行业在抑制借款人私有信息优势方面取得的最大进展是初步建立了银行信贷登记咨询制度①。该制度一方面要求借款人到注册地人民银行分支机构办理贷款卡。借款人每次与商业银行及其他金融机构发生信贷关系时，均须按规定使用贷款卡，并按期参加年审；另一方面要求商业银行及其他金融机构向人民银行建立的银行信贷登记咨询中心送报借款人基本信息、业务信息和借款人重大记事。人民银行依据借款人信息和贷款卡的使用情况建立银行信贷登记咨询数据库，通过互联网向商业银行及其他金融机构提供借款人信息查询服务。

银行信贷登记咨询制度提高了借款人的资信透明度，使商业银行和其他金融机构能及时查询到借款人的主要财务指标，以及在所有金融机构的负债和或有负债、欠息、逃废债、经济纠纷、直接融资等重大事件信息。银行业应当充分利用所获得的企业借款人信息，建立企业信用评级制度，进一步完善现有的信贷风险评估机制。目前，一些城市的银行已经将共同确定的高风险企业名单定期公布在银行信贷登记咨询系统的网上查询公告栏中，供其他金融机构在贷前参考。这说明了一些银行已经自发地对高风险企业进行了信用评级。但这还仅仅是银行业对企业进行信用评级的开端。阻碍银行业建立企业信用评级制度的因素主要有两个：一是各商业银行对企业信用风险的评价标准不一致；二是在技术上还缺乏对企业信用风险进行全面测定的系统。此时，银行业协会应当发挥积极作用，组织各商业银行共同商讨，确定企业信用风险所应包含的各种因素，然后借鉴国外的企业信用风险测定技术，设计一套公认的企业信用风险测定系统，对企业信用风

---

① 银行信贷登记咨询制度参见李豫：《论建立银行信贷登记咨询制度》，载《上海金融》2000年第4期。

险程度进行测定。最后，统一企业信用风险度的划分标准，设定企业信用级别。为了同国际标准接轨，可以将企业信用级别划分为由高到低的 ABCDE 五级，等企业信用评级制度进一步成熟后，再对企业信用级别进行进一步的细分。

建立企业信用评级制度，不仅能够充实商业银行信贷风险评估机制，而且通过公开企业信用级别的办法还能激励企业降低风险，提高信用等级。因为企业信用级别的高低，不仅影响企业的信誉以及获得贷款的可能性，等到贷款利率放开后，还会影响企业贷款的成本。总之，企业信用评级制度对企业的激励将大大降低企业的道德风险，是防范银行信贷风险的有效措施。

二、完善国有商业银行风险规避机制

商业银行规避信贷风险指的是银行拒绝高风险借款人的贷款申请以防止信贷风险产生的行为。由于规避信贷风险要以放弃赢利机会为代价，商业银行通常采取有限规避策略，实行信贷配给制，在把信贷风险控制在一定范围内的同时，也不放过可能的赢利机会。商业银行的信贷配给制有两种形式：一种是针对单一借款人的信贷配给。银行依据单一借款人的风险程度给其制定一个信贷额度，作为借款人可以在银行获得的最大贷款总额。另一种是信贷规模控制下的信贷配给制。银行为了实现贷款总收益最大化，将信贷规模控制在均衡水平之下，对于产生的超额需求，实行信贷配给。

目前，国有商业银行的信贷配给制由统一授信制度体现出来，统一授信制度的实施依据是人民银行 1999 年印发的《商业银行实行统一授信制度指引》。《指引》要求商业银行对单一法人客户（行业或地区）的风险和财务状况进行综合评估，确定该客户能够和愿意承担的风险总量，作为该客户的最高综合授信额度。统一授信制度实际上是针对单一客户的信用配给制，其缺陷主要有两个：一是没有考虑一个客户可以在多家银行获取信用，从而客户信用总额能够超过其能够承担的风险总量；二是假定了银行能够确定客户所能承担的风险总量。实际上由于信息不对称，银行并不能够了解客户的所有风险信息，这会导致最高综合授信额度过大的结果。这两个缺陷都不利于国有商业银行信贷风险的规避，因此，国有商业银行还需要进一步完善信贷配给制度：

1. 应当建立统一授信制度与银行登记咨询制度的关联机制。首先，单一客户的最高综合授信额度应当是该客户从所有金融机构获取信用的最大值，然后依据银行信贷登记咨询系统提供的该客户全部信息来确定该客户已经获得的信用总额是否超过其最高综合授信额度。

2. 建立信贷规模控制制度，与统一授信制度互为补充，完善信息不对称条件下的信贷配给机制。虽然银行在了解借款人风险方面没有信息优势，但是银行在把握信贷风险总量对贷款总收益的影响方面仍然具有信息优势。因此，银行应当发挥在总量上的信息优势，弥补在个量上的信息弱势，通过控制信贷规模把信贷风险总量控制在一定范围内。再在既定的贷款规模下，通过统一授信进行信贷配给。

政府曾经长期对国有商业银行实行贷款规模控制，但那是为了控制由于利率管制所造成的信贷资金需求过旺，属于政策性贷款的配给问题。1998 年，政府取消了借款规模控制，国有商业银行也正式实行资产负债比率管理，但是，为了规避市场性信贷风险国有商业银行有必要建立商业性信贷规模控制制度。商业性信贷规模控制制度建立在利率市场化的基础之上，其控制原理在于①：

由于信贷市场存在信息不对称，高风险借款人有逆向选择行为，因此在银行贷款利率由低到高的变动过程中，低风险借款人会由于不愿支付高利率而陆续退出信贷市场，而信贷市场的高风险借款人比重会越来越大，银行承受的信贷风险与遭受的信贷损失也就越来越大。逆向选择导致了银行贷款总收益在利率较低时会由于利率的提高而增加，但在利率提高到一定程度后，由于利率提高所增加的收益无法弥补信贷风险增加所造成的贷款损失，信贷总收益反而会因为利率的提高而下降。贷款总收益在利率提高所增加的边际收益与信贷风险增加所造成的边际损失相等时达到最大值。如图 5-1 甲所示。

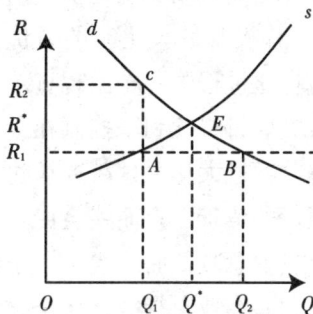

甲：贷款总收益图　　　　乙：贷款总收益变化趋势图

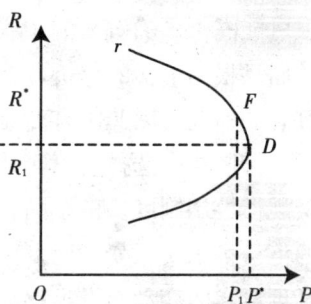

图 5-1

图 5-1 乙表示出贷款总收益的变化趋势：R 代表贷款利率，P 代表贷款总收益，曲线 r 为贷款总收益曲线。贷款总收益随利率的升高，先升后降，在 D（P^*，R_1）点达到最大值。R_1 为银行所能选择的最优贷款利率，但银行把贷款利率确定在 R_1 水平

---

① 参见张维迎：《博弈论与信息经济学》，上海三联书店、上海人民出版社 1996 年版，第 562～569 页。

时，由图甲所表示的信贷市场上并未实现均衡。由于贷款供给曲线 s 与贷款需求曲线 d 交点决定的，信贷市场均衡点 E（Q^*，R^*）的利率 R^* 高于银行最优贷款利率 R_1，从而产生 Q_2-Q_1 数量的贷款超额需求。贷款利率有上升的压力。但是，因为贷款利率升高到 R^* 的均衡水平时，银行贷款总收益将由 P^* 下降到 P_1。所以，银行不愿意信贷市场实现均衡。银行只愿意供给 Q_1 数量贷款，把贷款利率控制在 R_1 水平，通过信贷配给抑制 Q_2-Q_1 数量的信贷超额需求。即便高风险借款人对于 Q_1 数量贷款愿意支付 R_2 水平的高利率，也不能促使银行扩大贷款规模。Q_1 代表了银行的最优贷款规模。

由于我国是资本相对匮乏的国家，信贷市场实现均衡时的利率很可能高于国有商业银行实现贷款总收益最大化时的最优利率。而且根据前文的分析，在利率市场化过程中，将出现贷款利率过高的情况。因此国有商业银行有必要将贷款利率控制在最优水平，抑制逆向选择，以实现贷款总收益最大化。这就要求建立信贷规模控制制度。由于国有商业银行的信贷供求曲线会由于全国的信贷供求关系变动而发生移动，贷款总收益曲线也会由于经营管理成本的变动而发生移动，从而国有商业银行的最优贷款利率与最优贷款规模也会发生变动。国有商业银行应当开发出尽可能完善的软件系统来测定最优贷款利率和最优贷款规模及其变动。在最优贷款利率和最优贷款规模确定的情况下，通过统一授信制度的信贷配给机制来抑制出现的超额信贷需求。由于贷款规模受到控制，统一授信制度分配给客户的信用配额就受到了总体上控制。即便银行不了解客户的全部风险信息，给其分配过大配额的可能性也大为降低。

虽然国有商业银行能够通过建立信贷规模控制制度与统一授信制度相结合的信贷配给机制来规避信贷风险，但是由于市场信息的不完全，银行的风险规避不可能完全有效。因此银行还需要对信贷风险进行事前的分散，再通过风险预警系统的预警信号来进一步加强对信贷风险规避和分散的管理。

三、实行信贷资产证券化，进一步完善信贷风险分散机制

目前，国有商业银行对信贷风险的分散主要依靠贷款组合管理来进行。即针对不同借款人群体的风险差异及其关联程度，配置贷款资产，避免把鸡蛋放在一个篮子里。这可以从统一授信制度要求银行分行业和地区进行授信看出来。由于加入 WTO 后，各个行业所受的冲击有差别，国有商业银行有必要针对各个行业风险状况的变动以及行业之间的关联程度进一步加强贷款组合管理。并且，针对加入 WTO 后工业企业风险增大的情况，银行可以选择多发放消费信用贷款。可以说，加强贷款组合管理是分散信贷风险的有力措施。但是，国有商业银行不能仅仅依靠贷款组合管理一条渠道来分散信贷风险。除了采用传统的银行团贷款来分散重大项目风险以外，应当积极借鉴国外金融创新的经验，开发分散信贷风险的金融工具，丰富信贷风险分散渠道。

国外银行业在分散信贷风险创新方面有两个重要成果：一个是信用衍生工具创新，另一个是信贷资产证券化。信用衍生工具是一种信用风险交易合同，具有强大的信用风险分散功能。但是信用风险衍生工具产生的历史较短，还处于发展初期，而且其交易价格十分昂贵。因此，信用衍生工具对于国有商业银行而言，还缺乏实用价值。而信贷资产证券化已有二三十年的历史，运作已相当成熟，应用范围从开始的住房抵押贷款扩大到了企业应收账款、汽车贷款、消费品分期付款等十分广泛的领域，值得国有商业银行借鉴。

信贷资产证券化是指将缺乏流动性，但能够产生可预见现金流收入的贷款转换成在证券市场上可以出售和流通的证券的行为。其核心在于对贷款中的风险和收益要素进行分离与重组，使其定价和重新配置更为有效，从而使参与各方均受益。信贷资产证券化的一般运作程序为[1]：（1）原始权益人（贷款出售银行）将能够产生未来现金流收入的信贷资产汇集成资产池。（2）组建特设信托机构。原始权益人将资产池中的信贷资产以合同的形式"真实出售"给特设信托机构。一旦原始权益人发生破产清算，资产池不列于清算范围，以"破产隔离"的方式保护投资者利益。（3）特设信托机构先聘请信用评级机构对资产支持证券进行内部信用评级，再通过著名金融机构和大公司担保来为资产支持证券进行"信用增级"。（4）特设信托机构再次聘请信用评级机构对资产支持证券进行正式发行评级，然后通过证券承销商把资产支持证券销售给投资者。最后把证券发行收入用于支付与原始权益人签订的资产购买合同。（5）原始权益人指定一个资产池管理公司或亲自对资产池进行管理，负责向原始债务人收款，然后将收款存于托管行，建立积累金。特设信托机构负责管理积累金，并对持有资产支持证券的投资者支付本息。

信贷资产证券化能够分散和转移信贷风险，提高信贷风险的流动性，对于国有商业银行的信贷风险防范有非常重要的实用价值。但是，国有商业银行进行信贷资产证券化还存在一些障碍：首先，就信贷资产证券化的步骤而言，应当以住房抵押贷款作为切入点，再扩展到各种应收账款和各种有固定收入的贷款，最后再扩展到工商企业贷款。但是，住房抵押贷款证券化需要以庞大的住房抵押贷款规模为基础，而国有商业银行住房抵押贷款业务才开办不久，在操作上还不成熟。以建设银行为例，2004 年底个人住房贷款余额为 3430.89 亿元，约占各项贷款余额的 15%

---

[1]　参见刘宏：《信贷资产证券化研究》，载《现代商业银行导刊》1999 年第 11 期。

左右。其次，我国还缺少信贷资产证券化的各种制度和法律安排。如，资产证券化的会计制度和税收制度问题，以及在分业经营体制下机构投资者购买证券的法律障碍等等。最后，我国还缺乏投资者广泛认可的信用评级机构。

其中住房抵押贷款的规模问题是最主要的障碍。只要国有商业银行住房抵押贷款的规模具备了住房抵押贷款证券化的基本条件，其他的制度和法律障碍都会因为市场对住房抵押贷款证券化的需求而得到解决。至于信用评级，则可以采取与国际信用评级机构合作的方式进行。因此，国有商业银行应当尽快完善住房抵押贷款业务的操作系统。在广大居民渴望住房的情况下，住房抵押贷款的规模将迅速扩大，推动住房抵押贷款证券化条件的成熟。而国有商业银行一旦能够进行住房抵押贷款证券化，就能积累信贷资产证券化的操作经验，促进信贷资产证券化的范围扩展到其他满足证券化条件的信贷资产，从而进一步完善国有商业银行信贷风险分散机制。

四、完善风险预警系统

风险预警系统的重要功能在于为银行提供风险信息，作为银行风险防范和化解的决策依据。风险预警系统由三个部分组成：预警组织机构、预警操作工具和预警实施过程。预警组织机构负责系统的决策、操作和协调，通过运用量化和定性的预警操作工具，对风险进行监测，得出银行风险报告，然后依据风险的程度，采取必要的风险防范措施。

国有商业银行的风险预警系统首先分为内外两个层次，外部预警系统由银监会操作。目前，银监会预警需要完善的地方有：（1）重新设计外部监测指标，增强监测指标的有效性：现有的外部监测指标主要适用于国有商业银行总行，应当增加适用于下级分行的监测指标；"一逾两呆"的贷款分类方法已经废除，应当设计出适用于贷款五级分类的监测指标。（2）实行会计监管制度，及时准确地获取银行风险信息，实现对银行风险的动态监测，提高监管当局预警的及时性。（3）加强监管部门预警信息的公众披露，增强预警对国有商业银行的约束作用。

国有商业银行内部预警系统又分为三个层次：对信贷风险总量的预警、对行业风险的预警和借款人的预警。预警难度依次加大，对信贷风险总量的预警有利于银行进行贷款规模控制，对行业风险的预警有利于加强贷款组合管理，而目前亟待加强的是借款人风险预警系统的建设。由于借款人通常不会主动公开其财务信息，因此银行很难找到有效的预警监测对象。银行在信息上的唯一优势来自于借款人的资金使用必须通过银行结算账户。银行能够掌握借款人存款余额的变动信息，而借款人存款余额的变动反映了借款人经营状况的好坏，提供了借款人的经营风险信息。因此银行应当以借款人存款监测为突破口，建立有效的借款人风险预警系统[①]。首先，由央行或银行业协会组织银行建立借款人账户监测系统，对借款人的账户结算和存款余额进行监测，然后根据借款人存款余额变动与其经营风险的相关性，建立借款人存款余额预警线。一旦借款人存款余额低于预警线水平，就表明借款人出现了财务困难，银行立即着手调查借款人出现财务困难的原因。如果查明是经营上的原因，银行将避免对借款人追加贷款，并通过银行信贷登记咨询系统向其他金融机构通报借款人风险状况；如果查明借款人违反信贷协议，改变了贷款用途，银行可以依法追究其民事责任。

此外，以借款人存款余额作为预警监测对象，不仅有助于国有商业银行信贷风险预警系统的完善，而且通过借款人账户监测

---

① 参见陈军：关于信贷风险预警的研究，《上海金融》2000 年第 11 期。

系统，可以防止借款人违规使用信贷资金，从而抑制借款人的道德风险。

第五节 利率市场化改革与银行风险控制

2000 年，我国利率市场化改革掀开了新的一页。该年 7 月，时任央行行长戴相龙向外界宣布，中国将在三年内实现利率市场化。迄今，这一改革正在不断推进之中。利率市场化改革充满各种风险，对中国而言，银行风险是这一改革过程中最主要的金融风险。因此，对利率市场化过程中的银行风险进行控制，就显得尤其必须和重要。本节着重从政府的角度，运用金融约束理论，就如何控制利率市场化过程中的银行风险进行探讨。在利率市场化过程中，政府对银行风险的控制主要是通过存款利率控制对银行进行租金激励，并辅之以加强银行外部监管等来实现的，同时，应注意这一改革过程中出现的一些其他问题。

一、利率市场化过程中的银行风险及其控制策略

我国现行的利率体系集利率的变动权于国务院，中央银行享有 20％的利率浮动权，而商业银行只在名义上享有利率浮动权，实际上只有执行的义务（谢云山，2000）。严格的利率管制减少了银行经营的风险，保证了银行体系的稳定，但也造成了银行风险意识淡薄，抵御风险能力差的状况。利率市场化改革把行政命令决定利率转变为市场供求决定利率，增大了银行的经营风险。如何在改革过程中控制住银行风险，继续保持银行体系的稳定，减小改革的总成本，成为政府亟待解决的问题。想要控制住银行风险，首先需要分析利率市场化对银行风险的影响，然后制定出相应的措施。

（一）利率市场化过程中的银行风险分析

从理论上讲，利率市场化是通过影响利率变动从而影响银行

风险的。利率市场化对利率的影响主要有两方面：一是造成利率多变，使利率不确定；二是解除利率压制，使利率回归均衡水平而造成实际利率迅速升高。而银行风险主要有流动性风险、利率风险、信用风险和汇率风险等。利率市场化对这四种风险的影响分析如下：

1. 流动性风险

从流动性需求来看，利率市场化一方面导致实际利率升高，有助于增加存款需求，抑制贷款需求，从而减少流动性需求；另一方面导致利率多变，增加了储民提现的可能性。但由于实际利率升高，储民转存高利率存款的可能性更大。这样，改变的只是存款的利率和期限结构，而对流动性需求影响不大。虽然利率市场化容易造成宏观金融不稳定，但引发储民挤兑的可能性不大。我国储民已习惯于各种改革，对建立在国家信用基础上的银行信用更深具信心。从过去多次的高通货膨胀、负储蓄利率到银行不良贷款的巨额增长都不能明显降低我国的储蓄率可充分证明这一点。从流动性来源来看，利率市场化有可能增加银行不良贷款的数量从而减少流动性来源。但进一步完善的货币市场为银行提供了强大的流动性来源。只要银行在信贷风险上应对得当，不出现恶性的突发事件，流动性来源急剧减少的可能性不大。因此，利率市场化对银行流动性风险的影响不大。流动性风险不是利率市场化改革中银行面对的主要风险。

2. 利率风险

利率市场化从三个方面增加了银行的利率风险：（1）利率多变，使银行利率敏感性资产与利率敏感性负债的调整难以跟上利率的变动，造成二者不相匹配，减少银行利息收入；（2）银行对存贷款的争夺势必缩小存贷利差，减小银行利率操作的空间，增大了利率多变性的危害；（3）在利率迅速上升过程中，较敏感的短期利率比长期利率上升更快，使从事短借长贷的银行蒙受损失。无论是从理论上看还是从国外利率市场化的经验看，利率风险都是利率市场化给银行造成的主要风险。

3. 信用风险

利率市场化对信用风险的影响有以下三方面：（1）银行能以不同的利率区分不同风险的贷款，为低风险贷款提供低利率，对高风险贷款规定高利率，有利于银行提高贷款风险管理的效率，减少信贷风险；（2）实际利率升高，增加了借款人的利息负担，增加了贷款违约、拖欠的可能性；（3）由于市场信息不对称所造成的风险。一是由于银行事先无法确知借款人风险状况所造成的逆向选择风险，即实际利率升高迫使低风险借款人退出信贷市场，而高风险借款人成为银行客户（斯蒂格利茨，1997）。二是由于银行委托人与代理人之间信息不对称所造成的道德风险。利率市场化赋予银行经理人员影响贷款利率决定的权力，容易造成经理人员寻租的道德风险。逆向选择风险和道德风险都会降低贷款质量，增加信贷风险。因此利率市场化对信用风险有相当的影响。信用风险一直是我国银行业面对的主要风险，虽经"债转股"有所缓解，但在利率市场化过程中仍须谨慎对待。

4. 汇率风险

我国资本项目还未对外放开，利率市场化不能使本币利率与国际利率趋于一致，也就不能通过二者之间的调整影响汇率波动。并且，国内银行持有的外币资产和负债也不多，主要集中于中国银行。因此，利率市场化对汇率风险影响不大，汇率风险不是银行面对的主要风险。

此外，改革往往造成经济不稳定，容易产生突发性事件。突发性事件能够导致银行财务状况迅速恶化，风险迅速上升。由突发性事件导致的银行风险不妨称为突发性风险。从理论上讲，突发性风险可能是流动性风险、利率风险或信用风险中的一种，也可能是其中二者或三者的混合。但由于突发性风险成因特殊，不妨单独予以列出。突发性风险具有不可预测性，破坏性很强。

通过上述分析，可知利率市场化对银行风险的影响，主要集中在利率风险和信用风险上，对流动性风险和汇率风险的影响不大。利率风险和信用风险是银行和政府需要控制的主要对象。而至于突发性风险，由于它具有不可预测性，难以进行管理，但它终究要通过传统的银行风险表现出来，银行只要增强风险意识，增加资本金，加强对已识别风险的管理，切实增强抵御风险的能力，应该问题不大。

（二）利率市场化过程中的银行风险控制策略

一般来说，成功的银行风险控制取决于银行和政府两个因素：银行是内因，是主要因素；政府是外因，是次要因素。因此，政府的风险控制策略，应该以激励银行降低自身风险为主，而以加强银行外部监管为辅。从政府已出台的措施看，主要是规定了利率放开的步骤，可以简要概括为：先外币，后本币；先农村，后城市；先贷款，后存款；先大额，后小额。四项步骤可以分开进行，也可以交叉进行。其中，先放开贷款利率，后放开存款利率是核心步骤。央行首先放开外币贷款利率，就预示着这一步骤将贯穿整个利率市场化改革。政府放开贷款利率后，仍然控制存款利率，旨在降低银行经营的成本，减少银行风险。因此，政府必然将存款利率控制在竞争性均衡水平以下，这就为银行创造了获取租金的机会。租金指的是超过竞争性市场所能产生的收益。银行所获的租金分为两部分：一部分是存款利率低于其竞争性均衡水平所产生的存款利差租金；另一部分是存款利率控制造成可贷资金不足，使贷款利率高于其竞争性均衡水平而产生的贷款利差租金。政府控制存款利率，也即是在为银行创设租金，激励银行改善经营管理，降低经营风险。但值得注意的是，租金也能引发银行争夺租金的短期行为，以及经理人员寻租的道德风险，从而增加银行风险。因此，政府控制存款利率政策的效果，一方面取决于由此产生的租金对银行激励作用的发挥，另一方面也取决于银行外部监管的效率。

总的来说，政府采取的措施符合我们的策略分析。以下的论述就从银行的租金激励和银行的外部监管两个方面展开。

二、利率市场化对银行的租金激励

（一）利率市场化租金与金融约束

长期以来，政府一直奉行为企业创设租金的存贷款利率控制政策，旨在激励企业扩大投资，以促进经济增长。而在利率市场化过程中，政府控制存款利率是为激励银行降低经营风险，减小改革的总成本。政府创设以上两种租金的意图、手段以及两种租金的获取者均不相同。为了方便本文的探讨，不妨把政府为确保利率市场化改革顺利进行而为银行创设的租金定义为利率市场化租金。为了深入分析利率市场化租金对银行的激励作用，我们不妨借鉴金融约束理论的分析框架。

金融约束是赫尔曼、穆尔多克和斯蒂格利茨（1997）针对发展中经济或转型经济而提出的金融政策。其本质在于政府通过一系列的金融政策在民间部门创造租金机会，目的是为了减少由信息问题引起的妨碍完全竞争市场的一系列问题。特别是，租金诱导金融中介增加在完全竞争市场中可能供给不足的商品和服务。金融约束需要满足一定的前提条件，包括稳定的宏观环境、较低的通货膨胀率以及正的实际利率。一旦前提条件无法满足，金融约束就会转化为金融抑制（谈儒勇，1998）。金融抑制是政府通过征收通货膨胀税从民间部门攫取租金的金融浅化政策。金融约束与金融抑制的本质区别在于：前者是政府为民间部门创设租金，而后者是政府从民间部门攫取租金。金融约束的主要政策有：（1）控制存款利率，使其低于竞争性均衡水平。通过控制存款利率，降低银行经营成本，创造了可增加银行特许权价值的租金机会。为银行创造租金有两个重要作用：其一，减少了银行从事投机的道德风险，使其有动力成为长期经营者，积极有效地监督企业，管理其贷款组合的风险；其二，促使银行寻求新的储源，吸收更多的存款，推动金融深化。（2）限制竞争。控制存款利率只是防止了价格竞争，非价格竞争仍然存在。向银行业的过度进入和现有银行的过度竞争都会消除租金。因此，政府需要控制向银行业的进入，给先进入者以"专属保护"，使其暂时享有垄断权利。同时，还须限制银行间的竞争，减少银行倒闭的风险，提高金融体系的安全性。这对整个经济具有重要的外部效应。（3）限制资产替代。居民将正式金融部门的存款转化为证券、国外存款、非正式市场存款或实物资产，都会减少银行获取租金的机会。因此，政府应当限制证券市场和非正式银行部门的发展，限制资本外流，并维持低通货膨胀率和正实际利率。

金融约束除了上述三项基本政策外，还涉及一个金融约束管理问题。首先，要力争使金融约束处于最优水平。存款利率控制幅度过大，容易造成负实际利率；控制幅度过小，供给的租金不足，又难以对银行产生较强的激励。因此，存款利率控制应当适度，使金融约束的效果达到最优水平。其次，防止官僚寻租。金融约束所设租金给政治家和官僚提供了牟取私利的机会。只有打击政治性寻租，才能保证金融约束顺利进行。最后，金融约束是一种动态政策。随着经济的发展和金融深化程度的提高，金融约束的强度应作相应的降低，逐步过渡到金融自由化。

简言之，金融约束的要旨在于通过存款利率控制以及市场准入限制和资产替代限制，为银行提供租金激励。

　　利率市场化租金符合金融约束理论框架。首先，我国经济刚摆脱通货紧缩的阴影，正处于新一轮增长周期的开端，供需基本平衡，物价涨幅温和，经济运行平稳，这符合金融约束的前提条件。并且，政府只有保持宏观经济稳定，才能保证利率市场化改革顺利进行。利率市场化改革的前提条件与金融约束的前提条件一致。其次，我国银行业准入及竞争状况。就银行业准入而言，政府一直实行较为严格的进入约束，国有商业银行从一开始就是垄断者（张杰，1998）。到目前，四大国有商业银行在资产方面占据国内市场90％左右的份额，利润额比重近60％，存款和贷款比重则一直在70％以上。这也反映出我国银行业竞争不足。即便考虑到加入WTO，外资银行在一段时期内也难以跟国有商业银行争夺国内市场。因此，我国银行业垄断的状况在短期内难有大的改观。第三，资产替代状况。在股市方面，根据统计，截至2005年10月，我国境内共有上市公司1381家（包括A、B股），总股本达7594.47亿股，总市值为31373.18亿元；在国债方面，2004年底国债余额为27787亿元人民币；而据央行最新数据显示，截至2005年末，我国城乡居民储蓄存款余额高达14万亿元，把流通市值总额与国债余额二者相加也难与14万多亿居民存款余额相比。且不考虑其他因素，单就股市和债市的规模而言，居民存款向证券市场的流动就受到了限制。再加上我国短期内不会放松对资本项目的管制，资本外流受到严格控制。我国居民除了储蓄外，资产选择的余地不大。

　　以上第一点为利率市场化租金对银行激励作用的发挥提供了有利的宏观环境，第二点及第三点保证了租金不至于因为银行竞争和资产替代而消散。政府通过控制存款利率给银行提供租金激励，促使银行降低经营风险，以确保利率市场化改革顺利进行的过程，也即是政府实施一次过渡性金融约束的过程。随着改革的深入，政府对存款利率的控制也将逐步减弱，最终过渡到利率市场化。这符合金融约束是一种动态政策的观点。所不同的是，金融约束强调政府不能从民间部门攫取租金。而在我国，获取利率市场化租金的主要是政府所属的国有商业银行，这无异于政府直接从民间部门攫取租金。但是考虑到体制背景，由政府金融部门获取租金并维持激励对我国经济转轨尤为重要，这也可以看作对金融约束框架的一个重要补充（张杰，1998）。这样，我们就可以在金融约束的框架内，结合我国的实际情况，探讨利率市场化租金对银行的激励问题。

（二）利率市场化租金对银行的激励作用及其影响因素

1. 利率市场化租金对银行的激励作用

（1）扩大储源，增加存款

前些年，在通缩的背景下，我国银行出现了存差扩大，资金充裕的情况，这主要是由于银行"惜贷"造成的。一方面，经济不景气，投资机会减少；另一方面，银行的责任约束加强。银行怕承担风险，宁可把存款上存央行也不愿贷出。但是，近年来，随着经济复苏和贷款利率的逐步放开，银行贷款可以获得正常利润和租金双重收益。只要边际贷款利率足够高，边际租金为正，银行就有动力扩张贷款，也进而有动力扩张储源，增加存款。在央行七次下调利率期间，我国居民储蓄存款年增长率仍保持两位数。加上经济复苏，居民收入增加。银行增加存款的空间很大。

（2）改善经营管理

一方面是为了降低经营成本。我国银行经营方式粗放，冗员过多，机构庞大，经营手段落后，管理效率低下，经营管理成本过高，严重削弱了银行的竞争力。为攫取利率市场化租金而扩张储源，又将增加银行吸收存款的成本。因此，银行只有裁减冗员，精简机构，实行集约化经营，才能使利率市场化提供的租金收益免于因"内耗"而消失。另一方面，是为了降低经营风险。第一，降低利率风险。贷款利率放开后，存款利率的浮动范围也将逐步放宽。银行面临的利率风险有逐步加大的趋势。我国一直实行利率管制政策，银行缺乏利率风险管理的经验。如果不能妥善处理利率风险，银行不但要丧失租金收益，还有可能面临经营危机。这促使银行引进先进的利率风险管理理论和方法，进行利率风险规避型金融工具的创新，以及引进高素质的利率风险管理人才，加强对利率风险的识别和控制能力。第二，降低信贷风险。在贷款软约束机制下，银行没有动力提高贷款质量，监督贷款的使用和归还，导致不良贷款急剧增加。据统计，截至 2005年末，我国银行业不良贷款余额 13133.6 亿元人民币，其中10724.8 亿元不良贷款（约占不良贷款总额的 82％）存在于四大国有商业银行，不良贷款约占贷款总额的 10.49％，远高于国际水平。而在贷款约束强化后，又反而会出现银行惜贷的情况。贷款利率放开后，由于企业筹资成本增加，以及信贷市场上信息不对称，信贷风险进一步增加。银行贷款收不回，固然得不到租金收益，但惜贷也同样难以获取租金收益。这促使银行进行贷款风险管理技术和方法上的创新，在降低信贷风险的基础上增加贷款。

2. 利率市场化租金对银行激励作用的影响因素

（1）有利因素

第一，宏观经济稳定。目前，我国经济形势稳定，为银行提供了宽松的经营环境，有利于利率市场化租金对银行激励作用的发挥。第二，利率市场化租金对我国银行十分重要。我国一直实行扶持国有企业的低利率政策，存贷利差逐年缩小。尤其在1994 年、1995 年，一年期存、贷款利率均为 10.98％，利差为0。存贷利差不足降低了银行利润率，削弱了银行资本金的基础。

特别是国有商业银行，面对加入 WTO 和银行上市的压力，亟待解决的问题就是资本金不足。利率市场化租金的出现正是银行提高利润率，充实资本金的好机会，其重要性不言而喻。第三，银行商业化改革步伐加快。银行信贷资金管理体制从规模控制管理向资产负债比例管理转变，使银行经营的自主权大为增加，有利于租金对银行激励作用的发挥。随着改革开放的不断深入，政府加快了银行上市的步伐。建设银行于 2005 年 11 月份成功上市，标志着银行上市从试点阶段进入实施阶段。银行上市的压力不仅促使未上市银行加快股份制改造，建立并完善法人治理结构，也促使其改善经营管理，提高经营业绩。第四，银行外部约束强化。一方面，央行外部监管压力增大。针对我国银行不良资产比例上升，经营风险增大的情况，央行从 1997 年起加大了金融监管力度。金融监管从行政性向法制性转变，更注重对金融风险的监管。另一方面，市场竞争约束强化。虽然国有商业银行仍居垄断地位，但其他新型商业银行成长迅速，加上外资银行的进入，银行业竞争日趋激烈。银行外部约束强化，迫使银行在攫取租金的同时，切实改善经营管理。

（2）不利因素

第一，利率市场化租金的短期性容易引发银行的短期行为。租金持续时间长，银行感到租金收益有保证，才有动力改善经营管理，致力于长期内租金收益最大化。而利率市场化改革按计划只用三年，所产生的租金最多也只能持续三年，时间较短。这容易引发银行盲目争夺租金的短期行为。银行的短期行为主要表现在存贷款业务粗放经营及片面追求规模扩张上。片面扩张存款规模，容易造成恶性竞争，引起银行筹资成本和流动性风险的迅速上升，特别是中小银行，在竞争中处于不利地位，有可能出现经营困难。而片面扩张贷款规模，势必造成贷款质量下降，增加信贷风险。第二，由于银行委托人与代理人之间信息不对称以及银行内部控制机制不完善，存在经理人员寻租的道德风险。我国银行的内部控制制度缺乏规范性，没有严格的指标考核体系和考核制度。内控稽查机构缺乏权威性，内部控制实施不力。这给经理人员滥用职权、牟取私利创造了机会。在贷款利率放开后，有可能出现银行经理人员发放"人情利率"贷款，攫取租金的情况。特别是国有商业银行，委托人缺位，信息不对称尤为严重。并且国有商业银行与政府和国有企业的关系尚未理清，仍须承担相当数量的政策性贷款。政策性贷款涉及三方利益，难以有效管理，不仅容易造成贷款软约束，也给政府官员、企业和银行经理人员寻租提供了便利。总之，政策性贷款成了利益各方寻租的最佳对象，是银行道德风险的最大诱因。

（三）利率市场化租金对银行激励效果的简要评析

利率市场化租金对银行激励的效果既取决于银行，也取决于政府。从银行方面来说，租金的激励作用基本可以肯定，只是要看银行有没有足够的动力抑制短期行为和道德风险的发生。从理论上分析，在金融改革推进到利率市场化这一步的时候，银行业应该已经比较成熟，特别在银行外部市场约束和监管约束都已强化，面临加入WTO的时候，银行决策会更为谨慎。在银行经营的一定范围和区域可能出现短期行为，但不会出现严重局面。而至于道德风险，这要求政府一方面为银行经理人员制定有效的激励机制；另一方面，进一步深化国有商业银行商业化改革，减少国有商业银行政策性业务，并按照股份制的要求构建银行内控体系。只要政府对银行道德风险足够重视，道德风险恶化的可能性不大。此外，政府的任务还在于保持低通货膨胀率，对存款利率控制适度，为银行提供温和的租金激励；以及为银行的租金激励制定配套措施，主要是为银行进行风险规避的金融创新提供便利。

总的来说，笔者对利率市场化租金对银行的激励效果持乐观态度，认为银行在租金的激励下能够管理好自身的风险。

三、利率市场化过程中的银行风险监管

在激励银行降低自身风险的同时，政府还需要从外部加强对银行风险的监管。按照分业经营，分业监管的原则，银行监管由中国人民银行负责。依照前述的分析，利率市场化过程中，银行风险监管的重点集中在利率风险和信贷风险上。需要针对两种风险监管的特点，制定出有效的监管措施。

1. 利率风险监管分析

利率有多变，且变化迅速的特点。因此，利率风险不仅难于事前控制，而且容易迅速传递和扩散。对此需要建立保证监管信息迅速传递的信息系统，使监管当局即时获取有关银行利率风险状况的信息，做好利率风险的事前监控，并对出现严重利率风险的银行采取紧急措施。但由于利率风险监管在我国尚属于新领域，因此当务之急是着手完善监管的组织体系和有关法令、法规的建设，使之满足利率风险监管的需要。

2. 信用风险监管分析

利率市场化过程中的银行信用风险主要来自于银行的短期行为和道德风险。短期行为是由银行粗放经营所造成，监管当局只要加强对银行资产负债结构合理性的监管，硬化银行财务约束就能收到满意的效果。而重点是对银行道德风险的监管。道德风险的主要当事人是银行经理人员，这就不仅需要加强内控体系的建设还需要保证监管当局获得真实的银行风险信息。

此外，还涉及到突发性风险的监管。虽然突发性风险具有不可预测性，但它终究是通过传统的银行风险的急剧增加表现出来。为此，监管当局应当加强风险预警系统的建设，及早发现问题，及时采取应对措施。

根据上述分析，可知利率市场化过程中的银行风险监管措施主要有：第一，监管当局成立专门负责银行利率风险监管的部门，并参照巴塞尔委员会发布的《利率风险管理原则》，从监管当局到银行，建立一套符合我国银行业实际情况的利率风险监管体系，制定出相关的法令、法规，实现利率风险监管的法制化。第二，建立会计监管制度，满足利率风险监管对信息及时性和信贷风险监管对信息真实性的要求。我国银行对公众的信息披露不透明，对监管当局的信息报告不及时、不真实，削弱了银行的市场约束和政府对银行的监管效率。这既有技术上的因素也有体制上的因素，解决信息问题切实有效的办法就是建立会计监管制度。在技术上，通过会计电算化可以实现电子化监管。在体制上，由监管当局所设立的会计监管部门和银行会计部门构成的信息交流系统，能够高效率的运转。会计监管制度不仅是应对利率市场化之所需，也是知识经济时代对银行监管的要求。第三，加强银行内部控制。监管当局应加强对银行内控体系的要求。银行应定期审查其内控体系的有效性，并将审查结果呈报监管当局。监管当局有权要求银行修改或完善其内控体系。内控不严是信贷风险的主要隐患，尤其是国有商业银行存在委托人监管缺位的情况。监管当局并不能包办委托人监管，国有商业银行的首要任务是按照股份制的要求建立并完善银行法人治理结构，建立内部权力制衡机制。第四，加强对金融创新的监管。对银行进行风险规避的金融创新，监管当局应当鼓励，但同时也要制定相应的监管措施。特别在鼓励银行进行以利率为标的的衍生金融产品创新上，要有充分的准备。最后，提高监管人员的能力与素质，满足银行风险监管的需要。我国原来的银行监管是"准入性监管"和"行政性监管"，监管人员缺乏风险意识和风险监管的经验。建立监管当局与银行之间的人员交流机制，使监管人员熟悉银行风险管理，是提高监管人员能力的有效途径。

总之，利率市场化过程中银行风险监管的重点是利率风险和信用风险，需要解决的主要问题是信息问题和体制问题。由于银行风险与其他金融风险是相互影响的，银行风险监管也就不是孤立的，应该与宏观金融风险监管和金融市场风险监管有机结合起来。政府对利率市场化金融风险的控制是由货币控制、银行风险控制和金融市场风险控制构成的有机整体。

第六节　国有商业银行应对人民币汇制改革和 WTO 的策略

一、商业银行应对人民币汇率风险的策略

（一）商业银行防范汇率风险的通常做法

人民币汇率制度的改革给商业银行带来不可避免的风险，但这些风险并不可怕，只要商业银行积极探索和创新，可以通过各种金融工具及手段可以将这些风险降为最低。自 20 世纪 80 年代以来，金融创新和衍生工具的迅速发展，既给银行业带来了新的业务机遇和盈利增长点，也对银行管理风险的能力提出了严峻的挑战。随着人民币汇率形成机制市场化改革进程的深入，金融产品和服务创新层出不穷，国内银行业如何在竞争中不断壮大自身实力和竞争力，提高外汇业务风险管理能力，适应人民币汇率形成机制改革，这是摆在我们面前紧迫的课题。同时国际环境也要求我国商业银行加强外汇管理和外汇风险的防范。国际金融市场汇率变动频繁，特别是日元、马克与美元汇率的剧烈波动直接影响到商业银行外汇资产及负债的市场价值，使拥有大量外汇资产和经营外汇业务的商业银行面临较高的汇率风险。从目前的情况

来看，我国商业银行可供使用的金融衍生产品比较单一，主要集中在人民币远期结售汇，而且市场成交量规模也不大。人民币汇率形成机制改革对银行的风险规避提出了更高的要求，单一的工具和手段不能满足需要，从长远来看，对外币业务的放宽是解决外汇风险的最好手段，特别是开展金融衍生产品交易业务对中国商业银行应对汇率制度改革带来的风险具有重大的意义，以下几点是商业银行可以参考采取的汇率风险防范手段：

1. 即期外汇市场

即期外汇市场是外汇远期交易工具的基础，外汇远期合约的定价需要即期汇率，因此需要不断完善即期外汇市场。中国人民银行于 2006 年 1 月 4 日起，在银行间即期外汇市场上引入询价交易方式（简称 OTC 方式），同时保留撮合方式。银行间外汇市场交易主体既可选择以集中授信、集中竞价的方式交易，也可选择以双边授信、双边清算的方式进行询价交易。同时在银行间外汇市场引入做市商制度，为市场提供流动性。所谓做市商制度，是指在银行间外汇市场进行人民币与外币交易时，承担向市场成员持续提供买、卖价格义务，通过自身的买卖行为为市场提供流动性的银行间外汇市场成员。通过采取这些手段，有利于提高商业银行特别是做市商的自主定价能力、创新能力等核心竞争力，建立市场导向的正向激励机制，鼓励商业银行为企业和居民提供更加丰富多样的汇率风险管理工具。

2. 开办银行间远期外汇业务

银行间远期外汇交易是指交易双方以约定的外汇币种、金额、汇率，在约定的未来某一日期交割的人民币对外汇的交易。

国际业务受汇率变动的影响是各家银行都无法回避的，银行在办理远期结售汇业务时，会持有远期外汇头寸。但国内并没有合适的渠道进行远期结售汇头寸抛补，很多国内银行都选择各种间接方式予以抛补。而远期业务的推出为银行回避汇率风险提供了相应的避险工具。但银行开展远期外汇业务并不是可以一蹴而就的，一方面要考虑监管、法规制度层面是否健全完善。由于我国金融市场规模有限、市场的流动性不十分透明、市场工具也有所欠缺，这就要求我们根据企业自身的供求去选择合适的工具。另一方面，我们正处在计划和市场之间的转换阶段，市场的部分在增强，但是市场的工具还是比较弱的，政策与市场的博弈不是很对称。利用市场化的手段和工具来发展中国的金融市场是一个利好，但目前，市场的风险主要集中于市场本身流动性的风险和由此而带来的道德风险。这个道德风险是超约束的，它与个人的品行、监管的漏洞联系在一起。因此，在发展银行间远期外汇业务时，要注意防范市场风险。

3. 开展掉期交易

掉期交易是指交易双方约定在未来某一时期相互交换某种资产的交易形式。更为准确地说，掉期交易是当事人之间约定在未来某一期间内相互交换他们认为具有等价经济价值的现金流的交易。我们针对汇率风险可以采取货币掉期交易，是指两种货币资金的本金交换交易，这是近年来发展迅猛的金融衍生产品之一，已经成为国际金融机构规避汇率风险和利率风险的重要工具。在人民币与外币掉期业务中，境内机构与银行有一前一后不同日期、两次方向相反的本外币交易。在前一次交易中，境内机构用外汇按照约定汇率从银行换入人民币，在后一次交易中，该机构再用人民币按照约定汇率从银行换回外汇；上述交易也可以相反办理。这种交易手段适合在本国资本市场深度不够，避免对即期外汇市场直接影响的情况下使用，因此掉期交易在远期外汇交易中占有非常重要的地位。但由于掉期合约内容复杂，多采取由交易双方一对一进行直接交易的形式，缺少活跃的二级市场和交易的公开性，具有较大的信用风险和市场风险。因此，从事掉期交易者多为实力雄厚、风险控制能力强的国际性金融机构，掉期交易市场基本上是银行同业市场。随着我国汇率形成机制改革的逐步推进，掉期交易广泛使用在我国的外汇交易市场，也是近年来发展迅猛的金融衍生产品之一。

4. 外汇期货、期权交易

外汇期货是指签订货币期货交易合同的买卖双方约定在将来某时刻，按既定的汇率，相互交割若干标准单位数额的货币。外汇期货交易作为外汇远期交易工具的一种，与远期外汇交易相互补充，发挥着特定的作用。外汇期货市场的存在，使套利者能够在外汇远期市场和外汇期货市场这两个市场进行套利活动，从而有助于保持两个市场的价格联系，有利于价格形成的合理化。外汇期货市场具有保证金交易、双向交易和对冲机制等特点，可以吸引社会公众参与。外汇期货、期权在国际市场上常被视作一种有效的避险工具，因为它可以消除汇率变动风险以保留潜在的获利可能，对于金融机构等锁定汇率风险具有重要意义。但推出外汇期货、期权时需要确定相关的波动率指标以及相应的参照物，因此必须要有成熟的市场条件作基础。

以上四种汇率风险防范的手段，由于交易方式各有不同，交易风险和交易成本存在差异，各自所适用的环境也有所不同，因此，在人民币汇率形成机制改革不断推进的情况下，应根据银行自身的实际经营状况和当前国家的总体市场条件，不能照搬其他国家或银行的做法，而应该循序渐进地适时推出各种外汇金融产品。目前，在完善即期外汇市场的同时，应重点发展人民币与外汇间远期交易市场，积极开展掉期交易，随着人民币汇率改革进一步深化，汇率市场化程度的提高，适时推出外汇期货、期权产品。同时，可借鉴发展中国家汇率自由化进程中规避汇率风险的经验。从汇率改革成功国家的经验，可以看到很多国家在汇率制度改革以后，都进行了外汇市场的完善，增加交易品种，来防范汇率风险。

(二) 对我国商业银行应对汇率风险的建议

人民币汇率制度改革的推进是在国内利率市场化改革和金融市场发展背景下的必然结果，因此商业银行应当加大汇制改革对商业银行整体经营发展战略影响的研究，积极转变经营思路，充分利用汇制改革给商业银行业务带来的增长空间，最大程度地规避汇率风险的不利影响，以下是对商业银行应对汇率风险的几点建议：

1. 加强本外币和贷款行业的资产配置

商业银行资产配置是指商业银行根据资产业务的性质、构成、各种负债对流动性的要求，合理分配各种具备不同期限和收益率的资产，从而构建最佳的风险收益组合，合理确定资金的运用安排，应对各种确定和不确定的流动性管理需要。因此，商业银行资产配置具有动态性和综合性，同时还要密切注意相关行业的市场情况和经营状况，适时调整对这些行业的资产配置：一是加大对消费类贷款的投入。人民币汇率的调整将对居民产生直接影响。对于国内居民来说，人民币的升值一定程度上提高了对进口产品的购买力，进口产品数量随之增加，国内的个人消费也会有所上升。因此人民币升值可以看作是刺激内需的措施之一，未来有增长潜力的消费类贷款面临较好的发展前景。二是关注升值对贸易和非贸易行业的影响，强化贷款的风险分类管理，细分贷款行业进入细则。相对而言，汇率调整对外贸企业的影响更为直接和严重。人民币升值，一方面，拥有外币资产的企业将承受较大的损失。另一方面，拥有外币负债的企业，如航空公司、钢铁企业、外贸进口企业等在一定程度上将直接获益。因此，商业银行应当密切人民币升值的行业影响，适度调整信贷额度，强化贷款的风险分类管理，细分贷款行业进入细则，降低经营风险，防止不良贷款的上升。

2. 重视汇率波动下的流动性管理

一方面，商业银行外币负债可能会大量减少，而外币资产的需求可能仍然维持较高水平，这对商业银行外币资产和负债的匹配管理形成了冲击。另一方面，在外汇投机资金继续流入的情况下，商业银行由于持有大量的人民币负债，而贷款投放受资本充足率的制约可能不会大幅增长，债券投资又不能完全满足商业银行资产配置的需求，这样在央行不完全对冲的策略下商业银行势必会面临过剩的人民币头寸，造成大量人民币资产的低效配置。

3. 加强防范和控制风险制度和内部控制建设

商业银行的董事会和高级管理层要尽快熟悉和充分了解本行的外汇风险水平和管理状况，来确定自己的风险容忍度和风险限额。同时商业银行要在认真评估本行外汇风险管理状况的基础上，积极制定并实施完善外汇风险管理体系、提高外汇风险管理水平的方案，按照国际先进银行的标准尽快建立起较为完善的外汇风险识别、计量、监测、控制体系，最后各银行还要加强对外汇业务和外汇风险的内部审计。如果银行不能抓住机会加强内控建设，提高风险防范意识，有可能为银行经营带来风险。

4. 提供更多的金融产品和工具

银行要大力发展外汇市场和各种金融产品，要使商业银行能够向客户提供更多、更好的风险管理工具，同时要不断提高金融产品的创新能力和定价能力，在竞争环境中为客户提供更好的金融产品和金融服务。像国内兴业银行的外汇宝业务采用了国际通行的"浮动报价法"，根据各交易币种的活跃程度、汇率波动等情况实时制定差价点数。在市场流动性强、汇率波动幅度小的情况下，该行会适当缩小报价的差价点数；在市场流动性差，汇率波动幅度大的情况下，该行会适当扩大报价的差价点数。通过采取上述措施有效控制了自身的汇率风险，同时为投资者提供更加优惠的报价，实现了在风险可控前提下银行与投资者的双赢格局。

5. 加快培养一批专业人才，适应金融衍生业务快速发展的需要

要使金融业得到繁荣稳定的发展必然离不开金融业务的创新，当前有效的规避汇率风险的手段就是放宽外币业务，大力开发新的符合我国金融市场的金融衍生工具。然而这些业务和工具的开发都需要金融专业的人才去完成，因此培养这方面的人才已成为各家商业银行的当务之急，对人才的要求不仅是要有扎实的数量分析基础，还要对经济金融大势有深刻的洞察力，而这方面的人才在国内市场还非常匮乏，同时还要有相应的具有吸引力的薪酬政策和约束机制来培养人才，留住人才。

6. 加强与国外金融机的合作交流

积极学习国外先进的管理制度和管理经验，适当时可以借鉴国外成功的经验并结合我国具体的实际情况，努力建设具有中国特色的有效的外汇风险防范体系。例如韩国的汇率制度改革就比较成功，我国的商业银行可以去学习它的经验，取之精华，来为中国的汇率制度改革服务。

7. 强化外部条件和环境的建设

首先是银监会要加强市场风险监管的专业队伍建设。从全球监管实践看，由于市场风险管理和监管变得更加复杂、更加专业化，很多监管部门不得不依赖专家提供专门的技术支持，特别是为市场风险的现场检查提供风险识别、系统和模型评估等支持工作。同时，银监会可以利用《商业银行市场风险监管手册》的出

台，对商业银行来一次规模的"体检"，及时发现问题并采取相应措施，将损失降为最低。其次是相关部门要积极为商业银行管控外汇风险提供必要的外部环境。例如，要将外资银行与中资银行同等对待，对同种业务的进行要赋予同样的权力并承担同样的义务，使各银行公平竞争，优胜劣汰。同时，赋予银行外汇风险管理的相应手段迫在眉睫，不能再沿用以前计划经济的那些政策及制度，要让商业银行有一定的自主权，这也是人民币汇率制度改革的内在要求。

总之，在新的汇率机制下，对商业银行来说既是机遇，又是挑战。各银行一定要抓住这个难得的机遇尽快地提高自身的业务经营水平和盈利能力，机会越多，风险也越大，特别是在市场化的进程中各商业银行要摒弃以前在计划经济下的思维方式和业务经营做法，要向国际标准看齐，特别是市场经济发达的国家，不但要学习它们成功的经验，还要结合中国自身的经济状况，不断健全金融方面的制度，尽快提升市场风险管理水平并全面建立和完善市场风险管理体系，在市场操作中积累经验，增强风险应对能力。

二、国有商业银行应对 WTO 的策略

从中国加入世贸组织的那一刻起，金融市场的全面开放就已是大势所趋，不可逆转，不管国有商业银行是否做好了充分的准备，都必须在不久的将来"与狼共舞"。从前面的分析来看，国有商业银行要想在激烈的竞争中生存和发展，就必须最大限度的缩短与外资银行之间的差距，积极做好应对措施，以主动的姿态迎接 WTO 带来的挑战。在此，我们提出以下建议：

1. 科学处置不良资产，甩下包袱，轻装前进

针对国有商业银行资产质量低下的问题，首先，我们应该设置处置不良资产的专设机构和分设机构。所谓专设机构就是专门

设置用来集中处理银行不良资产的机构，比如我国金融当局在1999年成立了信达、东方、长城、华融四家资产管理公司，其主要职责就是负责收购、管理和处置按规定程序剥离的银行不良资产。对于不良资产的剥离来说，其实质就是由财政来替银行的经营损失埋单，把国有企业的负担转移到纳税人和储户头上。这是极不合理的，因此，专设机构必须强调按规定程序处置剥离资产，以分清责任，最大限度地保全国有资产。所谓分设机构就是不良资产的发生银行必须设置不良资产的自理机构，凡是不符合规定程序的不良资产必须由银行自理并计入银行损益，以此来增强银行的责任意识。专设机构与分设机构分别由国资委和银监会负责联系协调，以充分发挥两级机构的作用，及时有效地剥离和处置不良资产。其次，处置不良资产的形式可以灵活多样，可以采取拍卖的形式，也可以将不良资产证券化。总之，要尽可能降低不良贷款比率使商业银行能卸掉包袱，轻装上阵，以较好的资产质量为基础参与市场竞争。

　　2. 补充银行资本金，增强银行抗风险能力

　　国有独资银行资本金的补充遵循以国家注资为主、以市场融资为辅、以资产剥离和盈利为补充手段的原则。充实银行的资本金将带给银行业或整个金融环境一个重生的机会。具体注资或融资形式，可在综合考虑的基础上决定。比如通过发行特种国债、发行金融债券、动用外汇储备或改制上市发行股票等形式均是解决银行燃眉之急的有效途径，然后采取通过剥离不良资产减轻银行负担，通过增加盈利补充资本金的具体措施以图长远。国家还可以通过国有股转让将资金转移到银行增加其资本金，甚至可以通过企业或个人在商业银行的增资扩股来实现银行注资等，这些手段和方法都是与市场相联系的或直接就是市场化的，因此政府应从呵护、培育、发展市场的角度出发，综合考虑市场的承受能

力。我国银行业的资本金充足率达到《巴塞尔协议》的规定只是一个初级目标，在这个目标的基础上还要继续充实资本金，以不断增强银行业的抗风险能力。

3. 发展高端客户，拓展中间业务，提高银行盈利能力

首先，要大力发展高端客户。据统计，银行业 80% 的盈利来自 20% 的高端客户，因此，银行存贷业务的重点应放在高端客户上，吸引高端客户、发展高端客户、稳定高端客户、服务高端客户是获取盈利的关键。外资银行精于此，进入我国的外资银行均设定了较高的开户门槛，这也就等于说低端客户禁入，我国银行目前还做不到，目前的实际情况也不会允许国有商业银行这样做。但是从观念上，我们要真正把银行当作一个企业来看，要时刻记住：银行是企业，企业是以盈利为目的的，不盈利就没法生存、没法发展。因此，应该允许银行以不同的标准不同的服务区别对待不同的客户。外国银行进入我国金融市场之后，对高端、优质客户的争夺是一个焦点。所以，国有商业银行必须尽可能地挖掘、培养、发展高端优质客户，为提高盈利水平打下基础。

其次，要大力发展中间业务。有关资料证实：发达国家的银行业务中，存、贷款业务收入比重在下降，超过 50% 的收入来自中间业务。所谓中间业务，是指银行的一些结算、汇款、代理、承兑业务，资产评估、通信调查、财务顾问、金融咨询业务等。中间业务已成为国外大银行的核心业务之一。商业银行通过中间业务拓展了广阔的盈利空间。对我国四大国有商业银行来说，借助较为完备的业务体系和较好的信誉优势，大力开展中间业务是培育新的效益增长点和提高盈利能力的重要渠道。中间业务多为市场化业务，因此，银行业应树立以市场需要为中心的服务理念，努力开发出适合每个个体的中间业务产品。国外的经验

已经证明，注意发展低风险的中间业务，以服务来获得收入，是提高银行盈利能力的有效途径。

4. 重视人才战略与金融创新

银行的竞争，表面上看是资金实力的竞争，从实质上看，则是高素质人才的竞争。一个人才可以挽救一个企业，可以做大、做强一个企业，可以创造出世界一流的企业，这些已被经济发展的历史所证实。银行的发展不是靠人多势众，而是靠高层次、国际化的人才。因此，在今后，国有商业银行一定要有全方位的人才战略，既要大力精简机构、缩减冗员，降低人工成本，又要建立有效的激励机制、福利保障机制等以吸引人才，造就人才，用好人才，留住人才。下大气力造就一支能与境外银行公平竞争的人才队伍。

人才是金融创新的基础，金融创新应特别注重技术创新、产品创新和服务创新，在产品创新方面除抓紧开发常规信贷业务品种外，还要加快开发电子银行、信用借记卡、代客理财设计、对外承诺、担保等新的金融产品。积极开发设计期权、互换、远期利率协议、组合保险、零息债券、可互换债券等高科技含量的新型金融产品。稳定发展客源，创造出新的利润增长点，大胆追求收益率、利润率和综合效益，实现银行业的良性发展。

第六章　商业银行资产负债风险管理

商业银行作为一种主要以信用为基础而进行经营的特殊企业，除了要面对一般企业经常面对的风险以外，还要面对许多本身经营特征所具有的特殊风险。商业银行最基本最主要的传统业务是资产负债业务。商业银行在其漫长的发展过程中，其管理理论与方法曾经历了资产管理、负债管理、资产负债综合管理三个阶段①。本章试图从银行风险管理的角度，结合我国的实际情况，对这些理论和方法进行介绍和探讨。

第一节　商业银行资产管理理论与方法

自从 1694 年英格兰银行开业至现在，商业银行已有 300 多年的历史。在商业银行产生以后的相当长的一段时间内，资金来源渠道比较固定单一，大多是吸收进来的活期存款，工商企业的资金需求也比较单一，加上金融市场发达程度的限制，商业银行经营的重点主要放在资产方面，通过资产结构的恰当安排来实现经营方针的要求，由此形成了商业银行发展初期的资产管理理论。下面分别介绍商业银行资产管理中的目标替代原理、资产管

---

① 有人认为，商业银行管理理论与方法目前已进入第四阶段：资产负债全面风险管理阶段。

理理论和方法。

一、目标替代原理

目标替代原理认为，银行的经营总方针即安全性、流动性和盈利性的统一，这三个目标中存在一种共通的东西——效用，三者效用之和构成银行的总效用，即银行经营的总效用是由安全性、流动性和盈利性三方面组合而成。同时，这三者的不同组合的选择可以实现银行资产的不同分配。

用无差异曲线来分析银行经营的效用是以三个目标的效用之间可以相互替代为前提的。即流动性和安全性的下降，可通过盈利提高来补偿，这时银行的总效用不变。反过来，盈利减少也可由流动性或安全性的提高来补偿，如此就不致降低银行的总效用。现将几个目标不同组合与总效用的关系绘成无差异曲线图（为简化分析，这里只分析流动性和盈利性两个目标），如图 6-1 所示。

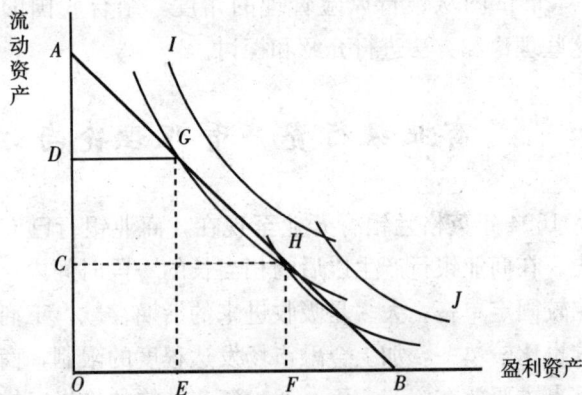

图 6-1　银行效用无差异曲线图

图 6-1 中，假定 A 银行资产只有盈利性资产和流动性资产，用横坐标表示盈利资产数量，用纵坐标表示流动资产数量，银行资产总额为 OA 或 OB，与其对应的无差异曲线为 I（为一曲线

族），有 G 和 H 两个资产分配方案。G 方案为持有流动资产 OD 和盈利资产 OE。H 方案为持有流动资产 OC 和盈利资产 OF。显然，两个方案中盈利资产和流动资产的持有数量不一样，盈利性目标和流动性目标达到的程度也不一样，但它们处于同一无差异曲线上，银行由此得到的总效用完全相同。如果由 G 点变化到 H 点，说明银行以盈利性增加来补偿或代替了流动性下降，如果过程相反，则说明银行用流动性代替了盈利性，银行总效用仍然不变。

由于各家银行的具体条件不同，银行对流动性和盈利性的需求不同，不同的银行具有不同的经营无差异曲线。如果 A 银行的具体条件决定其对流动性要求较高，其流动资产比重就会大于盈利资产。相反，B 银行的具体条件决定其对盈利性要求较高，投资盈利资产的比例就大于流动资产。

上述分析表明，应将安全性、流动性和盈利性三个目标综合起来考虑银行资产的管理和分配，在经营实践中，根据目标要求之间的替代性有所侧重，努力使银行资产经营达到总效用最大。

二、商业银行资产管理理论

随着银行业务经营的发展，资产管理理论也经历了不同的发展阶段。主要有真实票据理论、转移理论、预期收入理论。[①]

（一）真实票据理论

这种理论又叫商业性贷款理论。它产生于 200 多年前，在亚当·斯密 1776 年发表的《国民财富的性质和原因的研究》一书中就有论述。商业性贷款理论从银行的资金来源主要是吸进存款这一客观现实出发，认为商业银行只应发放短期的、基于商品的生产过程和流通过程的、能够用出售商品所得来的款项偿还贷款

---

① 参阅凌江怀：《现代商业银行经营与管理》，广东旅游出版社 1999 年版，第 162～164 页。

的自偿性贷款。这种贷款的特点是：能随着物资周转、产销过程的完成，从销售中得到偿还；期限较短（一般不超过一年）；放款有真实的商业票据为凭证，一旦企业不能偿还贷款时，银行可以处理所抵押的商品，收回贷款。

商业性贷款理论是在商业银行发展初期产生的。当时商品生产和商品交换的深度和广度远不及现代。一般企业的营运资金多数来自自有资本，企业对长期负债的要求多半通过发行债券或通过其他长期信用机构来满足。从银行资金来源来看，当时银行资金主要来自活期存款，定期存款和储蓄存款不多。资金来源的高流动性要求资金运用的高流动性。根据这个理论，商业银行禁止发放不动产、消费贷款或者长期性的设备贷款及农业贷款。因为这些贷款对象本身不具有偿还贷款的能力，不具有自偿性特点，期限较长不能满足流动性的要求。这种典型的资产管理理论长期指导着商业银行的业务经营。

商业性贷款理论对银行信贷经营和整个金融体系的稳定起到一定的积极作用。首先，它为保持银行流动性与安全性找到了依据，从而避免或减少了因流动性与安全性不够带来的风险；其次，这种理论侧重考虑资产的流动性，因而在没有政府机构出面稳定经济、没有任何机构给商业银行和整个银行体系提供流动性保证的条件下，对稳定银行经营，确实起到了一定的积极作用。

商业性贷款理论的缺点主要表现在：（1）忽略了社会经济发展带来的对贷款需求扩大和贷款种类多样化的要求。它忽略了商业交易以外的其他放款（如消费者放款、房地产放款和固定资产放款）的需求，这样不利于经济的发展，而且上述业务被别的金融机构或非银行金融机构抢走，使商业银行在竞争中处于劣势。（2）没有考虑到银行存款的相对稳定性。它认为存款人会同时提存的假设不切合实际。实践证明，尽管活期存款随存随取，但它一般会形成一个稳定的余额。而根据稳定余额发放一部分长期放款一般不会影响银行的流动性。（3）没有考虑到贷款自我清偿的外部条件。贷款的清偿要以商品能够及时销售为条件，但在经济萧条时期，即便是短期放款，也会因商品找不到买主而不能做到自偿。（4）不利于中央银行反经济循环的政策调节。自偿性放款随商业需要而自动伸缩信用量。在经济景气时，银行信贷会自动膨胀，刺激物价上涨，加剧生产过剩的经济危机，而在经济不景气时，银行贷款不利于设备更新和启动再生产，与中央银行的货币政策往往发生矛盾。

（二）转移理论

这种理论是美国的莫尔于 1918 年在《政治经济学杂志》上发表的"商业银行与资本形成"一文中提出的。第一次世界大战以后，金融市场进一步发展和完善，金融资产流动性加强，商业银行持有的短期国库券和其他证券增加，转移理论在这个背景下出现了。

转移理论认为，银行能否保持其资产的流动性，关键在于其资产的变现能力。只要银行所掌握的证券具备信誉好、期限短、易于出售等条件，在需要资金时能够迅速地不受损失地出售或转让出去，银行就能保持其流动性。这类资产一般需要具备以下条件：（1）信誉高，如国家发行的政府担保证券。（2）期限短，短期证券流动能力强。（3）易于出售，即在变现时不会遇到太多的困难。一般说，财政部发行的国库券，由于政府担保，期限较短，利息较高，作为银行的流动性资产比较恰当。

转移理论的出现具有重要的意义：首先，使商业银行资产来源的范围扩大，业务经营更加灵活多样。其次，不仅保证商业银行的流动性，还增加了银行收益。银行购入一部分短期证券，消除了贷款保持流动性的压力，又可腾出一部分资金作为长期贷款，减少持有非盈利的现金资产。

转移理论也存在不足之处：即证券转移能否实现，要取决于市场状况。在发生经济危机时，证券大量抛出，大大超过了购买量，难以达到保持流动性的预期目的。或者当所有的银行都因需要资金而出售生利资产时，也许就没有多少人来购买了，最后也只好由中央银行用再贴现或放款的方式来解决。

（三）预期收入理论

第二次世界大战以后，经济发展带来了多样化的资金需求，产生了大量的设备和投资贷款需求和消费性贷款需求。加之商业银行与其他金融机构竞争加剧，迫切要求开拓业务领域。在这种情况下，预期收入理论开始出现。普鲁克诺于 1949 年在《定期放款与银行流动性理论》一书中，提出了这一理论内容。

预期收入理论认为：贷款并不能自动清偿，贷款的清偿依赖于借款者同第三者交易时获得的收入，贷款的安全性和流动性取决于贷款者的预期收入。如果一项投资的未来收入有保证，哪怕是长期放款，仍然可以保持流动性；反之，如果一项投资的未来收入没有保证，即使是短期放款，也有发生坏账和到期收不回来的危险。因此，商业银行除了发放短期贷款、经营短期证券作为银行资产流动的第二准备外，还可以对一些未来收入有保证的项目发放中长期贷款。

预期收入理论的积极意义在于：首先，指出了银行资产流动的经济原因，深化了对贷款清偿的认识，明确提出贷款来源于借款人的预期收入，这是银行经营理论的重要进步。其次，促进了贷款形式的多样化，加强了商业银行的地位。根据这种理论，商业银行的放款种类增加了，中期商业放款、消费者分期付款的放款和房屋抵押放款都开始经营，使银行的放款构成发生了很大的变化。

　　预期收入理论也存在不足：预期收入难以把握，在资产期限较长的情况下，债务人的经营情况可能发生变化，届时并不一定具备偿还能力，反而会增加银行信贷风险。

　　以上三种资产管理理论，在保证银行资产流动性方面各有侧重。商业性贷款理论主要通过短期放款来保证流动性；转移理论主要通过金融资产的转换来保证流动性；预期收入理论主要从放款投资的健全性来保证资产的安全性与流动性。这三种理论反映了商业银行管理理论随着经济发展而不断完善和发展的演进过程。各种理论之间的相互补充，推动了银行资产业务的不断发展。

三、商业银行资产管理方法

（一）资金集中法

　　资金集中法，简称 POF。这个方法不考虑各种资金来源的性质，而是把它们统一汇集起来，按照银行的需要进行分配。见图6-2。

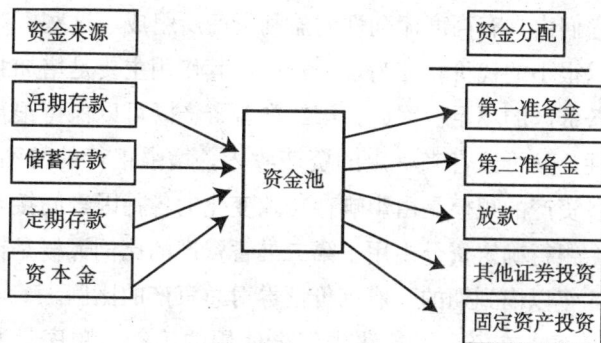

图6-2　资金集中分配图

　　商业银行将各种不同来源的资金汇集在一起，根据银行的不同需要和一定时期的经营重点进行分配。具体分配的比重如何，多少用于准备金，多少用于放款，多少用于证券和固定资产投资，并无固定比例，但一般来说，首先应考虑将一部分资金作为一级准备，应付顾客的提存和借款要求；其次，考虑分配一部分资金作二级准备，即购买短期高质量证券，以补充资产流动性；第三，分配一部分资金作为贷款；第四，用满足贷款正常需求后的资金剩余来购买较长期的有价证券；最后，进行固定资产投资（仅指银行营业用房产），它最多不能超过银行资本额。

1. 第一准备资产。资金分配的第一顺序是用一定比例的资金建立第一准备资产，它指的是那些能够马上用来满足存款提取和贷款发放要求的资产，是银行资金流动性的首要来源。一般情况下，第一准备资产由资产负债表上的"库存现金"、"在中央银行存款"和"在其他银行存款"等资产项目所组成，资金用于第一准备资产的比例一般是按照同等规模银行现金资产对存款或者对全部资产的平均比例来确定的。

2. 第二准备资产。资金分配的第二顺序是安排非现金流动资产，它们由具有高度流动性的盈利资产所组成。这些资产可以很快地以很小的代价转变为现金资产，其作用主要是增加和补充第一准备资产的不足。因此，第二准备资产既可以保持银行资金的流动性，又可以带来一定的资产收入，增强银行的盈利能力。第二准备资产的规模是由影响存贷款变化的各种因素间接来决定的。每个银行确定资金中用于第二准备资产的比例大概是银行系统中在 5 年以内到期的政府有价证券对总资产的比例。

3. 放款。在资金汇集法中资金使用的第三个顺序是发放贷款。当银行充分考虑了第一和第二准备资产的需要以后，就可以把资金用于对客户发放贷款。

4. 其他证券投资。是资金汇集法分配资金的第四个顺序。

资金集中法为银行的资产管理提供了一般规则，强调了资产流动的重要性，但它忽视了各种不同资金来源具有不同流动性要求这一事实。这个缺点使不少商业银行在 20 世纪 50、60 年代减少了不少盈利，因为这一时期对流动性要求较低的定期存款和储蓄存款的比重逐渐加大，而银行在资产分配上都没根据这一变化作相应的调整。

（二）资产分配法

资产分配法，是针对资金集中法的缺点而提出来的。其核心内容是根据不同资金来源的流动性和法定准备金要求来决定银行资产分配。具体说来，一种资金来源的波动性大，从该渠道获取的资金就应当投向流动性较高的短期资产；反之，资金来源的稳定程度较高，就应当主要投放在长期资产方面。

资产分配法认为一个银行所需要的流动性资金的数量与其获得的资金来源有直接的关系。各种资金来源的稳定程度应由法定准备比率的高低和资金周转速度来决定。法定准备率越高，资金周转速度越快，说明这种资金来源的波动性越大。相反，法定准备率越低，资金周转速度越慢，则稳定性越高。根据这一标准，资产分配法把商业银行的资金来源划分为四类，建立几个中心。每个中心所进行的资金分配与其他中心的资金分配是相互独立的，一旦中心得到承认并建立起来以后，就要对每个中心的资金分配制定相应的管理政策。

1. 活期存款中心

商业银行的活期存款，要缴存较高比例的法定准备金，而且每年要周转 30～50 次。因此，活期存款中心，要把大部分资金分配到第一储备资产中去，一小部分分配到第二储备资产中去，购买国库券和其他短期证券，极少一部分用于放款。如图 6-3 所示。

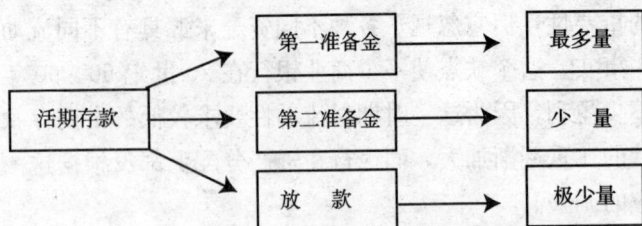

图 6-3 活期存款分配图

2. 储蓄存款中心

储蓄存款周转速度较慢，流动性需要较少，可把这部分资金主要用于放款和购买长期证券，以获取较大利润。如图 6-4 所示。

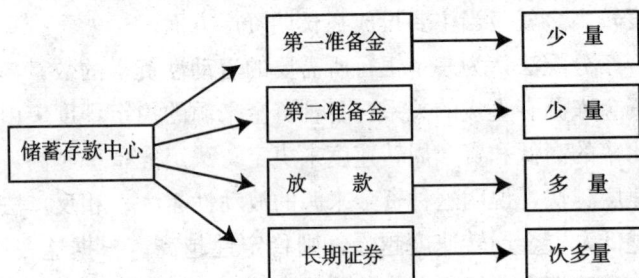

图 6-4 储蓄存款分配图

3. 定期存款

这部分资金主要用于放款和购买长期证券，以获取较大利润。如图 6-5 所示。

图 6-5 定期存款分配图

4. 资本金

包括股金、资本盈余和留存盈余。它们代表股东对银行资产的权利，没有法定准备金，一般也不会被提走，因此，对资本金不需保留准备金，应将其主要用于长期放款、证券投资和购置固定资产。如图 6-6 所示。

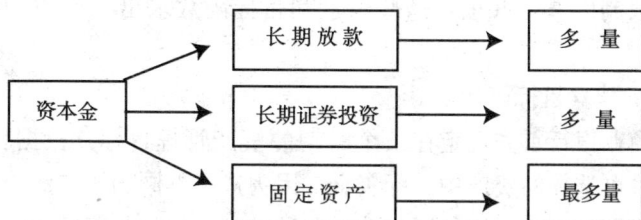

图 6-6　资本金分配图

资产分配法的主要优点是：它通过资金来源的划分，可以减少投放于流动性资产的资金数量，通过储蓄存款和定期存款获取资金，可以大部分投向流动性较低的长期资产，以增加盈利，同时，也可以保持流动性需要，比资金集中法前进了一步。

但是，这个方法也有它的局限性。(1) 这个方法把各种存款负债的周转速度作为划分不同的流动性—盈利性中心的基础。但存款总是有存有取，保持一定的稳定余额。一般来说，一个商业银行的活期存款余额总是保持在一定的限度内。据此，可以把一部分活期存款投向流动较低的长期资产上。(2) 资产分配法假定资金的来源与资金的运用之间是相互独立的，这是不真实的假定。商业银行的资金来源和运用之间存在着一定的关系。银行对客户放款，一般要求顾客在银行保持一定的存款作为补偿；另一方面，客户存入银行款项，则要求银行能满足其借款需求。因此，不论何种存款，都要有一部分用于放款，不可能按照来源严格划分其运用。（3）资产分配法强调了银行法定准备金和提存的可能，而对客户借款需求考虑较少。

（三）线性规划法[①]

线性规划法的内容是：首先确定资产管理目标，然后根据各种资产与目标的关系建立目标函数，最后确定对各种目标函数的限制因素，并根据这些因素和目标函数求出线性规划模型的解。

1. 建立目标函数

商业银行首先确定在某个时期的资产管理目标，根据目标，在各种可选择的资产中分配资金。因为选择不同的资产组合，就会有不同的盈利，银行通过改变各种资产的数量，能够增加或减少盈利。现假设可供银行利用的资产有 6 种。它们是：短期政府证券，收益率为 4%；长期政府证券，收益率为 5%；高质量商业放款，收益率为 6%；企业中期放款，收益率为 7%；公司债券，收益率为 8%；消费者放款，收益率为 12%。如果用 $X_1 \sim X_6$ 分别表示上述各种可选择的资产数量，P 为资产总收益，则目标函数可表示为：

$$P = 0.04X_1 + 0.05X_2 + 0.06X_3 + 0.07X_4 + 0.08X_5 + 0.12X_6$$

2. 确定限制性因素

如果不存在其他限制性因素，银行就应将资产全部投放在收益率为 12% 的消费信贷上，但实际上，银行的经营管理还存在许多其他的限制条件，具体有下列几种。

（1）金融法规的约束。例如法定存款准备金就构成对目标函数的限制。假定，如果用 X_0 代表法定存款准备金，而按存款总额计算的存款准备金不得少于 100 万元；那么这个约束条件可用方程 $X_0 \geqslant 100$ 万元来表示。

（2）银行资产流动性的约束。假定为了资金的流动性，短期政府证券至少应占总资产的 20％，而总资产等于 $X_0 + X_1 + X_2 + \cdots\cdots + X_6$，那么这个约束条件可以表示为 $X_1 \geqslant 0.2 \, (X_0 + X_1 + X_2 + \cdots\cdots + X_6)$。

（3）银行资产安全性的约束。银行的安全性经营要求资产分散化。而资产分散化一个总的限制因素就是不能把资产全投在收益率为 12％的项目上。一个稳健的银行对风险资产是非常谨慎的。如果消费者贷款损失的可能性是 5％，而银行规定风险资产损失不能超过自有资金的 2 倍。则当自有资金是 80 万元，消费者贷款的数量最多只能够是 160 万元，它的约束条件是 $X_6 \leqslant 160$ 万元。

（4）贷款需求量的约束。贷款需求量并不是一个已知数，它受各种因素的影响而在不断变化，因此，有必要对贷款的需求量做出尽可能准确的预测。如果经过预测得知企业长期贷款的最大需求量是 200 万元。那么，贷款需求量对于企业长期贷款的约束方程可表述为 $X_4 \leqslant 200$ 万元。

（5）商业银行对银行资产安排的其他种种规定。例如，不得对某类行业、某地区的放款过多；银行根据对资金来源可用程度的分析，如根据流动性需要，建立分层次的流动性准备金等。

把所有约束条件方程和目标函数方程放在一起，就形成了下列方程组：即一个比较完整的关于资产管理的线性规划模型：

$P = 0.00X_0 + 0.04X_1 + 0.05X_2 + 0.06X_3 + 0.07X_4 + 0.08X_5 + 0.12X_6$

$X_0 \geqslant 100$

$X_1 \geqslant 0.2(X_0 + X_1 + X_2 + \cdots\cdots + X_6)$

$X_4 \leqslant 200$

$X_6 \leqslant 160$

......

3. 求出线性规划模型的解

上述两个步骤完成后，就可以建立一个由目标函数和一组不等式组成的线性规划模型，然后把各项数值代入模型，由计算机进行运算以求得结果。

线性规划法使银行资产管理的精确性得到很大提高，但是也有一些不足：由于制定模型所依据的资料质量不高，往往影响了对约束条件的确定；改变目标、约束条件和模型参数反映所依据的经济环境的变化，会带来运用成本的提高。

从实践上看，商业银行由于其面临的环境和经营的目标任务不一样，资产配置在结构上比较复杂。例如，从《中国建设银行2005 年度业绩公告》的资产负债表上看，资产总额为 45857.42亿元，其中包括有客户贷款及垫款、投资、现金及存放中央银行款项、应收银行及非银行金融机构款项净额、其他资产，而客户贷款及垫款又包括公司类贷款、个人贷款、票据贴现、海外业务，公司类贷款还可划分为流动资金贷款、固定资产贷款及其他贷款，个人贷款划分为个人住房贷款、个人消费贷款及其他。其资产配置已呈多元化的趋势，可运用资产管理理论和方法来管理银行资产。

第二节　商业银行负债管理理论与方法

一、负债管理理论

负债管理理论是一种关于银行流动性的理论。商业银行为了弥补资金流动性不足而积极向外筹措资金的负债活动称之为负债管理。这一理论的核心是把保证银行资产流动性的经营重点，由资产方转向负债方。负债经营成为实现资产流动性和盈利性均衡的工具。

负债管理理论认为，银行在保持流动性方面，没有必要完全依赖建立分层次的流动性储备资产，一旦需要周转资金，就可以大胆放款争取高的盈利。

负债有很多种形式，其中最主要的是存款，其次还有债券和拆借资金，它们都与银行资金的流动性管理有直接的关系。存款的来源有很多，既有来自企业的生产性资金，也有国家和政府的财政性资金，还有来自个人的消费性资金。银行为了吸取存款，就必须充分考虑存款人各种存款目的和各种不同的资金来源，开办各种类型的存款，具体有下列几种：（1）活期存款。即存款人随时可以提取的现金或进行转账支付的存款。一类是企事业单位的活期存款，存取主要是转账结算。一类是居民活期储蓄存款，采取活期存单或存折的形式。（2）定期存款。主要是城乡居民的定期储蓄存款。（3）债券。发行债券不需缴纳存款准备金，是较为有利的负债；同时，债券把银行负债有形化，使之变为有形的金融商品，被动地吸收存款变为主动地发行债券。现在，商业银行逐步朝综合性方向发展，发行债券已成为商业银行的业务之一。（4）借款。借款主要来自向中央银行借款和向其他银行借款。总的来说，银行负债正在向多元化方向发展，摆脱只依靠存款的单一结构，向存款、债券、拆借并重的多重负债结构转变。为银行负债的流动性管理提供了有利的条件。

商业银行负债管理理论的形成，具有下列的原因：

（1）追求高额利润的内在动力和竞争的外在压力。银行利润的追求，激化了盈利性与流动性的矛盾，仅是调整资产结构已很难满足这两者的统一。同时，不仅商业银行之间要竞争短期贷款，还要和其他金融机构争夺长期资金市场。这样，商业银行只好通过负债来补充资金，保持资产有流动性。

（2）商业银行管理限制使存款利率在吸收资金方面的吸引力越来越小，而货币市场利率不断上升，导致商业银行竞争力下降。在此状况下，单靠传统的吸收存款方式，满足不了商业银行资产业务对资金的需求。客观上要求商业银行发展多种形式的负债业务。

（3）由于20世纪50～60年代西方国家经历了战后最繁荣的经济发展时期，经济增长使贷款需求急剧上升，加上通货膨胀的加剧，使负债经营有利可图，为了获得更大的利润，银行必须扩大负债。

（4）存款保险制度的建立与发展，进一步增强了商业银行的冒险精神，刺激了负债经营的发展。

负债管理理论的积极意义在于：

（1）它找到了保持银行流动性的新方法。因为资金的流动性问题是银行的对外支付能力问题，它既可通过保持一定数量现金资产或可变现资产的方式来解决，也可以通过对外借款的方式来解决，资产流动性完全可以通过资产和负债两方面的管理来实现。

（2）为扩大银行规模，增加贷款创造条件，可以根据资产的需要来调整或组织负债，让负债去适应或支持资产。

二、商业银行负债管理的方法

商业银行要能通过负债管理来保持银行的流动性，需要发展主动型负债方式。下面介绍几种方法：

1. 发行大额可转让定期存单

由于大额定期存单具有以下优点而使它成为银行负债流动性

管理的有力工具。首先，它既保留了银行定期存款的稳定性，又克服了以往定期存款不能提前支取而可能给存款人带来的资金流动性困难。其次，它所采取的存单形式使定期存款证券化，使银行业务由被动变为主动。再次，由于定期存款证券化，银行不再需要经常调整利率，只要随时改变存单的销售价格便可以适应市场利率的变化。目前，大额可转让定期存单已逐渐发展为商业银行应付流动性需要的一种形式。

2. 发行债券

发行债券可以不受政府对存款最高利率的限制，也不必缴纳一定比例的准备金，这些对银行来说都是有利的。

3. 向中央银行借款

向中央银行借款的方式之一是商业票据再贴现。这种方式一般用于解决短期需要，但在较特殊的情况下，如货币紧缩时期，也可以解决较长期的资金需要。向中央银行借款的另一种方式是直接借款，一般用持有的政府债券作抵押。

4. 根据"再回购协议"借款

商业银行在客户资金需求旺盛时，可以向中央银行、证券商或其他机构，以它所持有的债券或高质量放款作抵押借入款项，借款时双方签订再回购协议。商业银行保证在协议规定日期把所抵押的资产购回。

5. 向欧洲美元市场借款

欧洲美元是指在美国以外的国家中银行所持有的美元存款，也指美国以外各国银行用其本币或外币购进的，而且可以在市场上使用或借给其顾客的美元。现在许多商业银行可从欧洲美元市场短期借入款项。

三、负债管理理论的局限

负债管理理论为实现盈利性与流动性之间的均衡，往往更多地依赖外部条件，从而带来很大的经营风险及不足。

1. 提高了银行负债成本

首先，由于发行 CD、向中央银行借款、再回购协议等借款方式的利息一般高于存款利息，这必然增加了银行的负债成本；其次，由于短期资金来源所占比重越来越大，自有资本的比重越来越小，导致银行经营的盈利下降，安全性和流动性受到威胁。

2. 增加了银行经营风险

20 世纪 80 年代以来市场利率波动剧烈，单靠负债维持大量的放款和投资以保证流动性的风险越来越大。例如，如果市场上资金紧张，则无论银行如何努力也难于提供流动性保证。把资产投放在收益较高的贷款和投资上，往往伴随着更高的风险。商业银行通过大量借款以维持国内信贷规模的扩张，则有可能造成债务危机。

3. 金融法规的调整使负债管理的必要性下降

由于管制放松，商业银行的业务范围不断扩大，事实上已成为"金融百货公司"了，客观上产生了资产负债全面管理理论来代替负债管理理论。

第三节　商业银行资产负债综合管理

一、西方商业银行资产负债管理的历史沿革

在西方商业银行创办至今 300 多年的历史发展过程中，其金融管理大致经历了如下三个阶段：资产管理、负债管理、资产负债管理。

20 世纪 60 年代以前，西方商业银行一直遵循资产管理理论和方法，主要关心的是如何使资产盈利，比较重视有利的资产投资，因此在经营活动中，主要通过资产管理使银行在使用资金时

对各项资产能够进行合理的分配。这些资产包括现金、债券、放款、投资、其他等。银行家把重点放在能取得最高盈利的贷款和投资的组合上，而很少有吸引存款的动机。存款被认为是自动的资金来源，资金来源不成问题，重要的是寻找使资金盈利的方法。

进入 20 世纪 60 年代，由于西方各国经济的迅速增长而对资金的需求量加大，贷款需求不断增加，存款来源却相对不足。对此，西方商业银行不得不大力筹集资金以满足经济发展之需，银行筹资渠道趋于多元化。如：外币存款市场、联邦储备基金市场的出现，国际证券市场筹资的发展，以及 How 账户、Super How 账户的推广等等，为银行举债满足客户的提现和借款需求提供了可能，因而银行也把经营管理的重点从资产管理转向负债管理。负债管理是指全面地管理资金来源，不仅包括获得资金活动的管理、多种存款的管理，而且也包括资金合理组合活动的管理。负债管理通过不断调整银行负债结构来适应新形势，而资产结构保持不变。通过借入资金来满足客户的提现和借款需求，既可保持银行资金的偿付能力，又可增加贷款以求更多的利润，从一定程度上缓和了资产管理中存在的盈利性和流动性的矛盾。

与此同时，负债管理的局限性也开始暴露出来，经济的低速增长和利率的不稳定使注重负债的战略出现了弱点。单纯的负债管理极易造成资产、负债结构失衡，助长信用膨胀，过度依赖借款来解决流动性问题，忽视流动性资产与自有资本的保留，会使经营风险和系统风险增加，贷款的逾期和呆账使存款成本更加昂贵。

特别到 20 世纪 70 年代中期，世界石油价格暴涨，西方国家的经济出现衰退，通货膨胀加重。20 世纪 70 年代末 80 年代初，西方金融市场利率剧烈波动，汇率浮动幅度较大，在这种经济环境下，西方商业银行的资产业务和负债业务之间的利差也开始波动不定，并逐渐变得越来越小，利率风险出现了。为了适应经营环境的变化，对付利率变化环境中固有的风险和保持较好的收益，西方商业银行的经营开始从过去单一的资产管理和负债管理，转变为资产负债综合兼顾的资产负债管理。

资产负债管理是现代商业银行的一种经营管理理论和方法，是指银行按照资金来源制约资金运用的基本原则，通过比率指标，对银行资产负债的金额、期限、利率实行调节和管理，使资产负债在总量上平衡、结构上合理，从而保证银行经营目标得以实现。资产负债管理的特点是强调综合管理和协调统一的比例管理。资产负债管理认为银行资金的管理，应对其资产负债表的资金来源和资金运用两个方面进行综合考虑，使资金结构得到合理的调整。保持银行资金盈利性、流动性和安全性的均衡，在谋求经营上收益最大的同时，保持风险最小。实践证明，资产负债管理是现代商业银行科学的、行之有效的现代管理方法和技术，已成为西方商业银行普遍使用的方法和手段，并在实践中不断得到发展和完善。

二、商业银行资产负债管理的基本原则

资产负债管理，其实质就是商业银行资金与信用的综合经营管理，是银行在经营货币信用中，正确平衡和处理资产与负债的关系，优化和处理资产内部、负债内部结构关系的管理体制。商业银行是经营货币资本、授受信用的特殊企业，它的基本业务就是通过吸取存款、发行债券等负债业务，把社会上一部分暂时闲置的资金和居民的储蓄集中起来；通过发放贷款、证券投资等资产业务，运用集中起来的资金，使社会资金能够互相融通，以促进社会经济的发展。商业银行作为企业，通过业务的开展，同时得到营业利润。通过资产负债的综合管理，促进银行资产负债的结构合理化，实现信贷资金的良性循环，保证银行的支付能力，降低银行的经营风险，提高资金的流动性和盈利性。资产负债管理主要有如下一些基本原则：

（一）对称性原则

对称性原则又称资产分配原则，它是商业银行资产负债管理的基本原则。其主要内容有：银行现金资产和盈利资产的分配应根据资金来源的流转速度决定，即银行的资产与负债的偿还期应保持高度的对称关系。例如，活期存款是一种重要的资金来源，也是银行的一种负债。活期存款必须保证随时能够支付，其流通速度极高，偿还期为零。为保持偿还期对称，支持活期存款的资产也应是流动性极高、偿还期为零或接近零的资产，如现金和准现金资产。又如，定期存款流转速度很低，银行可用之于流动性较差的、偿还期较长的资产，如贷款、投资长期证券等。至于自有资本账户，则可动用于固定资产，如房屋、建筑物、机器设备等。在具体进行资产分配时，银行既要考虑资金的整体平均流动性，又要同时根据资金的来源作具体分析，掌握其内部构成情况。如定期存款所占比重较高，则银行可减少现金比重而增加长期放款；反之，如活期存款比重较高，则银行应提高现金准备和减少长期放款，特别是流动性最低的房地产放款。当然，这里指的对称只是一种原则上的对称，而不要求资产与负债的偿还期机械地一一对应。事实上，某些程度的不对称并不会影响银行资金营运的安全，有些短期负债往往会沉淀为长期资金来源，这就是"资金嬗变"功能。

对称性原则有如下三个特点：一是总量对称原则。即要求资产规模与负债规模相互对称，相互适应，实现总量平衡。在充分运用资金获取最大利润的同时，应密切注意安全性，防止过度放款和投资造成信用膨胀，实现健康经营。二是结构对称原则。即要求资产与负债在期限上相互匹配，同时应根据经济条件和经营环境的变化来调整资产与负债结构，以保证安全性、流动性和盈利性的最佳组合。三是速度对称原则。即注重银行资产负债的偿还期以保持一定程度的对称关系的同时，又不强求机械的搭配，而应注意银行的资产与负债都不可避免地存在偿还期的转化问题，必须予以考虑，实现期限结构的最佳配置。

（二）目标替代原则

目标替代是指银行在流动性、盈利性、安全性三个经营目标上合理选择、相互补充、相互替代，而使银行总效用不变。商业银行的经营目标，是要达到"三性"的均衡，但不是绝对的平衡，而是可以相互补充的。在一定条件下，流动性和安全性的降低，可以通过提高盈利性来补偿；相反，盈利减少可以带来流动性和安全性的提高。在经营实践中，银行不应固守某个目标，而应将三个目标结合起来考虑，以使银行总效用最大。这一原则深化了对银行经济效益的认识，并提供了重要的方法论。

（三）适度规模原则

这一原则要求银行规模必须适度，以获取规模经济效益。这就是说，在一定的规模下，每单位产品的成本最低，利润最大，低于或超过这一规模每单位产品的成本就会提高，利润就会下降。银行处于最合理规模时，它的管理费用会最低，同时又能提供优质价廉的服务。超过或低于这一规模，银行费用就会提高，资金也会被浪费，服务质量可能下降而价格却要提高。银行广泛采用电子技术以后，为实现成本的降低，往往需要交易总量达到一定的水平，达到适度的经营规模。但也不一定规模越大越好，规模庞大，组织机构多，特别是管理机构多，层次多，人浮于事，办事效率低，反而提高经营成本，降低经济效益。"规模不经济"会给银行在市场竞争中带来很不利的影响。因此，实行企业化经营和资产负债管理后，"适度规模"的问题日益明显地暴露出来，必须充分注意和逐步解决。

（四）分散性原则

在资产负债管理中还必须遵循风险"分散化"的原则，即商业银行在将资金分配运用于放款、证券投资以及实业开发时，应当尽量将放款和证券的数量和种类分散，避免过于集中在某种放款与证券以及单一放款或投资项目数量过大而增加风险，即"不要把鸡蛋放在一个篮子里"，这是符合资产风险管理的分散原理要求的。分散原理要求商业银行应当选择一些互相独立或相关系数极小或相关系数为负的证券或投资，以此分散资产的风险，提高安全性。

三、商业银行资产负债综合管理的主要内容和方法

（一）差额管理法

差额管理法是20世纪70年代以来美国商业银行资产负债综合管理中一种代表性的管理方法。

差额（GAP）① 就是在一个既定的时期里，利率敏感性资产（ISA）与利率敏感性负债（ISL）之间相差的金额。具体上大致可分为两类：一类是以利率匹配形成的差额；另一类是以期限匹配形成的差额。

利率管理指在一定时期内为衡量和协调利率敏感性资产和利率敏感性负债所采取的行动。也就是根据利率变动的趋势，通过缩小或扩大差额的幅度来调整资产和负债的组合和规模，以达到盈利最大化。

---

① GAP>0，称为正缺口，表示利率浮动资产中有一部分来自固定利率负债。
GAP=0，称为零缺口，表示利率浮动资产等于利率浮动负债。
GAP<0，称为负缺口，表示部分固定利率资产来自于利率浮动负债。

1. 按利率匹配形成的差额管理方法

该方法把商业银行所持有的资产和负债分为三大类，下面以美国商业银行为例来说明这三类情况：(1) 相匹配利率的资产与负债。主要是指那些具有相同的预定期限和有一个议定的利率差幅，并且在数量上相等的特定的资产和负债。具体包括：购入和再出售的联邦基金、相匹配的欧洲美元存款和贷款、承兑交易及其他相匹配的套汇交易等。(2) 变动利率的资产与负债。指其利率随市场资金需求状况变化而波动的资产和负债。主要有：优惠利率贷款、短期投资、再出售的有价证券、大额定期存单、短期借入资金和回购协定，以及不相匹配的欧洲美元等。(3) 固定利率的资产与负债。主要有：不动产抵押、长期投资、分期偿还的贷款、固定利率贷款、资本金和准备金，以及长期债务等。

由于完全相匹配利率的资产和负债数量相等，因此，在一家银行的资产和负债总额中，它们之间的差额为零。固定利率和变动利率的资产和负债之间一般是存在差额的，而且有两种情况。第一种是正差额，此时变动利率（即利率敏感性）资产大于变动利率（利率敏感性）负债，它的数量等于固定利率负债超出固定利率资产的那部分。银行在用长期资金作短期融资时就会出现这种情况。另一种是负差额，此时变动利率负债大于变动利率资产，其数量等于固定利率资产超过固定利率负债的那部分。银行在用短期资金作长期放款时就会出现这种情况。

在不同的利率趋势条件下，差额的变动对商业银行资产"三性"具有重要的影响和作用。在存在正缺口情况下，由于一部分可变利率资产来源于固定利率负债，这在市场利率上升时期，扩大差额可给银行带来可观的利润；但在市场利率下降时期，情况则相反，扩大差额意味着对银行不利。这是因为固定利率负债的成本相对稳定，而变动利率的资产收益率却随着市场利率的波动而变化，其收益率的变化与市场利率成正相关关系。负缺口情况则是将变动利率负债转化为固定利率资产，它会给银行资金的流动性和盈利性带来巨大风险。原因是当市场利率上升时，银行固定利率资产仍然维持原有水平，出现负债成本上升而资产收益不变的情况，银行的净利息收入大幅度减少，甚至会发生两者之间的倒挂现象，造成银行亏损。因此，商业银行一般采取"正差额"的经营方针，尽量避免"负差额"的出现。

2. 按期限匹配形成的差额管理方法

它是以"梯次投资"理论为指导对银行资金流动性进行管理的一种方法。主要内容是：在任何一个既定时期里，应该按资产和负债到期日的长短和资金数额的由少到多，呈梯形排列，以便到期时需要清偿的负债都能顺利地由到期资产所满足。在具体操作中，通常要选择一定的权数，一般计算资产加权平均到期日和负债加权平均到期日，资产加权平均到期日减负债加权平均到期日的差额，就是期限匹配形成的差额。如果差额为正值，表明资金运用过多，必须通过调整资产负债结构或寻找新的资金来源加以解决。在利率上升阶段，差额为正时，会加大银行负债成本，减少盈利，在利率下降时期，则有利于增加盈利。相反，如果差额为负值，则表明银行资金运用不足，可扩大资产规模或调整资产负债结构，以增加银行盈利。商业银行期限匹配形成的差额是经常存在的，但应坚持在动态中、在计划期内实现基本平衡。

（二）利差管理法

为得到最大的利息净收入，银行必须降低利息成本而扩大利息收入。利差就是利息收入与利息支出之间的差额，可以通过绝对利差和相对利差两种方法来衡量。

绝对利差＝利息收入－利息支出

$$相对利差＝\frac{绝对利差}{盈利资产平均余额}×100\%$$

或：

$$相对利差 = \left(\frac{利息收入}{盈利资产平均余额} - \frac{利息支出}{盈利资产平均余额} \right) \times 100\%$$

利差管理就是控制利息收入和利息支出的差额，使其大小及变化与银行的经营总目标相一致。风险和收益是衡量银行经营好坏的重要标志。商业银行的收益主要来自利差收入。风险则表现为利差的敏感性和波动性，利差大小及其变化决定了银行总的风险及收益状况。商业银行利差管理的目标，就是要在诸种因素的约束条件下实现银行利差最大化、波动幅度最小化，以保持利差高水平的稳定。西方商业银行管理利差的手段主要有两种。

1. 利率管理手段

影响利差的内生因素主要有资产和负债的结构、贷款质量及偿还期、吸收存款和借入款成本及偿还期。外生因素是总的经济状况、市场利率水平、金融机构竞争状况等。概括而言，影响利差的内生因素最主要的有三个：市场利率、资产和负债的总量及其组合。外生因素银行无法左右，只能作出预测，因此，商业银行的利差管理主要是通过调整和改变内生因素来展开的。

增加利差通常可以通过如下手段来实现：（1）融资种类和利率的变化；（2）增加盈利资产在总资产中的比重；（3）加长投资的期限结构等。

利差的差异分析在利差管理中是非常重要的，它是指分析利率变化、资产或负债的总量和结构变化对利差影响的程度。此外，利率的周期波动也会影响利差。在利率波动周期的不同阶段，决定利差大小的三个主要因素即市场利率、资产和负债的总量及其组合，对利差的作用也不尽相同。资产和负债总量的影响主要发生在经济扩张阶段，此时，信贷需求的旺盛往往导致资产负债总规模的相应扩大。资产负债组合的影响主要是资产由低盈利资产（如国库券）向高盈利资产（如放款）转移。此时，负债也往往更多地转向借入资金。总的来说，经济扩张阶段，利差一般会扩大，相反，经济萧条阶段则利差会缩小。

实践证明，利差周期性波动与利率周期基本上是一致的，利率上升阶段，利差增长迅速，且利率愈上升，利差增长愈快，盈利资产、贷款占盈利资产比重和借入资金占盈利资产的比重也上升。但在利率下降阶段，情况则相反。因此，商业银行的利差管理就是要根据利率周期性变化，不断地调整资产负债的结构，达到最佳组合，从而实现利差最大化及高度稳定的目标，最终给银行带来最大利润。

2. 市场交易手段

20 世纪 70 年代以来，随着西方金融市场上金融期货交易、期权交易等的出现和迅速崛起，商业银行纷纷采用这些新的金融工具及交易方式，用于利差管理及银行资产的避险保值。

（1）金融期货交易

金融期货交易产生于 20 世纪 70 年代初，当时由于布雷顿森林体系的彻底崩溃，浮动汇率制取代了固定汇率制，西方国家出现了严重的通货膨胀。这种情况反映到金融市场上就是利率及汇率、证券价格的频繁急剧波动。于是人们希望创造一种类似商品期货合约那样的保值工具，把金融市场上的利率、汇率风险转嫁于投机者身上，在这种背景下，金融期货应运而生。1972 年，美国芝加哥商品交易所在世界上率先开办了金融期货交易，此后，英国（1982 年）、新加坡（1984 年）、香港（1986 年）、日本（1988 年）等国家和地区也相继开展了金融期货交易。

金融期货交易是指在期货交易市场中成交的一定数量金融商品的买卖行为。根据交易双方同意的价格条件，买卖双方在约定的将来日期进行交付。金融期货的品种主要有：利率期货、外汇期货及股价指数期货等。

金融期货交易为投资人和筹资人进行套期保值创造了一种市场机制，同时也为金融市场上的投机活动提供了场所。商业银行借此通过表外业务弥补资产负债表内业务利率敏感性差额，从而为降低利率风险找到了一种新方法。

商业银行进行金融交易的目的通常是为了套期保值，即以期货交易代替现货交易，以消除利率风险。常用的做法有两种：多头套期保值和空头套期保值。多头套期保值主要是防止因利率下降（即资产价格上升）而受到损失，在这一过程中由保值者买进期货合约，日后如利率下降，便可在期货市场上卖出一个相应的合约来抵消，从而通过期货市场的额外收益来弥补现货市场上的损失。相反，空头套期保值主要是用于防止因利率上升（资产价格下降）而遭受的损失，其方法是：由套期保值者卖出期货合约，日后如利率上升，可买进一个相应的合约来抵消，进行对冲交易。

金融期货交易对商业银行主要有如下好处：一是为商业银行提供了一种新的避险保值工具和方式。通过金融期货的套期保值交易，可降低或避免利率、汇率等风险，增加商业银行经营的稳定性和收入、利润来源的可预测性。二是增加了灵活性。银行可以提供更广泛的金融产品和服务，吸引更多的顾客。三是降低了银行的经营风险。在某一利率环境下，银行既可选择收益最高的投资，又可选择成本最低的资金，通过期货交易把利率风险限制在一定范围内，增加银行收益。

（2）金融期权交易

由于期权交易较之期货交易更具灵活性，因而商业银行更乐于接受和采用。期权赋予买入方两种选择权利。一是在合约有效期内选择行使不行使（购入或售出）的权利。二是在有效期内选择何时行使期权的权利（美式期权）。卖出方则完全听从买入方的选择，它只有义务没有权利，所得到的报酬便是买方所付的期权费。当买入方不行使权利时，卖出方净赚期权费。买入方是否行使期权，主要取决于市场价格的变化。当看涨期权的市价大于协定价加期权费，或看跌期权的市价低于协定价减期权费时，买入方有利可图，便履约行使期权；当情况相反时，买入方无利可图，便不行使期权，听任期权过期失效，损失仅限于期权费。进行期权交易的大多是金融工具，这一交易方式在一定程度上限制了风险，从而被运用于银行资产风险的管理，保证了银行收益的稳定性。

期货和期权具有许多相似之处，都具有避险保值和投机获利的功能。两者的主要区别在于：（1）期权具有更多的灵活性，它是一种选择权交易，购买者既可履约亦可不履约，而期货交易则到期非履约不可。（2）与前面相联系，期货交易盈亏是无限的，而期权交易只损失期权费，盈利机会则是无限的，期权交易事先就可以知道交易成本，可以锁定风险，而期货交易则不能。（3）两者需要投入的资本不同。期货交易需要缴纳保证金，一般为合约金额的 2%～10%，按市场利率变化，逐日结算。期权交易则只需支付期权费，一次性付清。

（3）利率调换

利率调换是指两笔借款，货币与金额相同，期限一样但付息方法不同，进行互相调换。通常情况下，甲方以固定利率换取乙方的浮动利率，乙方以浮动利率换取甲方的固定利率，以达到减少资本成本和降低利率风险的目的。这种调换业务的产生是由于：一方能以优惠条件获得固定利率的资金，但他需要的却是浮动利率资金；另一方能以较低利率获得浮动利率的资金，但他需要的是固定利率资金，双方各自的需要与可能不相一致，通过利率调换，将本金相同、期限一致的借款的付息方法进行互换。于是，一方获得条件较优惠的浮动利率资金，另一方获得条件较优惠的固定利率资金，满足了各自的要求，矛盾得以解决，而且支付的利息比自己直接在资金市场上筹措的要少。正是由于利率调换只涉及双方利息支付，不发生本金的转移，信用风险有限，对调整利率敏感性差额具有很大的灵活性，因而商业银行乐于采用该种方法。

现在不仅是固定利率与浮动利率的债务能进行调换，即使是不同类型的浮动利率也可进行调换，如伦敦银行同业美元拆放利率和美国商业票据之间也可进行利率调换。同时，利率调换和货币调换（不同货币的债务或投资进行交换）两者合并的双重调换业务也逐步发展起来。这种调换交易的做法是：假设一个借款人需要固定利率的日元资金，他可以先借入浮动利率的美元资金，然后再调换成所需货币和利率的资金。

利率调换的主要功能和优点：一是可以减少利率敏感性差额。如大商业银行一般以浮动利率放款，属利率敏感性资产，而储蓄机构资产多为长期固定利率放款，负债多为利率敏感性的，所以，双方可在不改变现有资产负债表结构的前提下，通过利率调换，调整各自利率敏感性差额，从而降低利率风险。二是可以降低交换双方的筹资成本，可以调整债务结构而无须举借不必要的新贷款，同时，因为利率调换交易双方信用等级不同，资信高的银行在筹资方面具有某种优势。

3. 系统管理法

由于金融创新带来商业银行业务经营及金融产品的日益多样化，为积极适应环境的变化，并在经营管理上获得整体性和协调性的运作，商业银行逐渐采用了系统管理法。这一方法主要是采用技术手段预先评估出银行的经营效果，以此作为银行业务经营的凭证，调整资产和负债结构，以达到预期经营目标。其评估顺序基本如下：

（1）编制日基础资产负债表。以应计基础逐日编制资产负债表，作为银行资金来源与运用的参考依据。

（2）预测市场利率走势。根据当前的经济金融形势和市场资金供求状况，预测出利率走势，用以确定银行资产和付息负债的预期利率。

（3）编制利息差价表。用预测利率乘以相关的生息资产和付息负债，可以得到利息收入和利息支出，两者的差价就是利息差价。

利息差价＝生息资产×预测利率－付息负债×预测利率

（4）计算净边际利率。将利息差价除以生息资产，即得净边际利率：

$$净边际利率＝\frac{利息差价}{生息资产}×100\%$$

（5）评估出银行的非利息负担。将银行日常经营的非利息费用（主要是工资及杂项费用）减去非利息收益（主要是中间业务收入）即得非利息负担。

非利息负担＝非利息费用－非利息收益

（6）得出评估的银行经营效果。将非利息负担相对于生息资产的比率与净边际利率相减后的差额和事先预定的税前生息资产报酬率作一比较，即可评估出银行的营运效果。

系统管理方法的特色在于强调银行的整体营运效果，并把非利息负担及净边际利率看做影响银行经营效果的主要因素。其明显的缺陷是对预测利率准确性的怀疑。当今西方金融市场利率波动频繁剧烈，影响利率变化的经济和非经济因素很多，利率趋势很难预测。若预测失败，将会给银行经营带来很大的风险。

第四节 我国银行业的资产负债综合管理

一、资产负债管理在我国银行业的发展与实施[①]

(一)资产负债管理在我国银行业中的发展历程

1983 年以前,我国实行的是"大一统"的银行体制。中国人民银行作为计划经济体制下实现国家意志的垄断性金融机构,在资金上采取"统存统贷"的指令性综合信贷计划管理,即各级分支行的存款统统上缴,贷款逐级下达指标。这种资金管理表现为来自银行外部的强制性的控制方式,银行既不承担风险,也无利润追求,资金和信贷几乎是一回事,因而银行根本不存在实行资产负债优化配置的要求和条件。

从 1983 年起,在银行资金管理上,人民银行对各专业银行总行,专业银行总行对各分行实行"存款挂钩,差额控制"的管理方法。根据要求,存款差额一经确定之后即成为中央银行与专业银行当年往来的根据,各专业银行在批准的差额范围内,对流动资金贷款实行多存多贷,各项目贷款之间可以相互流用。这项改革的积极意义在于,它改变了统存统贷下存贷人为分离的状况。银行管理理论也开始提出了对经营性银行的资金,在计划、调度、办法、时空等方面,要做到相互衔接,紧密合作,使银行的存、放、汇各个环节得到有效的控制,保持经营过程中的比例性、连续性和均衡性,成为协调运动的有机体,不断提高经营活动能力。但在当时情况下,资金管理作为银行管理的一个独立范畴,其表现是不充分的:第一,银行分支机构的存差上缴,借差

---

① 可参阅陆世敏,赵晓菊编著:《现代商业银行经营与管理》,上海财经大学出版社 1998 年 8 月,第 622~632 页。

由总行包下来，超过计划的部分可以追加。第二，专业银行与中央银行的资金往来关系不是借贷关系，而是以供给制为主。第三，对专业银行的固定资金贷款仍实行严格的指令性计划控制。

从 1985 年起，我国对银行体制实行了"实存实贷，相互融通"的资金管理方法。新方法把信贷与资金分开，各专业银行与中央银行的资金往来开始由供给关系向借贷关系过渡，专业银行不能透支中央银行的存款账户。组织存款、拆借资金成为银行信贷资金最主要的资金来源。新的信贷资金管理体制极大地冲击了国有银行的传统观念。在日常管理中，为了平衡资金头寸而筹措、调度、拆借资金开始成为专业银行各级领导不可回避的工作内容。

随着我国改革开放的不断深入，特别是社会主义市场经济的发展，我国银行商业化改革的进程不断加快，同时，我国银行业的经营环境发生了很大的变化，竞争日趋激烈，市场风险日益加大，全国或局部地区挤提银行存款，使银行陷入窘境的现象时有发生。在此情况下，如何加强银行的资产负债管理，保证银行的支付能力，就不再仅仅是一个理论问题而是一个实践问题。市场经济的发展，呼唤着我国商业银行及其经营管理方法的产生。在这种背景下，金融理论界也开始介绍西方商业银行的经营管理理论和方法，并提出我国银行应注重资产负债管理。1988 年，股份制的交通银行开始试行资产负债比例管理并初步建立了一套以"比例指标"为核心的自控体系。紧接着，国内各家新建的商业银行，如中信实业银行、深圳发展银行等也先后制定了各行的"资产负债管理试行办法"，并开始付诸实施。中国银行海外分支机构则更早地按照国际通行做法实行了资产负债管理。1989 年，各专业银行也正式提出了加强资产负债管理，增强支付能力的要求，并开始了资产负债管理的试点。

进入 20 世纪 90 年代，随着我国对外开放的深入，如何按照国际惯例来改造我国银行业的经营方式，已成为我国面临的现实问题。两件不可回避的大事增加了我国银行业按照商业银行的要求实行资产负债管理的紧迫性：第一件事是我们必须按照巴塞尔协议的原则监管中国的商业银行。巴塞尔协议对当代银行的资产负债管理影响深远，银行资本充足率已成为衡量银行信誉的重要尺度。第二件事是我国在 2001 年已加入 WTO，并承诺在 2006 年底前全面放开金融服务业。根据《服务贸易总协定》的要求，参加方金融服务业要注明并尽快减少现存垄断经营权力的范围，公布有关法律、规则和习惯等信息，同时，允许其他参加方金融服务商享有与本国金融服务业者相同的待遇等。开放中国的金融服务业，意味着我们必须按照国际规范对我国商业银行进行经营管理。在此背景下，深圳特区实行了银行资产风险管理，于 1991 年开始试点，1993 年正式全面推行。建设银行总行于 1993 年 6 月颁布了《中国人民建设银行外汇资产负债管理办法》，并开始实施。虽然这只是建设银行一家且仅是针对外汇业务，但是在我国商业银行中率先在全行范围内实行资产负债管理，其意义非常重大。为了适应进一步深化改革开放的要求，中央有关部门明确提出了国家专业银行向商业银行过渡的改革思路，国家体改委确定 1993 年改革的重点之一是："在交通银行试行资产负债比例管理试点，探索将专业银行有计划地改组为竞争性商业银行的经验"。1994 年，中国人民银行颁布了《关于对商业银行实行资产负债比例管理的通知》，决定从 1994 年开始，对商业银行包括国有商业银行在内的资金使用实行比例管理，并制定了全国统一的"商业银行资产负债比例管理暂行监控指标"，从而使我国银行业的资金管理体制进入一个新的发展阶段。

（二）我国银行业实施资产负债管理的现实必然性

实践证明，实行资产负债管理，是市场经济条件下银行经营管理的客观要求，它有利于促进银行商业化改革的进一步深化，增强银行自主经营、自我约束、自我发展的能力。目前，我国银行业正处在向商业化、国际化转变的历史时期，这种转变将意味着银行的经营管理观念、方法和手段的全面更新，按照商业银行的要求实行资产负债管理已成为摆在我们面前的一项重要任务。

　　首先，从国际商业银行的发展趋势来看，遵守和执行《巴塞尔协议》包括《新巴塞尔协议》，加速我国金融的国际化和现代化，增加了我国银行业按商业银行的要求实行资产负债管理的紧迫性。《巴塞尔协议》公布后，引起了国际银行业的广泛关注，并纷纷按照协议的要求，加强对本银行业务经营活动的监管，尽量使本银行的资本充足率达到 8%，其中核心资本率达到 4%。目前，世界各国不论是否参加过《巴塞尔协议》签字的国家，凡是国际性商业银行都自觉遵守这一文件的要求，它实际上已经成为国际银行界一个公认的资本和资本率准则。遵守它是国际性商业银行在国际金融界开展业务的基本要求，银行资本充足比率已成为衡量银行信誉的重要尺度，如果不遵从，则该国银行在其他国家的活动就可能受到歧视性的对待并受到所在国苛刻的监管。我国商业银行目前实行的资产负债比例管理，资产风险管理的有关监控指标，都充分考虑和遵循了《巴塞尔协议》的要求。西方国家众多商业银行在业务重点和经营特色等方面虽然形形色色，但其经营管理无不遵从资产负债管理理论，而《巴塞尔协议》就是这个理论有关资本衡量的标准和风险管理的规范性文件，这是银行经营管理的科学和客观规律，不遵从这个规律，就不可能融入国际金融体系，也就谈不上我国银行业真正的国际化。从这个角度来看，我国银行业实施资产负债管理，也可以说是国际化的真正起步。

其次，实施资产负债管理是银行实行商业化经营，创办中国"真正的银行"的客观要求。多年来我们探索建立"真正的银行"，实行银行企业化经营，甚至明确提出要建立社会主义商业银行体系。但是，由于银行管理以行政手段为主的管理方式未有突破性的改变，不仅国有银行商业化难以实现，一些新型的区域性、股份制商业银行也无法真正按照企业的要求实现自主经营，开拓自己的业务，资金运用上的"大锅饭"体制也没能打破，银行自担风险、自求平衡、自我约束、自谋发展的机制始终不可能真正建立。在此背景下实行资产负债管理其优越性是比较明显和有针对性的：一是它的全面性。资产负债管理涉及银行资产、负债和中间业务的各个方面，是对银行业务的统筹兼顾和全面管理。二是它的关联性。银行根据资产规模和种类确定相应负债规模和种类，同样负债规模和种类反过来也制约着资产的规模和种类，资产和负债相互依赖，相互制约，有利于资产、负债结构和规模的优化和相互结合，有利于银行安全有效的经营。三是它的自主性。实行资产负债管理后，各银行根据自己的资金实力，在按规定达到资本充足比率标准的前提下，就可以自主地营运资金，并实行多元化经营，优化资产结构，这才是向"真正的银行"迈开了步子。四是它的操作性。资产负债管理的关键在于掌握资产、负债之间的结构对称、期限对称和总量对称，掌握资产负债间的比例指标，这些指标易于量化，易于确定，具有较强的可操作性。

第三，有利于建立自我约束的经营机制和自我发展的积累机制。推行资产负债管理，必定使各行牢固树立量力而行、自我平衡、合理营运的指导思想。对贷差行促使其致力于筹集资金，自觉控制资产，扭转其超负荷经营状况，削弱其资金依赖惰性；对存差行实行多存多贷，既充分调动其组织资金的积极性，又激发其创收效能，真正形成外有压力、内有动力、充满活力的商业银行经营机制。同时，资产负债管理出于对商业银行经营风险的控制及对存款人权益的保护，对商业银行的资本充足率有严格的要求，而资本的增加则不可能像计划经济体制时期那样通过国家财政无偿配给，却主要是依靠扩大自身积累来解决。其结果，商业银行必然主动面向市场加大经营力度，提高经营效益，从而有效地增加积累，充足资本。非但如此，它还能较好地解决商业银行长期以来存在的只顾眼前，不顾长远的短期行为，增强发展后劲。

第四，实行资产负债管理是深化信贷体制改革，提高信贷资金使用效益的必然要求。改革开放以来，几次重大的信贷体制改革是有成效的。但是，这些改革都是在信贷指标总量控制的前提下进行的，指标管理的行政色彩依然很浓，还未摆脱旧体制直接控制的束缚。这种传统的管理模式和商业银行经营管理模式有着鲜明的反差和不适应性。因此，我们有必要借鉴国际经验和做法，对我国商业银行实行资产负债管理，通过资产负债的平衡管理、合理配置和自我约束，按照市场经济的原则，来提高我国银行业的经营管理水平。同时，新的资产负债比例管理办法实施后，银行要达到中央银行规定的各项监控指标，更充分地运用资金必须尽可能地降低贷款风险，加速资金周转。在授信对象的选择、贷款金额的大小、期限长短、利率高低、贷款方式的确定等方面将会更加审慎，一些效益好、管理佳、信用高的企业将优先得到银行的支持，从而会提高信贷资金的经济效益和社会效益，优化产业结构和产品结构，做到优胜劣汰，形成良性循环。

（三）我国银行业实施资产负债管理的基本做法和初步成效

为了统一各家银行的监控指标，人民银行根据国际一般惯例和我国的实际情况，制定了"商业银行资产负债比例管理暂行监控指标"，对各项指标作了统一规定。从 1994 年开始，各商业银行每年都制定了本行的经营目标，并抄送人民银行备案。从近年来各家银行实施资产负债管理的具体情况来看，做法和措施大同小异，内容基本如下：

1. 根据自身实际情况，制定适合本行的监控指标体系

各商业银行按照人民银行总行有关文件的要求和统一部署，结合本行的实际情况，先后制定了本行的资产负债比例管理的监控指标体系。如交通银行总行重新设计了比例管理指标体系，增加了资本适宜度（即资本充足率）、贷款质量、经营收益率三类指标，从流动性、安全性、盈利性的角度全面考核资金营运情况，初步形成了自我约束和风险防范制度。

2. 以资金来源制约资金运用，实行存贷比例管理

保持资产负债之间的平衡是实施资产负债管理的基本要求。因此，各银行首先采用资产负债比例这一指标，作为资产负债管理的主要内容。如工商银行广东省分行在具体做法上，根据本行历史原因造成的资产负债缺口较大的实际情况，采取先从当年的增量控制入手，首先实现当年增量的平衡，进而逐年实现存量平衡的方法。规定各独立经营核算的二级分行每年各项存款、发行债券、借入长期资金的当年增长额，用于发放贷款等资金运用的比例，一般控制在 70% 以内，最高不能超过 75%；所余 25%~30% 用于上缴准备金、二级准备金、联行结算准备金和留作备付金等。与此同时，实行存贷挂钩，比例控制，既调动基层行组织资金的积极性，又促使其在资金运用上留有余地，适当控制了贷款，增强了自我约束能力。

3. 对拆入资金作出总量限制，防止超负荷经营

各商业银行根据本系统不少分支机构不顾本身支付能力，乱拆入资金，造成超负荷经营，加大经营风险甚至带来损失的情

况，对各基层行的资金拆入比例作出规定。规定各地、市分行拆入资金的余额控制在上年各项存款增加额的 25％，最高不超过 40％。规定这个比例，是因为目前信贷资产存在流动性较差的问题，靠收回贷款来归还拆借资金有一定困难，而将拆借资金限定在新增存款的一定比例的范围之内，用新增存款的一部分来归还拆借资金比较可行，也较有保障。

4. 根据资产与负债期限对称原理，控制固定资产贷款比例和规模

银行能发放多少固定资产贷款，除了受国家固定资产投资宏观调控的控制之外，还要受银行长期负债规模的制约。为了使各行的固定资产贷款有一个质和量的控制标准，各行除了按中央银行的要求，实行总量控制以外，还根据近年来定期存款、信贷基金等长期负债的增长情况以及固定资产贷款占全部贷款的比例，规定各行固定资产贷款的比例一般应控制在 15％以内。在实际工作中，要求各行在国家固定资产投资计划的指导下，严格执行该指标，使贷款资产的结构逐步趋向合理，增强贷款的流动性。

5. 建立财务指标分析体系，努力提高经营效益

在资产负债比例管理要求下，各行纷纷推出财务指标分析体系和方法，着重于风险分析、费用分析。有些行的财务指标共有十多项，通过单个指标分析、若干指标联系分析、指标数据变化分析以及与同业对比分析，为发现和解决经营过程中的矛盾和问题提供了重要依据。

6. 建立和完善资产风险管理制度，减少贷款风险

各家商业银行为把资产负债管理制度落到实处，并与信贷风险质量管理工作紧密结合起来，都先后制定了一系列的具体规定和实施细则。如《贷款操作基本规定》、《风险信贷资产管理试行办法》、《贷款企业信用评估办法》等。规定了呆账贷款、风险贷

款、挤占挪用贷款的控制、考核比例。一些银行还试行了贷款与企业信用评估分离、贷款调查与审查分离的做法，在建立贷款管理机制上进行改革探索，充实和深化了资产负债管理的要求和内容。

为了保证资产负债管理制度的落实和完善，各行还采取了一系列相应的管理措施和手段。如交通银行早在1993年就已建立了资产负债管理委员会，定期分析研究全行的经营方针和经营管理过程中出现的重大问题，实行"统一管理、分类指导、归口考核、按月统计、按季监控"的资产负债管理的基本原则，保证了资产的"三性"统一和合理协调。

从这些年来国内各家银行实施资产负债比例管理办法的情况来看，是有一定成效的。

首先，实行资产负债比例管理有利于提高银行运筹资金的决策水平和经营管理能力。实行资产负债管理，强化了自求平衡和自担风险的责任，有效地改变了无钱向上要的思想，促使各行在资产负债管理的规定内自主组织资金营运。为了用好资金，大部分行处都建立了一套比较完整的资金管理制度，较好地规范了经营行为，提高了管理水平，一些行还坚持了定期的资金分析会制度，分析资金的营运情况和存在问题，及时调整对策，以保持资金的平衡和资金运用的安全合理。由于资产负债管理的标准严、要求高，实行几年来，对于增强各行自我约束、自我发展、自我调节的能力，促进各行经营管理和决策水平的提高，起到了较大的推动作用。

其次，实行资产负债管理有利于控制信贷总量，优化贷款结构，搞活资金存量和提高信贷资产质量。资产负债管理的一个重要内容是根据各行资金来源控制贷款额度，其作用不仅可以从微观上约束某个行处超负荷经营的行为，而且可以从宏观上控制信贷总量，对保持信贷收支的平衡，防止非经济的货币发行也能起到积极作用；而且只要方法对头，注意调动基层行的经营积极性，可以促使基层行在总量控制下努力搞活信贷存量，调整贷款结构，将有限的资金投到效益好、有发展前途的企业和项目上去，从而成为优化信贷结构的有效手段。

再次，实行资产负债管理有利于建立自我约束的经营机制。通过实施资产负债比例管理，使各行较好地树立了量力而行，积极平衡的思想，增强了自我约束能力。资金营运上，做到积极组织存款，增加资金来源，合理控制贷款，从而改善各行多年来信贷资金超负荷运转的状况。

最后，实行资产负债管理是促进银行业务持续发展稳定增长的重要手段。实行资产负债比例管理之初，有些人担心这种管理办法自己捆自己的手脚，在激烈的同业竞争中可能会影响本行业务的发展。实践证明，只要经营管理得当，各行能将管理的压力变为动力，将经营和发展建立在坚实的基础上，资产负债管理不但不会导致业务萎缩，反而能促使业务保持持续稳定的增长。

必须指出，目前我国银行业实行的资产负债管理由于处于起步阶段，带有诸多的不成熟性，其中两个特点是比较明显的：

第一，我国目前实行的是限额控制下的资产负债管理。本来，实行资产负债管理，是按照各银行负债情况来决定其资产运用的规模和结构，我国中央银行也规定了存贷比例，商业银行的贷款量为其存款量的 70％ 以内，但由于我国银行业具有垄断性，而且存款的变化还受季节性因素影响较大，全年增长情况与贷款资金的使用呈现不均衡。在现行体制下，如果实行单一的比例管理，就会存在一些现象——为了实现资金最大利用限度而超需求发放或者需要放款而没有足够资金。另外，我国目前施行的还是一种明显的带有计划行政色彩的资产负债管理，严格来说，它还不是真正意义上的资产负债管理。

第二，资产负债比例管理层次多。这是由我国目前的银行组织管理体制决定的。与西方国家商业银行管理体系不同，我国银行一般具有四个管理层次：总行、分行、二级分行和支行或城市办事处。而在西方银行中，抛开单元银行制不说，即使实行分支行制的国家，其机构设置也相对简单。这就是说，我国各银行的资产负债管理需要全面包括这四个管理层次，国有商业银行特别突出。这里面有一个重要的技术问题需要处理，如果各管理层次层层核减比例，无疑会影响到业务的正常开展，因此，如何核定比例是非常关键的问题。

资产负债管理是一项复杂的系统工程，对于中国的商业银行来说，它既是一门新学科，包括了非常丰富的内容，又是一门管理艺术，要求金融工作者想方设法根据经营环境的变化协调各种不同的资产和负债的利率、期限、风险和流动性等诸方面的搭配，以便寻求风险与收益的最佳组合。虽然目前由于受到诸多因素的限制，我国银行业实行的资产负债比例管理还存在许多不完善之处，还有待进一步改进，但这毕竟是一个良好的开端。随着金融改革不断深入，我们要进一步探索全面资产负债比例管理的方法，以促进我国商业银行经营管理制度不断走向国际规范。

二、完善国有商业银行资产负债管理的探讨

资产负债管理理论和方法是西方国家商业银行 20 世纪 70 年代以来发展起来的一种比较科学先进的银行经营管理方法。其实质就是商业银行资金与信用的综合管理，是银行在经营货币信用中，正确平衡和处理资产与负债的关系，优化和处理资产内部、负债内部结构关系的管理体制。它按照资金来源制约资金运用的原则，根据资金来源的性质、结构和总量，正确有效地控制资金运用的投向、结构和规模，从而实现资金安全性、流动性与盈利

性的最优配置。随着我国市场经济的发展和金融体制改革的不断深化，国家专业银行加紧向商业银行转变，其经营管理方法也发生了很大的变化。1994 年开始，在经过试点的基础上，中国人民银行颁发了有关文件，资产负债比例管理在我国商业银行，包括国有商业银行全面实行。近年来，各国有商业银行都在积极推行资产负债比例管理，并取得了一定的成效和经验。但由于受到诸多因素的制约，新旧矛盾非常尖锐突出，存在许多亟待解决的问题。

（一）国有商业银行实施资产负债管理的主要制约因素

1. 利率市场化进展缓慢，敏感性管理难以形成

资产负债管理所要解决的一个重要问题就是银行的一切经营活动必须适应市场利率的变化，保持资产负债合理的利率结构以及稳定的利差水平。西方国家实行利率市场化的金融体制，在这种体制下，资金的价格由市场决定，随市场供求关系的变化而变化，不同的金融商品有不同的利率，商业银行可根据对市场利率变动趋势的预测，对利率敏感性资产和负债进行适时调节，以在尽量减少风险的同时，获得最大的收益。如预测市场利率上升时，增加利率敏感性资产，减少利率敏感性负债；反之，则增加利率敏感性负债，减少利率敏感性资产，从而得利。然而，我国商业银行现行的各项存贷款利率，统统由国家统一规定，利率水平不能反映资金的供求情况，利率的结构不能反映不同金融商品的风险性和流动性大小的差异程度。市场的利率调节机制并未形成，呆滞固定的资金价格，既难以起到调节市场资金供求的作用，也不能使商业银行根据市场利率信号有效地调节负债和配置资产，优化资产结构。利率这个核心机制在资产负债管理中的功能性作用变得无足轻重。这样，西方国家商业银行资产负债管理中占有重要位置的利率敏感性理论和利差管理方法，在我国由于

没有现实基础，也就谈不上其作用的发挥了。

2. 金融市场发育不充分，资产负债的调节空间狭小

从可操作性考虑，要实行资产负债比例管理必须要有多元化的负债和多样化的资产作为前提，以利于在各种资产之间、负债之间、资产与负债之间进行均衡调节、合理搭配。资产、负债的种类越多，调节的空间就越大；反之，调节的空间就越小。然而，无论是负债还是资产的多元化都必须依赖于完善和发达的金融市场。也就是说，只有在充分发育的金融市场条件下，商业银行才能根据经营需要，灵活及时地筹集负债、调度资产，寻求资产负债的最优组合。现实的状况却是我国的金融市场发育缓慢，无法满足商业银行资产负债结构多元化的需要。目前我国的金融市场还很不完善，有价证券种类单一，规模小，流动性差，功能不全，而且很不规范。资金拆借市场也不发达，限制很多。目前在金融市场上可交易的金融商品数量和品种都很少，导致商业银行对资产、负债选择的余地很小，再加上银行分业经营等政策规章的限制，选择的弹性更是微乎其微。因此，我国商业银行目前仍基本上维持着负债是清一色的存款，资产是清一色的贷款的格局。在这种格局下，资产、负债吐纳机制和转换机制尚未形成，资产负债比例管理的空间十分狭小。金融市场的不发达，既使融资渠道过于狭窄，造成企业过分依赖银行信贷，加重银行的负担，同时也影响商业银行金融资产负债结构由单一向流动性及变现力较强的多元化结构转换，难以满足资产负债管理的基本要求。

3. 资本积累不足，核心资本偏低

长期以来，我国对国有商业银行实行较为严厉的财税政策，作为国家预算收入重要来源之一的国有银行，每年的利润都以县级支行为单位逐级上缴，然后由总行统一与财政部结算，财政部

根据预算情况，在预算较紧时，加大收缴份额，预算较松时，放宽收缴份额。事实上，我国多年来实行赤字财政政策，缺口由信贷资金垫补，信贷资金财政化已成为不争的事实。多年来国有银行的利润大部分被上缴用于填补预算缺口，利润留成微乎其微，资本的充实也就成为一句空话。按理，国家既然是国有商业银行的主要出资者，就应不断给予相应投入，但现实困难早已把这一渠道堵死。进一步分析，原国有商业银行的资本金由三部分构成：财政拨付信贷基金、自身积累和待分配利润。作为核心部分的信贷基金都是以前拨付的，相当一段时间以来，财政已再无力拨付，自身积累由于长期以来国有商业银行承担大量政策性业务，加之经营效益差，实现利润无几，留成更少，基本没有扩大。这不能不说是国有商业银行资本积累动力不足、普遍资本充足率偏低的体制成因。目前，虽然银行商业化改革加快，但离按照现代企业制度建立的股份有限公司和有限责任公司还相去甚远。另一方面就是银行资产规模的迅速增长。1998 年国家发行2700 亿元特别国债，用于充实国有商业银行资本金，当时几家国有商业银行资本充足率基本达到巴塞尔协议（8%）的要求，而随后几年由于银行资产规模的迅速膨胀，资本充足率又很快下降至 4%左右，而这又加大了国有商业银行实施资产负债比例管理的难度。

4. 负债种类少，资产结构单一

国有商业银行现有负债基本上来自如下几个方面：（1）居民储蓄；（2）单位存款；（3）同业拆借；（4）中央银行再贷款。且主要以前两者为主，通过各类有价证券筹集的资金比例很小。即使占主导地位的居民储蓄和单位存款，由于受到严格的金融管制和商业银行自身缺乏创新动力的限制，其具体品种也很有限，可以说只有期限差异而无功能之分，许多行之有效的金融创新工具目前还没有开展起来。国有商业银行现有的负债结构难以形成内部项目的相互转换，也难以满足资产及时调节的要求。此外，由于负债品种的功能欠缺，不能满足居民多样化的储蓄愿望。因此，不利于形成充足有效的负债吸纳机制，也就难以通过负债的管理控制经营成本和风险。同时，目前国有商业银行资产结构仍旧非常单一，信贷资产仍占绝大比重，其他资产如证券资产、外汇资产、黄金资产很少，由于受现行政策的限制，实业投资更不可能。单一的资产结构大大降低了资金的流动性和安全性，既不利于分散风险，也不利于资金的周转和及时调节。这样，资产负债比例管理就缺乏可操作的弹性基础。

（二）国有商业银行资产负债管理实施过程中存在的主要矛盾和问题

1. 外部环境制约与银行要求轻装上阵的矛盾

一是历史旧账多，银行包袱难卸。尽管 20 世纪 90 年代中期已成立了几家政策性银行，不少政策性业务已从国有商业银行中分离，但金融界仍然普遍感到政策性、商业性业务难以界定，历史包袱难卸。政策性贷款直接冲击了银行信贷资金的安全性、流动性和盈利性，影响着商业银行全面推行资产负债管理的进程。二是地方行政干预严重，增大了资产负债管理难度，银行的信贷经营严重违背了商业银行的经营管理原则，银行没有完整的经营自主权，也就失去了实行资产负债管理的首要条件。

2. 提高效益与降低风险作为资产负债管理的主要目标与银行经营状况恶化之间的矛盾

追求利润和降低风险是商业银行实施资产负债管理的主要目标，但对国有商业银行来说，要实现这一目标却困难重重。具体表现在：（1）银行负债成本过高。主要原因一是由于银行机构网点发展过快，达不到规模经济效益；二是同业之间经常违规揽储，变相提高利率，恶性竞争，致使负债成本提高；三是金融监管不力，金融秩序混乱。（2）银企改革不同步，贷款风险增大，信贷资产质量下降，银行不良债权越来越多，信贷资产大量流失。虽然经过国家对不良信贷资产的大量剥离，但目前不良贷款占国有商业银行信贷资产存量的比重仍在 10％以上，总量达 1 万亿元以上，并且这些不良债权正通过各种形式和渠道大量流失。银行金融资产的大量流失，使其效益下降，经营环境恶化，难以实施真正意义上的资产负债管理。

3. 监控比例指标的统一性与各行处情况的差异性之间的矛盾

主要表现在监控指标的制定上灵活性、协调性不足，在系统内难以做到因行制宜。比如在监控比例指标的制定上基本上是划一有余，区别不足，很难体现各行处的资金营运特点。事实上，新建行与老行、口岸行与内地行、存差行与贷差行，在资金实力、负债构成、资金投向、资产质量及其他条件等方面，都存在较大的差异，很难用相同的标准来要求它们。差异较大的行处，如果用相同的标准来要求它们，不仅难以保证各项指标的实现，而且还会影响其正常的资金营运。此外，指标的监控与考核也存在一些问题。其一，有些指标的监控与考核难以到位，如对逾期贷款指标控制不严。其二，促使各行协调发展的指标不多，而有些指标，如利润指标，在现行体制下基层行难以控制。

总之，我国国有商业银行目前推行的资产负债比例管理还处于较低水平上，既受到体制因素等诸多条件的限制，使其在实施中扭曲变形，同时就其本身而言，也存在许多不完善的地方，离真正意义的资产负债管理仍有很大的差距，还须继续改进和完善。

（三）对策和建议

1. 加大力度，尽快完成国有商业银行的改革和转轨

当前，国有银行的商业化改革不能仍停留在机制转换这些浅层次的水平上，而应该抓住产权改革、制度创新这些深层次的带根本性的问题。通过产权改革，特别是股份制改革，建立产权明晰的现代企业法人制度，责任到位、权力分明、利益清楚、相互约束，才能适应市场经济发展的要求。通过产权改革，最终理顺国家所有权和银行经营权的关系，落实银行法人财产权，真正确立股份制商业银行在市场经济中的金融主体地位，使之成为自主经营、自负盈亏、自我约束、自求发展的金融企业。只有这样，才能摆正银企、政企关系，从体制上克服企业吃银行"大锅饭"的传统积弊，保证银行信贷资产约束的硬化，为实现资产负债管理创造基础性的前提条件。最近中国建设银行已完成转制和股票上市，取得了很大的成功，中国银行也很快上市，其他国有商业银行也会紧随其后加快产权改革的步伐。

2. 强化资产风险管理，保证信贷资金的安全性

资产负债管理的核心是风险管理。在实行资产负债管理的过程中，必须始终如一地把银行经营风险降到最低限度。（1）调整资产结构，实行多样化经营，以分散风险。西方商业银行资产分配除传统的放款业务外，还进行实业、有价证券等方面的投资，以此来分散风险，增强流动性，提高收益。而我国商业银行实行的是分业经营机制，银行只能以贷款作为安排资产的主要手段，致使长期以来资产结构过于单一，贷款一般占全部资产的80%以上，局限性很大。（2）降低银行信贷风险权重，运用贷款风险度指标进行信贷资产风险管理。根据当前实际情况，国有商业银行首先应调整贷款投向分布，把银行贷款投向重点放在信用等级高、产品有市场、经济效益好的企业。对市场饱和、没有发展前

景及经营效益差的企业，要严格控制贷款，以降低银行贷款风险权重，消除可能出现的贷款损失。为此，要认真评估企业和项目的风险度，以产业政策和风险度来决定贷与不贷，贷多贷少；要努力压缩原有风险资产，切实清收不良贷款，盘活资金；认真研究企业由于兼并、合并、股份制改造、租赁承包、划小核算单位等组织形式的变化以及破产倒闭带来的风险。(3) 继续推广和完善包括抵押贷款在内的各种贷款安全保障措施。新增贷款在原则上采用抵押贷款形式的同时，发放贷款一定要明确承债主体及借款方的产权归属情况，堵塞漏洞，降低风险。鉴于当前情况，必须努力探索消化和处理商业银行不良债权的路子。目前各国有商业银行沉重的不良债权包袱，既源于历史积累，又源于体制改革摩擦，并且涉及政府、企业、财政等各个部门，无疑需要综合治理才能见效。解决好这个问题是国有商业银行全面推行资产负债比例管理的前提基础。为此，有关部门应尽快研究，拿出银行不良债权的处理方法，为国有商业银行推行资产负债比例管理铺平道路。同时，商业银行本身也应努力采取有效措施，在如何提高信贷资产质量上下工夫，尽量减少新的信贷风险的发生。目前可采取如下措施：一是逐步完善银行抵押放款制度；二是严格控制单个企业的贷款额度，对大的贷款项目争取采用银团贷款方式解决；三是要求借款人建立贷款备付息专户并使其保持一定比例的存款；四是对风险较高的贷款提高风险准备金比例并尝试实行信贷资产保险制度。

3. 以改善结构为重点，加强资产负债效益管理

效益管理在资产负债管理中占有重要的位置，它是指要在保证资金安全性、流动性的前提下取得最大的盈利。结合当前实际，资产负债效益管理应着重改善结构：一是调整存款结构，降低负债成本。针对银行目前负债结构中储蓄所占比重过大，资金

成本偏高的情况，在拓展存款业务中，应大力组织低成本的对公存款，提高对公存款在银行负债中的比重。在对公存款中，短期存款占了绝对的比重，虽然这种存款稳定性较差，但其利率水平较低，是银行盈利的重要来源。二是坚持期限结构对称原则，减少长存短贷。要根据负债的期限来确定资产的期限，尽可能使长期负债与长期资产对称平衡，短期负债与短期资产对称平衡。要在大力发展长期负债的同时，适当增加长期资产，逐步达到资产负债期限结构的对称平衡。三是改善利率结构，逐步达到利率市场化。当前应着重优化银行资产结构，合理安排低息贷款与高息贷款的比重，特别是要解决利率倒挂问题。同时，要加快利率体制改革的进程，将利率逐步推向市场，实现利率市场化，通过市场机制来优化利率结构，进而优化资金等生产要素的配置。

4. 努力改革银行负债管理体制，拓宽资本金来源

改变单一以存款增长任务为基本目标的管理模式，将增存数量、资金成本、经营效益三者有机地结合起来，加强对存款资金盈亏点的量、本、利分析，科学确定监测考核指标体系，同时，改革内部资金往来制度，建立商业银行内部资金市场，逐渐推行转移价格制度，打破内部资金无偿供给的状况，促进筹资部门改善服务，降低筹资成本。努力拓宽银行资本金补充来源渠道，在建立自有资金补充制度和适当提高风险准备金提留率的基础上，商业银行应根据本行的发展状况，利用金融市场发行一定量的债务性资本工具及长期性金融债券，以努力拓展资本金补充来源，逐步达到资本充足率8%的标准。

5. 改进资产负债管理，完善考核指标体系和方法

根据目前的指标设定情况，应从三方面加以改进：一是加强分类指导，即指标设定要适当考虑各地分行的资金营运特点、区位优势和业务发展基础等，新行与老行，存差行与贷差行，内地

行与口岸行，在指标值的高低上应有所差别，有些弹性，把统一性与灵活性有机地结合起来。二是增强比例调整的灵活性，各种比例指标要根据不同时期经济金融发展的情况和宏观调控的需要进行调整，如存贷比例，在金融紧缩时期可低一些，金融扩张时期则可高一些。三是完善指标体系，增加一些促使银行协调发展的指标，如信贷资金利用率、负债成本率、资产收益率与综合费用率等。四是要加强监控和稽核监督。当前要积极发展电子化信息系统，及时反馈资产负债结构变化情况，加强预控能力，促进各项业务协调稳定发展。同时，要对资产负债管理工作开展情况、业务运作情况、指标完成情况进行定期稽核检查，建立严格的内部稽核监督机制，发现问题及时纠正，保证资产负债管理工作有效进行。

6. 加紧配套改革，改善实施资产负债管理的外部条件

（1）转换政府职能，建立政府理性干预机制。减少政府的行政干预，真正落实银行的独立性和经营自主权，是建立正常的银企信贷关系的重要环节。当前，转换政府职能，一个重要的方面就是避免政府对银行信贷投放不必要的行政干预，减少政府对企业、银行日常经营的直接插手和干涉，在这方面，政府的主要职能是制定地方发展纲要，指导投资导向。同时，继续推进用经济区划来设立商业银行的分支机构，以此来代替行政区划，从而削弱银行与地方政府的直接关系，最后解脱银行与政府、企业与银行的血缘依附关系，为实施资产负债管理创造一个较为宽松的外部环境。

（2）尽快完善金融体系，加速培育金融市场，实现资金商品化。首先是要尽快完善多层次、多功能的金融组织体系，在大力发展商业银行的同时，加快政策性银行的建设，真正实现政策性金融与商业性金融的分离，为国有商业银行卸掉包袱。其次是要

加快培育金融市场体系，积极开拓金融市场，包括票据、拆借、债券、股票、外汇、期货等各类市场，继续发展各种社会直接融资，增加融资渠道和融资方式，减轻企业对银行信贷的过分依赖，同时为商业银行资产负债结构的多元化拓展广阔的空间。

（3）加快利率体制的改革。资产负债比例管理的重要目标就是在资产负债之间确保一个相对稳定的利差，在最大限度规避市场利率风险的情况下追求最大化收益。事实上，在我国现行严格的利率政策管制下，形成了"官方政策利率"与"地下市场利率"并存的局面，有时两种价格的差异甚至达一倍以上。两种资金价格并存的状况引发的种种弊端是有目共睹的。现行利率体制对国有商业银行实行资产负债管理不能不说是严重的制约。建立体现资金供求关系、反映资金风险和收益情况、接受中央银行调控的市场利率体系已非常迫切。而其途径主要在于扩展商业银行利率浮动范围和浮动幅度，在于中央银行通过再贴现、公开市场业务，引导和控制市场利率总水平。只有这样才能加大国有商业银行资产负债的利率弹性，形成利率敏感性资产负债与固定性资产负债的有机组合，使其在不同的利率水平和敏感程度的资产负债之间及时作出适应市场需求的选择和调节，以追求最佳收益。

（4）加快法制建设，健全金融法规。银行要学会守法、用法。

第七章　商业银行表外业务的发展与管理

商业银行业务一般可分为：负债业务、资产业务和表外业务（传统上亦称为中间业务）。上一章介绍了商业银行资产负债管理，本章则对表外业务风险管理进行专门阐述：第一节介绍表外业务的产生和分类；第二节对表外业务迅速发展的原因及其功能作用进行分析；第三节着重讨论表外业务风险的管理；最后一节对我国银行业发展表外业务及其风险管理问题作了探讨。

第一节　表外业务的产生与分类

表外业务指的是银行资产负债表以外的业务活动（Off Balance Sheet Activities，简称OBS），主要是商业银行所从事的、未列入银行资产负债表以及不影响银行资产和负债总额，但能改变当期损益及营运资金，从而提高银行资产报酬率的经营活动。表外业务的实质是在保持资产负债表良好外观的条件下，扩大银行的资金来源与资金运用，以增加银行的盈利收入。

巴塞尔委员会把商业银行表外业务分为广义的表外业务和狭

义的表外业务，广义的表外业务包括狭义的表外业务及传统的表外业务，即或有资产、负债和银行的金融服务。狭义的表外业务仅指或有资产、负债，例如贷款承诺、担保、期权、互换等。商业银行在办理这类业务时虽然没有实际的货币收付发生，也没有垫付任何的资金，但由于这类业务跟银行的资产负债业务密切有关，一定条件下会转变为资产负债业务，所以会在银行资产负债表中得到反映，因此，我们把这种表外业务称作或有资产、或有负债业务①。或有资产、或有负债业务是伴随国际金融市场及现代化信息技术的发展而发展起来的，产生时间较短，可以称为新兴表外业务。银行的金融服务业务是指商业银行不运用或较少运用自身资金，仅以中间人的身份替客户办理一些收付业务或者委托事项，为客户提供金融服务的同时收取一定的手续费的业务。由于银行只是单纯提供金融服务，因此基本不承担资金损失的风险。例如支付结算类业务、代理业务、租赁业务、咨询业务、进出口服务业务等。金融服务类业务与商业银行的资产负债业务是相伴而生的，历史悠久，并且无风险，所以也称为传统的表外业务。

根据中国人民银行 2001 年 7 月 4 日公布的《商业银行中间业务暂行规定》及 2002 年 4 月公布的《中国人民银行关于落实〈商业银行中间业务暂行规定〉有关问题的通知》的规定，可以将上述商业银行的广义表外业务统称为中间业务②，同时可以将中间业务划分为支付结算类、银行卡类、代理类、担保类、承诺

---

① 从财务会计的角度看，或有（Contingency）的含义是指财务报告某一特定时点的状况，其经济后果由未确定的将来事件证实。参阅黄宪：《银行管理学》，武汉大学出版社 2004 年版，第 181 页。

② 参阅吴念鲁：《商业银行经营管理》，高等教育出版社 2004 年版，第 270 页。

类、交易类、基金托管类、咨询顾问类和其他类等九大类。

一、支付结算类业务

支付结算类业务是指由商业银行为客户办理因债权债务关系引起的货币支付、资金划拨等有关的收费业务。支付结算业务有多种分类标准，按结算内容可分为贸易结算和非贸易结算，按支付工具可分为票据结算和非票据结算，按所涉及地域可划分为同城结算和异地结算，按是否跨国收付可分为国内结算和国际结算，按给付方式可分为现金结算和转账结算等。银行通过提供结算业务成为全社会的资金转账中心、结算中心和货币出纳中心。结算业务不仅能为银行带来安全、稳定的收益，同时也是扩大银行资金来源的重要手段。这种业务主要由结算工具和结算方式组成。

（一）结算工具

结算业务的结算工具主要包括支票、银行汇票、银行本票和商业汇票。

1. 支票

支票是指由出票人签发的，委托办理存款业务的银行在见票时无条件支付确定的金额给收款人或持票人的票据。出票人是签发支票的单位或个人，付款人是出票人的开户银行。支票分为普通支票、现金支票及转账支票。普通支票可以用于支取现金，也可用于转账，在普通支票左上角划两条平行线称为划线支票，只能用于转账；现金支票只能用于支取现金；转账支票只能用于转账。

2. 银行汇票

银行汇票是指由出票银行签发的，由其在见票时根据实际结算金额无条件支付给收款人或持票人的票据。个人、单位的各种款项均可使用银行汇票。银行汇票可用于转账，填明"现金"字样的银行汇票可用于支取现金，公司客户只能用于转账结算。银行汇票可在全国范围内使用，付款期限自出票日起1个月。银行汇票经持票人（收款人）背书后可以转让。

3. 银行本票

银行本票是指由银行签发的，承诺自己在见票时无条件支付确定的金额给收款人或者持票人的票据。银行本票分为定额本票和不定额本票两种，在同一票据交换区域的单位和个人的各种款项支付，均可以使用银行本票，但是现金银行本票只适用于个人。银行本票可以用于转账，注明"现金"字样的可以支取现金。银行本票的提示付款期限自出票日期起最长不得超过2个月。银行本票见票即付并且可以背书转让。

4. 商业汇票

商业汇票是指由出票人签发的委托付款人在指定日期无条件支付确定的金额给收款人或持票人的票据。商业汇票根据承兑人的不同分为银行承兑汇票和商业承兑汇票。付款期限最长为6个月。商业汇票经持票人背书后也可以转让。

（二）结算方式

结算方式具体有如下几种划分：

1. 汇款

汇款是指由付款人委托银行将款项汇给外地某收款人的一种结算业务。汇款结算可分为电汇、信汇两种。

2. 托收承付

托收承付是指根据购销合同由收款人发货后委托银行向异地付款人收取款项，由付款人向银行承认付款的结算方式。托收承付结算款项的划回方法，分为邮寄和电报两种，由收款人选用。托收承付结算中每笔金额的起点为10000元。办理托收承付结算的款项必须是商品交易，以及因商品交易而产生的劳务供应款项。代销、寄销、赊销商品的款项，不得办理托收承付结算。收付双方使用托收承付款项结算必须签有符合《中华人民共和国合同法》的购销合同，并在合同上写明使用托收承付结算方式。收款人办理托收必须具有商品确已发运的证件。

3. 委托收款

委托收款是指收款人委托银行向付款人收取款项的结算方式。委托收款在同城、异地均可使用，单位和个人凭已承兑的商业汇票、债券、存单等付款人的债务证明办理款项结算时均可以使用委托收款结算方式。

4. 国内信用证

信用证是由银行根据申请人的要求和指示，向受益人开立的载有一定金额，在一定期限内凭规定的单据在指定地点付款的书面保证文件。国内信用证只限于国内企业之间商品交易的资金清算，信用证只能办理转账结算，不得支取现金。

二、银行卡类业务

银行卡是由经授权的金融机构（主要指商业银行）向社会发行的具有消费信用、转账结算、存取现金等全部或部分功能的信用支持工具。银行卡业务包括信用卡和借记卡业务。银行卡业务在我国发展较快，四大国有商业银行一般都发行了多种银行卡，用途非常广泛。为了推动我国银行卡业务的进一步发展，实现一机多卡、一卡多机、资源共享，我国从 2000 年开始建立银行卡联网联合，成立了中国银联股份有限责任公司，制定了《银行卡联网联合业务规范》。银行卡可以按不同的标准进行分类，一般有以下几种。

1. 根据清偿方式，可分为贷记卡业务、准贷记卡业务和借记卡业务。借记卡可进一步分为转账卡、专用卡和储值卡。

2. 根据结算的币种不同，可分为人民币卡和外币卡。

3. 根据使用对象不同，可分为单位卡和个人卡。

4. 根据载体材料的不同，可分为磁性卡和智能卡（IC 卡）。

5. 根据使用对象的信誉等级不同，可分为金卡和普通卡。

6. 根据流通范围不同，可分为国际卡和地区卡。

三、代理类业务

代理类业务是指商业银行接受客户委托、代为办理客户指定的经济事务、提供金融服务并收取一定费用的业务，包括代理政策性银行业务、代理中国人民银行业务、代理商业银行业务、代收代付业务、代理证券业务、代理保险业务、代理其他业务等7种。

1. 代理政策性银行业务

商业银行接受政策性银行委托，代为办理政策性银行因服务功能和网点设置等方面的限制而无法办理的业务，如代理贷款项目管理等。

2. 代理中国人民银行业务

根据政策、法规应由中央银行承担但由于机构设置、专业优势等方面的原因，由中央银行指定或委托商业银行承担的业务，如财政性存款代理业务、国库代理业务、发行库代理业务、金银代理业务。

3. 代理商业银行业务

商业银行之间相互代理的业务，如为委托行办理支票托收业务等。

4. 代收代付业务

商业银行利用自身的结算便利，接受客户的委托代为办理指定款项的收付事项的业务，例如代理各项公用事业收费、代理行政事业性收费和财政性收费、代发工资、代扣住房按揭、消费贷款还款等。

5. 代理证券业务

商业银行接受委托办理的代理发行、兑付、买卖各类有价证券的业务，还包括接受委托代办债券还本付息、代发股票红利、代理证券资金清算等业务。此处有价证券主要包括国债、公司债券、金融债券、股票等。

6. 代理保险业务

商业银行接受保险公司委托代其办理的保险业务。商业银行代理保险业务，可以受托代理个人或法人投保各险种的保险事宜，也可以作为保险公司的代表，与保险公司签订代理协议，代保险公司承接有关的保险业务。代理保险业务一般包括代售保单业务和代付保险金业务。

7. 其他代理业务

包括代理财政委托业务、代理其他银行的银行卡收单业务等。

四、担保类业务

担保类业务是指商业银行为客户债务清偿能力提供担保，承担客户违约风险的业务。主要包括银行承兑汇票、备用信用证、各类保函等。

1. 银行承兑汇票

指由收款人或付款人（或承兑申请人）签发，并由承兑申请人向开户银行申请，经银行审查同意承兑的商业汇票。

2. 备用信用证

指开证行应借款人要求，以放款人作为信用证的受益人而开具的一种特殊信用证，以保证在借款人破产或不能及时履行义务的情况下，由开证行向受益人及时支付本息。

3. 各类保函业务

商业银行开立保函，主要是以银行信用补充或代替商业信用，使交易双方解除顾虑，增加信任，促进交易顺利进行，所以保函又称保证书，是商业银行应债务人（申请人）要求，向债权人（受益人）开出的担保被保证人履行职责的书面保证文件。当申请人不能及时完成其对受益人承诺的责任又拒不付款或无力付款时，由开立保函的银行向受益人做出偿付。保函是建立在基础合约如销售、借贷及租赁等合约基础上的附属性文件，是商业银行的或有责任。保函一经开出，银行就承担了付款的法律责任，因此银行对保函申请必须严格审查。保函的种类很多，可分为以下七大类：融资类保函，包括借款保函、透支保函、有价证券发行保函、银行授信额度保函等；租赁保函；补偿贸易保函；付款保函；信用类保函，包括投标保函、履约保函、预付款保函（目前商业银行开办的品种仅是这三种信用类保函）；转开代理行保函；其他类保函，如质量保函、海事保函、维修保函、关税付款保函、诉讼保函、提货担保保函等。

五、承诺类业务

承诺类业务是指商业银行在未来某一日期按照事前约定的条件向客户提供约定信用的业务，主要指的是贷款承诺，又包括可撤销承诺和不可撤销承诺两种。

1. 可撤销承诺

可撤销承诺附有客户在取得贷款前必须履行的特定条款，在银行承诺期内，客户如没有履行条款，则银行可撤销该项承诺。可撤销承诺包括透支额度等。

2. 不可撤销承诺

不可撤销承诺是银行不经客户允许不得随意取消的贷款承诺，具有法律约束力，包括备用信用额度、回购协议、票据发行便利等。

六、交易类业务

交易类业务是指商业银行为满足客户保值或自身风险管理等

方面的需要，利用各种金融衍生工具进行的资金交易活动。主要包括远期合约、金融期货、互换、期权等金融衍生业务。

七、基金托管类业务

基金托管类业务是指有托管资格的商业银行接受基金管理公司委托，安全保管所托管的基金的全部资产，为所托管的基金办理基金资金清算款项划拨、会计核算、基金估值、监管管理人投资运作的业务。

商业银行的托管类中间业务，除了基金托管以外，还有QFII（合格境外机构投资者）托管业务。2003年2月27日，经中国证监会批准，中国工商银行、中国农业银行、中国银行、中国建设银行、交通银行、招商银行以及渣打银行、汇丰银行和花旗银行三家外资银行的上海分行获得了QFII托管人资格。这是我国向外资银行开放国内资本市场的重要举措。商业银行作为托管人，不仅能向QFII投资中国证券市场提供开立账户、资产保管、资金清算、信息咨询等服务，还可以向监管机构提供必要的监管信息，为维护证券市场的稳定发挥重要作用。

八、咨询顾问类业务

咨询顾问类业务是指商业银行依靠自身在信息、人才、信誉等方面的优势，收集和整理有关信息，并通过对这些信息以及银行和客户资金运用的记录和分析，形成系统的资料和方案，提供给客户，以满足其业务经营管理或发展需要的服务活动。一般包括企业信息咨询业务、资产管理顾问业务、财务顾问业务、现金管理业务等四种。

1. 企业信息咨询业务，包括项目评估、企业信用等级评估、验证企业注册资金、资信证明、企业管理咨询等。

2. 资产管理顾问业务，指为机构投资者或个人投资者提供全面的资产管理服务，包括投资组合建议、投资分析、税务服务、信息提供、风险控制等。

3. 财务顾问业务，包括大型建设项目财务顾问业务和企业并购顾问业务。大型建设项目财务顾问业务指商业银行为大型建设项目的融资结构、融资安排提出专业性方案。企业并购顾问业务指商业银行为企业的兼并和收购双方提供的财务顾问业务，银行不仅参与企业兼并与收购的过程，而且作为企业的持续发展顾问，参与公司结构调整、资本充实和重新核定、破产和困境公司的重组等策划和操作过程。

4. 现金管理业务。指商业银行协助企业，科学合理地管理现金账户头寸及活期存款余额，以达到提高资金流动性和使用效益的目的。

九、其他类业务

以上八类业务中不能包括的都可以列入其他类，如信托业务、保管箱业务等。

从上述九大类业务来看，担保类业务、承诺类业务和交易类业务，在一定条件下会涉及到资产负债业务，成为或有资产、或有负债业务，具有一定的风险，类似于狭义的表外业务，而其他各类业务基本上属于无风险的金融服务类业务，即类似于传统的表外业务。

第二节　表外业务的发展

一、表外业务发展简况

银行从事表外业务的历史相当悠久，如汇票承兑、信用证、保函等都是银行的传统表外业务，但是长期以来，表内资产负债业务一直占据银行的业务重心，表外业务仅仅处于补充、辅助的地位。20 世纪 70 年代末，伴随着金融衍生工具市场的迅速扩展，表外业务开始崛起，形成银行业务创新的潮流。20 世纪 80 年代中期，表外业务取得空前发展，其业务范围不断拓宽，发展速度令人瞩目，表外业务自此跃升为银行的主导性业务之一。仅 1986 年 12 月对美国 14111 家银行进行的统计就表明，其表内总资产为 29230 亿美元，而表外项目（Off-Balance Sheet items）就已经达到 24880 亿美元，相当于表内总资产的 85％。与业务结构的重大调整对应，银行的收入结构也随之发生显著变化，来自表外业务的非利息收入在银行总收入中的占比呈快速上升趋势。根据国际清算银行 1999 年发表的《国际金融市场发展报告》，1983～1996 年美国银行表外业务额从 9012 亿美元猛增到 101880 亿美元，增长 11.3 倍，年平均增长 80.71％。目前西方商业银行非利息收入在其总收入中占有举足轻重的地位，一般来说占总收入的比重达 40％～70％左右，甚至一些银行通过表外业务创造的收入逐渐超过了表内项目。

在种类繁多的表外业务中，发展较快的有：备用信用证、有追索权的债权转让（其中主要是贷款出售）、票据发行便利和衍生金融工具。

衍生金融工具是表外业务中发展最快，规模最大的业务。金融衍生品市场可以分为交易所市场和场外交易（OTC）市场。自 20 世纪 80 年代以来，两类市场的衍生品交易均取得了长足发展：1986～1991年间，交易所市场和 OTC 市场交易额的年均增长率分别高达 36％和 40％。1991 年两市场的未清偿合约名义价值分别达 3.5 万亿美元和 6 万亿美元。20 世纪 90 年代以来，衍生工具的合约每年以 40％的速度增长。到 1993 年底，全球未清偿衍生合约的名义价值已超过 18 万亿美元。2001 年末，交易所市场衍生合约名义价值已增长至 23.54 万亿美元，OTC 市场增长到了 111 万亿美元。2005 年上半年，全球场外金融衍生市场业务继续增长，至 6 月末名义未清偿金额已达 270 万亿美元①。欧美发达国家集中了世界上绝大部分的交易所金融衍生品交易，全球 80％以上的交易分布在北美和欧洲，近年来这种集中趋势更加明显。1999 年末的全球未清偿金融期货和期权合约名义价值中，有 80.5％属于北美和欧洲，到 2002 年 6 月末，这一比例上升到了 93.7％，北美地区的合约价值占到全球合约总价值的 64.6％。

二、表外业务迅猛发展的原因

表外业务发展如此迅速，主要有三个方面的原因：

（一）金融环境的变化迫使银行发展表外业务

20 世纪 80 年代以来西方各国金融出现自由化、证券化和全球化的趋势，同时，全球监管加强，国际金融环境发生了重大变化，银行不发展表外业务将难以立足。

1. 经济不景气，银行日子不好过。20 世纪 80 年代初，拉美债务危机的爆发，使许多国际商业银行的客户减少，银行资信降低，坏账、烂账使西方发达国家的银行焦头烂额，忙于应付。1987 年股市大崩溃，80 年代末期西方各国普遍进入经济萧条时期，地产及资本市场泡沫破裂，这些问题给银行的正常经营带来了重重困难，银行遭到了重大损失，资产的盈利水平大幅下降。为弥补资产业务的损失，银行急需通过发展和扩大表外业务来提高盈利水平。

2. 融资证券化使银行传统的存贷款业务萎缩。一方面，20 世纪 80 年代以来的融资证券化使银行的存款流失加大，相当多的个人金融资产流入证券市场，银行筹资成本提高。另一方面，利用证券筹资比银行贷款显得更灵活更便宜，大企业和财团纷纷

---

① 引用数据根据国研网每周报告精选整理。

摆脱银行中介，转而直接进入证券市场面向投资者筹资，致使银行的存贷款业务面临着萎缩的窘迫状况。为了不失去客户、市场和降低收入，银行必须发展表外业务，尤其是首先在债券的发行、认购、推销及担保等中介业务方面扩大经营。可以说，银行存贷息差的不断减少成为银行表外业务迅速发展的主动力。

3. 银行之间、银行与其他金融机构之间的竞争剧烈化。进入 20 世纪 80 年代后，许多非银行金融机构，像证券商、货币市场互惠基金、保险公司、金融公司等利用各种有利条件，不断推出更完善的现金管理服务项目，使一些企业和高收入者纷纷从银行提取存款，转而投向这些金融机构，从而使银行的客户流失，实际存款增长率低于其预期值，资金缺口扩大。为了在竞争中保住客户和业务阵地，银行不得不开辟新的中介业务，增加服务项目，从而也促进了表外业务的发展。

4. 增加资本的管制压力。《巴塞尔协议》对银行的资本结构和各类资产的风险系数作了统一规定，制定了银行资本充足比率的计算公式，要求各国银行的资本对风险资产的比率在 1992 年底达到 8%。这些规定对西方商业银行的经营活动产生了重大影响。由于银行经营的主要资产业务是风险系数较大的各种贷款，按《巴塞尔协议》要求，银行必须增加资本储备，这必然影响银行的盈利。为了达到《巴塞尔协议》的规定，同时又不减少银行盈利，西方银行便日益注重发展风险系数较小而盈利性较高的资产业务，同时将经营的重点逐渐转向那些对资本没有要求的中间业务和其他各种综合性服务业务，并通过表外业务将原先属资产负债表内的高风险资产业务转换为低风险和无风险、流动性强的资产，以逃避资本管制。这样，资本充足比率的要求迫使银行加速发展表外业务。

（二）客户的需求和银行自身的有利条件促使银行发展表外业务

1. 银行为满足客户转移价格风险的需求而大力发展代客的

衍生工具业务。20世纪80年代以来，国际金融市场上利率波动、汇率震荡的剧烈程度有增无减。例如，美元兑日元的汇率1994年7月仅为1∶99左右，到2002年1月为1∶125，2006年1月为1∶117；欧元兑美元的汇率2002年1月为1∶0.90160，2006年1月为1∶1.18710。利率、汇率的剧烈波动给投资者带来了巨大的市场风险。银行为了帮助客户防范和转嫁汇率风险和利率风险，便以中介人的身份致力于发展以衍生工具为代表的表外业务。

2. 证券市场的发展给银行发展表外业务创造了需求和市场。融资证券化尽管使银行存贷业务相对萎缩，但这种不通过银行直接参与的融资活动，又使原来主要由银行承担的信贷风险更多地转移到投资者头上，投资者为了减少风险，便要求银行给予风险担保，从而为银行发展担保业务创造了市场。确实，证券市场的发展，为银行提供配套性的金融服务，发展表外业务，诸如证券担保业务、证券清算业务、证券评估和咨询业务、代理发行和包销证券的业务、证券保管业务、证券经纪业务、证券信托业务等，创造了源源不断的需求和市场。

3. 银行发展表外业务具有自身的优势。银行发展表外业务的优势在于：机构多、信息灵、联系广、传统业务发达、财务技术手段先进、成本较低、价格优惠。以担保业务为例，银行所提供的风险担保一般是为自己的客户担保，由于银行对客户及其债务人的财务、信用状况已经掌握或较了解，在评估其风险、资信上花费不大，成本较低。同时，银行为客户提供担保时，一般不要求客户提交担保准备金（由客户的存款抵充），因而客户要求银行提供担保所支付的实际价格比较便宜，这就使银行的表外业务对客户有较大的吸引力。银行为客户提供担保虽承担了风险，却取得了佣金，可作为日益萎缩的信贷业务的补充。

（三）科技进步为银行表外业务的发展和膨胀提供了坚实的物质基础

在网络、信息处理和计算机方面取得的技术进步，对银行发展表外业务具有重大的技术意义。离开了网络、信息处理和计算机技术的进步，表外业务的品种和发展规模将受到极大的束缚。

1. 网络成本的大大降低及网络的全球化，创造了全球性的金融市场。在这种条件下，银行发展表外业务，既可以直接或间接地与原先在单个孤立市场的最终用户联系起来，又可以使交易的范围更广和更深，从而促成了表外业务实现规模经济，取得巨大的规模效益。

2. 信息处理和计算机技术的发展，使银行有可能设计新的更为复杂的表外业务金融工具，并进行有效的风险管理。如果没有信息处理和计算机技术的改进，银行将无能力监控众多复杂的表外业务的风险，银行进行金融创新，推出新的表外金融工具的动力将大打折扣。

3. 现代化技术设备的应用，有助于银行减少成本，增强表外业务的竞争实力。信息流量的改进，如利率显示屏幕的广泛使用，就有效地减少了银行推出某项衍生工具寻找最新市场价格的调查成本，从而有助于削减银行一些表外业务的边际成本。

三、表外业务的功能

表外业务的发展在银行的经营中占有的地位越来越重要，其作用主要体现在如下几点：

（一）为客户提供多元化服务

客户永远是银行的"上帝"，银行必须以多元化的服务品种、现代化的服务手段、优质高效的服务水平来满足客户的各样需求，才能吸引客户，保住客户。发展表外业务，正是为客户提供多元化服务的必由之路。

通过发展表外业务，银行的业务范围大大拓宽了，既满足了客户的需求，稳住市场占有率，又可促进银行自身的现代化建设，银行在社会上的知名度大大提高，银行的社会性上升到一个新的高度。

（二）有效地防范和转移风险

20世纪70年代以来，投资者日益受到短期市场不稳定的困扰，传统投资技术对汇率风险、利率风险、信用风险等已无能为力，表外业务成为转移上述风险的最有效途径之一。

表外业务的衍生金融工具，如期货、期权、互换、远期利率协议等均具有转移价格风险的功能。例如，运用金融期货工具，商业银行可帮助客户，或将银行拥有的外汇资金、证券等金融资产转移利率风险和汇率风险，达到套期保值的目的。所谓"保值"，便是价格保险。所谓"套期"，便是价格保险的手段，即期货的对冲交易——在现货市场和期货市场上同时采取相反的买卖活动。当商业银行现有某一种货币或证券，如果预测到该货币的汇率将趋跌，或利率将趋跌，为转移汇率风险和利率风险，便可在期货交易所卖出一定笔数的外汇期货合约或利率期货合约。这样，汇率和利率下跌后现货的损失可通过期货的盈利来弥补。反之，当商业银行在未来某一时期将购买一笔外汇或证券，为防范汇率或利率趋升的风险，便可在期货交易所买进一定笔数的外汇期货合约或利率期货合约。这样，汇率、利率上升后，银行购买外汇或证券的损失通过在期货市场上外汇或利率期货合约的盈利来弥补。

而表外业务的信用证、票据发行便利等工具，则可有效地转移信用风险。例如，利用票据发行便利工具，票据的持有者能够在整个期限内将信用风险转移给认购者。

（三）增加资金流动性

表外业务中的许多金融工具，均具有"现金性"、流通性和可转让性，从而促进了金融资产的流动性。

例如，商业银行通过有追索权的贷款债权转让，可将流动性较差的贷款证券化后出售，获得新的资金来源，这不仅加速了银行资金的周转，而且使得整个社会经济的资金流动性也提高了。银行获得新的资金后，可再用于拓展有关资产业务，扩大业务容量，增加收益，而这是在不改变资金总量的条件下实现的。

又如，票据发行便利的特点是增强了所有参加方可察觉的资产流动性，使发行者看到了在整个票据期限内有保证的资金；票据持有者看到了短期流动性资产；认购者看到了只是可能发生的风险。

（四）创造信用，弥补资金缺口

融资证券化的愈演愈烈，使商业银行在20世纪70年代主要通过负债管理推出各种新型的金融工具如 Now、CDs、ATS 等来增加存款来源，弥补资金缺口的做法日趋失效。20世纪80年代，银行创造信用、弥补资金缺口的重点从负债转向了资产，银行通过资产证券化，利用贷款证券出售和贷款合同出售，发行备用信用证，安排票据发行便利等方式，或者使其资金运用转变为资金来源，或者以银行自身的信用与信用评估能力满足客户的贷款需求。总之，借助于表外业务，银行大大弥补了其资金缺口，信用规模扩大了。

（五）降低银行的各种成本

首先，可降低管理成本。由于表外业务项目并不反映于资产负债表上，因而从事此类活动的银行，可不必负担管制成本，也不必为此类活动及其风险提取准备金或一定水准的资本额，从而避开《巴塞尔协议》关于资本充足比率的要求，故具有降低管理成本的功效。例如，资产证券化（有追索权的债权转让）是当作销售交易来处理的，资产和对应的资产担保证券不反映在资产负债表上，从而可放慢银行资产增长速度，使银行在资本增长与贷款增长之间取得较好的平衡，同时还可使风险较大的资产转为风险较小或者没有风险的资产，以减少资本金储备要求，避开管制。

其次，可降低资金成本。以有追索权的债权转让为例，卖方银行通过资产证券化取得新的资金来源，这无疑要比从资金市场上借入资金的成本要低；而买方则由于可利用原始贷款银行对贷款人的信用评估能力和技术，且从事"贷款出售"的银行一般都是具有较高资信等级的大银行，购入贷款合同或贷款证券不用进行复杂的贷前信用调查，且偿还有保证，风险降低，因而资金运用成本也较低。再以互换为例，利率互换的主要动机就是利用不同的筹资优惠条件来筹集更便宜的资金。在典型的互换中，信用等级高的国际大银行在欧洲债券市场上筹集固定利率资金，然后把这些资金互换给在国际银行业中筹集浮动利率资金的信用等级较低的银行、公司，双方都可减少利息支出。

此外，还可降低交易成本。大量的表外业务，尤其是衍生工具，它们所需要的交易费用较低，且交易亦较传统工具更加灵活，从而降低了银行开展业务的交易成本。

（六）增加收入，提高资产利润率

表外业务的发展，为银行带来了大量的手续费和佣金收入，同时，银行还通过投机，在外汇市场、股票市场、衍生金融市场追逐高额利润。这使得表外业务的收入在银行盈利中所占比重不断上升。例如，美国银行业非利差收入占总收入比重从1980年的22％上升到1992年的42％，2003年则达到47％，其中纽约银行更是以72％高居榜首。又如，德意志银行的收入结构中佣金及手续费收入、其他营业收入和净利息收入在营业收入中的占比大致为4：3：3的比例，且佣金及手续费收入占比呈逐年上升趋势，2001 年为 107 亿欧元，占其营业收入的 36.3％，2002 年为 40.81％，2003 年达到 43.88％。再如，2001～2003 年香港上海汇丰银行佣金及手续费收入占营业收入的比重呈明显的上升势头，2001 年为 19.89％，2002 年为 21.38％，2003 年则达到 22.22％。

通过开展表外业务，银行的手续费等收入大幅增加，即分子净收入增多，而分母资产却没有增加（表外业务不增加银行的资产），因而银行的资产报酬率也就大为提高。也就是说，要提高资产报酬率，不必光着眼于盈利资产，而应更多地考虑从发展表外业务方面增加收入。

（七）提高金融市场的效率

表外业务的发展，尤其是衍生工具的膨胀，使金融市场变得更富有效率、活力，更迅捷地反馈各种信息，使资金流向最有效率的领域。它们也有助于整合全球资金市场，改善全球储蓄的分配以及促进高水平的投资。美国普林斯顿大学教授马基尔认为，衍生金融工具能增加整体金融市场的流通性，迅速适应市场的变化。

世界银行发表的一份研究报告强调，可以利用一些以市场为基础的金融工具，如期货、期权等，来增加投资的成功因素，以应付发展中国家经济商品价格起伏不定所带来的不利影响。

总之，表外业务具有众多的功能，发展前景美好。银行业务发展表外化的全球化趋势毫无疑问将延续下去。银行经营表外业务品种的多寡、表外业务服务水平的高低，已成为银行经营成功与否的一个重要标准。

第三节　表外业务的风险和管理

种类繁多的表外业务，给银行带来了可观的利润，而利润总伴随着风险。表外业务一方面具有转移风险、减少风险的功能，另一方面自身亦具有或大或小的风险，有些表外业务如衍生金融工具，甚至具有很大的风险。表外业务的风险源于表外业务的特点。对表外业务的风险管理，有赖于商业银行、金融管理当局的共同努力。

一、表外业务的特点和风险

（一）表外业务的特点

与银行的资产负债表内业务相比，表外业务具有自由度较大、透明度较差、交易高度集中、高杠杆作用等特点。

1. 自由度较大

所谓自由度较大，是指表外业务的形式多种多样，受限制较少。银行从事表外业务，既可以期货、期权等方式在交易所内进行场内交易，亦可以互换、远期交易等方式进行场外交易；既可以是有形市场，亦可以是无形市场。表外业务不像传统的表内业务那样受金融法规的严格限制，一般情况下，只要融资双方认可，就可达成某些表外业务的协议，灵活性很大，但是，限制少也意味着存在不少的潜在风险。

由于绝大多数表外业务都不需要相应的资本准备金，因而表外业务的规模并无限制。许多表外业务，如贷款出售（尤其是贷款证券出售）、票据发行便利等，每笔业务的金额少在百万美元以上，多在数千万美元到上亿美元之间，甚至可达数亿美元。正是由于表外业务不改变资产规模，无须提高资本要求，这使得表外业务的风险丧失了抵御的基础，而无资本要求又进一步刺激了表外业务的扩张，造成恶性循环。20 世纪 80 年代末，美国 11 家货币中心银行表外业务量超过 2 万亿美元，而其资本总计才620 亿美元，平均表外业务量与资本总量之比约为 34：1，即表外业务量是资本量的 34 倍。在这里，表外业务量仅指备用信用证、商业信用证、贷款承诺、外汇交易、互换五种。

2. 透明度较差

所谓透明度差，是指表外业务大多不反映在资产负债表上，或者只是间接地在资产负债表内的流动性较大的资产账户和负债方的借款和资本账户变动上反映出来，这使得许多业务不能在财务报表上得到真实反映，财务报表的外部使用者如股东、债权人和金融管理当局、税收当局难以了解银行的全部业务范围和评价其经营成果，经营透明度下降。例如，贷款证券出售所得资金，就表现为现金账户和资本账户增加，回购协议则可反映为风险资产和借款减少。而新贷款出售、票据发行便利等根本就不反映在资产负债表内。

要使表外业务活动能及时反映在财务报表上，涉及到一个重要内容是什么时候和如何承认表外业务的盈和亏，以及什么时候将盈亏反映在损益表上的问题。例如，以利率期货合约作为银行资产负债管理工具时，即当使用期货合同去对利率风险进行套期保值时，虽可使银行降低风险，但问题在于什么时候认可期货合同所产生的盈亏。本来期货合同成交每天都会得到结算，然而银行的会计师出于种种原因并不愿意及时地进行这项工作。这样，为了会计目的而对盈亏情况拖延不予承认的情况将会引起银行损益表的虚假变化。

由于表外业务的透明度低，结果在相当程度上影响了管理人员对表外业务的固有风险做出正确的认识和分析，金融监管当局无法对银行的表外业务活动进行有效的监督与管理。

3. 交易高度集中

表外业务的交易，尤其是衍生工具的交易，主要集中在银行和证券商手中，出现交易集中化的趋势。

从本质上看，表外业务和其他金融工具一样，就某种业务或某种市场来说可避免风险，但就整个银行体系来看，风险只是被分散或被转移（转嫁），原先由一方所承担的风险现在已被分散给愿意承担风险者，或者干脆全部转移给另一个愿意承担风险者，如此，风险并不能最终被消除。这样，在交易高度集中、交易金额极为庞大的情况下，往往会令许多大银行同时牵涉同一笔交易，被衍生工具相互"套牢"，一旦遭遇风险，若其中任何一家银行突然倒闭或无法履行合约义务，势必引起连锁反应而导致许多银行破产和整个金融市场运行不畅，从而对整个金融体系的稳定性构成威胁。

4. 高杠杆作用

这主要是衍生金融工具中的金融期货、外汇按金交易等业务所具有的特征，所谓高杠杆作用，也就是"小本搏大利"。由于高杠杆作用，从事衍生工具的交易既存在着大赚的可能性，同时也就必然潜伏着大亏的危险。在金融期货市场上，由于保证金低而使控制率高，使得期货价格的微小变动对于保证金而言都是一个极大的比率，若交易者预测准了期货行情的变化趋势，他便可通过缴纳很少的一部分钱而获得可观的利润，而一旦预测与市场走势背道而驰，大亏的情况便会发生。

当然，高杠杆作用造成的大赚大亏情况仅是针对投机者而言的。在衍生金融工具市场中，存在着套期保值者和投机者两类不同性质的投资者，套期保值者是为了转移价格风险，他们承担的风险很有限，因为他们把风险转移给了投机者。投机者通过承担衍生工具风险而追逐高利润。因此，当银行以追逐高额的投机利润为目的而进行表外业务时，它所承担的风险是异常大的。在衍生金融市场上，投机日益盛行，衍生工具的投机功能也远大于避险功能，从而使衍生工具的风险大幅提高。

正是由于表外业务的上述四个特点，决定了表外业务存在风险的必然性。再加上有许多表外业务（如信用备用证等）本身就是一种或有负债，一旦借款人不能履行合同，这种或有负债就成为真实负债，从而增加了银行经营的潜在风险。在所有的表外业务中，除了一些纯粹利用物质技术优势提供的金融中介性、辅助性、服务性的业务没有风险外，其他都或多或少、或大或小地存在风险。

（二）表外业务风险种类

表外业务的风险，尤其是衍生金融工具的高风险是一种客观存在。

总地说来，表外业务的风险主要有以下八种：

1. 市场风险

金融工具市场价格的变动，汇率、利率于银行不利的波动，都会引起市场（汇率、利率）风险。互换、期权、远期利率协议等衍生工具同样具有这种风险。

在金融证券化、自由化、国际化的趋势下，市场风险的概率也在增大。例如，在贷款出售中，当银行预测不准，或经营不谨慎，就可能将高质量贷款卖出，留下低质量贷款，当市场利率上升时，银行就会蒙受损失。在票据发行便利业务中，如果经营的是固定利率票据，银行作为持票人经常会因市场利率波动而冒价格风险，当利率上升时，银行所持票据价格下跌，就使银行遭受损失。

2. 信用风险

各种表外业务都程度不同地存在信用风险。最典型例子是客户因某种原因破产不能履行合同义务，风险便由银行承担了。

信用风险按程度轻重可分为三种情况：（1）全责风险。多指银行承担了提供信用的义务，如财务担保、回购协议、备用或跟单信用证，这与表内业务的信用风险相类似。（2）一般风险。指一定情况下向客户提供资金的协议中有保护条款，如补偿担保、票据发行便利、循环包销便利、互换等。（3）低度风险。指部分交易额可能发生风险，如期货、期权、远期利率协议、可撤销的定期债务等。

3. 清偿风险

亦称再筹资风险，指银行因自有资金或闲置资金不足，又没有其他资金来源，在债务到期日不能偿还的风险。清偿风险几乎各种表外业务都有，如果银行遇到始料不及的提款，或是偿还的金额很大时，就不得不超过正常需要吸收存款，这就可能造成再筹资的困难，同时也会使吸揽存款的条件变坏，存款下降。

4. 流动性风险

流动性风险是指可转让金融工具不能以接近市场价格很快出售的风险。在证券化浪潮中，看似增加了融资者的流动性，实则增加了其流动性风险。当市场发生剧烈波动时，人们都会不约而同地想转嫁风险，抛售证券，从而导致最需要流动性的时候，流动性风险最大，使金融体系变得格外脆弱。同时，许多场外交易的衍生工具因为是度身定制的，不仅难以在市场上标价，而且难以转售。

总之，流动性风险的大小与金融工具的是否流行、发达有关。因为表外业务相当大的部分使用金融创新工具，它们的市场往往还未充分打开，遇到条件不利时，恐怕难以承受住市场流动性的检验。

5. 结算风险

结算风险是指银行在肯定对方能付款前付出资金，在资金的清偿期内发生的风险，主要是由于技术上或其他诸如政治、军事等方面原因而使本金与利息的支付、交割被推迟。虽然对方可以履约，但由于发生技术故障或业务上的困难可能妨碍资金的交付，导致支付被推迟。当然，最后仍可以收回，但毕竟发生了结算风险。结算风险在各种互换、期货、期权业务中经常会遇到。当银行遇到结算风险而事先未作充分准备时，银行的经营计划就会被打乱。

6. 经营风险

经营风险是由于银行内部管理不了解表外业务的复杂性，管理系统不健全；或不能适应突发性市场变化而产生的风险。特别是一些规模小、实力弱、经营管理水平较低的小银行，开展表外业务的经营风险大为增加。

7. 国家风险

在一个特定的国家里，全部或多数经济行为人（包括政府）由于某些共同的原因而无力偿付国际金融债务的风险就是国家风险。而当某个特定国家因外汇总短缺而发现自己无力或不愿意偿付全部国际金融债务时，即使该国国内的全部或多数经济行为人仍具有偿付能力，这时仍产生了国家风险。

8. 各国法律不统一和管理条例变化发生的风险

这主要是由于西方各国对表外业务管理的法律松紧程度不一而造成的风险。直至 20 世纪 90 年代中期，除英国等国外，许多西方国家对表外业务没有报表制度，亦无核算办法，没有正式规定银行应采取什么措施防范表外业务风险。而法规不统一，各国监管宽严不一更加剧了表外业务的风险。这一风险的存在使加强表外业务的国际监管协调愈显必要。

几种主要的表外业务的风险比较见表 7-1。

表 7-1 表外业务风险比较表

	市场风险	信用风险	结算风险	流动性风险
货币期权	买方风险有限，卖方风险无限	卖方负担付款前的期权费，买方承担行使期权前的互换成本费	支付日交纳期权费，如行使期权，双方交纳本金	流动性风险未经检验。外汇的流动性强于场外交易市场，还部分取决于特定金融工具市场的流动性
利率期权	买方风险有限，卖方风险无限	卖方负担付款前的期权费，买方承担行使期权前的互换成本费	若行使期权，除一方交付现金或其他证券外，同上	流动性风险未经检验。外汇的流动性强于场外交易市场，还部分取决于特定金融工具市场的流动性
货币互换	等于本息的汇率变化	违约消除期货债务，风险限于互换成本费，若同意原合同，可能有本金风险	超过支付日期的合同金额	所有的场外交易合同：有限的流动性
利率互换	汇率下跌则互换的固定利率支付方有风险，汇率上升则固定利率收入方有风险，基本互换风险小，无本金的市场风险	违约消除期货债务，风险限于互换成本。无本金风险	仅仅在超过支付日期才有利息支付	所有的场外交易合同：有限的流动性
票据发行便利	若市场变化，备用信用证买方面临低于市场利差的放款风险	票据持有人有本金风险，备用信用比出售方有其他担保风险	在支付日为借款人交纳本金	票据流动性大部分未经检验
远期利率协议	相当于存款的市场风险	大部分以现金结算，信用风险限于市场风险的金额	如以现金结算，限于市场风险	市场小，流动性有限
资产出售（附追索权）	出售期限固定	相当于销售机构的信用风险	有限的	流动性有限
资产出售（无追索权）	按特定金融工具而定	买方承担证券债务人的信用风险	有限的	流动性有限

二、表外业务的风险管理

表外业务所具有的种种风险及风险的严重性，表明对表外业务强化管理是非常必要的，它关系到银行的健康发展、一国金融体系和国际金融市场的稳定与否。加强对表外业务的管理包括宏观和微观两个层面。

（一）表外业务的宏观管理

表外业务的迅速发展及其带来的风险不仅危及一国金融体系的安全，同时还干扰了一国货币政策的效果，增加了货币政策控制信用总量和货币总量的难度，因而迫使西方各国从 20 世纪 80 年代末期以来纷纷提出要加强对银行表外业务的管理，但目前对表外业务的管理总体上仍停留在初级阶段，具体进展缓慢。

加强对表外业务的宏观管理主要包括以下内容：

1. 制定公布资料和报告系统的统一标准

由于表外业务不反映在资产负债表上，因而投资者和债权人无法评估银行和企业参与表外业务，尤其是衍生工具交易的程度及其风险，为纠正这一现象，目前美国会计总署正着手制定公布资料标准的细节，一旦国会通过，将适用于所有的银行、证券交易所、保险公司和工商企业。

2. 会计制度标准化

现有的会计标准不能反映表外业务对资产负债表内科目的影响，尤其是衍生工具的出现，是对银行历史成本会计法的最大挑战，因为银行会计制度的主要原则之一是根据市场价值确定衍生工具的风险暴露程度。而实际上许多场外交易的衍生工具通常是为客户度身定做的，不存在二级市场而无法确定其市场价值，即使是流动性较强的衍生工具，一旦出现金融恐慌，其流动性也会随之消失。此外，由于交易员的工资奖金往往与当年交易盈利挂钩，因而会产生虚假利润，使一些短期内表现为账面盈利而长期内亏损的复杂衍生合约不能通过传统的审计与平衡方法及早发现。

为改变这一状况,西方各国监管部门均纷纷表示要尽早统一表外业务的会计标准。1990 年 9 月,英国银行家协会和爱尔兰银行家联合会发表的关于国际银行表外业务的会计实务建议书,是迄今为止对银行表外业务的会计实务方面较为权威性的论著,该建议书颇为系统、全面。而 2005 年财政部就《金融工具确认和计量准则》、《金融资产转移准则》、《套期保值准则》、《金融工具列报和披露准则》公开征求意见,四项金融企业会计准则的实施将会给商业银行带来短期阵痛。如按新准则,目前一些国内银行的贷款情况将会暴露较大的风险,其原先的准备金可能远远不够;新准则下,资产质量的好坏将决定银行的业绩,比较优质的资产采用折现法将在报表中表现得较有利,而质量差的资产则因此必须提取更高的贷款损失准备金,将对当年利润形成较大的冲击。

3. 针对某些表外业务制定规章制度

法国规定,资产负债外的包销承诺项目必须受偿债能力约束,如果票据发行便利是由银行安排的,其偿债能力比率规定为 5%,如果是由非银行机构安排的,其偿债能力比率规定为 25%。

美国对备用信用证业务做出三项具体规定:(1) 在计算银行对单个借款人所发放的贷款时,必须把备用信用证金额包括在内。(2) 对备用信用证实行同贷款一样的信用评估。(3) 将备用信用证的资本充足性比例定为 100%。

4. 建立国际衍生产品信息监管制度

巴塞尔委员会和国际证监会组织技术委员会,于 1995 年 5 月向世界各国金融证券监管当局发布了有关银行及证券公司进行衍生产品交易的信息监管制度。

新发布的监管制度由两个主要部分组成：第一部分列出了一系列有关衍生产品交易的资料分类目录，如信贷风险、流动性风险、市场风险及盈利，以便于监管当局在扩大和改进其申报制度时，可从中抽选资料，并采取统一的方法评估风险。第二部分则列明有关规模庞大和活跃的国际性衍生产品交易商的细分类别资料。

总之，这一信息监管制度的目的是为监管当局提供基本信息，以便它们可以开始评估其衍生产品交易活动。

5. 资本充足规定

西方金融管理当局除对资产规定风险系数及资本充足比率外，将表外业务也规定风险系数，纳入风险资产的范畴，一并计算资本与风险资产的比率，从而将有关表外业务纳入资本管制，以限制这些业务的发展。

首先开始对表外业务实行监督的英格兰银行，1985 年就把票据发行便利、循环包销便利这些筹资方式形成的银行债务算作"风险资产"，风险系数为 50%。后来，美、日、德、法、荷、加拿大、意、瑞士等西方同家都起而效仿。

上面多数国家对于表外业务不管客户的国籍怎样都算作"风险资产"，即不考虑国别风险。唯美国注意到了这一点，它把同一种表外业务分为不同的风险等级。比如，补偿提保的备用信用证、政府的证券发行信用证、为经纪人和捐客开出的负有某种保证的信用证、风险系数定为 60%，而其他备用信用证风险系数为 100%。

《巴塞尔协议》[①] 对表外业务按风险程度作了分类，风险系

---

① 这里说的《巴塞尔协议》是指巴塞尔银行业条例和监管委员会 1988 年 7 月正式通过的《关于统一国际银行资本衡量和资本标准的协议》。

数跨度为 0～100％，根据交易期限、表外业务种类、交易的对象而加以区分。见表 7-2。

表 7-2　《巴塞尔协议》规定的表外业务风险系数

	表外业务	风险系数（信用转换系数）
1	直接信贷工具如一般负债保证（包括备用信用证）和承兑（包括具有承兑性质的背书）	100％
2	销售和回购协议及有追索权的资产	100％
3	远期购买承诺，远期存款承诺	100％
4	某些与交易相关的或有项目（如履约担保书，投标保证书、认股权证）	50％
5	票据发行便利和循环包销便利	50％
6	期限过一年的其他承诺（如正式的备用便利、信贷额度）	50％
7	短期的有自行清偿能力的与贸易相关的或有项目（如跟单信用证）	20％
8	期限少于一年的承诺或可撤销承诺	0％

表外业务的风险系数又称"信用转换系数"。把表外业务的本金量乘以一个"信用转换系数"，就得出一个"相当于表内业务的信用量"，然后，根据债务人的身份再把每一种"相当于表内业务的信用量"归入《巴塞尔协议》所规定的五个风险级别中的一种，经与风险权重相乘，最后便可得出对应风险权重的资产。

此外，对于利率和汇率合约，英格兰银行还提出有关"潜在风险转换系数"的建议，见表 7-3。利率合约包括：单一货币的利率互换、基础互换、远期利率协议、利率期货、买方利率期权等。汇率合约则包括：交叉货币互换、交易货币利率互换、直接远期外汇合约，货币期货、买方货币期权。

表7-3 利率和外汇合约的潜在风险转换系数

期 限	利率合约	外汇合约
3天以内	0	0
3天~1个月	0	1%~2%
1~3个月	0	2%~4%
3个月~1年	0	4%~8%
一年或一年以上	0.5%~1%	5%~10%

尽管对许多表外业务都做出了资本充足比率的要求，但由于大量的衍生工具太新奇，难以确定其实际风险，因而对于由此而确定的资本充足性标准，许多投资者仍心存质疑。著名的美国评级机构穆迪公司认为，需要通过长期的验证才能确定表外业务，尤其是衍生工具的合理资本要求，呼吁国际清算银行根据衍生工具市场的发展不断向上调整现有的资本充足比率规定。

6. 清算、结算和支付系统

主要是缩短标准化交易日与最终支付日的时间差，更广泛地采用金融工具交易的同日交割支付制度，进一步加强主要处理系统的可靠性，以增强各种金融工具的市场流动性，增强市场吸收和消化因市场心理突然转变而引起市场剧烈波动的能力。

此外，各国金融监管当局在督促国内银行加强自身对表外业务管理的同时，还相互间注意增加信息交流与集中化管理，加强国际和国内的净额安排和交易的国际规范化，防止商业银行因过分依赖存款保险和央行作为最后贷款人而过度冒险产生的道德风险，加强市场的流动性和稳定性。

（二）表外业务的微观管理

表外业务的微观管理，就是商业银行自身要加强对表外业务的内部管理，建立和完善表外业务的风险管理系统。开展表外业务较成功的国际大银行在表外业务的内部管理方面主要具有下列经验。

1. 高级管理层要重视表外业务的风险管理

正如为加强资产负债管理，不少商业银行都成立了资产负债管理委会员一样，商业银行要发展表外业务，控制表外业务的风险，亦应成立表外业务管理委员会。

在每一项表外业务的开拓、发展和管理过程中，银行的高级管理层应该了解、决定、控制和监测所从事的表外业务交易活动，尤其是投机性、自营性的衍生金融工具交易。

2. 建立银行内部有关表外业务的规章制度

一是坚持信用评估制度。银行对表外业务应实施严格的信用标准，要加强对客户的信用调查和信用评估，对较长期限的贷款担保与承诺，应定期（3 个月、半年至一年）重新协商合同条款，以减少信用风险，总之，银行应坚持与信用等级较高的对手交易。

二是定价要合理。银行应按客户的信用等级与业务的风险系数收取佣金。例如，在美国，一般期限短、质量高的备用信用证业务收费率为担保金额的 25～50 个基本点，期限长、质量差的收费率为 125～150 个基本点，在无追索权的贷款出售时，收费率为 15 个基本点。银行还应根据市场变化调整表外业务的价格。总之，银行不应为了竞争而盲目地削价，否则风险增大了，收入却反而减少。

三是加强成本管理，重视规模经济效益。银行在从事表外业务时，不但要考虑资产收益率，而且要考虑资本收益率和成本收益率，使表外业务能获得规模经济效益。

四是制定保护性条款。如在担保业务中，银行应要求客户存入部分资金弥补银行在该业务项下必要的费用开支。贷款证券出售应有汽车、住宅等抵押品。

五是前台交易和后台管理两手抓。在前后交易中，交易员进行衍生工具的交易应根据每人的经验、绩效规定不同的限额、笔数；要求交易员加强模拟，决定在最坏情况下的经营策略；培养交易员时时根据市场的价格变化情况，及时而经常地调整风险敞口金额的能力。银行要将市场风险和信用风险管理与交易职能分开，管理人员不但要管好前台交易，也要重视加强对后台的结算、报告系统的管理。

3. 建立风险的电脑控制系统

这方面美国信孚银行已摸索出一套成功的经验。信孚银行表外业务（尤其是衍生工具）全球风险管理的关键是建立了完善的信息和控制系统，该系统可帮助高级管理层了解市场的最新变化、最新技术和产品，并进行科学决策。整个系统包括日常监测系统、电脑信息与决策系统，通过数学模型向高级管理层提供市场和银行信息，帮助其分析市场趋势，决定资本额、风险敞口额、止亏限额和流动性限额，并指导交易。数学模型可计算银行的资产组合、各种资产的价格、波动幅度、货币风险和市场风险，分析出现最坏情况的概率和对策。数学模型一年更新两次，若出现较大的市场变化也会及时调整。

例如，1994 年 2～5 月国际金融市场因美国利率突然调升而出现大调整时，完善的电脑控制系统成功地帮助信孚银行减少了在衍生市场的损失。

4. 实施新的杠杆比率管理

美国索罗门兄弟银行 1993 年底衍生合约名义值为 9990 亿美元，总资产 1850 亿美元，股本 46 亿美元，如果其资产负债表上金融工具的面值下跌 3.9%，通过传统的杠杆作用，账面亏损就可以吃掉其所有的资本。但索罗门兄弟认为，传统的杠杆衡量方法不能反映资产的质量、流动性和表外科目的风险，因而是错误的。他们根据自己所偏好的流动资产对股本的比率进行了计算，得出自 1990 年以来，这一杠杆比率是大幅下降的，而其传统的股本对资产比率则是恶化的，其表外科目的风险敞口也是过大的。这种新的杠杆比率管理办法，值得大力发展表外业务的银行借鉴。

5. 账本管理

有的银行通过设立不同的经营账本来管理风险，例如分别设立差额账本、波动账本、基本账本、收益曲线账本和方向性账本 5 个账本。差额账本用于调换交易差额，包括用国库券对冲的中长期调换以及期货与国库券相结合的短期调换；波动账本用于对利率上限、利率下限、调换期权、上限期权、下限期权、差额期权等进行报价交易；基本账本用于交易不同浮动利率的指数差，例如优惠利率与商业票据利率对伦敦同业拆放利率的差额；收益曲线账本和方向性账本用于套期保值收益曲线倾斜度的变化以及利率的整体运动。

6. 资产组合管理

即通过资产组合多样化来管理表外业务的风险，以通过某种资产的盈利来抵补另一种资产的亏损而取得整体盈利。拥有的资产组合越多，则风险越小。

三、利率互换中银行的风险管理分析

（一）利率互换中银行面临的风险

在利率互换中，无论是在期初还是在到期时都不交换实际本金，而是按预定的规则，根据原始的名义本金金额交换不同特点的利息支付量，图 7-1 为银行作为中介的一种最基本的利率互换。

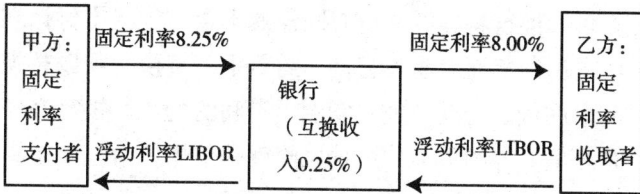

图 7-1　以银行为中介的利率互换

在图 7-1 中，银行一方面与固定利率支付者签订互换合约，另一方面又与固定利率收取者签订互换合约。甲方同意向银行支付固定利息换取银行支付的浮息；银行则同意支付固定利息换取乙方支付的浮息。甲乙双方作为互换的最终使用者，彼此之间并不发生任何关系，无任何义务。而银行则起着中介作用，这一中介作用使银行承担着两种风险：价格风险和信用风险。

1. **价格风险（市场风险）**

银行作为利率互换的中介，使最终信用者的互换更为方便与顺利，互换市场的流动性大大加快，但银行却因此招致了价格风险。

所谓价格风险，就是当银行持有互换存货，同一位最终信用者安排一笔互换合约，但却未与另一位最终信用者安排一笔抵消的互换，因而在安排一笔抵消的互换之前，该银行有一笔敞口的互换头寸，如果利率发生了不利的变化，就会引致互换价格的不利变化而使银行受到损失。

在图 7-1 中，若银行先支付给乙方固定利率换取乙方的浮动利率，但未及时找到固定利率支付者签订另一互换合约，则银行这时持有敞口的互换头寸。如果市场利率下降，将导致银行获得的支付减少，而它的支出却不变——固定利息。

2. **信用风险（对手风险）**

在互换交易中，若一交易对手违约，银行仍有义务对另一对手进行支付。银行将签订一份有同样的本金、到期支付计划的新互换合约，用一笔新交易来替换违约对手，替换必须以替换时的市场利率来进行。若互换利率发生了不利的变化，银行在替换违约对手时产生一定的成本。这种风险就是信用风险。

在图 7-1 中，假设互换利率下跌至 6.5%，若甲方违约，用来替换的新的固定利率支付者只愿意支付 6.5% 来换取 LIBOR。修改上述互换交易离满期还有 5 年，银行将面临在以后 5 年中每年 1.75% 的损失。必须明确，由于原始本金的现金流量没有交换，信用风险是有限的，仅限于按银行市场利率重新确定互换利率的成本，在到期时，仍暴露于利率不利变动下的支付就会减少至 0。

（二）银行对利率互换的风险管理

1. 价格风险管理

银行对互换价格风险的主要管理方法是对敞口的互换头寸的价格风险实行套期保值，即通过购买或出售证券期货来对冲一笔敞口的互换头寸。例如，如果银行在敞口的利率互换头寸的状况下是浮动利息支付者，银行便可以较少的保证金通过购买证券期货合约来限制利率风险，因为证券价格与互换价格一致变化只是方向相反。如果市场利率上升，证券价格将下降，银行可以抛出证券期货合约，从买卖证券期货合约上的收益来抵补利率上升造成的多支付浮动利息的损失。

虽然银行普遍使用证券期货市场来套期保值，但这一方式仍无法完全抵补或消除一笔敞口的互换利率头寸的风险。这是由于无论是现货还是期货，所买卖的证券在数量上、期限上与银行持有的互换头寸要达到完全一致是非常困难的。鉴于此，银行通过限制持有互换存货的数量和时间来降低价格风险。也就是说，银行一般限制在其账户上长时间地持有大量的敞口的互换头寸。

2. 信用风险管理

加强对利率互换信用风险的管理主要有以下措施：

（1）正确进行互换定价。银行在一笔互换中支出和收取的利差，即出价/要价差价代表了银行作为中介从互换交易中获得的手续费等收入。这些收入必须足以抵补产生的风险。如果银行不能正确地评估互换风险，将一笔互换交易定价过低，就会承担较预期获得的报酬水平低的风险；反之，若定价过高则显然不利于竞争。银行对互换收取的费用一般应根据互换交易对手的资信状况和本身业务量的大小来定。通常银行对信用等级高的顾客收取较低的费用，对信用等级差的顾客收取较高的费用。另外，如果银行互换业务量较大，达到了一定的规模经济水平，则一般开支的成本可大大分摊在庞大的交易上，因而银行可适当降低其服务定价。

（2）实施严格的信用标准。银行通过实施严格的信用标准，可有效地限制信用风险。例如，美国信孚银行认为，如果坚持与信用等级高的对手交易，再加上有效的电脑管理系统，则进行衍生交易的风险甚至比传统的贷款业务还低。银行在利率互换中，亦应坚持只与信誉好的顾客签订互换合约。在签订互换合约前进行信用评估是必要的。

（3）加强对交易对手的监测。主要是追踪客户的财务状况，一旦客户财务状况出现转坏的信号，银行就应及早采取应对措施，防止损失。

（4）要求提供抵押品或其他保证。银行在进行互换交易时，对信用等级较低的顾客还可要求提供抵押品或提供其他保证来降低互换的信用风险。

第四节　中国银行业发展表外业务及风险管理的思考

我国的金融改革已到了历史的转折关头，银行业发展表外业务具有紧迫性。中国银行业应学习、借鉴西方商业银行发展和管理表外业务的经验，冷静而全面地分析各种表外业务的特点及在我国开办的条件，分清轻重缓急，有计划、有步骤地开拓表外业务，并强化对已开办的表外业务的风险管理。

一、西方银行表外业务发展和管理的启示

从西方银行表外业务的迅猛发展和对风险的强化管理，中国银行业应得到下列有益的启示：

（一）表外业务的经营管理水平关系到银行服务水平的高低，关系到银行竞争的成败

中国银行业应充分认识发展表外业务的重要性，通过发展表外业务，向更注重素质，更注重经营层次、业务品种、更注重技巧的方向发展。发展表外业务，要求银行自身必须注意提高下述方面的服务素质。

第一，提高银行高级管理层的决策水平。高级决策层应时时关注国际上各种金融创新、各种新的金融工具及其市场动态，并根据中国的实际，积极地将一些表外业务引入到国内金融市场中来。

第二，注重培养和配备具有各种素质的人才。诸如国际结算、信托、担保、外汇买卖等业务熟练交易人员，项目的调研、评估人员，咨询专家班子，以及各种电脑、机械工程人员等，这些人才是银行发展表外业务应具备的"软件"，是银行参与竞争的基石。

第三，银行服务手段要电子化、现代化。这是发展表外业务，提高银行服务水平和管理水平，降低经营成本的物质条件。

总之，随着中国银行业走向商业化、国际化，未来竞争成败的关键在于谁能够在金融服务项目上（主要是表外业务）不断推陈出新，做到人无我有，人有我新，人新我优。

（二）表外业务的收入在银行经营目标和利润结构中占有重要的地位

西方银行表外业务迅速发展的诱因之一就在于银行存贷利差的日趋减少。表外业务盈利的发展日益成为银行利润的主要来源。中国银行业目前亦面临存贷利差不断缩小，利润水平下降的窘境，为扭转资产盈利率下降的状况，中国银行业必须大力发展表外业务，以提高资产盈利率和资本盈利率。

（三）表外业务顺利发展的根本保证，在于内部管理的强化

表外业务虽然可以给银行带来可观的利润，但也同样伴随着较大的风险，若经营管理不善，银行不但增加不了盈利，反而遭遇更大的风险而招致损失。国有商业银行应借鉴西方银行加强对表外业务风险管理的种种经验，并在强化内部管理的前提下，降低风险，增加收入，加快国有商业银行的转轨进程。

二、中国银行业拓展表外业务的紧迫性

现阶段，我国银行业大力发展表外业务已具备一定的必然性和迫切性。具体表现在：

（一）国内市场与国际市场逐步接轨，利率、汇率风险增大，企业和居民要求开办防范和转嫁风险有关业务的呼声高涨

随着经济、金融的国际化步伐不断加快，我国外经贸企业、对外筹资等部门承受着越来越大的国际市场风险，由于规避风险的措施未跟上，20 世纪 80 年代以来，我国在借取外债、

发展进出口贸易中，国家、企业因汇率、利率波动遭受的损失已不少。

目前，我国已实施新外汇体制，人民币与外汇之间的汇价风险将时时存在，企业迫切希望银行能提供防范汇率风险的服务，如尽早推出人民币与外汇之间的远期交易服务等。

所有这些均要求中国银行业迅速开办和发展防范与转嫁风险的表外业务，为企业和有关部门提供保值的技术和策略，在业务上与国际金融市场对接。

（二）国内银行业竞争日趋激烈，资金紧缺状况难以扭转，拓展表外业务是银行自身生存和发展应有的选择

目前，国内银行同业之间、银行与非金融机构之间的业务竞争越演越烈。竞争使银行利差缩小，利润下降，银行不发展表外业务来增加服务性收入，自身效益将难以保障。同时，银行业面临的更大威胁还在于资金短缺。20 世纪 90 年代以来，国内证券市场的异军突起，股票市场、债券市场日益分流着银行的信贷资金来源，银行若再依赖于传统的贷款业务将受制于资金来源有限而难有更大的发展。其出路就在于开拓不动用或少动用银行资金的表外业务。

（三）加入 WTO、金融国际化要求银行积极拓展表外业务

加入 WTO、金融国际化要求中国银行业应办成综合性、多功能、国际化、高效益的国际银行，为此，国内银行必须发展表外业务，谋求多方位发展，争取更多利润。

金融国际化，一方面是国内金融机构走出去，另一方面则是请进来。外资银行与中资银行的竞争不可逆转，经营外汇业务是外资银行的长处，办理离岸业务、表外业务等对外资银行而言是轻车熟路，优势明显。中国银行业要在与外资银行的竞争中取胜，保住自己的客户和业务，就必须按国际惯例开办有关的表外

业务。

三、中国银行业应优先开拓的表外业务

（一）巩固和完善传统的表外业务

国际结算、贷款承诺、信用卡、备用信用证等传统的表外业务大部分已在我国开办。尤其是信用卡业务这几年发展颇快，竞争激烈。对这些传统的表外业务，应加以巩固和提高，在强化管理的情况下进一步推广。

（二）重点突破金融创新业务——衍生工具业务

中国银行业应积极为国内涉外企业在国际金融市场上办理货币和利率互换、货币和利率期货和期权、远期外汇和利率合约等衍生金融业务，主要目的就是为企业的外汇资金保值。

（三）积极介入证券市场，逐步兴办以融资为目的的表外业务

介入证券市场，主要是发展有价证券的代理发行、包销、代理买卖等业务，发展信托、投资资金代理投资等业务，发展证券抵押、代保管等业务。

至于以融资为目的的表外业务，前提条件是证券市场发展到一定水平，如贷款承诺，票据发行便利，贷款证券化等，通过发展这些表外业务，缓解银行资金紧张的困难。

当然，根据我国的《商业银行法》，我国实行银行业与信托业、证券业分离的经营体制，商业银行目前禁止在境内从事信托投资和股票交易等业务。因此，银行介入证券市场，也必须遵守上述法律规定。

必须明确的是，银行发展表外业务，要求有一个良好的经济金融环境，政府和中央银行应努力创造条件，为银行业的健康发展，表外业务的开拓提供宽松的经济金融环境：一是银行应有经营自主权，为此银行应成为现代商业银行；二是发展和完善证券市场、外汇市场，一级市场和二级市场渠道畅通；三是金融管制

不断放松。目前利率管制很严，没有完全实现利率市场化，许多表外业务要开展就不具备条件；四是金融开放。金融国际化将使表外业务的发展水到渠成。

第八章　商业银行风险量化管理

就商业银行风险管理的发展趋势来说，是由主观性较强的定性管理方式向更加模型化、数量化的管理方式转变。前面两章主要从商业银行业务的角度探讨了其风险管理，本章则着重从量化管理的角度来分析商业银行所面对的风险及其控制，主要分析如何对商业银行的信用风险、流动性风险、操作风险以及利率风险进行量化管理。

第一节　商业银行信用风险的量化管理

一、传统的信用风险度量方法

长期以来，在商业银行中经常使用一些信用风险的度量方式和模型，主要包括专家法（5C法）、信用评级法和信用评分法三种。通常，我们把这三种方法称之为传统的信用风险度量法。

（一）专家法（5C法）

专家法的最大特征是：信用评价是由商业银行中经过长期训练的专家所做出的。在专家法下，对信贷所考虑的因素不尽相同。但是，最为常见的方法是通过对五项因素的分析，并在此基础上做出主观的权衡，然后得出信贷决策。这五项因素分别是：

（1）品格（Character）：是一种对企业声誉的度量，主要通过考察其偿债的历史和偿债的意愿来度量其声誉的好坏。

（2）资本（Capital）：资本主要用来衡量企业的自有资本和债务的关系，即资本所有者的股权投入对债务的比率（财务杠杆）。通过企业的杠杆比率可以预测企业破产的可能性。一般来说高杠杆比率意味着比低杠杆比率有更高的破产概率。

（3）偿付能力（Capacity）：主要是指企业偿还债务的能力，可以通过对其收益状况如企业的盈利能力、盈利产生的现金流对债务的偿还能力等的了解来判断其偿付能力的大小。

（4）抵押品（Collateral）：抵押品市场价值的高低、使用年限、专业化程度、交易的难易程度是金融机构考虑是否提供贷款的重要因素。

（5）经营环境（Condition）：主要指借款企业的内部经营环境和外部经营环境。这种分析包括对企业的经营战略、经营方式等微观环境的分析，也包括对各种政治环境、社会环境、商业周期等宏观环境的分析。

在具体的操作过程中，专家除了会考虑到上面所说的五项因素外，还会考虑到其他的一些重要的因素，比如利率水平。利率水平的高低与贷款收益率之间是非线性关系，高的利率可能会造成逆向选择。

也有些银行将信用分析的内容归纳为"5W"或"5P"。"5W"指借款人（Who）、借款用途（Why）、还款期限（When）、担保物（What）及如何还款（How）；"5P"指个人因素（Personal）、目的因素（Purpose）、偿还因素（Payment）、保障因素（Protection）及前景因素（Perspective）。实际上，"5C"、"5W"或"5P"在内容上大同小异。

专家分析法在信用风险分析中发挥着极其重要的作用。但是专家分析法也存在着不足和缺点。在专家分析法下，即使是同一个借款人，在不同的专家评估下，会得出不同的分析结果。同时，专家也很难保持一种一致的判断。针对于专家分析法的这种缺点，可以通过一些标准的分析技术来进行评估。经常使用的分析方法有财务比率指标，常用的财务比率指标如表8-1所示。

表 8-1 信用风险分析中常用的财务比率指标表

类型	比率
运营业绩表现	EBITDA①/销售收入
	净收入/销售收入
	实际有效税率
	净收入/净价值
	净收入/总资产
	销售收入/固定资产
偿债能力	EBITDA/利息
	（自由现金流－资本支出）/利息
	（自由现金流－资本支出－股东分红）/利息
财务杠杆	长期负债/资本金
	长期负债/有形资产净价值
	总负债/有形资产净价值
	（总负债－长期资产）/长期资本②
	长期资产＝总净价值/优先及次级债务
	流动负债/有形资产净价值

---

① EBITDA（Earnings Before Interest，Taxes，Depreciation and Amortization），是指扣除利息、税金、折旧和摊还债款之前的收益。

② 长期资本＝总净价值＋优先股＋次级债务。

类型	比率
流动性指标	流动比率
	速动比率
	库存/净销售额
	库存/净营运资本
	流动负债/库存
	原材料、在建工程及最终产品占库存比例
应收账款	应收账款期限：30 天、90 天、90 天以上
	应收账款回收期

资料来源：《演进中的信用风险管理》，机械工业出版社 2001 年版，第 118 页。

2. 信用评级法

贷款评级的方法有很多，其中美国货币监理署（OCC）开发的 OCC 评级法是目前比较流行的方法之一，该方法将现有贷款组合分为五类，如表 8-2 所示。

表 8-2　贷款组合分类表

贷款级别	损失准备金（%）
特别关注的其他资产（OAEM）	0
未达标准的资产	20
可疑资产	50
损失资产	100
合格/可履约	0

资料来源：安东尼·桑德斯：《信用风险度量》，机械工业出版社 2001 年版，第 13 页。

经过多年的发展，OCC 信用评级法得到了很大的扩展，许多银行机构还根据自己的实际情况开发出了符合自身需要的内部评级方法。其中，大多数银行机构把贷款等级划分为十级，以便进行更加细致的信用评估，表 8-3 列举了相应的贷款评级与债券评级的情况。

表 8-3　贷款评级方法举例及其债券评级的对应表

债券评级	贷款级别	风险程度
AAA	1	最小
AA	2	温和
A	3	平均（中等）
BBB	4	可接受
BB	5	可接受（但要予以关注）
B	6	管理性关注
CCC	7	特别关注
CC	8	未达到标准
C	9	可疑
D	10	损失

资料来源：安东尼·桑德斯：《信用风险度量》，机械工业出版社 2001 年版，第 14～17 页（略有改动）。

在表 8-3 中，合格的级别有六个不同的类别，分别为 1～6 级，而 7～10 级则对应为四种低质量贷款的评级。但是，需要注意的是，债券的评级方法与贷款评级方法并没有完全准确地对应。

3. 信用评分法

信用评分法通过把决定违约概率的重要因素进行综合考虑，并进行加权计算从而得出信用分数。这种方法可以用公式表示为：

$$V(a) = \sum_{i=1}^{n} W_i V_i(a_i) \tag{8-1}$$

其中，W_i 表示各因素的权重，$V_i(a_i)$ 表示各因素的值。

可以利用信用评分法的核心思想来创建信用风险度量模型。

这些模型就是信用评分模型。其中，美国纽约大学斯特商学院教授 Edward I. Altman 的 Z 值模型是最重要的模型之一。

Altman 的 Z 评分模型是一种基于会计数据和市场价值的多变量模型。Z 评分模型是以财务比率为基础，运用多元判别分析方法建立起来的。Z 评分模型将公司借款人进行分类，并且运用线性函数式进行分析，Z 评分模型公式如下：

$$Z = 1.2X_1 + 1.4X_2 + 3.3X_3 + 0.6X_4 + 1.0X_5 \qquad (8\text{-}2) \text{①}$$

其中，$X_1 = \dfrac{营运资本}{资产总值}$；$X_2 = \dfrac{留存收益}{资产总值}$；

$X_3 = \dfrac{利息和税收之前的收益}{资产总值}$；

$X_4 = \dfrac{借款人股本的市场价值}{总负债的账面价值}$；

$X_5 = \dfrac{销售额}{资产总值}$。

一般来说，Z 值越低，表明借款人的财务状况越差，这时存在较大的破产危险；而 Z 值越高，表明借款人的财务状况越好，这时破产的可能性较小。通过 Z 值大小可以把借款人划分为三种情况：当借款人的 Z 值低于 1.81 时，商业银行将其划为"破产组"一类，拒绝为其提供贷款；当借款人的 Z 值高于 2.99 时，商业银行可将其划为"非破产组"一类，可以考虑给其提供贷款；当 1.81<Z<2.99 时，Altman 发现此时利用 Z 值进行判断的失误较大，称此区域为未知区域。Z 值落在该区域的借款人的信用状况必须通过其他方法来判断。

1977 年，Altman、Haldeman 和 Narayanan 对 Z 评分模型进行了改进，推出了 ZETA 信用风险模型。新模型变量由 Z 模型的五个变量上升到七个，模型的使用范围增大，而且 ZETA 模

---

① 对于非上市公司与非制造业，Altman 对原始 Z 评分模型有一些修正。

型分类准确度比 Z 评分模型要高。ZETA 模型的表达式为：

$$ZETA = aX_1 + bX_2 + cX_3 + dX_4 + eX_5 + fX_6 + gX_7 \qquad (8\text{-}3)$$

其中，a、b、c、d、e、f、g 分别表示七个变量各自的系数（由于这七个变量系数属于商业机密，无法确定为准确的数字）。模型中的七个变量分别是：

X_1：资产收益率。为借款企业息前、税前收益占总资产比率。

X_2：收益稳定性指标。为借款企业资产收益率在 5 年或 10 年中变化的标准差。

X_3：债务偿付能力指标。可由息前、税前收益占总利息支付额比率来计算。

X_4：累计盈利能力。为公司留存收益与总资产之比。

X_5：流动性指标，为流动资产/流动负债。

X_6：资本化程度的指标。表示为借款人普通股 5 年平均市场价值与长期资本总额之比。

X_7：规模指标。用企业总资产的对数表示，可以根据企业财务报告的变化做出某种调整。

ZETA 模型的临界值的计算公式为：

$$ZETA_c = \ln \frac{q_1 c_1}{q_2 c_2} \qquad (8\text{-}4)$$

其中，q_1、q_2 分别表示预先估计的概率和非破产概率；c_1、c_2 分别表示一类错误成本（接受差信贷所遭受的贷款损失）和二类错误成本（拒绝好的借款人所遭受的收入损失）。

二、现代信用风险度量模型

近二十年来经济全球化、一体化的趋势进一步加强，传统的信用风险分析方法与技术已经很难适应金融发展的要求。2001年巴塞尔委员会颁布了《新巴塞尔资本协议》（草案），在此《协议》中提出了信用风险管理的模型，主要包括标准法和内部评级法（又可分为内部评级基础法及内部评级高级法）。但是，无论是标准法还是内部评级法都存在很大的不足。因此，巴塞尔委员会也鼓励一些条件成熟的银行使用相当于标准法与内部评级法的信用风险管理模型。以下介绍几个目前在国际上比较流行的信用风险管理模型。

（一）KMV 模型

KMV 模型是由著名的风险管理公司 KMV 公司开发的违约预测模型。它主要计量违约风险。KMV 模型是在定价理论的基础上建立起来的，通过借鉴莫顿的估值模型的思想，来对违约的可能性做出预测。从贷款和期权之间的联系，可以推导出一个违约预测模型。

图 8-1 是关于一笔简单贷款之下银行作为放款人的支付函数。假定这是一笔 1 年期的借款，OB 表示为在折现基础上的借款总额。OA_2 为借款企业利用所借款项投资某种项目所获得的市场价值。如果企业资产的市场价值大于 OB（如 OA_2），则企业在归还银行的贷款之后，还可以获得（$OA_2 - OB$）的利润，贷款企业将有动力归还贷款。如果企业资产的市场价值小于 OB（如 OA_1），则有动力违约。

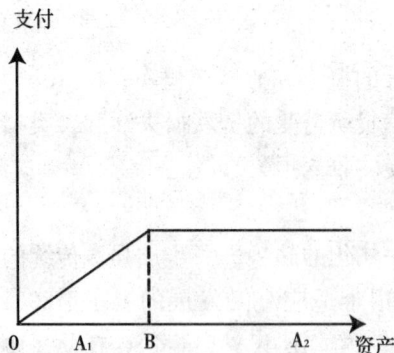

图 8-1　银行贷款支付函数　　图 8-2　看跌期权卖方支付函数

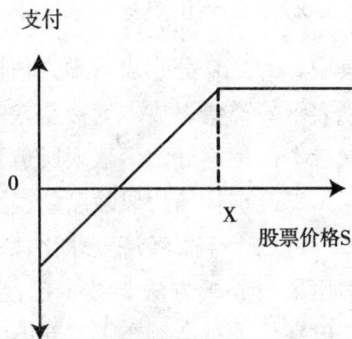

图 8-2 是某种股票看跌的出售者支付函数。S 为股票价格，X 为期权的执行价格。如果股票价格 S 超过期权执行价格 X，那么期权卖方就会获得期权费用；如果股票价格 S 小于 X，那么期权的卖方会有损失。

图 8-1（银行贷款支付函数）和图 8-2（看跌期权卖方支付函数）中上部和底部的呈长尾状风险在形状上十分相似。莫顿注意到了这两种支付函数的相似，并最先认定二者之间在形式上的等价性质。股票看跌估价模型可以用公式表示为：

股票看跌期权价值 $= f(\overline{S}, \overline{X}, \overline{r}, \overline{\sigma}_s, \overline{\tau})$ 　　　　　　(8-5)

相应地，贷款支付函数也可以用公式表示为：

风险贷款的价值 $= f(A, \overline{B}, \overline{r}, \sigma_A, \overline{\tau})$ 　　　　　　(8-6)

其中，S，X，A 和 B 的定义同上（变量上方的短横表示它可通过直接观察获得）；r 是短期利率；σ_s 和 σ_A 分别是企业股权价值和企业资产市场价值的波动性；τ 是看跌期权到期日或表示贷款的时间限度（违约的时限）。

KMV 模型的使用依赖于公司自己统计研究得出的预期违约频率 EDF（The Expected Default Frequency）。EDF 是企业资本结构、资产收益波动性和当前资产价值的函数，是一条连续的曲线。每个企业的预期违约频率并不相同，但可以映射到任何评级体系。尽管 EDF 不依赖转移矩阵，但是已经暗含了利差曲线和信用级别等信息。预期违约频率（EDF）的计算如下：

1. 估计公司的资产价值 V 和资产价值的波动率 σ_A

现在用一般的公式形式来表示贷款违约预测模型，这时的表达式为：

$$E = f(V, B, r, \sigma_A, \tau)$$ 　　　　　　(8-7)

根据 Black-Scholes 期权定价公式[①]，可以得到以下表达式：

$$E = VN(d_1) - Be^n N(d_2) = f(V, B, r, \sigma_A, \tau) \quad (8\text{-}8)$$

其中，$d_1 = \left[\ln\left(\dfrac{V}{B}\right) + \left(r + \dfrac{1}{2}\sigma_A^2\right) \tau/\sigma_A \sqrt{\tau}\right]$

$$d_2 = d_1 - \sigma_A \sqrt{\tau}$$

式中，E 为公司股票市值；

$\qquad$ B 为公司债务面值；

$\qquad$ V 为公司资产市场价值；

$\qquad$ τ 为公司债务期限；

$\qquad$ σ_A 为资产价值的波动率。

然后根据公司股权价值波动性和公司资产价值波动性之间的关系可以构建另一个等式：

$$\sigma_E = g(\sigma_A) \quad (8\text{-}9)$$

其中，σ_E 表示为股权价值波动性。

利用 8-7 式和 8-8 式借助连续迭代法可以求解出 V 和 σ_A。这两个方程为非线性方程，可以通过以下迭代式求解：

$$\begin{bmatrix} \sigma'_A \\ V' \end{bmatrix} = \begin{bmatrix} \sigma_A \\ V \end{bmatrix} + \begin{bmatrix} \dfrac{\partial f}{\partial \sigma_A} & \dfrac{\partial f}{\partial V} \\ \dfrac{\partial g}{\partial \sigma_A} & \dfrac{\partial g}{\partial V} \end{bmatrix}^{-1} \begin{bmatrix} f(\sigma_A, V) - E \\ g(\sigma_E, V) - \sigma_E \end{bmatrix} \quad (8\text{-}10)$$

2. 计算违约距离 DD (Distance to Default)：

违约距离的公式如下：

$$DD = \frac{E(V) - \hat{D}}{E(V)\sigma_A} \quad (8\text{-}11)$$

---

① 参见博迪、莫顿：《金融学》，中国人民大学出版社 2000 年版，第 383~385 页。

式中，DD 表示违约距离；

　　E（V）表示资产的预期价值；

　　σ_A 表示为一段时期内资产的波动性；

　　$\hat{D}$ 表示违约点价值。

例如，一家公司一年后的预期资产价值为 10 亿元，违约点价值是 8 亿元，资产价值的波动性为 10%，则其违约距离为：

$$DD = \frac{10-8}{10 \times 10\%} = 2 \text{ 个标准差}$$

3. 计算出预期违约频率（EDF）

KMV 公司运用违约概率的经验分布来推算预期违约概率。KMV 公司利用大量公司违约的历史数据，可以在给定时间段内将 DD 与实际的违约概率映射起来。如上例，KMV 通过收集一定数量的违约距离为 2 个标准差的公司的历史数据，通过观测它们在历史上的违约次数的比率，就可以获得经验的 EDF。例如收集到 1000 个违约距离为 2 个标准差的公司的借款记录样本，其中有 200 家公司在一年后违约，则：

$$EDF = \frac{200}{1000} = 20\%$$

（二）CreditMetrics 模型

J. P. 摩根公司协同其他机构开发了著名的 CreditMetrics 模型，这种模型可用于度量市场风险。CreditMetrics 在 1997 年首次发表并得到了广泛的推广。现在已经成为当今国际上主要的信用风险度量工具之一。CreditMetrics（信用风险度量术）主要是基于计算 VAR 法的体系构建的。CreditMetrics 模型的主要作用是估计贷款和债券类金融产品的组合在一定期限内的价值变化的远期分布。该模型基于这样的假设：某一特定时间内（通常为一年）贷款组合价值的分布与将来债务人的信用等级变化相关，而债务人的信用等级在未来可能上升、下降、违约或者维持不变。另外，假设此模型的信用等级的变动过程为稳定的马尔科夫过程，则意味着贷款本期信用等级变动与以前信用等级变动情况不相关。

1. CreditMetrics 模型的基本框架

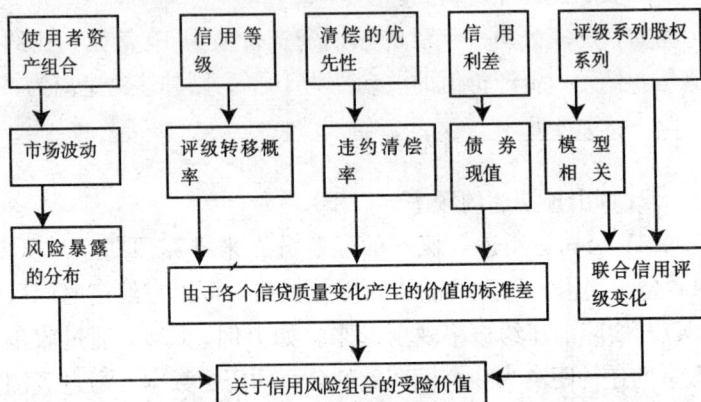

图 8-3　CreditMetrics 模型框架

资料来源：J. P. Morgan CreditMetrics Technical Document.

2. VAR 值的计算

VAR（Value at risk），也称在险价值，是指在正常的市场环境下，在给定的时间区间和置信区间（比如 95%，97.5%，99%等）时，预期特定的资产或负债在给定的时间内可能发生的最大的（价值上的）损失。

一般来说，贷款不能公然地直接交易，这样我们得不到 P（贷款的市场价值），也不能观察到 σ（贷款价值在观察期内的波动性）。但是，利用以下几个条件可以为任何非交易性贷款计算出一组 P 和 σ，随之计算出个别借款和贷款组合的 VAR 值。这四个条件是：（1）可得到的借款人的信用评级；（2）下一年信用评级发生变动的概率；（3）违约贷款的回收率；（4）贷款市场上的信用风险价差和收益率。

CreditMetrics 模型具体的操作步骤如下：

（1）确定贷款人的信用等级

作为计算的开始步骤，最先要确定的是需要借款的公司现在所处的信用级别。CreditMetrics 模型认为信用风险来源于借款公司信用等级的变化。公司成功、失败或者利润上升、下降等事件对其归还借款的能力的影响可通过信用等级的变化表现出来。这种信用等级的确定可以参考标准普尔公司或其他公司的评级体系。

（2）估测借款人信用评级的变动概率

在一定的期限内，由当前信用等级变化到所有其他信用等级的概率，就可以得出转移矩阵。基于普尔公司、穆迪公司、KMV 公司或其他公司所收集的历史数据，可以得出一年期的信用等级转换概率的矩阵表（见表 8-4）。

表 8-4　一年期信用等级迁移矩阵

初始等级	年末等级转换概率%							
	AAA	AA	A	BBB	BB	B	CCC	违约
AAA	90.81	8.33	0.68	0.06	0.12	0	0	0
AA	0.70	90.65	7.79	0.64	0.06	0.14	0.02	0
A	0.09	2.27	91.05	5.52	0.74	0.26	0.01	0.06
BBB	0.02	0.33	5.95	86.93	5.36	1.17	0.12	0.18
BB	0.03	0.14	0.67	7.73	80.53	8.84	1.00	1.06
B	0	0.11	0.24	0.43	6.48	83.46	4.07	5.20
CCC	0.22	0	0.22	1.30	2.38	11.24	64.86	19.79

资料来源：CreditMetrics 技术支持，J. P. Morgan. 1997。

（3）贷款现值的估计

在考虑信用级别转移的基础上，可以估算出各种信用转移可能性的借款的市场价值。当借款人下一年的信用等级变动后，其资产价值就会发生相应的变动。如果借款人信用等级下降，信用风险就会增加，则对银行而言这笔贷款的现值就会下降；反之，如果借款人信用等级上升，则贷款的现值就会上升。贷款的现值公式可以表示为：

$$P = \sum_{i=0}^{t=n-1} \left[\frac{D}{(1+r_i+s_i)^i} + \frac{A}{(1+r_{n-1}+s_{n-1})^{n-1}} \right] \tag{8-12}$$

其中，P 表示贷款的现金流量现值；

D 表示贷款年利息额；

A 表示贷款本金；

r_i 表示无风险利率（远期零利率）；

s_i 表示贷款的年度信用风险价差。

在一些国家，比如美国，有专门的咨询公司，如 Birdgeand company，计算不同信用等级与贷款的年度信用风险价差 s_i 等数据，且经常更新（一般一周更新一次）。可以通过这些数据来计算贷款的现值。

（4）贷款 VAR 值的确定

通过以上信用等级转换的概率和贷款资产的现值计算可以求出这笔贷款下一年均值、方差和标准差。在假定该贷款合乎正态分布的情况下，根据这些数值，可以直接求出在一定的置信度情况下该笔贷款的 VAR 值。比如，要求是 95％的置信度，则所求得的 VAR 是 1.65σ（标准差）；如果要求是 99％的置信度，则所求得的 VAR 是 2.33σ。当然，有些贷款的信用状况并不一定是正态分布，这时可使用其他方法，比如使用线性插值法来计算。

（5）多种组合贷款信用风险的计算

在实际操作上，计算多种组合贷款的信用风险的意义大于计算一笔贷款的信用风险大小的意义。根据表 8-4，一种贷款的信用等级的变化有八种情况，而对于两种贷款的组合而言则有 8×8 种状态值，对于 n 种贷款组合而言则有 8^n 种状态值。一般而言，借款人信用等级的变化的发生并非是完全独立的，而是具有一定的相关性。对于贷款资产组合的期望值和方差的计算公式[①]如下：

$$E\left(r_p\right) = \sum_{i=1}^{n} W_i E\left(r_i\right) \tag{8-13}$$

$$\sigma_p^2 = \sum_{i=1}^{n} W_i^2 \sigma_i^2 + \sum_{\substack{i=1 \\ i \neq j}}^{n} \sum_{j=1}^{n} w_i w_j \mathrm{cov}\left(r_i, r_j\right) \tag{8-14}$$

（三）Credit Risk＋模型

Credit Risk＋模型是由瑞士信贷银行于 1996 年开发的信贷风险管理模型。此模型主要是建立在保险精算理论的基础上。Credit Risk＋模型不考虑信用评级的变动所引起的资产价值的变动，而只是考虑违约或者不违约两种情况。对于任何一种贷款来说，它只可能存在两种情况：要么履行合约，要么违约。Credit Risk＋模型通过计算贷款组合的违约频率和损失的严重程度，然后计算出违约损失分布来度量信用风险。Credit Risk＋模型的基本分析框架如图 8-4 所示。

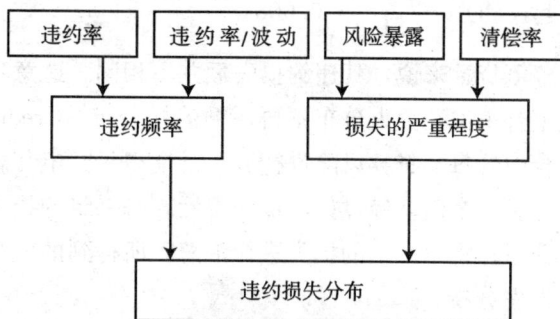

图 8-4　Credit Risk＋模型的基本分析框架图

---

① 如何以一种更加简单的方式求 N 种资产组合的分布期望值与方差解，可参考安东尼·桑德斯：《信用风险度量》，机械工业出版社 2001 年版，第 163 页。

Credit Risk＋模型的假定如下：

（1）在相同的时期（比如一年）内违约概率相同；

（2）对于一个借款组合而言，每一笔贷款的违约概率很小；

（3）对于众多的债务人而言，每一笔贷款的违约概率相互独立。

在以上三个假设的条件下，在某段时期内（假设为一年）借款人违约的概率可以表示为泊松分布：

$$P(n \text{次违约}) = \frac{\mu^n e^{-\mu}}{n!}, n = 0, 1, 2, \cdots \qquad (8\text{-}15)$$

其中，μ 表示每年违约的平均数；

n 表示每年的违约数量。

因此，如果某个贷款组合有 100 笔贷款，平均有 3％会违约，其每年的违约平均数 $\mu = 100 \times 3\% = 3$，则其有 8 起违约的概率为：

$$P(8 \text{起违约}) = \frac{3^8 e^{-3}}{8!} = 0.008$$

对于各笔贷款来说，其违约损失额并不相同。这意味着对于整个贷款组合来说，损失分布不再遵循泊松分布。Credit Risk＋将贷款组合中的每笔贷款风险进行分组，使得每一组贷款的风险暴露近似等于某个值。经过如此操作之后，每一组的损失分布将遵循泊松分布。将每一组的损失进行汇总，所得到的就是整个贷款组合的损失分布。

现假设每笔贷款组合分为 m 个组，风险暴露单位为 L，每组的风险暴露为 V_j（$1 \leqslant j \leqslant m$），每组的期望损失为 ε_j（$j = 1, 2, \cdots, m$），每组的期望违约次数为 u_j，A 代表一项贷款，其风险暴露为 L_A，标准暴露值为 V_A，违约概率为 P_A，则有：

$$u_j = \frac{\varepsilon_j}{V_j} \qquad (8\text{-}16)$$

$$\varepsilon_A = \frac{L_A \times P_A}{L} \qquad (8\text{-}17)$$

根据（8-16）式、（8-17）式有

$$u_j = \frac{\varepsilon_j}{V_j} = \sum_{A'V_A=V_j} \frac{\varepsilon_A}{V_A} \qquad (8\text{-}18)$$

每一组贷款组合损失概率的生成函数为：

$$G_j(Z) = \sum_{n=0}^{\infty} P(loss = nL)Z^n = \sum \frac{e^{-u_j}u_j^n}{n!}Z^{nv_j} = \exp(-u_j + u_j z^{vj})$$
$$\qquad (8\text{-}19)$$

可得整个资产组合的概率生成函数：

$$G(z) = \prod_{j=1}^{m} \exp(-u_j + u_j z^{vj}) = \exp(-\sum_{j=1}^{m} u_j + \sum_{j=1}^{m} u_j z^{vj}) \qquad (8\text{-}20)$$

利用（8-20）式概率生成函数，可得到整个投资组合的损失分布：

$$P(loss = nL) = \frac{1}{n!}\frac{d^n G(z)}{dz^n}\bigg|_{z=0} \qquad (8\text{-}21)$$

其中，$n = 1, 2, 3\cdots\cdots$。

（四）Credit Portfolio View 模型

Mckinsey 公司于 1998 年开发了 Credit Portfolio View 模型。该模型是一种用于分析贷款组合风险和收益的多因素模型，它侧重考虑在各种宏观经济环境的条件下如何来估算公司的违约概率。这种模型主要是运用经济计量学和蒙特卡罗模拟来实现。Credit Portfolio View 模型认为信用质量的好坏与整个国家宏观经济相关：当一个国家的宏观经济繁荣时，违约和降级的情况就会有所减少，与此相反，当一个国家的宏观经济出现衰退时，违约和降级则会增加。Credit Portfolio View 模型通过宏观经济因素与违约和转移概率相互结合来度量信用风险。

1. 违约预测模型

Credit Portfolio View 模型的违约概率由以下公式来表示：

$$P_{j,t} = \frac{1}{1 + e^{-Y_{j,t}}} \tag{8-22}$$

其中，$P_{j,t}$ 是指某借款人 j 在某个时期 t 内的条件违约概率；$Y_{j,t}$ 为 j 国家/行业借款人在某个时期 t 内各种宏观经济指数，这种宏观指数由许多的因素所决定，$Y_{j,t}$（宏观指数）与其影响因素之间的关系可以表示为：

$$Y_{j,t} = \beta_{j,o} + \beta_{j,1}X_{j,1,t} + \beta_{j,2}X_{j,1,t} + \cdots + \beta_{j,m}X_{j,m,t} + \upsilon_{j,t}$$

$$\tag{8-23}$$

其中，$\beta_j = (\beta_{j,0}, \beta_{j,1}, \beta_{j,2}, \cdots, \beta_{j,m})$ 是对 j 国家/行业借款人估计的系数；$X_{j,t} = (X_{j,1,t}, X_{j,2,t}, \cdots, X_{j,m,t})$ 是 j 国家/行业 t 时期内宏观经济变量值；

$\upsilon_{j,t}$ 是独立于 $X_{j,t}$ 的误差项，有 $\upsilon_{j,t} \backsim N(0, \sigma_j)$

2. Credit Portfolio View 模型损失分布的计算

根据 Credit Portfolio View 模型的思想，借款人的违约概率受到整个宏观经济变化的影响，这种影响用公式可表示为：

当经济衰退时，$\dfrac{SDP_t}{\phi SDP} > 1$；

当经济扩张时，$\dfrac{SDP_t}{\phi SDP} > 1$。 $\tag{8-24}$

其中，SDP_t 是模拟估算的特定等级借款人的违约率；

ϕSDP 是特定等级借款人无条件（历史平均数）的违约概率。

Credit Portfolio View 模型使用以上的比率来调整转移矩阵的转移概率。这里的转移矩阵是根据标准普尔公司所收集的历史数据建立的，用 ϕM 来表示。根据经济的发展情况，利用所得到的比率可以生成转移矩阵 M：$M_t = M(P_{j,t}/\phi SDP)$。在 $t = 1, T$ 时期内可以模拟 $P_{j,t}$，由此可以产生多期转移矩阵。通过模拟多次转移矩阵，可以产生各种时期内各类级别借款人的转移概率分布。

第二节　流动性风险的量化管理

流动性风险是商业银行经常面对的风险。从表面上看，银行的流动性是一个极为简单的概念，给人的感觉似乎流动性风险的量化是一件很容易的事情，事实上并非如此。流动性风险的量化目前仍然是一个难题，还没有形成在理论上、实践上可行的能够全面准确的反映流动性风险的量化标准。以下介绍几种比较流行的流动性风险量化的方法。

一、流动性风险指标体系

（一）流动性指数

流动性指数用来衡量银行在特定状况下所面临的风险损失。对于任何一个银行来说，它都会保留一定的资产来保证其经营的正常性。在正常的情况下，当银行要出售其资产时，资产可以适当的、合理的市场价格出售。但是，在一些情况下（比如银行急需一笔现金的情况），银行可能会以比合理的市场价格更低的价格出售其资产。流动性指数衡量了银行的潜在性亏损。该指数越小，表明资产组合的流动性越大；反之，该指数越大，表明资产组合的流动性越小。用公式来表示为：

$$I = \sum_{i=1}^{N} \left[W_i \left(\frac{P_i}{P_i^*} \right) \right] \tag{8-25}$$

其中，W_i 表示每项资产在银行资产组合中所占的比重；

P_i 表示非正常的情况下出售资产的价格；

P_i^* 表示正常情况下出售资产的合理价格。

流动性指数通常在 $0 \sim 1$ 之间，银行之间的流动性指数可以相互比较。从实践的角度来看，流动性指数在同类规模银行之间的比较更有意义。

（二）存款集中度

对于银行来说，它所能吸收的存款的集中程度对其的风险程度影响很大。当一个银行存款的集中度比较高时，它所要面对存款人提前支取的风险也就越高。存款集中度的计算公式可以表示为：

$$L = \sum_{i=1}^{n} E_i \times W_i \tag{8-26}$$

其中，L 代表存款集中度；

E_i 表示存款规模等级 I 的存款份额；

W_i 表示存款规模等级 I 的权重。

这里还涉及到银行对大额负债的依赖程度。对于一个银行来说，如果其存款的集中度很高，并且对大额负债的依赖程度较大，则意味着该银行面对较大的流动性风险。银行对大额负债的依赖程度可以用公式表示为：

$$LLD = \frac{大额负债 - 临时投资}{盈利资产 - 临时投资} \tag{8-27}$$

式中 LLD 表示银行对大额负债的依赖程度。一般而言，一家银行 LLD 越高，说明该银行承担流动性风险越大。当 LLD 为负数或者为极小值时，表明该银行资产具有一定的流动性。

（三）流动性比率

流动性比率分为两方面的含义：一方面指的是资产的流动性；另一方面指的是负债的流动性。银行资产的流动性主要指一项资产变现的难易程度。资产流动性通常表示为银行的某项特定资产占总资产的比率。一般来说，流动性较高的资产，在二级市场有较低的违约风险、较近的到期日和较大的交易量等特征。负债的流动性指的是流动性资产与流动性负债比率。该比率愈低，则表明该商业银行流动性风险愈高。流动性资产与流动性负债的比率反映了当市场发生对银行不利变动时，银行所能承受流动性风险。从理论的角度来看，流动性比率简单易行。但是，在具体的实践中，却存在着难以界定流动性资产等问题。所以，流动性资产这一比率并不能够全面衡量流动性风险。

二、流动性动态衡量方法：流动性缺口

上面所介绍的一些指标与方法主要是对于银行某一个时点的状况进行分析，属于静态分析方法。静态分析方法带有许多缺陷，对于流动性风险的分析也不准确。正因为如此，众多的银行开始采用一些所谓的动态的流动性风险分析方法，以便更准确进行流动性风险的管理。

（一）流动性缺口

所谓流动性缺口指的是银行资产和负债之间的差额。流动性缺口能够反映出银行的流动性风险。流动性缺口具有两种情况：其一，静态缺口（Static Gap），静态缺口反映了目前的资产和负债的情况。其二，动态缺口（Dynamic Gap），它反映在一定的时间段内，资产的变动与负债变动之间的比率。动态缺口反映的是所谓的"边际缺口"的情况。"边际缺口"的含义是银行资产和负债变化值之间的比率。

具体来说，银行出现流动性缺口的原因有两个：其一，资产和负债之间不匹配的余额；其二，资产和负债的不断变化。

尽管流动性缺口分析能够对银行流动性的现状有大致的描述。但是，流动性缺口法仍然有许多的缺点。比如，流动性缺口分析不能对银行的贷款能力进行评估。而且，在具体的操作中，也很难对某些资产和负债进行期限划分，往往只能依靠主观的判断，而没有一些客观的标准。

（二）净流动性资产

净流动性资产定义为银行流动性资产和不稳定负债之间的差值。当流动性资产大于不稳定性负债时，净流动性资产的值为正；如果不稳定性负债大于流动性资产，此时净流动性资产的缺口为负。

对于净流动性资产的分析，我们可从静态与动态二方面来进行分析。首先，我们分析静态净流动性资产的情况。在静态净流动性资产中，银行将其资产负债表两边的项目进行归纳。在资产负债表的左边（即资产项目），我们把资产分为流动性和非流动性资产两类；在资产负债表的右边，则把负债分为不稳定性和稳定性两大类。净流动性资产静态结构分析图如图 8-5 所示。

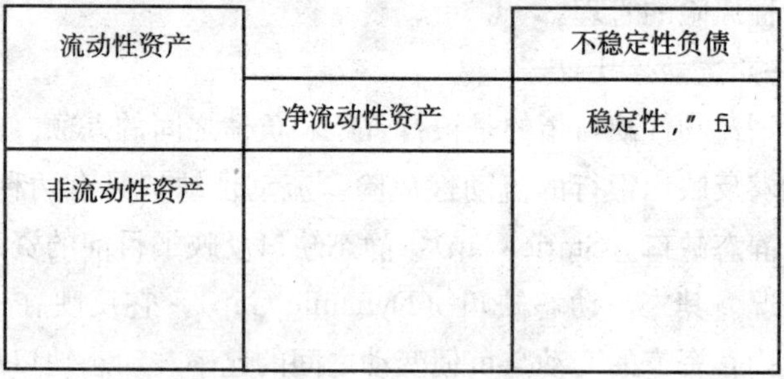

流动性资产		不稳定性负债
	净流动性资产	稳定性，" fi
非流动性资产		

图 8-5 流动性缺口静态分析图

资料来源：葛奇，霍团结，黄小军：《美国商业银行流动性风险和外汇风险管理》，中国经济出版社 2001 年版，第 82 页。

至于如何对资产负债表中的各项目进行具体的归类与划分，不同的国家有不同的标准与划分方式，并没有统一的标准与划分方式来把各项目进行归类。表 8-5 介绍了美国银行对各项的分类。

表 8-5 美国银行资产与负债项目分类表

资产	流动性	联邦资金出售，短期政府债券，短期市政债券，不会重续的贷款
	非流动性	存放同业的现金储备，抵押贷款，银行楼宇及设备，逆向回购协议

负债	不稳定	季节性存款，偶发性存款，短期借款，低利率存款，联邦资金购买和回购协议
	稳定	稳定的活期存款，支票储蓄存款，浮动利率存款，长期存款，资本票据，股本

资料来源：葛奇，霍团结，黄小军：《美国商业银行流动性风险和外汇风险管理》，中国经济出版社 2001 年版，第 83 页。

动态的净流动性资产模型是在计算出银行目前的流动性缺口的基础上，将未来的贷款增量和存款增量加入上述结构中，具体如图 8-6 所示。

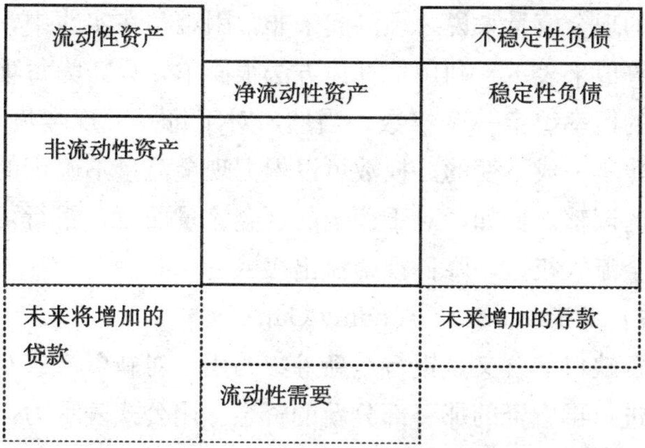

图 8-6　流动性缺口动态分析图

资料来源：葛奇，霍团结，黄小军：《美国商业银行流动性风险和外汇风险管理》，中国经济出版社 2001 年版，第 84 页。

图 8-6 的左边表示银行资产方的增长，右边表示资金来源主要来自存款增长。如果预测的贷款增加量大于未来存款的增加量，那么银行将存在流动性需求。相反，银行存在过多的流动性

资产。

（三）现金流量法

现金流量法是商业银行使用较多的一种流动性风险的量化管理模型。在现金流量法中，把现金流量的概念划分为实际的现金流量和潜在的现金流量两类。实际现金流量指的是按照合同规定发生的现金流量，比如，即将到期的资产（现金流入）和即将到期的负债（现金流出）。在具体的业务实际中，并非所有的现金流量都表现为实际现金流量。还有相当一大部分的现金流量表现为"潜在性"的现金流量。比如，可变现的未到期资产和无固定期限的零售存款都表现为"潜在性"的现金流量。在某种程度上，这种潜在的现金流量超过了实际现金流量。

对于实际的现金流量，可以比较方便地进行预测。但是，对于潜在的现金流量来说，预测起来非常困难。在实践中，通常是采取估算值来表示。利用估算值方法很简单，只需为每项现金流量发生的概率设定一个权数。当然，对于每一种现金流量而言，权数并非是一成不变的。权数可以根据现金流量不确定的程度进行适当的调整。比如，对于稳定的现金流量而言，银行可能大幅调高现金流入权数，降低现金流出权数。

（四）融资缺口法（Funding Gap）

融资缺口的含义是银行重新筹集的用于对新资产进行融资及对负债进行再融资的那一部分新的资金。用公式表示为：

$$FG = 资金总需求量 - 资金来源（稳定性部分） \qquad (8\text{-}28)$$

其中，FG 表示融资缺口。

在使用融资缺口度量流动性风险时，必须对什么是融资总需求量及稳定的资金来源进行确认。不同的国家有不同的划分。这里，我们仅仅举例出美国商业银行的划分方法，见表8-6。

表 8-6　融资缺口表

融资总需求量	稳定的资金来源
对总资产的融资额	股本
尚未使用的授信额度	长期负债
扣除：流动性资产	稳定的短期负债
扣除：短期、可自由处置的资产	尚未使用的融资能力

资料来源：葛奇，霍团结，黄小军：《美国商业银行流动性风险和外汇风险管理》，中国经济出版社 2001 年版，第 87 页。

融资缺口被称为"不稳定的融资"。这些资金来源对信贷风险具有比较高的敏感性。当银行面临流动性问题时，意味着银行的风险增加。

（五）基于期限结构的度量

对于任何商业银行来说，都要面对这么一个问题：资产和负债期限结构匹配的问题。作为一个商业银行，总是希望资金的来源与资金的运用期限结构相一致。当商业银行的资产和负债期限能够相匹配时，商业银行面对比较小的流动性风险。当商业银行资产和负债期限不能很好匹配时，就会引起资金周转不灵，可能出现到期的负债不能及时偿付的现象，这意味着较大的流动性风险。因此，资产负债管理应该尽量使资产的收入现金流的时间和数额与负债的支出现金流的时间和数额相匹配。

我们可以利用久期技术来度量这类流动性风险。首先，我们引进 Macaulay 的久期计算公式：

$$D = \sum_{i=1}^{mt} w(t) \times \left(\frac{t}{m}\right) \tag{8-29}$$

其中，t 代表现金流的序次数，m 代表每年发生的现金流的次数。对于一个资产组合的久期计算，可以通过各个单个资产的加权平均来计算。这时，权重就是各个单个资产的市场价值除以资产组合的总市场价值。

对于一个由 n 种资产组成的资产组合，它们久期分别是 D_1，D_2，$\cdots$，D_n，数量分别是 N_1，N_2，$\cdots$，N_n。可以写出这个资产组合的久期为：

$$D = \sum_{i=1}^{n} \left(\frac{N_i}{\sum\limits_{i=1}^{n} N_i} \right) \times D_i \tag{8-30}$$

假定商业银行的资产和负债的期限共有 n 种。资产的数量分别表示为 x_1，x_2，$\cdots$，x_n，负债的数量分别为 y_1，y_2，$\cdots$，y_n，则有 $\triangle_i = x_i - y_i$。这里设 $\triangle_i$ 的久期值为 D_i。则我们可以计算出对于组合 $\triangle_i$ 来说，久期值 D 为：

$$D = \sum_{i=1}^{n} \left[\frac{(x_i - y_i)}{\sum\limits_{i=1}^{n} \triangle_i} \right] \times D_i \tag{8-31}$$

当 D＞0 时，意味着流动性风险较小。

当 D＜0 时，意味着流动性风险较大。

第三节　操作风险的量化管理

如何进行操作风险的计量，一直是商业银行在积极探索的一个重要的问题。在过去相当长的一段时间内，商业银行都是采用定性的方式来进行操作风险的分析，这些方法主要是通过一些操作手册和风险清单的方式来进行。近些年来，随着各类金融产品和服务方式的不断创新，银行业全球性竞争的加剧，商业银行对于操作风险的管理要求不断提高，希望能够更准确的度量操作风险。在此背景下，商业银行如何将操作风险进行定量化处理成为一个比较新的研究领域。

1998 年巴塞尔委员会公布了有关于操作风险的报告，1999年提出了银行风险"最小监管资本要求"，这是推动操作风险模型化的标志性事件。2001 年，巴塞尔委员会公布的关于操作风险的咨询意见稿中，将操作风险度量的模型初步定为基本指标法、标准法、内部衡量法、损失分布法四种。之后不久，根据众多银行所实行的一些具体的操作风险度量的高级模型的不同情况，提出了高级衡量法的概念。

根据巴塞尔委员会的分类方法，现行的操作风险的度量模型可以划分为三类：基本指标法、标准法和高级衡量法，其中高级衡量法又包括内部衡量法、损失分布法、极值理论模型、积分卡以及其他一些新的高级衡量法。本书介绍基本指标法、标准法和高级衡量法中的内部衡量法、损失分布法及极值理论模型。

一、基本指标法

基本指标法也称为单一指标法，它不区分金融机构的经营范围、种类、规模和业务的类型，而是把操作风险的资本要求同代表银行总体风险暴露的某项指标联系起来，统一使用一个风险。采用基本指标法时银行所持有的操作风险资本应等于前三年总收入的平均值乘上一个固定比例（用 α 表示）。资本计算公式如下：

$$K_{BLA} = GI \times \alpha \tag{8-32}$$

其中，K_{BLA}＝基本指标法需要的资本，$GI=$ 前三年总收入的平均值，$\alpha=15\%$，由巴塞尔委员会设定，将行业范围的监管资本要求与行业范围的指标联系起来（巴塞尔委员会曾经经过多次数据收集和分析，认为基本指标法监管资本应达到现行最小监管资本的 12%。在此基础上，巴塞尔委员会设定 $\alpha=15\%$）。

例如，某商业银行 2000 年、2001 年和 2002 年的总收入水平分别为 9 亿、10 亿和 11 亿。则此商业银行在 2003 年的操作风险应为：

$$K_{BLA} = \frac{9+10+11}{3} \times 15\% = 1.5 亿$$

需要注意的是，在巴塞尔委员会的定义中，总收入的定义为净利息收入加上非利息收入（以各国的监管当局和/或各国会计规定为准）。

基本指标法十分的简单，巴塞尔委员会并没有对该方法提出具体标准，但是鼓励采用此方法的银行遵循委员会于 2003 年 2 月发布的指引《操作风险管理和监管的稳健做法》。

基本指标法的特点在于不区分银行的经营范围和业务类型，统一使用一个风险指标，这主要使得在具体的操作与计算上方便易行，但同时也过于简略，而且对于全部的银行使用统一的 α，并不适合银行的具体情况。这种方法主要适用于业务范围较小的小银行，对于国际性的大银行，巴塞尔委员会鼓励使用更为准确的操作风险度量方法。

二、标准法

标准法又称为多指标法，它是基本指标法的一种改进。标准法能够为银行操作风险的度量提供一种更为准确的方法。在标准法下，银行业务可以划分成八个产品线：公司金融（corporate finance）、交易和销售（trading & sales）、零售银行业务（retail banking）、商业银行业务（commercial banking）、支付和清算（payment & settlement）、代理服务（agency services）、资产管理（asset management）和零售经纪（retail brokerage）。通过这些产品线的风险暴露指标与其适用的系数（用 β 值表示）相乘，可以获得全部的监管资本总额。标准法的公式为：

$$K_{TSA} = \Sigma \ (GI_{1-8} \times \beta_{1-8}) \tag{8-33}$$

或者记为：$K_{TSA} = \Sigma \ (GI_i \beta_i)$ \qquad\qquad (8-34)

其中，K_{TSA} = 用标准法计算的资本要求，GI_i 为第 i 种类别的风险暴露指标，目前使用的是各个产品线过去三年的年平均总收入作为这一指标。β_i 是由委员会设定的固定百分数，这个固定的百分数与基本指标法一样，要达到最小监管资本的 12%。这样就建立了 8 个产品线中各产品线的总收入与资本要求之间的联系。

各个产品线的分类以及相应的 β 值之间的关系详见表 8-7 与表 8-8。

表 8-7 产品线对应表

产品线对应表（Mapping of Business Lines）		
1级目录	2级目录	业务群组
公司金融	公司金融	兼并与收购，承销、私有化，股本，证券化，首次公开发行上市，配股等
	市政/政府金融	
	商人银行	
	咨询服务	
交易和销售	销售	固定收入，股权，外汇，信贷商品，融资，自营证券头寸，贷款和回购，经纪，债务，经纪人业务
	做市	
	自营头寸	
	资金业务	
零售银行业务	零售银行业务	零售贷款和存款，银行服务，信托和不动产
	私人银行业务	私人贷款和存款，银行服务，信托和不动产，投资咨询
	银行卡服务	商户/商业/公司卡，零售店品牌（private labels）和零售业务
商业银行业务	商业银行业务	项目融资，不动产，出口融资，贷款贸易融资，保理，租赁，担保，汇票
支付和结算①	外部客户	支付和托收，资金转账，清算和结算
代理服务	托管	第三方账户托管，存托凭证，证券贷出（消费者），公司行为（Corporate actions）
	公司代理	发行和支付代理
	公司信托	

① 与银行自营业务有关的支付和结算损失反映到受影响的产品线的损失记录当中。

续表 8-7

产品线对应表（Mapping of Business Lines）		
1级目录	2级目录	业务群组
资产管理	可支配基金管理	集合，分散，零售，机构，封闭式，开放式，私募基金
	非可支配基金管理	集合，分散，零售，机构，封闭式，开放式
零售经纪	零售经纪业务	执行指令等全套服务

资料来源：银监会翻译：《巴塞尔新协议征求意见稿》（第三稿），2003.4。

表 8-8 产品线系数表

产品线	β 系数
公司金融（β_1）	18%
交易和销售（β_2）	18%
零售银行业务（β_3）	12%
商业银行业务（β_4）	15%
支付和清算（β_5）	18%
代理服务（β_6）	15%
资产管理（β_7）	12%
零售经纪（β_8）	12%

资料来源：银监会翻译：《巴塞尔新协议征求意见稿》（第三稿），2003.4。

标准法改进了基本指标法过于简单的计算方式，把银行的行为细分为了不同的产品线，而且每个产品线使用了不同的风险比例。有利于银行更好的度量操作风险。但是，在具体的实践中，同一产品线中不同的业务所导致的操作风险损失并不相同。通过该方法计算出来的各产品线的操作风险并不能够直接与金融机构实际存在的操作风险相匹配。所以，这种方法仍然很难适合规模较大的银行，主要适合于规模较小的银行。

三、高级衡量法

（一）内部衡量法（Internal Measurement Approach）

内部衡量法是一种比较复杂的操作风险度量方法，类似于信用风险度量中的内部评级法。内部衡量法在标准法的基础上进一步把八个产品线划分了七个事故类型。这七个事故类型为：内部欺诈，外部欺诈，雇佣行为和职场安全，顾客、产品和商业行为，对实物资产的损坏，商业中断和系统失灵，执行、派送和过程管理。七个事故类型和八个产品线共可以组成 56 个组合。在此基础上，对每个产品线/事故类型组合规定一个风险暴露指标（EI），该指标代表着该产品线操作风险暴露的规模或数量，它与每个产品线的操作风险损失具有显著的正相关关系。银行可以通过期望损失比率（ELR）来计算每个产品线/事故类型组合的预期损失（EL）：

$$EL = EI \times ELR \tag{8-35}$$

其中，ELR 为期望损失比率，$ELR = PE \times LGE$；PE 为一定期间损失事故发生的概率；LGE 为给定损失事故发生的前提下的损失比率。从而可以得到

$$EL = EI \times ELR = EI \times PE \times LGE \tag{8-36}$$

PE 和 LGE 的估算要求使用大量的银行内部数据来计算，对于银行历史损失数据不足的银行来说，可以通过行业整体数据来弥补银行自身参数估计的不足。比如，在监管机构认定的某一权重 ω 下，有

$$PE = \omega \times PE_{(内部)} + (1-\omega) \times PE_{(行业)} \tag{8-37}$$

银行所持有的操作风险由期望损失 EL（损失分布的均值）和非预期的损失 UL（损失分布的尾部）的关系来确定。两者的关系存在着线性关系和非线性关系两种。

如果 EL 和 UL 两者之间呈现的是线性关系，则操作风险的

配置要求为：

$$K_{IMA} = \sum_i \sum_j \gamma_{i,j} EL_{i,j} \qquad (8\text{-}38)$$

其中，i 代表产品线的类别，j 代表事故类型，$\gamma_{i,j}$ 是将 i 产品线类别/j 事故类型组合的预期损失 EL（i, j）转化为操作风险配置要求的转换因子。即操作风险资本的配置要求为：

$$K_{IMA} = \sum_i \sum_j \gamma_{i,j} EL_{i,j} = \sum_i \sum_j (\gamma_{i,j} \times PE_{i,j} \times LGE_{i,j}) \qquad (8\text{-}39)$$

$PE_{i,j}$ 表示 i 类产品线在 j 事故类型下操作风险发生的概率，$LGE_{i,j}$ 表示 i 类产品线在 j 事故类型下操作风险发生的损失比率。

如果 EL 和 UL 两者之间并不具有线性关系，则操作风险资本配置要求为：

$$K_{IMA} = \sum_i \sum_j \lambda_{i,j} EL_{i,j} RPI_{i,j} \qquad (8\text{-}40)$$

其中，RPI_{ij} 为风险特征指数（risk profile index）；$\lambda_{i,j}$ 为常数，通常由巴塞尔委员会使用行业整体数据在一定的置信水平下确定。

UL 与 EL 的关系经常表现为非线性的关系。事实上，影响 UL 与 EL 之间的关系的因素有很多。例如，如果银行损失事件发生频率的标准差比较小，则 UL 和 EL 之间的比率也就会比较小。如此，可以用 RPI 来调整操作风险的配置：对于风险呈现厚尾分布的银行，其 RPI 的值大于 1，而对于薄尾分布的银行，其 RPI 的值应小于 1。

（二）损失分布法（Loss Distribution Approach）

巴塞尔委员会将损失分布法（LDA）定义为：这是一种在对损失事件频率和损失强度有关假设的基础上，对每一业务线/损失事件类型的操作风险损失分布进行估计的方法。在损失分布法下，银行针对每个业务类别/风险类型估计操作风险损失在一定期间（比如一年）内的概率分布。同内部衡量法一样，这种概率分布的估计建立在对操作风险事故发生频率和损失幅度的估计之上。损失分布法（LDA）与内部衡量法（IMA）的区别在于：

在具体的量化过程中，损失分布法（LDA）可以直接对非预期损失进行估计，不需要对预期损失和非预期损失间的比率关系做出假设。损失分布法是以 VAR 方法为基础，在特定的时期和给定的置信区间的范围内，为每一个业务线/损失事件类型测算出两种概率分布函数（一个是下一年度事件发生的频率，另一个是单个事件的影响率）。最后就可以计算出累计操作损失的概率分布函数。每个业务线/损失事故类型风险价值的累加就是资本要求。

例如，假设，X_1，X_2，……为表示操作风险损失的独立同分布的随机变量，根据假设，可得其分布函数

$$F(x) = P\{X_i \leqslant x\} \leqslant q \tag{8-41}$$

其中，q 表示一定的置信水平，这种置信水平《巴塞尔协议》有其规定。一般假定 $0.95 < q < 1$。对于分布函数 $F(x)$，则可确定其 VAR 值，即

$$VAR_q = F^{-1}(q) \tag{8-42}$$

其中，F^{-1} 为分布函数 F 的反函数。每个业务类别/事故组合 VAR 值简单加总就是所要求的监管资本。

由于用损失分布法进行操作的量化管理比较复杂，所以巴塞尔委员会并没有规定如何来制定 LDA 模型。并且，也还没有 LDA 模型的标准方法。但是，在具体的操作中，可以用以下的一个典型方式来建立 LDA 模型。

LDA 的使用需要公司的内部数据来描述其特有的风险特征。这些内部数据中很重要的一点就是需要知道其历史上实际的损失数据。历史损失数据表现了内有风险和控制机制互抵后的风险净额。但是，对于大多数公司来说，其所收集到的损失数据总是有限的。这个时候，就可以使用其他机构的数据（外部数据）来分析损失分布的情况。

损失分布法与内部衡量法的不同之处主要表现在两个方面：

一是银行可自主划定自己的业务类别/事故类型组合，二是损失
分布法是通过计算 VAR 直接衡量非预期的损失，而不是通过假
设非预期损失与期望损失之间的关系而得到。这样，操作风险的
损失分布就能随期望损失以及期望损失的各个组成部分的不同组
合方式的变化而变化，而不再假设期望损失与非预期损失之间具
有稳定的关系。这意味着，损失分布法具有更强的风险敏感性。
但是，损失分布法并没有考虑各个业务类别/事故类型组合之间
的相关性，而且业务类别和事故类型由银行自主决定使得缺乏可
比性，另外该方法需要较高的内部数据和估计方法的要求也给采
用这种方法的银行提出了较大挑战。[①]

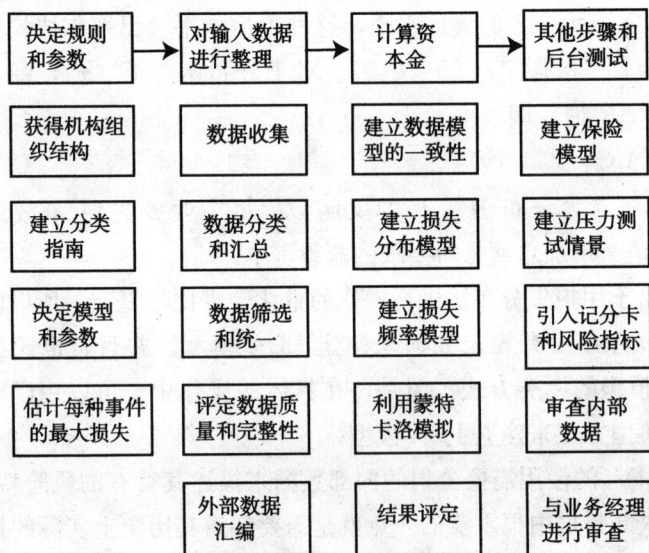

决定规则和参数	对输入数据进行整理	计算资本金	其他步骤和后台测试
获得机构组织结构	数据收集	建立数据模型的一致性	建立保险模型
建立分类指南	数据分类和汇总	建立损失分布模型	建立压力测试情景
决定模型和参数	数据筛选和统一	建立损失频率模型	引入记分卡和风险指标
估计每种事件的最大损失	评定数据质量和完整性	利用蒙特卡洛模拟	审查内部数据
	外部数据汇编	结果评定	与业务经理进行审查

图 8-7　一个典型的建立 LDA 模型的方法

资料来源：亚历山大编著，陈林龙等译：《商业银行操作风险》，中国金融出版社，第 185 页。

① 事实上，大多数的商业银行没有足够的内部数据来使用损失分布法。

（三）极值理论模型

VAR 引入金融风险管理领域比较久，但是，主要是应用于利率风险的度量与管理方面。Duncan Wilson（1995）提出可利用 VAR 应用于操作风险的度量与管理[①]。在许多情况下，我们假设操作风险是服从正态分布的，这并不符合实际。在实践中，操作风险往往不服从正态分布，而是具有明显的尖峰厚尾分布特征。极值理论方法是一种在不服从正态分布情况下计算 VAR 值的方法。

在极值分析中最常用的是 POT 模型（Peak Over Threshold）。POT 模型使用的数据是风险变量 X 大于给定的某个值（阈值）的观察值。阈值是指某一固定的金额，该金额以下的损失不会反映在银行外部数据中。为了更好的描述操作风险厚尾分布的特征，在此，我们引入广义帕雷托分布（GPD）函数。广义帕雷托分布（GPD）函数具有厚尾的特征，比较符合操作风险的分布特性。其函数表示式为：

$$G_{\xi,\beta}(x) = \begin{cases} 1-(1+\dfrac{\xi x}{\beta})^{-\xi}, & \xi \neq 0, \ \beta \geqslant 0 \\ 1-\exp(-\dfrac{x}{\beta}), & \xi = 0, \ \beta \geqslant 0 \end{cases}$$

$$x \in \begin{cases} [0, \ \xi], & \xi \geqslant 0 \\ [0, \ -\dfrac{\beta}{\xi}], & \xi < 0 \end{cases} \quad u \to \infty \tag{8-43}$$

其中，ξ 是形状参数，β 是附加参数。

根据定理（Pickands（1975））：对于一大类分布 F（几乎包括所有的常用分布）条件超限分布函数 $F_u(y)$，存在一个 $G^t_{\xi,\beta}$

---

①　Duncan wilson 在 1995 年 12 月的《risk》杂志中发表的《操作 Var》一文中提出。

(y) 使得：

$$F_u \ (y) \approx G'_{\xi,\beta} \ (y) \tag{8-44}$$

利用最大似然估计，我们可以得到 ξ, β 的估计值 $\hat{\xi}$, $\hat{\beta}$。对于一个充分大的阈值 u，假定 n 是操作风险损失总次数，N_u 是损失超过阈值 u 的次数，则可得到 $F \ (x)$ 的表达式：

$$\hat{F} \ (x) = 1 - \frac{N_u}{n} \ (1 + \frac{\hat{\xi}}{\hat{\beta}} \ (x-u))^{-\frac{1}{\hat{\xi}}} \tag{8-45}$$

对于给定某个置信水平 P，求 $F \ (x)$ 的反函数，易得

$$V\hat{A}R_P = u + \frac{\hat{\beta}}{\hat{\xi}}(\frac{n}{N_u}(1-p)^{-\hat{\xi}} - 1) \tag{8-46}$$

这里，我们记超过 $V\hat{A}R_P$ 的极值损失的期望值为 ES_p，则有当 $\xi < 1$ 时，

$$E\left[(\frac{x-VAR_p}{x} > VAR_p)\right] = \beta + \frac{\xi \ (VAR_p - u)}{(1-\xi)} \tag{8-47}$$

可得：

$$ES_p = \frac{V\hat{A}R}{1-\hat{\xi}} + \frac{\hat{\beta} - \hat{\xi}u}{1-\hat{\xi}} \tag{8-48}$$

在极值理论中，银行操作风险尾部的期望值可以明确确定，为此可以安排适当的资本来防备极端条件下的操作风险损失。极值理论是度量与管理极端条件下风险损失的一种常用的方法与手段，其最大的特点就是能够直接处理损失分布的尾部。正因为极值理论的这种特点，使得其在管理与度量操作风险中的作用越来越突出。

第四节 利率风险的量化管理

根据商业银行风险管理的程序，首先必须对利率风险进行识

别。在正确识别各种利率风险后，还需要准确地测量银行所面临的利率风险程度，对利率风险数量化。对商业银行的利率风险进行量化分析是商业银行有效进行利率风险管理的前提。目前，国际上所使用的利率风险度量的方法主要有四种：利率敏感性缺口分析法、持续期分析法、模拟分析法和 VAR 风险价值分析法。下面介绍这几种方法。

一、利率敏感性缺口分析

缺口分析用于衡量银行净利息收入对市场利率的敏感程度，所以缺口分析也叫做敏感性缺口分析。缺口，是指一定时期中利率敏感性资产与利率敏感性负债金额的差值。对于大多数银行来说，其所获得的利润主要来自于利息总收入与利息总支出之间的差额。利率的变动会改变利差。其基本公式为：

利率敏感性缺口＝利率敏感性资产－利率敏感性负债[①]

也写作

$$GAP = ISA - ISL \tag{8-49}$$

式中，GAP 表示敏感性缺口，ISA 表示利率敏感性资产，ISL 表示利率敏感性负债。

当 ISA＞ISL 时，缺口为正，此时为正缺口，存在正缺口的银行称为资产敏感型。

当 ISA＜ISL 时，缺口为负，此时为负缺口，存在负缺口的银行称为负债敏感型。

当 ISA＝ISL 时，缺口为零，此时称为零缺口，存在零缺口的银行称为敏感平衡型。

用敏感性缺口来分析利率风险十分的便利。比如某商业银行存在正缺口，当利率上升时，此家银行从贷款中获得的利息要大

---

① 关于这部分内容在第六章第三节"差额管理法"上有部分论述。

于给储户支付的利息。当利率下降时，银行的利息的支出要大于银行所获得的利息的收入。当一家银行存在负缺口，利率上升时银行利息收入减少，利率下降时银行利息收入增加。表8-9总结了利率变动、利率敏感性缺口与净利息收入的关系。

表8-9 利率变动、利率敏感性缺口与净利息收入的关系

敏感性缺口	利率变动	利息收入变动	利息支出变动	净利息收入变动
正值	上升	增加	增加	增加
正值	下降	减少	减少	减少
负值	上升	增加	增加	减少
负值	下降	减少	减少	增加
零值	上升	增加	增加	不变
零值	下降	减少	减少	不变

实际工作中计算银行综合缺口的常用工具是缺口分析报告。通过银行负债管理的计算机软件可以对银行缺口进行分析。缺口分析报告通常分为两种，一种供银行内部使用，这种缺口分析报告制作的频率比较高；另一种是向金融监管机构提供，作为金融监管机构对商业银行利率风险进行监控的一种手段。

二、持续期分析

持续期（Duration）也称久期，这个概念是由美国经济学家弗里德里克·麦考莱于1938年提出。这个理论提出后，主要应用于债券投资分析。直到20世纪70年代，商业银行面对严重的利率风险，人们才开始在理论上和实践上对持续期进行更大范围的探讨。持续期现可用来分析当市场利率发生变化时，银行财务状况受到的影响。20世纪80年代以来，持续期分析广泛应用于商业银行的资产负债管理，分析银行净值对利率变动的敏感性，成为衡量和管理利率风险的重要工具。

持续期指的是一种把到期期限按时间与现金流价值进行加权的衡量方式。它考虑到所有盈利性资产的现金流入与所有负债现金流出的时间控制。它衡量了银行未来现金流量的平均到期期限。实际上，持续期衡量的是用来回收一项投资资金所需要的平均时间。

持续期的计算公式为：

$$D = \frac{\sum\limits_{t=1}^{n} \dfrac{tC_t}{(1+i)^t}}{P} \tag{8-50}$$

其中，D 表示持续期；C_t 表示第 t 期发生的现金流；$P = \sum\limits_{t=1}^{n} \dfrac{C_t}{(1+i)^t}$ 表示该资产或负债的现值；t 表示至支付日的时间长度。

可以用持续期的数值表示债券价格对利率变动的敏感性程度。公式为

$$\frac{dP}{P} = -D\frac{dr}{(1+r)} \tag{8-51}$$

这个公式中收益率的任何微小的变化都将使债券价格发生相反比例的变化。持续期越长，变动幅度越大。计算一家银行的整个资产和负债的持续期的一般公式可以分别表示为：

$$D_A = X_{1A}D_1^A + X_{2A}D_2^A + K + X_{nA}D_n^A \tag{8-52}$$

$$D_L = X_{1L}D_1^L + X_{2L}D_2^L + K + X_{nL}D_n^L \tag{8-53}$$

式中，D_A＝银行全部资产结构的持续期；D_L＝银行全部负债结构的持续期；$X_{1j} + X_{2j} + K + X_{nj} = 1$（其中 $j = A, L$）。

上述两个等式中的 X_1，X_2，……，X_n 代表每一种资产或负债的市场价值在其所在银行的整个资产组合或整个负债组合的市场价值中各自所占的比例。

持续期缺口可用来衡量银行总体利率的大小，缺口绝对值越大，银行所承受的利率风险就越大。反之，则越小。如果缺口值

为零，则银行不存在风险。当持续期为正值时，如果利率下降，资产价值增加的幅度比负债大，银行的市场净值将增加。如果利率上升，资产和负债的净值都将减少，负债所减少的幅度小于资产价值所减少的幅度，银行的市场价值将下跌。表 8-10 总结了持续期缺口和利率变动对银行净价值的影响。

表 8-10　利率变动对银行净价值的影响

持续期缺口	利率变动	资产价值变动	负债价值变动	银行净价值变动
正值	上升	减少	减少	下跌
正值	下降	增加	增加	上涨
负值	上升	减少	减少	上涨
负值	下降	增加	增加	下跌
零值	上升	减少	减少	不变
零值	下降	增加	增加	不变

持续期缺口分析综合衡量了资产和负债结构的利率风险，考虑了每笔现金流量的时间价值，而利率敏感性缺口不能反映现金流量的时间价值。利率敏感性缺口是静态分析方法，而持续期方法在本质上是一种对利率风险进行动态分析的方法。持续期分析摆脱了缺口分析中对考察期进行划分的难题，而使用现值对银行资产和负债的利率风险进行考察，不仅考虑了短期的利率风险，对较长期的利率风险也进行了分析。从 20 世纪 80 年代以后，持续期缺口分析成为利率风险量化的重要分析工具。西方的商业银行已经普遍使用持续期来分析利率风险。

三、模拟分析

随着市场环境的不断复杂化，利率波动的不断频繁，利率风险的压力也就越来越大，致使利率敏感性缺口分析与持续期分析越来越无法满足风险管理的需要。20 世纪 90 年代以后，许多西方商业银行开始采用模拟技术来进行利率风险管理。模型分析技术通过模拟利率的未来趋势及其对现金流量的影响，从而对收益与经济价值的潜在影响进行详细的估测，它具有动态以及全面的优点。

模拟分析是在对银行的现实运营活动进行高度抽象、概括的基础上，对涉及银行运营的各种变量（包括资产负债表内变量、表外变量以及市场环境变量等）进行一定的取舍，并在一定的假设条件下，构造数量模型，阐述和表现各变量之间的关系，并以计算机程序软件实现，以达到模拟银行现实运营活动、给银行经营管理提供依据和建议的目的。一般情况下，利率水平的假设可分为三种：第一种是依据现实的估计，利率可能达到的最高水平；第二种是依据现实的估计，利率可能达到的最低水平；第三种是最有可能达到的利率水平。通过对利率的各种假设，可以很好的模拟利率变动所产生的影响。

模拟分析主要是通过计算机来实现的，主要包括如下过程：

（1）变量设定；

（2）根据现实的情况，对模型变量和模型环境做出合理的假设；

（3）建模；

（4）编制计算机程序，实现模型；

（5）输入变量，进行模型求解；

（6）多次模拟，对模拟结果进行分析比较，并形成模拟分析报告。

随着统计技术的不断应用和计算机技术的日益发展，模拟分析技术的发展也很快。近年来，美国市场上流行使用的资产负债模型可以允许使用八种不同的利率假设，通过八种利率假设对银行净收入的影响进行模拟，有利于银行管理人员更全面的了解银行不同的经营策略对银行利润的影响。从而有利于银行管理人员制定相应的利率风险管理策略，减少银行的利率风险，增加银行的收益。模拟技术同缺口管理技术相比较，更能够迅速准确的衡量银行的利率风险。

四、VAR 风险价值分析

利率敏感性缺口管理和持续期缺口管理的缺点是很明显的，在实际的操作中存在许多的问题。近年来，全球化的加深，经济环境的日益复杂以及变化频繁，使得金融市场上的风险与日俱增，在此背景下，VAR 分析方法产生了。

VAR 称为风险价值[①]。要确定一个金融机构或资产组合的 VAR 值或建立 VAR 的模型，必须首先确定以下三个系数。第一个系数是持有期限。持有期限是指衡量回报波动性和关联性的时间单位。巴塞尔银行监管委员会出于风险审慎监管的需要，选择了两个星期（即 10 个交易日）的持有期限。第二个系数是观察期间。观察期间是对给定持有期限的回报的波动性和关联性考察的整体时间长度。巴塞尔银行监管委员会目前要求的观察期间为一年。第三个系数是置信水平的选择。在现实中，置信水平一般选在 95％～99％之间，巴塞尔银行监管委员选择的置信水平是 99％。

VAR 分析方法中如何求取 VAR 值相当重要并且也有一定的复杂性。一般来说可以采用三种方法进行 VAR 值的推算：（1）历史模拟法；（2）方差—协方差法；（3）蒙的卡罗模拟法。通过表 8-11 可以了解这三种计算 VAR 的方法的基本步骤及其特征。

---

① 有关 VAR 的一些基础知识可参见皮埃特罗·潘泽：《用 VAR 度量市场风险》，机械工业出版社 2001 年版，第 95～106 页。

表 8-11　求取 VAR 值的三种方法比较

分类　步骤	历史模拟法（非参数法，充分估值）	蒙的卡罗模拟法（自助法或参数法，充分估值）	方差—协方差法（参数法，局部估值）
1. 确认头寸	找到受市场风险影响的各种金融工具的全部头寸		
2. 确认风险因素	确认影响资产组合中金融工具的种种风险因素		
3. 获得既定持有期内风险因素的收益	计算过去年份里的历史上的频度分布	假定特定的参数分布或从历史资料中按自助法随机产生	计算过去年份风险因素的标准差和相关系数
4. 将风险因素的收益与金融工具头寸相联系	将头寸盯住市场价值（mark to market value）表示为风险因素的函数		按照风险因素分解头寸（或称"风险映射"）
5. 计算资产组合的可能性	利用从步骤 3 和步骤 4 得到的结果模拟资产组合收益的频度分布		假定风险因素呈正态分布，计算资产组合的标准差
6. 给定 99% 或 95% 的置信区间，推导 VAR 值	排列资产组合损失的顺序，选择在 1% 或 5% 概率下刚好等于或超过那一损失		用 2.33（1%）或 1.65（5%）乘以资产组合的标准差

资料来源：刘宇飞：《国际金融监管的新发展》，经济科学出版社 1999 年版，第 206～207 页。

　　各种利率风险衡量的方法各有其特点和价值。从发展过程来说，缺口分析是比较传统的一种利率风险衡量方法，具有简单明了的优点，可用于商业银行进行日常性的利率风险的测度。通过缺口分析可以方便的确定在不同的利率趋势时期采取不同的资产负债管理策略。但是，缺口分析是一种静态的分析方法，单纯的利用缺口分析很难量化和完全的衡量商业银行的利率风险。持续期分析本质上是一种动态的分析方法，比利率敏感性缺口分析更精确。但是持续期分析方法对数据的要求较高，而且持续期分析不能很好的度量选择权风险。模拟分析远比缺口分析和持续期分析更加的精确，但其制作模型的成本很高。VAR 的概念简单，能够给决策者提供一个直观感觉，容易理解。但是，VAR 值计算起来比较复杂。总的来说，这四种方法各有优劣，现把这四种方法做一个总结比较，如表 8-12。

表 8-12　四种利率衡量方法的比较

	缺口分析	持续期分析	模拟分析	VAR 分析
分析类型	静态分析	简单动态分析	动态分析	动态分析
分析期间	单期分析	单期分析	多期分析	多期分析
对资产负债评估方式	账面值分析法	市值分析法	市值分析法	市值分析法
衡量利率风险种类	重新定价风险	重新定价风险收益曲线风险	总体利率风险	总体利率风险
衡量的目的	反映净利差变化，侧重短期收益分析	反映净值变化，侧重当前收益分析	收入短期与长期收益，当前与未来分析相结合	收入短期与长期收益，当前与未来分析相结合
假设条件数量	少	中	多	中
数据复杂程度	简单	中	很高	高
模型成本	很少	较多	很高	很高

第九章 商业银行财务分析及风险管理

所谓商业银行的财务分析，就是银行财务分析人员通过对商业银行财务报表作进一步的加工、整理、分析、比较，得出全面反映银行资产和负债情况、损益情况和所有者权益等有关财务信息，并在此基础上进行解释和评价银行财务状况、经营管理现状以及业务经营的前景，以帮助决策者在经营管理中发现问题，总结经验，并做出正确的经营管理决策。财务分析在商业银行风险管理与控制中占有重要的位置。本章从风险控制与管理的角度，主要介绍商业银行财务分析的对象和方法，财务报表分析的主要内容以及财务管理的范围与控制等。

第一节 商业银行财务分析的对象和方法

一、财务分析的对象及其主要内容

（一）财务分析的对象

商业银行财务分析的对象，就是商业银行的财务报表。财务报表是银行根据其日常会计核算资料及其他有关资料，按照一定的格式和科学的指标体系，定期编制的总括反映商业银行财务状况、经营成果的一种表格式的报告文件。

根据我国的《商业银行法》，商业银行应当按照国家有关规定，真实记录并全面反映其业务活动和财务状况，编制年度财会报告；商业银行的会计年度自公历 1 月 1 日起至 12 月 31 日止；商业银行应当于每一会计年度终了 3 个月内，按央行和银监会的有关规定，公布其上一年度的经营业绩和审计报告。因此，编制财务报表，是国家法律的规定和要求。

财务报表包括资产负债表、损益表、财务状况变动表及其他附表。其他附表主要有利润分配明细表、固定资产明细表、资本变动表、利息收支明细表、营业费用明细表、营业外收支明细表等。商业银行一般按季（月）编报资产负债表、损益表和财务状况变动表等财务报表，向社会公布的一般是每一会计年度的资产负债表和损益表。

从资产负债表可以了解到商业银行在某一特定时点（一般是月末、季末和年末）的财务状况，这些财务信息包括：（1）商业银行所掌握的经济资源；（2）商业银行各项负债渠道；（3）商业银行所有者（股东）的权益；（4）商业银行各项资产的运用；（5）商业银行未来财务状况的变化趋势。

从损益表可以了解商业银行在一定时期的经营成果等财务信息。这些财务信息包括营业收支、营业利润、营业外收支、税款、税后利润等。

财务状况变动表是沟通资产负债表和损益表的桥梁。从财务状况变动表可以综合了解商业银行在一定会计期间资金来源和运用，以及各项流动资金增加或减少的情况，发生变动的原因，并可从中分析、预测未来的资金状况。

（二）资产负债表和损益表的格式和主要科目

1. 资产负债表的格式和主要科目

资产负债的格式有账户式和垂直式两种。账户式资产负债表就是将资产项目列在左方，负债和所有者权益列在右方，使资产负债表的左右双方平衡。我国 1993 年新颁布的《金融企业会计制度》规定，金融企业资产负债表应采用账户式格式。表 9-1 所列即为账户式资产负债表。

表 9-1　某银行资产负债表（200×年×月×日）　　单位：元

资产	金额	负债及所有者权益	金额
流动资产：		流动负债：	
现金及存放同业		短期存款	
同业拆放		短期储蓄存款	
短期贷款		同业存放款项	
应收款项		借入资金	
减：坏账准备		同业拆入	
贴现		应付款项	
短期投资		应付工资	
有价证券		应交税金	
一年内到期的长期投资		发行短期债券	
流动资产合计		一年内到期的长期负债	
长期资产：		流动负债合计	
中长期贷款		长期负债：	
逾期贷款		长期存款	
减：贷款呆账准备		长期储蓄存款	
租赁融资		保证金	
长期投资		发行长期债券	
减：投资风险准备		长期借款	
固定资产原值		长期应付款	
减：累计折旧		长期负债合计	
固定资产净值		其他负债：	
在建工程		负债合计	
长期资产合计		所有者权益	
其他资产：		实收资本	
无形资产		资本公积	
递延资产		盈余公积	
其他		未分配利润	
其他资产合计		所有者权益合计	
资产总计		负债及所有者权益合计	

从表 9-1 可知，资产负债表可分为资产、负债、所有者权益三大类。

从流动性质来划分，资产包括流动资产、长期资产及其他资产三个科目，每一科目又包括许多子项目。流动资产是指可以在一年内变现或耗用的资产。长期资产则是不准备在一年内变现的中长期贷款、长期投资、固定资产和在建工程等。其他资产则是商业银行在长期使用但无实物形态的各项无形资产、待摊销的有关费用、大修理支出和其他资产。

同资产的流动期限相对应，负债亦包括流动负债、长期负债和其他负债三个科目。流动负债是指在一年内偿还的债务。长期负债则是偿还期在一年以上的债务。流动负债和长期负债又包含许多子项目。其他负债则是流动负债、长期负债之外的负债，其他负债不分项目。

所有者权益是资产减去负债后的余额，即净值相当于股份制商业银行的股东权益部分，也是广义上的资本。所有者权益包括实收资本、资本公积、盈余公积、未分配利润四个科目。

2. 损益表的格式和主要科目

损益表的格式有单步式和多步式两种，我国金融企业一般采用多步式损益表。多步式损益表是将损益的内容作多项分类从而产生一些中间信息，反映其收益的计算过程。它有助于不同商业银行之间的比较，有利于某一商业银行不同时期相应科目之间的比较，并可据以对商业银行今后的营利能力进行推测。表 9-2 所列即为商业银行的多步式损益表。

表 9-2　某银行损益表（200×年×月×日）　　　单位：元

一、营业收入：		
利息收入	×××	
同业往来收入	×××	
手续费收入	×××	
证券销售收入	×××	
证券发行差价收入	×××	
租赁收益	×××	
汇兑收益	×××	
其他营业收入	×××	
营业收入合计		×××
二、营业支出：		
利息支出	×××	
同业往来支出	×××	
手续费支出	×××	
营业费用	×××	
汇兑损失	×××	
其他营业支出	×××	
营业支出合计		×××
三、营业税金及附加		×××
四、营业利润		×××
加：投资收益		×××
加：营业外收入		×××
减：营业外支出		×××
五、税前利润		×××
减：应付所得税		×××
六、税后利润		×××

从表 9-2 可知，损益表的内容可分为收入、支出、利润三部分。收入部分由营业收入、投资收益、营业外收入构成；支出部分由营业支出、营业税金及附加、营业外支出、应缴所得税构成；利润部分可分营业利润、税前利润、税后利润来分析。

银行收入主要来自于营业收入。"营业收入"科目反映商业银行经营业务各项收入的总额。利息收入是营业收入的最主要部分。利息收入由放款和贴现利息、证券利息、存款及其他利息收入所构成。手续费收入是营业收入的另一大头，它由信托收入、咨询收入、放款承诺费、包销证券、代客买卖证券和外汇、国际结算等收入所构成。20 世纪 80 年代以来，金融创新工具层出不穷，使得各项业务蓬勃发展，手续费收入在银行收入中的地位也越来越重要。

银行支出主要来自于营业支出。"营业支出"反映银行经营业务各项支出的总额。利息支出是营业支出的最主要部分。利息支出主要由存款引起，但包括筹措资金的费用。它由存款利息支出、借款和再贴现支出、其他利息支出所构成。营业费用是营业支出的另一大头，它反映银行为经营业务而发生的各种业务费用、管理费用以及其他有关营业费用，包括工资、养老金、福利费、折旧、租金等支出。

从表 9-2 可知，多步式损益表是通过以下步骤计算出银行的税后利润的：①从营业收入中减去营业支出，再减去营业税金及附加，得出营业利润；②营业利润加上投资收益和营业外收入，再减去营业外支出，得出税前利润；③从税前利润中减去应缴所得税，得出税后利润，即银行的净收益。

（三）财务分析的主要内容

从商业银行的资产负债表和损益表来看，财务分析人员应侧重分析银行的流动性、安全性、经营效率和经营成果。

1. 分析银行的流动性

分析银行的流动性，就是分析商业银行偿还短期债务、满足必要贷款的能力。这主要是通过分析、检查银行资金的流动性状况来推断的。通过分析资产负债表上银行的借入资金、即将到期的资产以及出售资产的数量，分析流动资产与流动负债的差额及其结构，判断银行现金头寸水平的适当性，是否可保证日常的偿还能力，从而得出银行流动性风险高低的结论。

2. 分析银行的安全性

分析银行的安全性，就是要分析银行的风险防范、抵御能力，长期偿债能力和经济实力。这可以通过分析资本的适宜度、资产的风险、资产的质量以及银行的长期财务状况来检测。这涉及到财务报表中不同权益项目之间的关系、权益与收益之间的关系、权益与资产之间的关系，等等。

3. 分析银行的经营效率

分析银行的经营效率，就是要分析银行各项资金的运用效果和经营效率。这可以通过分析资产和资本的使用效率、成本费用的控制、获利能力的高低、员工的工作效率来检测。

银行的经营效率与经营成果成正比例关系：即经营效率越高，经营成果就越好；反之，经营效率越低，经营成果也就越差。

4. 分析银行的经营成果

分析银行的经营成果。就是要分析银行的经营效益——获利情况。银行经营活力的大小、管理效能的优劣，最终只能以银行利润的大小、利润率的高低来衡量。通过财务报表上有关资金项目利润回报水平的分析，可以有效地检测银行的收益性。

二、财务分析的基本方法

分析商业银行财务报表的方法有很多，基本方法有差额分析法、比率分析法和比较分析法三种。

（一）差额分析法

也叫绝对分析法，即对数值之间的差额大小予以分析。它通过分析财务报表中有关科目绝对数值的大小，来判断商业银行的财务状况和经营成果。

在财务分析中，主要是分析下列数值的大小：

（1）流动资产＝1 年内可变现的资产总额

　　　　＝总资产－（长期资产＋其他资产）

（2）流动性极强的资产＝流动资产－（短期贷款＋短期投资

＋1年内到期的长期投资）

=现金＋存放同业＋同业拆放＋应收账款＋贴现票据＋有价证券

（3）长期资产＝中长期贷款＋租赁资产＋长期投资＋固定资产

（4）总资产＝长期资产＋短期资产＋其他资产

　　　　　　＝总负债＋所有者权益

（5）流动负债＝1年内到期的负债总额

　　　　　　＝总负债－（长期负债＋其他负债）

（6）长期负债＝总负债－（流动负债＋其他负债）

（7）总负债＝流动负债＋长期负债＋其他负债

（8）所有者权益＝净值＝股东权益＝资本

　　　　　　　　＝总资产－总负债

（9）流动资金＝流动资产－流动负债

　　　　　　　＝（长期负债＋所有者权益）－长期资产

（10）营业收入＝营业支出＋营业税金及附加＋营业利润

（11）营业支出＝营业收入－（营业税金及附加＋营业利润）

（12）营业利润＝营业收入－（营业支出＋营业税金及附加）

（13）总收入＝营业收入＋营业外收入＋投资收益

（14）税前利润＝（营业利润＋投资收益＋营业外收入）－营业外支出

（15）税后利润＝税前利润－应付所得税

通过对以上数值的差额分析，我们便可以得到对某一商业银行财务状况和经营成果的初步认识。例如，流动资金又叫营运资金或运转资金，是一个银行日常循环的资金，表示商业银行在经营中运用周转的资产净额，即流动资产减去流动负债后的净值。流动资金的大小，不仅关系到银行经营活动能否正常进行，银行能否随时满足客户合法的贷款需要，而且关系到银行的短期偿债能力。银行财务状况变动表正是分析流动资金增减情况的报表。通过分析银行不同时期财务报表上流动资金数额的增减，就可以对银行经营的正常与否、流动性风险的大小有一感性认识。

又如，银行流动性极强的资产是在一个月内可变现、马上可用于偿还流动负债的短期资产。这些短期资产的多少，直接影响到商业银行的短期清算能力。通过求出流动性极强的资产的数额并与一个月内到期的负债相比较，就可以初步判断出一个银行的短期清算能力是否有保证。

差额分析仅仅是财务分析中最简单、最直觉的一步、它无法解释求出的数值大或小到什么程度、亦无法直接说明该数值以多大或多小为宜。它使人容易产生数字大就有良好的经营效果、数字小就前景暗淡的错觉。而许多数值，包括资产、资本、流动资金、流动性极强的资产等，并不是越大越好。所以，如果仅仅满足于单纯的差额分析法，而不结合利用其他分析方法，财务分析的目的就无法达到。

（二）比率分析法

比率分析法是将同两期财务报表上的若干重要项目之间的相关数字相互比较，用一个数据除以另一数据求出比率，以说明财务报表上所列各有关项目的相互之间的关系，进而评价其财务状况和经营成果的好坏。

比率分析法属于静态分析，是财务分析最基本的工具。一般而言，用比率分析法获得的有关财务信息比较符合实际。各项目之间的关系较易确定，不会使财务报表的使用者感到迷惑。

由于银行的经营活动是错综复杂而又相互联系的，因而比率分析所采用的比率种类很多。作为银行财务分析人员，关键是选择对银行经营管理有实质意义的、决策阶层感兴趣的、互相关联的项目数值来进行比较。具体而言，主要是掌握和运用下述比率来进行财务分析：

1. 反映银行流动状况的比率

反映银行流动状况的比率，主要有存贷比率、流动比率、清偿力比率、备付率、现金比率、拆出比率、拆入比率、资产结构比率、贷款结构比率、负债结构比率、存款结构比率等。

2. 反映银行安全性的比率

反映银行安全性的比率，可划分为三类：

（1）反映银行资金尤其是资产风险大小的比率，有利率风险比率、风险资产比率、风险加权资产比率、长期资产比率、中长期贷款比率、资产负债率、信用贷款比率、抵押担保贷款比率等；

（2）反映银行资产质量高低的比率，有逾期贷款率、呆滞贷款率、呆账率、贷款净冲销比率、本息收回比率、追回贷款比率等；

（3）反映银行抗风险能力的比率，主要有资本资产比率、充足资本率、核心资本比率、资本风险比率、贷款限额比率、投资限额比率、担保倍率、呆账准备率、资本负债率、长期负债比率、固定比率、股本贷款率、资金自给率等。

3. 反映银行经营效率的比率

反映银行经营效率的比率，主要有资产利用率、资本杠杆率、人均资产、盈利资产比率、净利息差率、利差率、利息收入比率、利息支出比率、准备金损失率、成本率、费用率、营业收支比率、非利息收支率、管理费率、负担率、存款成本率、借用资金费用率、总资金筹措成本率等。

4. 反映银行经营成果的比率

反映银行经营成果的比率，主要有总利润率、资产利润率、资本利润率、股本利润率、盈利资产利润率、基本盈利资产利润率、贷款利润率、成本利润率、营业利润率、人均利润率等。

上述四个方面的比率指标，它们的联系是非常密切的。有些比率既可用于分析流动性，又可用于分析安全性；至于反映经营效率的比率与反映经营成果的比率之间更是具有一定的因果关系。值得一提的是，按照资产负债管理中流动性、安全性、盈利性相统一的原则，上述不少比率又是相矛盾的，商业银行应根据银行管理当局的要求和自身的实际，合理地确定有关比率大小的幅度，使流动性、安全性、盈利性得到有效的协调。

比率分析法在财务分析中的用途最广，但也有一定的局限性。在运用比率分析法时，要注意：（1）将各种比率有机地联系起来进行全面分析，不可孤立地看某种或某类比率，否则便难以准确地判断银行的整体财务状况和经营成果。（2）各种比率的高低都是相对的，必须进行同类的比较才有意义。例如，较低的资产利润率对大银行也许是正常的，但对小银行而言就可能有问题。（3）没有一个一成不变、标准的比率。比率是发展变化的，在不同的时期，不同的阶段，随着经济金融环境的变化，某一比率的标准也会有所不同。（4）结合银行财务报表外的实际情况来分析。财务比率不可能把银行的全部情况都反映出来。例如与分支机构少的银行相比，分支机构多的银行，其固定资产就多，盈利资产的比重会小些。（5）结合差额分析法和下文将要介绍的比较分析法，这样才能对银行的历史、现状和将来有一个详尽的了解，达到财务分析的目的。

（三）比较分析法

比较分析法也叫趋势分析法，它通过对财务报表中各类相关的数据进行分析比较，确定有关数据的增减差异情况，尤其是将一个时期的财务报表和另一个或几个时期的财务报表相比较时，可以考查有关项目的增减变化的方向和幅度，判断一个银行的财务状况和经营业绩的演变趋势及其在同行业中地位变化的情况等。

比较分析法从总体上看属于动态分析，它以差额分析法和比率分析法为基础，又能有效地弥补它们的不足，是财务分析的基本方法之一。比较分析法的优点在于：（1）能确定引起银行财务状况和经营成果变动的主要原因；（2）可确定银行财务状况和经营成果的发展趋向；并预测银行未来发展趋势。

在使用比较分析法时，要特别注意指标的可比性。

比较分析大致可从下述四个方面展开：

1. 纵向比较

纵向比较是指将银行几个时期以来的财务状况或经营成果列在同一财务报表上加以比较，研究报表上同一期间各种科目之间关系的变动情况，从而确定银行财务状态变动的主要原因，并据此推断银行的发展趋势。

纵向比较又叫垂直分析或结构分析，它包括绝对数值的纵向比较、百分比的纵向比较以及纵向和横向两种比较的综合三种方式。

2. 横向比较

横向比较是指将银行几个时期以来的某一科目的绝对金额或比率列在同一财务报表上进行分析，以测定某一科目或比率的发展方向和变化幅度，由此判断银行的发展前景。它可在比较财务报表上直接进行，亦可通过计算某一科目或比率之环比增长率和定基增长率来进行。

3. 标准比较

标准比较，是指预先设定某一数字或同业数字作为标准，将财务报表上的数字与该标准进行比较，设定的标准数字可以根据不同时期、不同要求来选定。

标准比较，包括实际与计划指标的比较、现状与历史指标的比较、该银行与同业平均水平或最佳数字标准的比较。

4. 综合比较

综合比较，就是综合考虑银行财务报表上多个科目或比率，借以全面而准确地判断银行的财务状况和经营成果。具体有图表分析、比率指数分析等方式。

三、商业银行财务分析的局限性和困难

在掌握和娴熟运用差额分析法、比率分析法、比较分析法的情况下，对商业银行进行财务分析，一般能有效地揭示银行的财务状况、经营成果和风险状况。但是，对财务分析的结果不应过分迷信，财务分析的价值，恐怕更多的是给决策者提供参考。由于主客观条件的限制和银行经营活动的复杂性，财务分析难免带有一定的局限性，财务分析要达到目的难免会碰到一定的困难：(1) 财务分析是人做的，分析人员的水平高低，直接影响财务分析的价值。无论如何，财务分析总带有一定的主观成分。(2) 财务报表自身的局限性，决定了财务分析的局限性。(3) 财务报表是人做的，一些"人为"的因素会加剧财务报表的失真，诱使财务分析跌进"陷阱"。

（一）财务报表的局限性

财务报表的局限性主要表现在以下几个方面：

1. 财务报表只反映那些能用货币来度量的数量事项，并不反映非货币性的重大质量事项。

2. 财务报表反映的是已过去的历史事项，而不是人们最感兴趣的将要发生的事项。用历史数据来预测未来，当然难以绝对合理可靠，毕竟决策是对未来的决策，是不确定条件下的决策，而历史数据不过是指导未来决策的一种根据。

3. 资产负债表上的数据均为账面价值，只反映资产未耗用的原始成本，而并不反映编表日期的市场价值。这样，物价水平的影响便难以反映出来。

4. 会计制度颇具灵活性，可供选择的会计方法比较多，两个会计师记录同一批财务事实时，可能会编出两种相差甚大的报表。这将影响到财务报表的质量和连续性，而财务报表的质量和连续性是决定财务报表价值大小的根本因素。因为，银行只有在每个时期都连续地使用同一的会计制度，保证会计处理方法的连续性，并剔除非经常事件对报表的影响，保证数据的质量，才有利于在财务分析时把报表在时间上和银行之间进行比较。

总之，财务分析的局限性源于上述四个方面的财务报表自身的缺陷。

（二）银行对财务报表的"技术"处理

银行出于某种目的，也会使用不正常的手段，对财务报表进行技术性的修改、处理，根据自己的需要对报表进行有利于自己的解释，如此将使财务分析更加困难，常常使一个轻信的财务分析员"受骗上当"，做出错误的解释。

银行对财务报表进行"人为"修改、处理的方法、途径层出不穷，下面试举几个例子。

例如，一些银行为了达到增加期末资产和存款总额，以给外界形成发展速度快的大银行的形象，便选择下述一些方法：（1）在编制报表前，与另一家银行交换金额相当大的支票，这一交易使两家银行都增加了存款和托收款项。在会计报告期结束之后，支票清算了，两家银行又恢复原来的规模。（2）银行让一些商业客户在编制报表日把资金存入银行，过后再取走。我国前些年推广储蓄承包时，由于考核指标不完备，曾大量出现这一情况以增加期末存款余额。

又如，有些银行为了减少纳税而实行加速折旧，但为了财务报表的体面却又愿意更慢地注销资产，这将影响纯收益或收益增长速度。在呆账准备金方面亦大有"文章"可做，有的银行为了少报纯收益，便增加呆账准备金；而为了多报纯收益，就减少呆账准备金。

再如，有的银行利用预付费用的方法，在营业好的年头，预付法律手续费、保险费和其他费用等，而少报纯收益；在营业不好的年头，则减少这些费用支出，增加纯收益。

值得一提的是，20 世纪 80 年代以来由于银行表外业务大量出现，更使许多业务不能在传统的财务报表中得到真实反映。因为，要使表外业务能及时反映在财务报表上，涉及到的一个重要内容是，何时和如何承认表外业务交易的盈和亏，以及什么时候将盈亏反映到损益表中的问题，这为银行出于会计目的而对盈和亏拖延不予承认的做法大开方便之门，银行财务报表上的虚假信息亦难免越来越多。

总之，由于银行在会计制度上的"灵活"处理，财务报表更复杂了，给财务分析带来了更大的困难。银行监管当局抑或财务分析人员必须睁大"火眼金睛"，剔除任何非常变化对报表的影响，才能做出有效的财务分析，以维护财务分析的价值。

第二节　商业银行财务管理的范围及其控制

一、流动性比率

这类比率用于研究商业银行资产和负债的流动性，即银行偿还短期债务、满足必要贷款的能力，可从资产和负债之间关联项目、资产和负债内部结构两方面去分析。

（一）从资产和负债之间关联方面分析

1. 存贷比率

存贷比率即贷存比率，是贷款余额与存款余额之间的比率，计算公式为：

$$存贷比率 = \frac{各项贷款平均余额}{各项存款平均余额} \times 100\%$$

存贷比率是分析银行流动性的总指标。贷款一般是银行流动性最低的资产，而存款则是银行资金的主要来源。存贷比率越高，表明相对于稳定的资金来源而言，银行的贷款过多，可能无法保证客户的提存，从而预示着银行的流动性越差。而低存贷比率则说明银行还有额外的流动性，因为银行还可有其稳定的存款来源发放新贷款。

在西方商业银行，存贷比率一般为 70%～80%。在我国，《商业银行法》规定，存贷比率不得超过 75%。

2. 新增贷款占新增存款比率

这一比率与存贷比率的区别在于，存贷比率是按余额考核，新增贷款占新增存款比率是按增量考核。中国人民银行 1994 年《关于对商业银行资产负债比例管理的通知》（以下简称《通知》）规定，鉴于我国目前银行业的状况，决定对商业银行按余额考核存贷比率，对处于转轨中的国家专业银行，则按增量考核。计算公式为：

$$\frac{\triangle 贷款}{\triangle 存款} = \frac{各项贷款期末平均增加额}{各项存款期末平均增加额} \times 100\%$$

△ 符号表示增量。《通知》规定我国银行新增贷款占新增存款的比率不得超过 75%。

3. 流动比率

流动比率是流动资产与流动负债的比率，亦称流动资金比率。它既可用来衡量银行的短期偿债能力，亦可用于衡量银行营运资金的充足性。其计算公式为：

$$流动比率=\frac{流动资产}{流动负债}\times100\%$$

通过分析流动比率，就可知道银行一元的流动负债能有几元流动资产可以清偿。流动比率越大，表明银行的短期偿债能力越强，亦表明银行有充足的营运资金；反之，说明银行的偿债能力和营运资金欠缺。

当然，流动比率并不是越大越好，如果太大，则意味着银行的资产得不到充分利用，将影响银行的盈利。一般而言，流动比率达到 $180\%\sim210\%$ 较为合适，但不绝对。除了用于短期债务的清偿外，关键是看客户正常贷款的需求大小。

分析流动比率，应将它与流动资金金额两者结合考察，因为相同的流动比率或相同的营运资金额不一定代表相同的清偿能力。

4. 清偿力比率

清偿力比率是流动性极强的资产与流动性极强的负债之间的比率，它类似于工商企业财务报表中的速动比率，主要用于衡量银行到期的债务清算能力，故称清偿力比率，计算公式为：

$$流偿力比率=\frac{流动性极强的资产}{流动性极强的负债}\times100\%$$

在上式中，流动性极强的资产是指一个月内（含一个月）可变现的资产余额，包括库存现金、在央行存款、存放同业款、一个月内到期的同业净拆出款、一个月内到期的贷款、一个月内到期的银行承兑汇票、贴现票据、可在二级市场上交易的有价证券，等等。流动性极强的负债是指一个月内（含一个月）到期的存款、同业净拆入款，等等。

我国《商业银行法》将流动性极强的资产定义为"流动性资产"，将流动性极强的负债定义为"流动性负债"，规定"流动性资产余额与流动性负债余额的比例不得低于 25%"。

通过分析清偿力比率，可测知银行在极短时间内取得现金偿还短期债务的能力。该比率越大，说明银行流动性来源越多，流动能力越强，银行承担的流动性风险越小。反之，银行就越有可能面临不能应付客户提存的危险。

5. 备付率

即备付金比率，是在央行备付金存款和库存现金与各项存款的比率，计算公式为：

$$备付率=\frac{（在央行备付金存款＋库存现金）日平均余额}{各项存款日平均余额}\times100\%$$

这一比率是用于衡量银行现金资产应付存户提取存款的能力，国际上商业银行的备付率一般不低于 8%，我国央行规定银行备付率不得低于 5%～7%。

6. 现金比率

现金比率是银行现金库存与存款总额之间的比率，计算公式为：

$$现金比率=\frac{银行现金库存}{存款总额}\times100\%$$

与备付金比率一样，现金比率亦从一侧面反映银行应付存款户提存的能力。现金比率一般掌握在 1.5%～3% 之间即可。

7. 拆借资金比率

拆借资金比率是净拆入资金与存款金额之间的比率，计算公式为：

$$拆借资金比率=\frac{净拆入资金余额}{各项存款余额}\times100\%$$

这一比率是用来衡量银行拆借资金的适宜度。比率过高，将影响银行处理流动性风险的能力。尤其是在中国目前银行大量将拆借资金用于长期贷款的情况下，拆借比率过高将会严重影响银行的流动性。拆借资金比率一般掌握在7%以内。

考察拆借比率，可从两个方面去分析，一是分析拆入资金余额与各项存款余额的比例，二是分析拆出资金余额与各项存款余额的比例，计算公式为：

$$拆入资金率 = \frac{拆入资金余额}{各项存款 - (存款准备金 + 备付金 + 联行占款)} \times 100\%$$

$$拆出资金率 = \frac{拆出资金余额}{各项存款 - (存款准备金 + 备付金 + 联行占款)} \times 100\%$$

我国人民银行规定，银行的拆入资金比率不得超过4%，拆出资金比率不得超过8%。

（二）从资产结构、负债结构方面分析

主要有资产结构比率、贷款结构比率、负债结构比率和存款结构比率。

资产结构比率是计算每一项资产在资产总额中的比重；贷款结构比率则是计算每一项贷款在贷款总额中的比重；负债结构比率是计算每一项负债在负债总额中的比重；存款结构比率则计算每一项存款在存款总额中的比重。各计算公式分别为：

$$资产结构比率 = \frac{每一项资产}{资产总额} \times 100\%$$

$$贷款结构比率 = \frac{每一项贷款}{贷款总额} \times 100\%$$

$$负债结构比率 = \frac{每一项负债}{负债总额} \times 100\%$$

$$存款结构比率 = \frac{每一项存款}{存款总额} \times 100\%$$

分析上述结构比率的作用，一是了解每一项资产、负债在总资产、总负债中的地位和作用，二是弥补存贷比率之不足，达到有效检验银行资金流动性之目的。例如，假定两家银行存款结构和存贷比率完全一致，但甲银行贷款质量高、可交易性强，而乙银行贷款期限长、风险大，则显然两家银行的流动性大不相同，这一结论只能通过分析资产、贷款的结构才能得出。又如，西方银行贷款占总资产的比重一般在 50%～60%，而我国银行一般在 90%以上，这不能不影响我国银行资产的流动性。此外，贷款本息现金流量的时间性、贷款的种类（如工商业贷款、个人贷款、房地产贷款）、存款的期限性等，对银行资金流动性的影响亦很大。

二、安全性比率

该类比率用于研究银行的抗风险能力、长期偿债能力和经济实力，具体可从三个方面分析。

（一）反映银行资产风险大小的安全性比率

1. 利率风险比率

利率风险比率是利率敏感性资产与利率敏感性负债之比，或利率敏感性资产减去利率敏感性负债与总资产的比率，计算公式为：

$$利率风险比率 = \frac{利率敏感性资产}{利率敏感性负债} \qquad ①$$

$$或利率风险比率 = \frac{（利率敏感性资产－利率敏感性负债）}{总资产} \qquad ②$$

利率风险比率反映银行现金流量对利率水平变化的敏感性。利率敏感性资产，是指那些在市场利率变化时其利息收入会发生相应变化的资产，如浮动利率贷款、短期证券等；利率敏感性负债，则指那些在市场利率变化时其利息支出会发生相应变化的负债，如浮动利率定期存款、借入款等。利率风险比率是用来检测银行资产所承担的利率风险大小的比率。

利率风险比率公式①表明，若比率等于 1，就说明两者的金

额相等，则当市场利率变化时，负债增加或减少的利息支出可以
由资产利息收入的相应增减来抵补或冲销，银行收益未因市场利
率变化而受任何影响。若比率大于 1，即利率敏感性资产大于利
率敏感性负债，市场利率上升时，银行收益将会因利息收入的增
加大于利息支出的增加而增加；而市场利率下降时，银行的收益
将会因利息收入的减少多于利息支出的减少而降低，从而会给银
行带来风险。若比率小于 1，即利率敏感性负债大于利率敏感性
资产，在市场利率上升时，由于利息收入的增加小于利息支出的
增加，银行收益将会减少，这时就会给银行带来风险；反之，银
行收益就可增加。可见，在市场利率趋升时，银行应力争使敏感
性资产大于敏感性负债，即比率大于 1；反之，则力争使比率小
于 1，否则银行资金便不够安全，面临损失的风险。

利率风险比率公式②表明，若比率为正数，在短期利率水平
下降时，银行的净利息收入就会减少；若比率为负数，银行净利
息收入将随着利率水平下降而增加，随着利率的上升而减少。该
比率的绝对数越大，银行承担的风险就越大。

2. 风险资产比率

风险资产比率是风险资产与总资产之比，计算公式为：

$$风险资产比率=\frac{风险资产}{总资产}\times100\%$$

$$=\frac{总资产-（备付金+政府短期债券）}{总资产}\times100\%$$

银行的风险资产是指可能发生损失的资产，包括贷款、投资
等，其计算方法是总资产减去银行备付金和持有的政府短期债
券。风险资产比率越高，则银行越有可能获取高额利润，但资产
风险也就越大；反之，则资产风险就越小。在西方，商业银行一
般把风险资产比率维持在 85% 左右。

3. 风险加权资产比率

风险加权资产比率是风险加权资产与总资产之比，计算公式为：

$$风险加权资产比率=\frac{风险加权资产}{总资产}\times100\%$$

各种风险资产的风险程度是不同的，不分析风险资产的构成，便难以准确地计算资产的风险。对不同程度风险的资产赋予不同的权重，再加以累总，便可求出风险加权资产总额。众所周知，《巴塞尔协议》将资产负债表内资产的风险权数定为 0、10%、20%、50%和 100%共五种，我国中央银行在《关于对商业银行实行资产负债比例管理的通知》中亦根据《巴塞尔协议》的精神将银行的资产赋予五种不同的风险权重。

风险加权资产比率可有效地弥补风险资产比率的缺陷，使资产的风险更明晰化。风险加权资产比率越高，表明银行的资产风险越大；反之，则银行资产风险越小。

4. 长期资产比率

长期资产比率是长期资产与长期负债的比率，计算公式为：

$$长期资产比率=\frac{长期资产}{长期负债}\times100\%$$

长期资产比率可用于衡量银行长期资产的风险大小，该比率越大，则长期资产的风险越高；反之，则长期资产的风险越小。一般而言，长期资产比率应为 100%～110%左右。

5. 中长期贷款比率

中长期贷款比率是中长期贷款与定期存款之比，计算公式为：

$$中长期贷款比率=\frac{余期一年以上（含一年期）中长期贷款余额}{余期一年以上（含一年期）存款余额}\times100\%$$

中长期贷款比率用于衡量银行中长期贷款的风险，它与长期资产比率相辅相成。我国中央银行规定银行的中长期贷款比率不得超过120%。

6. 资产负债率

资产负债率是总资产与总负债的比率，计算公式为：

$$资产负债率 = \frac{负债总额}{资产总额} \times 100\%$$

资产负债率表明银行的资产总额中债权人的投资额有多少。也就是说，银行每一元资产承担多少负债额。资产负债率越高，表明银行拓展经营的能力越强，但承担的风险也越大；反之，该比率越低，债权人的债权越有安全保障。目前，商业银行的资产负债率一般为90%～94%左右。

7. 信用贷款比率和抵押担保贷款比率

信用贷款比率是信用贷款与各项贷款余额之比，抵押担保贷款比率则是抵押贷款和担保贷款与各项贷款余额之比，计算公式为：

$$信用贷款比率 = \frac{信用贷款}{各项贷款余额} \times 100\%$$

$$抵押担保贷款比率 = \frac{抵押担保贷款}{各项贷款余额} \times 100\%$$

银行贷款可分为信用贷款和抵押担保贷款。信用贷款所占比重越高，贷款的风险就越高；抵押担保贷款的比重越大，贷款的风险就越小。为保障信贷资产的安全性，银行对三、四类企业一律不应发放信用贷款，对一、二类企业的信用贷款亦应限定一个额度。目前我国银行的信用贷款比率达70%左右，转化为商业银行后应压缩至20%左右，即将抵押担保贷款比率提高到80%左右。

（二）反映银行资产质量高低的安全性比率

1. 逾期贷款率

逾期贷款率是逾期贷款余额与各项贷款余额之比，计算公式为：

$$逾期贷款率 = \frac{逾期贷款余额}{各项贷款余额} \times 100\%$$

公式中，逾期贷款是指在贷款到期半年（含展期）后仍未能按合同规定收取本金和利息的贷款。逾贷率越高，表明银行贷款的质量越差，不但盈利受影响，而且威胁银行贷款的安全。反之，逾贷率越低，则表明银行贷款的质量越好，贷款的安全性和盈利性均有保障。银行应力争将逾贷率控制在 $4\% \sim 6\%$，我国中央银行规定逾贷率按月考核，不得超过 8%。

2. 呆滞贷款率

呆滞贷款率是呆滞贷款余额与各项贷款余额的比率，用公式表示为：

$$呆滞贷款率 = \frac{呆滞贷款余额}{各项贷款余额} \times 100\%$$

公式中，呆滞贷款是指贷款逾期 2 年后本金和利息仍未收回的贷款。呆滞贷款率越高，表明银行贷款的沉淀越多，银行贷款资产的周转将越来越困难。商业银行应将呆滞贷款率控制在 $2\% \sim 3\%$。

3. 呆账率

呆账率是呆账贷款余额与各项贷款之比。用公式表示：

$$呆账率 = \frac{呆账贷款余额}{各项贷款余额} \times 100\%$$

呆账贷款是逾期未履行偿债义务超过 3 年，偿还可能性越来越小的贷款本息，包括企业破产清偿后仍不能收回的贷款本息。呆账率越高，银行贷款面临的实际损失将越大。银行对呆账的本息部分，不得不动用呆账准备金加以冲销。商业银行应将呆账率控制在 $0.2\% \sim 0.5\%$。

4. 坏账率

即贷款损失率，是一定时期内已冲销的呆账贷款总额与各项贷款平均余额之比，计算公式为：

$$贷款冲销比率 = \frac{已冲销呆账贷款}{各项贷款平均余额} \times 100\%$$

坏账率表明银行贷款的实际损失程度。

5. 准备金损失率

准备金损失率是已冲销的呆账贷款额与呆账准备金之比，它表明呆账准备金的耗用程度，该比率越高，则银行贷款风险损失越大，需补充的呆账准备金的数额也越大。反之，则说明银行贷款质量好，呆账准备金耗用小。准备金损失率的计算公式为：

$$准备金损失率 = \frac{已冲销呆账额}{呆账准备金} \times 100\%$$

6. 追回贷款比率

追回贷款比率是指早已冲销但又收回的贷款与冲销贷款的比率，用公式表示：

$$追回贷款比率 = \frac{追回贷款}{冲销贷款} \times 100\%$$

追回贷款，即是早已用呆账准备金冲销的呆账贷款，经银行追收后又得以收回的贷款。追回贷款比率越高，表明银行贷款实际损失越小。在实际工作中，银行对呆账不能一冲了事，而应派专人追收，力争减少贷款损失。

7. 本息收回比率

本息收回比率是已收本金和利息与到期应收本金和利息之比，计算公式为：

$$本息收回比率＝\frac{已收本金＋利息}{到期应收本金＋利息}\times100\%$$

公式中，已收本金、利息亦可通过到期应收本息减去逾期贷款的本息、呆滞贷款的本息、呆账贷款的本息的三者之和求出。本息收回比率应力争达到 90％以上，这样才能保障银行贷款的安全性、盈利性和流动性。

（三）反映银行抗风险能力的安全性比率

这些比率，可通过考察资本适宜度，将资产、负债的有关项目与所有者权益、股本进行比较而分析。

1. 资本与存款的比率

资本与存款的比率是西方银行较早采用的、用于测量银行资本适宜与否的指标。计算公式为：

$$资本与存款比率＝\frac{资本}{存款余额}\times100\%$$

由于银行损失的大小并不与存款量的多少成正比，而是与资产，尤其是贷款、投资等业务量成正比，因而资本与存款比率难以衡量银行资本应付意外损失的能力。目前这一指标已基本不用。

2. 资本资产比率

资本资产比率是资本与总资产之比，计算公式为：

$$资本资产比率＝\frac{资本}{资产总额}\times100\%$$

资本资产比率计算简便，可在一定程度上用于衡量银行抗风险的能力。它表明银行资本能够承担的资产价值损失的程度，银行的资产规模越大，风险相应地越大，要求银行持有的资本量也越多。一般要求达到 6％～7％为适宜。

当然，各种资产的风险程度不一，现金、存放同业、政府短期债券等几乎无风险，而风险主要来自贷款、长期投资。资本资产比率笼统地将资本与资产总额相比较，难免不能科学地计算出银行面临的风险及抗风险能力的大小。

3. 资本充足率

资本充足率是银行资本与加权风险资产平均余额之比，用公式表示为：

$$资本充足率 = \frac{资本}{加权风险资产平均余额} \times 100\%$$

由于资本充足率是在分类计算加权风险资产的基础上将资本与之相比较而得出，因而能准确反映出银行的抗风险能力。银行为了提高抗风险能力，增强经营的安全性，要么要增加资本，要么是收缩资产规模，尤其是降低风险资产所占的比重，或是双管齐下。我国《商业银行法》参照《巴塞尔协议》规定我国商业银行的资本充足率不得低于8%。

4. 核心资本比率

核心资本比率是银行核心资本与加权风险资产之比，用公式表示为：

$$核心资本比率 = \frac{核心资本}{加权风险资产} \times 100\%$$

《巴塞尔协议》将资本分为核心资本和附属资本，核心资本是银行第一级的、最主要的资本，它由股本和公开储备构成。核心资本必须占全部资本的50%以上，或者说，附属资本不能超过核心资本的100%。因此，核心资本比率必须达到4%以上，核心资本比率表明银行最坚实的抵御意外损失的实力，并与银行的利差和竞争能力关系极大。

5. 资本风险比率

资本风险比率是逾期贷款余额与资本之比，它表示银行的资本所能承担的逾期贷款风险的程度，用公式表示：

$$资本风险比率 = \frac{逾期贷款余额}{资本} \times 100\%$$

这一比率越大，则银行抵御逾期贷款风险的能力越差；该比率越小，则银行对逾期贷款风险的承受能力越强。

6. 贷款限额比率

贷款限额比率是各项贷款余额与资本加各项存款余额之比，计算公式为：

$$\text{贷款限额比率} = \frac{\text{各项贷款余额}}{\text{资本} + \text{各项存款余额}} \times 100\%$$

这一比率越高，银行获取存款利差的能力越大，但超过一定限度后将影响银行资产的安全性及流动性。西方商业银行的贷款限额比率一般为 70%～75%，我国商业银行目前中间业务和服务性业务尚不发达，可将此比率控制在 80%～85%。

7. 投资限额比率

投资限额比率是投资余额与资本的比率，计算公式为：

$$\text{投资限额比率} = \frac{\text{投资余额}}{\text{资本}} \times 100\%$$

投资余额是银行向工商企业及其他金融机构的投资。投资限额比率越高，银行资本承担的投资风险越大；反之，则承担的投资风险越小。银行应将投资限额比率定在 30%～35% 以内，比率太高将影响银行抗御风险的能力。

8. 担保倍率

担保倍率是银行担保余额与资本之比，计算公式为：

$$\text{担保倍率} = \frac{\text{担保余额}}{\text{资本}}$$

担保是银行的或有负债，是银行表外业务中风险最大的。担保金额过大，将使银行承担巨大的风险。担保倍率越高，银行承担的风险越大，反之，银行承担的风险便越小。商业银行一般把担保倍率控制在 10～15 倍之间。

9. 固定比率

固定比率是银行购置的固定资产与资本之比，计算公式为：

$$固定比率 = \frac{银行固定资产}{资本} \times 100\%$$

银行固定资产是不生息资产，固定资产过大则占用资金过多，影响盈利，过小则不利于业务发展。从固定资产金额的大小可以看出一家银行的资金实力和经营作风。固定比率越高，银行经营作风越稳健，表明银行资本相当大部分用于购置先进的科技设备，从侧面反映银行较重视业务的现代化，但盈利受一定影响。固定比率越低，表明银行把有限资本主要用于滚动增值，经营风险增大。西方商业银行一般将固定比率控制在 40%～70% 之间；我国现阶段银行的固定比率一般为 25%～40%。

10. 贷款限额

贷款限额是指对同一借款人的贷款余额与银行资本余额的比率。该比例若太高，表明银行将"所有的鸡蛋放在同一个篮子里"，风险太大，因而应有一个合适的比例。计算公式为：

$$对同一借款人的贷款限额 = \frac{对同一贷款人的贷款余额}{银行资本余额} \times 100\%$$

我国《商业银行法》规定该比例不得超过 10%。

11. 呆账准备率

呆账准备率是呆账准备金与贷款或资产的比率，计算公式为：

$$呆账准备率 = \frac{呆账准备金}{平均贷款总额} \times 100\%$$

$$或：呆账准备率 = \frac{呆账准备金}{平均资产总额} \times 100\%$$

$$或：呆账准备率 = \frac{呆账准备金}{风险资产总额} \times 100\%$$

贷款呆账准备率为银行提供了衡量风险的尺度，也提供了今后风险可能性的信息。呆账准备率越高，表明银行冲销呆账、坏账的能力越强，但也可能预示银行资产质量的下降。西方商业银行一般把呆账准备率控制在 1%～2%，《巴塞尔协议》规定呆账准备金与风险资产之比不得超过 1.25%。我国《商业银行法》规定，商业银行应按国家有关规定提取呆账准备金，冲销呆账。我国 1993 年颁布的金融企业财会制度规定，银行的呆账准备金（用于核销贷款本金）从 1993 年起按年初贷款余额的 0.6% 提取，从 1994 年起每年增 0.1%，直至达到 1%。坏账准备金（用于核销应收利息的坏账）按 0.3% 提取。

12. 资本负债率

资本负债率是用负债总额除以资本而得出的比率。计算公式为：

$$资本负债率 = \frac{负债总额}{资本} \times 100\%$$

资本负债率表明银行每一元资本吸收了多少元负债，亦可由此测知银行的长期偿债能力的大小，即所有者权益对债权人债权的保障程度。资本负债率越高，表明银行对外负债越多，资本使用效率越高，但风险也越大；反之，则银行的长期偿债能力越强，债权人的债权越有保障。

13. 长期负债比率

长期负债比率是长期负债与资本之比，用公式表示为：

$$长期负债比率 = \frac{长期负债}{资本} \times 100\%$$

长期负债率表明银行每一元资本承担了多少元的长期负债。通过分析长期负债率，能更准确地测知银行的长期偿债能力。

14. 股本贷款率

股本贷款率是贷款额与股本之比，用公式表示为：

$$股本贷款率 = \frac{贷款额}{股本} \times 100\%$$

利用股本贷款率可以衡量资本能在多大程度上对贷款风险起保护、缓冲作用。

15. 资金自给率

资金自给率是资本加存款和债券与各项贷款的比率，计算公式为：

$$资金自给率 = \frac{资本 + 各项存款余额 + 发行债券余额}{各项贷款余额} \times 100\%$$

资金自给率可用于衡量银行资金的实力。资金自给率越高，表明银行贷款对外来借款（向央行借款、拆入资金、其他借入资金）的依赖性越小，贷款所承受的风险，尤其是偿还风险和流动性风险越低。反之，则银行贷款对外来借款的依赖性越大，这势必影响贷款资产的流动性和安全性。

三、经营效率比率

经营效率比率可从资金的使用效率、资产的获利能力和成本费用的控制能力等方面分析。

（一）从资金的使用效率分析

1. 资产利用率

资产利用率是总收入与总资产之比，用公式表示：

$$资产利用率 = \frac{总收入}{总资产} \times 100\%$$

资产利用率体现了银行资产的使用效率，表明银行一定数量的资产所实现的收入是多少。资产利用率越高，银行资产的使用效率便越高。与工商企业的资产周转率相比，银行的资产使用率较低，因为工商企业的资产周转率是销售收入与资产之比，而银行的资产多，收入主要是利息收入和手续费收入。银行资本乘数高抵消了资产使用率低的影响。

2. 资本乘数

资本乘数又叫资本杠杆比率或权益乘数，是银行资产与资本（净值）的比率，用公式表示为：

$$资本乘数 = \frac{总资产}{资本（净值）}$$

资本乘数是资本资产比率的倒数，它反映了一家银行扩大营业规模的能力，或者说一定量的资本量可以推动多少倍资产。一定数量的资本承担资产越大，杠杆作用就越大。因而，资本乘数能有效地体现银行资本的使用效率。资本乘数越高，资本的使用效率也就越高，反之，则资本未得到充分利用。当然，资本乘数由于安全性的限制不能无限制的高，一般控制在 15～18 倍左右。

3. 人均资产

人均资产是资产总额与银行员工人数之间的比率；用公式表示：

$$人均资产 = \frac{资产总额}{银行职员数}$$

人均资产反映了平均每位职员使用的资产量，从而体现了银行职员的工作效率。人均资产越多，银行职员的效率便越高，反之则越低。

（二）从资产的获利能力分析

1. 盈利资产比率

盈利资产比率是盈利资产与资产总额之比，用公式表示：

$$盈利资产比率 = \frac{盈利资产}{资产总额} \times 100\%$$

盈利资产是指资产总值减去库存现金、在央行存款和银行房产设备后，能够直接带来盈利的资产，包括贷款、证券投资、存放同业、拆放同业等资产。盈利资产比率表明银行资产的获利能力，盈利资产比率越高，资产的利用率越大，银行获得的利润越多，当然，银行承担的风险（主要是流动性风险）也越高。银行应将盈利资产比率稳定在 92% 左右。

2. 净利息差率

净利息差率是利息净收入与利息总收入之比，计算公式为：

$$净利息差率 = \frac{净利息收入}{利息总收入} \times 100\%$$

$$= \frac{利息总收入 - 利息总支出}{利息总收入} \times 100\%$$

净利息差率反映银行存贷款利率定价水平的效率。净利差率高，则表明银行存款利率水平较低，付息较少，或贷款利率水平适当，利息收入增加，银行资金的获利能力增强。当然，净利息差率的水平应适当，太低不利于增加银行利息收入，太高则不利于吸存和争取贷款对象。

3. 利差率

利差率是净利息收入与盈利资产之比，用公式表示：

$$利差率 = \frac{净利息收入}{盈利资产总额} \times 100\%$$

$$= \frac{(利息收入 - 利息支出)}{盈利资产总额} \times 100\%$$

利差率反映银行盈利资产的获利能力。利差的增大是利润增加的基础，银行为得到最大的利息净收入，就必须降低利息支出而扩大利息收入。利差率越高，每元盈利资产所获得的净利息收入就越多，反之，盈利资产的获利能力便越差。商业银行应力争使利差率达到 4.5% 左右。

4. 利息收入比率和利息支出比率

利息收入比率是利息收入与盈利资产之比。利息支出比率则是利息支出与盈利资产之比。用公式表示：

$$利息收入比率 = \frac{利息收入}{盈利资产} \times 100\%$$

$$利息支出比率 = \frac{利息支出}{盈利资产} \times 100\%$$

这两个比率是对利差率的具体化,反映银行盈利资产获得利息收入及减少利息支出的能力。

5. 准备金损失率

准备金损失率是用已冲销的呆账额除以呆账准备金而得出的比率。计算公式为:

$$准备金损失率 = \frac{已冲销呆账额}{呆账准备金} \times 100\%$$

准备金损失率反映了呆账准备金的损失程度,从中可看出呆账准备金的使用效率,亦可得悉资产风险的大小。准备金损失率越高,意味着呆账准备金的耗用越多,银行越要不断地补充呆账准备金,因而呆账准备金使用效率差;反之,准备金损失率越低,表明资产质量高,一定数额的呆账准备金得以经常维持资产的良性循环。

(三)从成本费用的控制分析

1. 成本率

成本率是银行总成本支出与各项业务收入之间的比率,它反映了银行每一元收入的成本。用公式表示:

$$成本率 = \frac{总成本}{各项业务收入} \times 100\%$$

成本率可检测出银行控制成本支出的能力。成本率越高,银行业务收入中成本费用越大、获利便减少;反之,则银行成本得到有效控制,银行经营效益也就有保障。

2. 综合费用率

综合费用率是银行各项费用支出与各项业务收入之间的比率,它反映了银行总的费用开支水平,是考核银行成本的主要辅助标志。用公式表示为：

$$综合费用率＝\frac{各项费用}{各项业务收入}\times100\%$$

3. 营业收支比率

营业收支比率即营业成本率，是银行营业支出与营业收入之比，计算公式是：

$$营业收支比率＝\frac{营业支出}{营业收入}\times100\%$$

通过营业收支比率，可分析银行营业成本与营业收入之间的变动关系，进而测知银行的营业效能。营业收支比率越高，表明银行营业状况越不利，如果营业收支比率超过 100%，则显示银行已处于亏损状态。反之，营业收支比率越低，显示银行获利能力越强。

4. 非利息收支率

非利息收支率是非利息收入与非利息支出之比，计算公式为：

$$非利息收支率＝\frac{非利息收入}{非利息支出}\times100\%$$

非利息收入包括手续费收入、服务费、证券收益和其他收入，非利息支出包括工资、福利费用和银行设施方面的费用。非利息支出比率用于衡量银行增加手续费等非利息收入以抵消非利息支出的努力是否获得成功。在其他条件相同的情况下，非利息收支率越大，银行的盈利能力也越大。银行应力争把非利息收支率提高到 50% 以上。

5. 负担率

负担率是非利息支出减去非利息收入与盈利资产平均余额之比，用公式表示为：

$$负担率＝\frac{（非利息支出－非利息收入）}{盈利资产平均余额}\times100\%$$

负担率表示银行有多少非利息支出需要由盈利资产来承担。目前我国银行的非利息收入尚不足以抵消非利息支出，非利息支出的一部分必须用利息净收入来支付。负担率越高，表明银行的经营效率越差。

6. 管理费率

管理费率是一般管理费用与盈利资产平均余额之比，计算公式为：

$$管理费率 = \frac{一般管理费用}{盈利资产平均余额} \times 100\%$$

一般管理费用包括工资、建筑物和其他一般管理费用等非利息支出。管理费率越高，说明管理费用在盈利资产中所占百分比越大，银行需用更多的净利息收入来支付管理费用，从而显示一家银行的管理效率越低。银行应力争把管理费率控制在 3.2% 以下。

7. 总资金筹措成本率

总资金筹措成本率是利息支出和经费与总资金筹措平均余额之比，用公式表示：

$$总资金筹措成本率 = \frac{利息支出 + 经费}{总资金筹措平均余额} \times 100\%$$

总资金筹措平均余额即存款加借用资金加短期市场资金的平均余额。总资金筹措成本率用于分析银行在筹措资金时所花费的成本。该比率越高，表明筹措资金所花成本越高，银行效率便越低；反之，该比率越低，表明筹措资金的成本越低，银行效率便越高。

四、经营成果比率

经营成果比率是将利润与财务报表上的有关项目进行比较，通过一系列比率分析来判断银行经营成果的好坏。

（一）利润率

利润率是税后利润与总收入之比，用公式表示为：

$$利润率＝\frac{税后利润}{总收入}\times 100\%$$

利润率表示银行的收入中有多大部分作为利润留在银行。利润率高低意味着银行利润状况的好坏。

（二）资产利润率

又叫资产回报率，是银行税后利润与平均资产总额之比，计算公式为：

$$资产利润率＝\frac{税后利润}{平均资产总额}\times 100\%$$

资产利润率表示银行资产总额中平均每百元所能获得的纯利润。这一比率是计算银行盈利性最常用、最重要的指标之一，运用这一比率可测知银行运用其所有经济资源所获的经营成效大小。资产回报率越高，表明银行越善于运用资产，反之，则资产运用效果越差。一般商业银行应使资产回报率达到 1％以上。大银行因资产规模巨大，资产回报率达到 0.8％以上便算理想；小银行资产规模较小，资产回报率达到 1.2％以上较合适。

（三）资本利润率

也叫资本报酬率或股权利润率，是税后利润与资本的比率，用公式表示：

$$资本报酬率＝\frac{税后利润}{资本（净值）}\times 100\%$$

资本报酬率说明银行运用资本的结果，表示银行平均每百元资本所能获得的纯利润，可用于测知银行运用所有资本所获得的经营成效。资本利润率越高，则银行资本的经营成果越高，反之，则资本未得到充分利用，经营成效不好，将最终影响所有者的权益。商业银行应力争把资本利润率提高到 15％以上。

（四）盈利资产利润率

盈利资产利润率是用税后利润除以盈利资产总额得出的比率，计算公式为：

$$盈利资产利润率 = \frac{税后利润}{盈利资产总额} \times 100\%$$

盈利资产利润率表示银行平均每元盈利资产可得到多少元税后利润，由此说明运用其全部资产的成效。

（五）基本盈利资产利润率

基本盈利资产利润率是税后利润与贷款加证券、投资之比，用公式表示为：

$$基本盈利资产利润率 = \frac{税后利润}{基本盈利资产} \times 100\%$$

式中，基本盈利资产是扣除存放同业、拆放同业这些赢利较低的资产后，贷款和证券、投资的累总。基本盈利资产利润率可检测基本盈利资产的收益状况，该比率越高，则基本盈利资产的使用效果越好，反之，则基本盈利资产并未给银行带来更多的利润。

（六）成本利润率

成本利润率是税后利润与银行成本支出总额的比例关系，它表示银行耗费一定数量的活劳动和物化劳动后所获得的经营效果。用公式表示为：

$$成本利润率 = \frac{税后利润}{成本支出总额} \times 100\%$$

成本利润率揭示银行每支出一定数量的成本费用而形成的利润比率。成本利润率与利润增长成正比，与成本支出成反比。若利润增长超过银行成本支出的增长时，银行获得的经营成果越大，成本利润率呈上升趋势；若成本支出增长快于利润增长，则一定量的成本支出所获利润较少，成本利润率趋降。

（七）贷款利润率

贷款利润率是税后利润与贷款平均余额之比，计算公式为：

$$贷款利润率 = \frac{税后利润}{贷款平均余额} \times 100\%$$

贷款利润率表明银行每发放一定量贷款可获得的利润量，它与利润额成正比，与贷款平均余额成反比。当利润增长率快于贷款增长率时，贷款利润率趋升；反之则趋降。

（八）营业利润率

营业利润率是营业利润与营业收入间的比率，用公式表示为：

$$营业利润率 = \frac{营业利润}{营业收入} \times 100\%$$

营业利润率表示营业利润在银行营业收入中的比重。营业利润在营业收入中的比重越大，营业利润率越高；反之则越低。当营业利润增长率快于营业收入增长率时，营业利润率趋升；反之，当营业收入的增长率快于营业利润增长率时，营业利润率趋降。

（九）人均利润率

人均利润率是税后利润与银行职员总数之间的比率，计算公式为：

$$人均利润率 = \frac{税后利润}{职员总数} \times 100\%$$

人均利润率表示平均每百人能创造多少元的税后利润，它反映一个银行的经营效益。在我国，商业银行提高人均利润率更为重要。它是银行从粗放型经营转向集约型经营的重要考核指标之一。

第三节 商业银行财务报表及其分析

一、纵向比较

(一) 绝对数值的纵向比较

绝对数值的纵向比较，就是直接以财务报表上各科目绝对数值的大小加以比较，达到了解各科目之间关系的目的。

现列出某银行（不含全资附属金融企业）资产负债表（表9-3）和损益表（表9-4）进行分析。

从表9-3、表9-4中可以初步了解到某银行2000～2002年各年度的财务状况、经营成效以及表内各科目之间的关系，这是差额分析法的结果。但由于差额分析法的缺陷，绝对值的纵向比较尚难以充分显示各项目之间的关系，因而分析时常用百分比的纵向比较。

(二) 百分比的纵向比较

百分比的纵向比较，是指将同一报表上各科目绝对数值化成百分比，并以表上某一特殊项目的数字作100%进行比较。该特殊项目，在资产负债表上为资产总额或负债总额加股本权益总额，在损益表上为总收入；将其他科目的金额分别除以该特殊项目的金额，便可得出其他科目各自所占的百分比。将报表上的各科目化成百分比后的报表称为共同比报表。显然，共同比报表是比率分析法的运用。表9-5、表9-6为某银行2000～2002年各年度的百分率式资产负债表和损益表。

表 9-3　某银行资产负债表（各年度 12 月 31 日）

单位：亿元人民币

项目＼年份	2000	2001	2002	项目＼年份	2000	2001	2002
资产				负债			
现金	24.70	27.92	37.24	同业存款	1402.76	1997.24	3141.69
存放同业	2106.00	2839.52	3851.78	各项存款	3905.81	5215.80	6121.09
贴现及买汇	135.30	156.53	134.17	汇款	141.54	208.39	317.28
各项贷款及透支	3325.23	4143.25	4965.61	应付及期付贷款	510.80	636.32	830.50
证券及投资	434.68	946.65	1248.11	已发行债券	135.78	154.45	181.37
房地产及器具	45.97	59.31	68.92	其他负债	92.62	130.28	124.00
应收及期收款项	470.51	574.72	799.45	代收款项	535.08	610.32	693.93
其他资产	74.63	109.17	243.06	保证款项	1272.02	1389.89	1787.93
未收代收款项	535.08	610.32	693.93	信托负债	167.00	220.12	391.14
				负债合计	8163.42	10542.82	13588.93
应收保证款项	1272.02	1389.89	1787.93	净值			
信托资产	167.00	220.12	391.14	股本	150.00	180.00	300.00
				公积	109.98	136.33	80.65
				各项准备	106.11	134.91	149.46
				本年纯益	61.61	83.33	102.32
				净值合计	427.71	534.57	632.42
资产总额	8591.13	11077.39	14221.35	负债及净值总额	8591.13	11077.39	14221.35

资料来源：根据《某银行 2002 年报》整理。

表 9-4 某银行损益表（各年度 12 月 31 日）

单位：亿元人民币

损益项目 \ 年份	2000	2001	2002
利息收入	446.11	503.00	503.71
手续费及其他收入	49.42	60.37	86.87
收入合计	495.53	563.37	590.58
利息支出	378.43	418.41	409.82
手续费及其他支出	41.02	41076	49.29
管理费用	14.47	19.87	29.15
支出合计	433.92	480.04	488.26
本年纯益	61.61	83.33	102.32

资料来源：根据《某银行 2002 年报》整理。

表 9-5 某银行共同比资产负债表

单位：%

资产	2000	2001	2002	负债	2000	2001	2002
现金	0.29	0.25	0.26	同业存款	16.33	18.03	22.09
存款同业	24.51	25.63	27.08	各项存款	45.46	47.09	43.04
贴现及买汇	1057	1.41	0.94	汇款	1.65	1.88	2.23
				应付及期付款项	5.95	5.74	5.84
各项贷款及透支	38.71	37.4	34.92	已发行债券	1.58	1.39	1.28
证券及投资	5.06	8.55	8.78	其他债券	1.07	1.17	0.87
房地产及器具	0.54	0.54	0.48	代收款项	6.23	5.51	4.88
应收及期收款项	5.48	5.19	5.62	保证款项	14.81	12.55	12.57
其他资产	0.87	0.99	1.71	信托负债	1.94	1.99	2.75
				负债合计	95.02	95.17	95.55
未收代收款项	6.23	5.51	4.88	股本	1.75	1.62	2.11
应收保证款项	14.81	12.55	12.57	公积	1.28	1.23	0.57
信托资产	1.94	1.99	2.75	各项准备	1.24	1.22	1.05
				本年纯益	0.72	0.75	0.72
				净值合计	4.98	4.83	4.45
资产总额	100	100	100	负债及净值总额	100	100	100

表 9-6　某银行共同比损益表

单位:%

年份 损益项目	2000	2001	2002
利息收入	90.03	89.28	85.33
手续费及其他收入	9.97	10.72	14.67
收入合计	100	100	100
利息支出	76.37	74.27	69.39
手续费及其他支出	8.28	7.41	8.35
管理费用	2.92	3.53	4.94
支出合计	87.57	85.21	82.68
本年纯益	12.43	14.79	17.32

运用百分比的纵向比较,可清楚地看到某一科目与表上总数的关系,或该科目在表中的重要地位以及该科目重要性增强或减弱的原因。例如,从表 9-6 中,可以看出某银行 2000～2002 年的收入结构、支出结构,以及利息支出、手续费等支出、管理费用、利润占总收入的百分比.还可了解到每一年度利润增长的原因:2000 年主要是管理费用所占比重较低,2001 年主要是利息支出和手续费等支出所占比重下降,2002 年则是因为利息支出所占比重大幅下降。

百分比的纵向比较虽然弥补了绝对数值的纵向比较的不足,但由于它只了解某一科目的相对比例,基数的不同会使同一数值有不同的百分比,同一百分比也可表示不同的绝对数,而不了解某一项目的数目大小,难免有局限性。所以,必须将两种纵向比较方式结合起来,以弥补各自的不足。

(三)绝对值纵向比较和百分比纵向比较的综合

这是在同一财务报表上,既列出绝对数,又列出百分比,以利于全面的纵向比较。表 9-7 是将表 9-4 和表 9-6 综合的结果。

表 9-7　某银行 2000～2002 年度损益情况表　　　　单位：亿元

	2000		2001		2002	
	金额	百分比	金额	百分比	金额	百分比
利息收入	446.11	90.03%	503.00	89.28%	503.71	85.33%
手续费及其他收入	49.42	9.97%	60.37	10.72%	86.87	14.67%
收入合计	495.53	100%	563.37	100%	590.58	100%
手续费	378.43	76.37%	418.41	74.27%	409.82	69.39%
其他支出	41.02	8.28%	41.76	7.41%	49.29	8.35%
管理费用	14.47	2.92%	19.87	3.53%	29.15	4.94%
支出合计	433.92	87.57%	480.04	85.21%	488.26	82.68%
本年纯益	61.61	12.43%	83.33	14.79%	102.32	17.32%

二、横向比较

纵向比较的分析往往仅限于某一年度，虽然可以看出当年某一科目增减的原因，但却无法看清楚这种增减的原因是否继续存在。横向比较分析可弥补这一不足，并可有效地预测某一科目或者比率的未来发展趋势和程度，常用的横向比较有三种方式。

（一）在历年比较财务报表上的横向比较

即在表 9-3 至表 9-7 编制的比较财务报表和共同比报表上直接对各科目进行横向比较，这是最简易的横向比较方式。

从对表 9-7 的横向比较可知，某银行利息收入、手续费等收入、总收入、手续费等支出、管理费用、纯益等科目的绝对金额是逐年增长的，利息收入、利息支出、营业支出的百分比是逐年下降的，而手续费等收入、管理费用、纯益的百分比则逐年提高。由此可判断某银行 3 年来的收益状况是良好的，利息收入的比重虽下降，但通过利息支出比重的下降和手续费等收入比重的提高而保证了利润率的逐年提高。

（二）环比增长率的横向比较

即在进行横向比较时，将财务报表下期某一科目或比率与前一期该科目或比率的数字进行对比，进而求出下期对前一期的增长率。计算办法有两种：一是将某一科目或比率相邻两期中的后期数字减前一期数字，得出增长（减少）量除以前一期数字，所得结果以百分比表示。计算公式为：

$$环比增长率=\frac{（下期数字-前一期数字）}{前一期数字}\times100\%$$

另一方法是通过环比指数（即环比发展速度）求出，即设前一期某一科目或比率值为 100，用下期该科目或比率的数字除以前一期该科目或比率的数字，得出的商数再乘以 100，便是下期的指数；下期指数减去 100，便是下期对前一期的增长率。由于各期指数均以前一期为基期（100），固称之为环比指数。计算公式如下：

$$环比增长率=（环比指数-100）\times100\%$$

$$=\left[（\frac{下期某一科目或比率}{前一期该科目或比率}\times100）-100\right]\times100\%$$

根据表 9-7，可列出某银行 3 年来损益情况的环比发展速度，见表 9-8。

表 9-8 某银行 2000～2002 年损益的环比指数

	绝对值环比指数			百分比环比指数		
	2000	2001	2002	2000	2001	2002
利息收入	100	112.75	100.14	100	99.17	95.58
手续费及其他收入	100	122.16	143.90	100	107.52	136.85
收入合计	100	113.69	104.83	100	100	100
利息支出	100	110.56	97.94	100	97.25	93.43
手续费及其他支出	100	101.80	118.03	100	89.49	112.69
管理费用	100	137.32	146.70	100	120.89	139.94
支出合计	100	110.63	101.71	100	97.31	97.03
本年纯益	100	135.25	122.79	100	118.99	117.11

在表 9-8 中，本年纯益绝对值的环比指数是这样求出来的：

2000年为100，2001年绝对值（83.33÷61.61×100）和百分比（14.79％÷12.43％×100）分别为135.25和118.99；2002年绝对值（102.32÷83.33×100）和百分比（17.32％÷14.79％×100）分别为122.79和117.11。也就是说，某银行2001年的税后利润增长率为35.25％，2002年又比2001年增长22.79％。纯益占收入的比重是逐年提高的，2001年比2000年提高了18.99％，2002年又比2001年提高了17.11％，其他科目的环比指数可依此类推。

从表9-8绝对值环比指数栏中可以看到，尽管利息收入增长缓慢，2002年甚至与2001年基本持平，但手续费及其他收入的增幅较大，从而保证了某银行各项业务收入的增长。而成本支出的增长率比各项业务收入的增长率要低得多，从而使利润增长率得以保持较高的增幅。在表9-8百分比环比指数栏中，成本支出在总收入中的比重逐年呈负增长，如2002年比2001年下降了2.97％×（［100－97.03］×100％），显示成本率下降，利润在总收入中的比重逐年上升，如2002年比2001年上升了17.11％，利润率可观。这说明某银行在控制成本支出方面是颇见成效的。

（三）定基增长率的横向比较

即将某一时期某一科目或比率的数字作为基数，将该科目或比率以后各期的数字与基数比较，进而求出各期对基期的增长率。其计算方法亦有两种：一是将以后各期数字分别减基期数字，得出各期的增长量，并逐一除以基数，所得结果以百分比表示，分别求出各期对基期的增长率。计算公式如下：

$$定基增长率 = \frac{报告期数字 - 基期数字}{基期数字} \times 100\%$$

另一方法则通过定基指数（定基发展速度）求出，即将某一时期作为基期，基期的科目或比率的数字作为基期指数100，将以后各期数字分别除以基期科目或比率的数字再乘以100，从而

得出以后各期的指数值与基期比较，定基指数减去 100 再乘以 100％，便是报告期对基期的增长率。计算公式为

定基增长率＝（定基指数－100）×100％

$$=\left[\left(\frac{报告期数字}{基期数字}\times 100\right)-100\right]\times 100\%$$

根据表 9-7 可求出某银行损益情况的定基发展速度。见表9-9。

表 9-9　某银行 2000～2002 年的定基指数

	绝对值定基指数			百分比定基指数		
	2000	2001	2002	2000	2001	2002
利息收入	100	112.75	112.91	100	99.17	94.78
手续费及其他收入	100	122.16	175.78	100	107.52	147.14
收入合计	100	113.69	119.18	100	100	100
利息支出	100	110.56	108.29	100	97.25	90.86
手续费及其他支出	100	101.80	120.16	100	89.49	100.85
管理费用	100	137.32	201.45	100	120.89	169.18
支出合计	100	110.63	112.52	100	97.31	94.42
本年纯益	100	135.25	166.08	100	118.99	139.34

从表 9-9 可以看到，该银行 2002 年成本支出的绝对值比 2000 年（基期）增加了 12.52％（其中管理费用增加了 1 倍多），但同期收入增长了 19.18％，保证了利润的增长。同时成本支出率 2002 年比 2000 年下降了 5.58％，利润率则比 2000 年增长了 39.34％。

对比表 9-8 和表 9-9，可看到环比指数的比较和定基指数的比较是相通的，可谓殊途同归，分析的结论是相同的，它们都具有更清晰的分析和预测某一科目或比率历年发展情况、原因及其发展趋势的作用；不同之处在于，定基指数以某一固定时期为基期，环比指数则以前一时期为基期。

三、标准比较

在分析商业银行的财务状况和经营成果时，无论是进行纵向

比较还是横向比较，都须事先设定一个客观标准，然后将银行的有关财务数据与该标准相对比，以求客观地评价和分析银行的财务状况和经营水平。财务分析中需要的分析对比标准有：以银行的历史实绩作标准、以银行的财务预算计划作标准、以同业的标准实绩作标准。

（一）与商业银行的计划指标和历史实绩相比较

与银行的计划指标相比较，就是通过将本年度银行的财务实绩与当年财务计划的目标值相比较，从中计算出财务计划目标的完成进度、预计完成程度和实际完成程度等，进而正确评价银行的财务状况和经营成果；亦可以由此判断银行财务计划目标的正确性与先进性，分析出银行的经营管理水平。

与银行的历史实绩相比较，就是将银行本年度的有关财务数据与其历史数据进行对比分析，进而判断银行本年度的财务状况是否得到了改善，经营实绩是否有所提高。以银行的历史实绩作比较的标准，一般是根据银行的业务特点及其财务历史，状况，找出最好的历史指标来与本年度财务实绩比较。通过对比揭示银行有关财务指标的发展速度和发展趋势，反映银行经营管理水平的提高程度，并有助于发现银行经营管理的问题。当然，作为比较标准的历史实绩，也可以选与本年度财务实绩最相邻的上年财务实绩，这样做的好处是，经营管理面临的经济金融环境一般较稳定，财务状况和经营成果比较具有连续性。

以计划指标作为比较的标准能否达到比较分析的目的，取决于计划指标的科学性和符合实际。否则，计划指标与当年财务实绩的比较便失去了意义。以历史实绩作比较的标准，要注意该银行业务经营的宏观背景的一致性和连续性，否则数据的比较可能会因失去规律性而无可比的意义。见表9-10。

表 9-10　美国某银行 2000 年度资产负债表　　　　单位：亿美元

资产	当年实际数	当年计划指标	计划与实际数的偏差（%）	上年实际数	当年与上年的偏差（%）
现金总额	1011	1125	−10.1	1078	−6.1
国库券	5193	5024	3.4	4487	15.7
免税债券	2885	2958	−2.5	2550	13.1
代理其他和准备金	4053	2775	46.0	4421	−8.3
债券总额	12131	10757	12.8	1145	5.9
临时投资	1699	2531	−32.9	1972	−13.8
商业贷款	1802	1883	−4.3	2384	−24.4
农业贷款	5993	6023	−0.5	5980	0.2
不动产贷款	2271	2043	11.2	2623	−13.4
消费者贷款	1875	1900	−1.3	1894	−1.0
净额回购贷款	1813	2028	−10.6	102	1678.9
透支	26	25	5.1	76	−65.4
贷款总额	13780	13901	−0.9	13058	5.5
减：呆账准备金	−190	−233	−18.4	−250	−24.0
贷款净额	13590	13668	−0.6	12808	6.1
其他资产	1073	1115	−3.8	1094	−1.9
资产总额	29504	29197	1.0	28409	3.8
负债	当年实际数	当年计划指标	计划与实际数的偏差（%）	上年实际数	当年与上年的偏差（%）
不付息活期存款	1984	1836	8.0	1996	−1.9
付息活期存款	6143	5816	5.6	5218	17.7
支票储蓄	2270	1858	22.1	1988	14.2
储蓄存单	13599	14985	−9.3	14076	−3.4
100 万以上大额存单	771	723	6.6	658	17.2

负债	当年实际数	当年计划指标	计划与实际数的偏差（%）	上年实际数	当年与上年的偏差（%）
可变利率存款	1092	1128	−3.1	987	10.7
定期存款总额	23874	24510	−2.6	22926	4.1
存款总额	25858	26346	−1.9	24922	3.8
借入资金总额	19	0	0.0	0	0.0
其他负债	631	283	123.3	298	111.6
负债总额	26509	26629	−0.5	25220	5.1
股东权益	2994	2568	16.6	3180	−6.1
负债＋资本	29503	29197	1.0	28409	3.8

从表 9-10 可以看到，美国某银行在 2000 年的经营计划中，预测到宏观经济的变化，与上年相比主动降低不付息活期存款和储蓄存单的计划指标，并期望通过其他存款的增加来完成负债计划。资产结构的调整计划是，收缩"代理、其他和准备金"，以及债券、商业贷款、不动产贷款等项目的金额，增加国库券、免税债券、临时投资、回购贷款等项目的金额，从而增加资产的流动性。从 2000 年的实际情况看，计划基本能如期完成（资产总额超额完成计划的 1%，并比上年增长 3.8%），其他大科目如贷款总额、存款总额、负债总额均完成 98%～99.5% 不等，但与上年实绩相比，均有不同幅度的增长。由于存款未完成计划，某银行通过借入资金和其他负债加以弥补，借入资金从无到有，其他负债则比计划数和上年数分别增加了 121.3% 和 111.6%。但从资产的计划执行情况看，则情况似乎有点乱。计划要压的未压下来（如债券总额），或减幅很小（如代理、其他和准备金、不

动产贷款），计划要增的不但增不了，反而比上年数还下降（如临时投资、现金资产）。究其原因，要么是计划不够科学，要么是运营中宏观情况和银行自身情况发生较大变化。

与计划指标和历史实绩相比较，其实质是银行自身的纵向比较，如果不结合对同业财务报表的横向比较分析，往往难以充分说明该银行财务和经营的实际水平。例如，假定某银行本期税后利润比上期增长了10％，超额完成计划8％，成绩似乎不错，但如果同业本年度的税后利润平均增长率为14％，则在其他条件不变的情况下，低于同业水平的利润率只能说明该银行经营计划过于保守，应变能力不强，竞争能力减弱。

（二）与商业银行同业的标准实绩相比较

即将银行的财务状况和经营水平与同业中的平均数或最佳数据相比较，从中可以看到该银行的先进（落后）程度及其差距，为挖掘潜力，提高银行经营管理水平指明方向。所以说，与同业的标准实绩相比较，才是真正的横向比较，俗话说："不怕不识货，就怕货比货"，同业横向比较可以有效地弥补仅限于银行内部的，将财务数据与计划指标或与历史数据相比较的缺陷。见表9-11。

表9-11选用的比率表明，某银行在几乎所有经营指标方面都优于同业平均水平。从流动性比率看，该行的资产流动性略低于同业，但达到了央行管理方面的要求，流动性的降低未造成多大的流动性风险。从安全性指标看，某银行的利率风险比率略高于同业，表明其资产的风险高于同业，但本息收回比率显示其资产质量好于同业平均，可缓解资产的风险。资本充足率略低于同业，但达到了《巴塞尔协议》的要求，显示其资产配置中注意选择一些高风险、高盈利的资产，力求资本的充分利用。从经营效率看，某银行的经营效率优于同业水平。其结果只能是，某银行

的盈利性指标大大优于同业，资产利润率和资本利润率分别比同业平均高出 0.17 个百分点和 3.02 个百分点。

表 9-11　某银行 2000 年关键比率与同业平均水平的比较

项目	某银行	同业平均	与同业相比的差额
流动性			
存贷比率（％）	73	72	＋1
清偿力比率（％）	25.8	26	－0.2
备付金比率（％）	6.8	7.1	－0.3
安全性			
利率风险比率（％）	2.85	2.43	＋0.42
本息收回比率（％）	94	92.5	＋1.5
资本充足率（％）	8.2	8.4	－0.2
效率性			
资产利用率（％）	6.3	5.1	＋1.2
资产杠杆率（％）	16.5	14.5	＋2
利差率（％）	4.3	4.0	＋0.3
成本率（％）	83	88	－5
盈利性			
资产利润率（％）	0.8	0.63	＋0.17
资本利润率（％）	12.9	9.88	＋3.02

由于不同的银行往往在资产规模、资产结构、负债结构、地理环境、会计方法等方面存在种种差异，有时同业横向比较的一些指标分析会失去可比性。例如，多银行持股公司与单一性的商业银行，在经营规模和结构等方面的差异是多方面的，对经营成果的横向比较或许不能牵强附会。因此，在与同业的标准实绩相比较，要注意剔除不可比因素，这样才能确保比较分析的准确性。

四、综合比较

（一）图表上的综合比较

即或者通过坐标，或者通过雷达图来综合比较财务报表有关科目或比率的发展变化，进而看出一银行财务状况和经营成果的发展趋势。这里仅介绍坐标上的综合比较。

根据表 9-4，我们可以将某银行 2000～2002 年的利息收入、手续费及其他收入、总收入、利息支出、手续费及其他支出、管理费用、总支出、本年纯益等科目的变化情况综合显示在坐标上，使该银行的损益情况得以被直观地了解。见图 9-1。

（二）比率指数的综合比较

所谓综合比率指数，就是从银行的所有财务比率中，选出若干重要的比率分别除以基期若干标准比率后，再加权平均所得出的指数。这一比率指数具有综合性质，通过它与基期的综合比率指数 100 相比，可以看出一家银行在某一年的经营和财务的总体状况发生了多少变化。

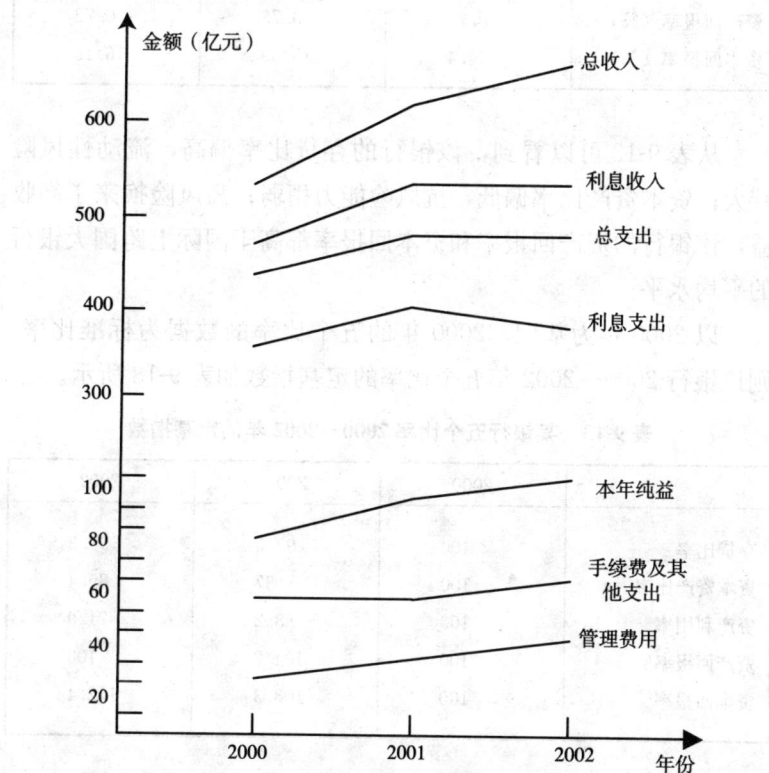

图 9-1　某银行 2000～2002 年损益科目的变化

下面以表 9-3、表 9-4 所举某银行为例，我们选出存贷比率、资本资产比率、资产利用率、资产回报率、资本回报率等五个关键比率，分别求出 2000～2002 年上述五个比率的数字，见表 9-12。

表 9-12　某银行 2000～2002 年五个比率的变化情况

	2000	2001	2002
存贷比率（%）	85.14	79.44	81.12
资本资产比率（%）	4.98	4.83	4.45
资产利用率（%）	5.77	5.09	4.15
资产回报率（%）	0.72	0.75	0.72
资本回报率（%）	14.4	15.59	16.18

从表 9-12 可以看到，该银行的存贷比率偏高，流动性风险较大；资本资产比率偏低，抗风险能力稍弱；高风险换来了高收益，该银行的资产回报率和资本回报率都高于国际上跨国大银行的平均水平。

以 2000 年为基期，2000 年的五个比率的数据为标准比率，则该银行 2000～2002 年五个比率的定基指数如表 9-13 所示。

表 9-13　某银行五个比率 2000～2002 年的定基指数

	2000	2001	2002
存贷比率	100	93.3	95.3
资本资产比率	100	97	89.4
资产利用率	100	88.2	71.9
资产回报率	100	104.2	100
资本回报率	100	108.3	112.4

假定上述 5 个比率的权重依序分别为 0.18、0.22、0.10、

0.27 和 0.23，则用每一比率的权重乘以某一年份的定基指数，其乘积便是各个比率在某一年比率指数中所占的比重，乘积再相加累总，结果便是加权平均的比率指数，见表 9-14。

表 9-14　某银行 2000～2002 年五个比率加权平均的综合指数

项目	2000	2001	2002
存贷比率	18	16.79	17.20
资本资产比率	22	21.34	19.67
资产利用率	10	8.82	7.19
资产回报率	27	28.13	27.00
资本回报率	23	24.91	25.85
合计	100	99.99	96.91

表 9-14 合计栏中的 100、99.99 和 96.91，便是 5 个比率加权平均后从 2000～2002 年每年的综合指数。从该银行 2000～2002 年 3 年的综合指数看，尽管该银行的利润水平较高，但由于前三个指标的恶化，使比率指数增长甚微，甚至不增反降。该银行为了保证盈利水平的稳定和提高，应注意解决超负荷经营的问题，要提高资产利用率，存贷比率应达到人民银行的要求（即 75％），要增加资本，增强抗风险能力，否则不利于该银行稳健参与国内外金融业务的竞争。

运用比率指数进行综合比较，要注意选用性质相同的比率，权数大小的确定要力求客观，真正反映某一比率在银行经营和财务中的地位。在实际运用中，由于分析人员的不同，所选用的比率及权数大小往往不一样，致使求出的比率指数数值不同，这是比率指数综合比较的主要缺陷。

第十章 建立和完善商业银行风险监管体系

总体来说，商业银行风险管理包括银行业内部管理和外部监管两大方面。前面几章主要探讨了商业银行风险的内部管理，本章着重对商业银行风险外部监管进行研究。首先对西方主要国家的商业银行风险监管体系作比较分析，总结西方发达国家商业银行监管体系的成功经验、发展趋势及其有益启示，在此基础上对建立和完善我国商业银行监管体系展开分析和论述。

第一节 西方主要国家商业银行风险监管体系比较分析

一、西方主要国家对银行风险的监管要求

前面已述，商业银行风险根据其表现形式，一般可分为信用风险、流动性风险、利率风险、市场风险、操作风险、国家风险、政策风险等。巴塞尔《新资本协议》在衡量最低资本充足率水平时，还引入操作风险、市场风险以求实现全面风险管理的目标，其中，可量化的操作风险更成为重点。

西方国家普遍拥有较发达的银行业，为了达到银行业的长期健康、稳定发展，纷纷建立起各具特色的银行监管制度。尽管各

国的银行监管体制和模式有所不同，但是基本上坚持了一些共同的基本原则：保持金融系统的稳定性、防范金融风险、提高金融系统运作的效率、保护金融服务的使用者免于因金融机构行为不当而遭到侵害。此外，还对金融机构的市场准入、经营范围、资本充足率、贷款集中性、流动性、风险准备金比例等进行各有侧重的监管。

（一）银行市场准入监管

适当的准入监管对银行审慎经营和银行业市场的健康竞争至关重要。对于银行业来说，新的机构进入市场既会加剧竞争、提高效率，同时也会增加风险。如在市场需求没有明显增长的情况下，新机构进入会使银行业的平均赢利水平下降，从而导致抵抗风险的能力减弱。

注册资本金、高级管理人员任职资格和业务范围是银行准入监管的核心内容。首先，商业银行必须达到最低注册资本金要求，以保护债权人的利益并维持银行体系的稳定运行；其次，初始资本的数量和质量必须充足。初始资本是银行最初的经营资金，它必须能保证至少三年的营运需要。一般来说，三年以后一家新的银行就能够实现盈利，这时便能从盈利中增补资本金。值得注意的是，许多国家的经验证明，银行在其早期阶段都是非常脆弱的，新银行的破产比例比老银行要高得多；最后，审批机构对设立银行的业务经营范围也要规定。对银行是否可以从事非银行业务，多数国家都有一定程度的限制，只是限制的范围、程度和方式不同，少数国家则严格禁止。目前，世界上不少国家正逐渐放松对银行经营业务的限制。

在各国的具体监管实践中，英国最重视对市场准入的监管，而日本最严格，美国相对较松。英格兰银行监管局编印的《银行监管介绍》指出："英格兰银行监管的一个主要目标是使银行持续满足银行法规定的授权标准，不断地评估和考察这个标准是否被遵守。"因此，英国的银行监管始终是围绕着取消和限制授权进行的。日本自1960年后，几乎没有新的金融机构产生，100％的国内银行都属于世界性的银行，可以说，日本对开业的管制实际上是不允许新银行开业，以避免恶性竞争，保证银行的安全性。美国在1837年建立自由银行制度之后，对开业管制并不严格，对开业申请审查也不严，主要是采取经营过程中动态的持续监管。①

（二）资本充足率的监管

资本充足率是各国普遍强调的一项重要的监管内容，是衡量银行清偿能力和流动性的一个重要标志。1988年的《巴塞尔协议》建立了统一的银行资本充足性监管标准，并且对资本充足比率中的资本定义、风险系数、风险换算系数和最低资本水平都作了具体的规定。其中的"资本"被要求具备以下的条件：对利润分配和银行竞争能力有决定性的作用；在公开的账册上充分反映，能为市场用作判断资本充足性的基本依据。《巴塞尔协议》还将银行资本分为核心资本和附属资本。其中核心资本包括已付股金的普通股、永久性非累积的优先股、公积金和储备提留；附属资本包括未公开的实际储备、房地产和持有证券的重估增值、贷款损失预提准备、债券股票复合性质的融资、次级定期债券。因此，对于银行来说，资本最重要的两个作用是：一是保证银行正常经营，并不是要运用它来维持日常的业务，而是要借助它来维持该机构在公众中的信心；二是当发生意外时可以利用它来冲销损失，使银行不至于立即遭到清算。正如《巴塞尔协议》的主要目标就是要加强国际银行系统的安全与稳定，同时保持资本充

----

① 参阅赵霜茁主编：《现代金融监管》，对外经济贸易大学出版社2004年版，第78页。

足率管理的高度一致，从而避免国际银行之间的不公平竞争。

在各国的监管实践中，美国的管理方式比较复杂，按照风险度的不同将商业银行资产分为 5 类，分别确定不同的资本资产比率权数。对于级别较低的银行，要进行相应的监督指导和行动。英国规定了资本充足率的触发比率（根据《1987 年银行法》规定的授权标准所能接受的最低资本比率）和目标比率，一旦达到警戒线，即予以关注。德、日、法等国也规定一个资本与风险资产的比率来进行监管。这种监管方式可以称为静态的监管方式，即规定具体的标准比例，只有在达到一定的比例时，才采取相应的对策。意大利、瑞士、加拿大等国就没有具体、明确的比例数字，而是根据具体的情况对不同性质、不同情况的银行确定不同的指导方针，即实行一种动态的资本充足率监管方式。

（三）流动性的监管

流动性是指银行应付现在和未来对现金需求的能力。流动性不足是导致银行危机的最直接原因。如果商业银行没有足够现金来偿付债务，就无法保证客户提取存款和满足贷款的需求，那么造成存款者信心动摇而发生金融恐慌，酿成流动性危机。

为了确保银行能够避免因流动性不足出现危机，各国监管当局通常都规定银行必须保持一定比例的流动资产。但流动性比率的设定，国际上尚未存在一个统一的标准。在许多国家中，中央银行都要求商业银行按其存款额保持一定比例的法定准备金（前提是不影响银行的盈利），监管当局又允许银行从若干流动性资产中作出选择，通常不会强制要求银行必须持有某一种形态的资产。

以英国为代表的流动性监管注重以自律方式进行管理，比较注重微观管理，当认为银行出现较为严重的流动性问题时提出"劝告"。美国、德国等则注重宏观管理，对银行进行严格评级，定出具体的资产、负债相关比例。

（四）贷款集中的监管

贷款集中是商业银行贷款时将贷款过分集中于少数客户，从而造成风险的过分集中，一旦个别客户无法按时归还贷款，将给银行造成巨大损失、甚至破产。所以，各国监管部门倾向将对大额贷款风险的监管列为一项重要的内容，督促银行将风险与资本挂钩和资产分散化。

（五）存款保险和危机处理

1. 存款保险制度

最早由美国于 1933 年首创，目的是确保在危机发生时维护存款者的利益，恢复公众对银行体系的信心。同时，该制度也监督和促使银行在保证安全的前提下从事经营活动。美国要通过成立联邦存款保险公司（FDIC）负责具体操作。实际上，它对存款者提供了两种保护：一是在必要时向存款者支付最高为 10 万美元的偿付；二是采用各种合适的方法，如购买和偿债交易不在保险之列的存款来提供实际的保护。

自 1993 年以来至 20 世纪 80 年代初，美国银行倒闭的数目显著减少，而倒闭银行的绝大部分存款者都得到了充分的偿付，存款保险制度被认为效果卓著。随后，由于存款保险制度有可能导致道德风险的产生，其有效性引起了广泛的质疑。尽管如此，绝大多数的国家还是把它当成一种能够较好地防止银行体系出现挤兑的一种制度安排，并且绝大多数发达国家都建立了符合自身情况的存款保险制度。

2. 银行危机处理

银行危机处理的方式主要有三种：一是紧急救助。面临暂时流动性困难的银行可以采取紧急救助措施，有关当局既可以给予直接的资金借贷，也可以出面担保来帮助银行渡过难关。二是接管。如果面临财务困难的银行继续经营的价值大于立即破产清算的价值，那么为保护债权人利益，避免因银行倒闭造成震荡，就通过采取整顿和改组的措施，对被接管银行的经营管理、组织结构进行必要的调整，使被接管银行在接管期限内改善财务状况，渡过危机。三是并购。监管当局可以组织健全银行兼并或收购危机银行。

如果监管当局对危机银行的各种挽救性措施均告失败，那么法院将依法宣布该银行破产。破产并不是银行退出市场的唯一方式。若银行在经营中违法违规，监管机构会令其限期整改，情节特别严重或逾期不加改正者，监管机构将吊销其营业执照，关闭该银行。此外，银行也可能由于合并、分立或是银行章程规定的解散事由而自行解散。

二、西方国家商业银行风险监管体系的共同特征

各国在商业银行监管体系上仍具有许多基本的共同特征，并随着时间的推移，趋同性愈加明显。

（一）各国都建立了以中央银行为核心的监管机构

西方国家对商业银行的监管都设有专门的机构，并一般都以中央银行为核心机构，对商业银行实施监管。但由于各国金融制度不同，对银行进行监管的机构也不尽相同，大体上有如下几种情况：

1. 由中央银行负责对商业银行进行监管，如英格兰银行。

2. 在另一金融机构领导下由中央银行对商业银行进行监管，如意大利银行就是在"部际信贷储备委员会"的领导下对商业银行进行监管。

3. 中央银行和另一个机构紧密配合共同对商业银行进行监管，如德国，就是由德国联邦银行与联邦银行监督局的密切配合下共同对商业银行进行监管的。

4. 由中央银行和几个机构联合进行监管。法国对商业银行的监管是由财政部、国家信贷委员会、法兰西银行和银行管理委员会 4 个机构共同负责的。

5. 由财政部设置的专门机构进行监管（属于比较特殊的情况），如日本大藏省专门设有银行局和国际金融局，加拿大设有银行总监。

6. 由几家不同机构对不同类型的商业银行分别进行监管，美国就属此种类型。美国在传统上实行双线银行管理制度，即联邦政府和州政府都建立银行管理机构。

（二）各国监管的目标趋同

各国对商业银行实行有效的监管，其共同目标是：保证金融业经营及银行体系的安全，维护信用秩序，保证存款人的利益；保证银行业间的公平竞争和金融市场的稳定性；配合货币政策的贯彻执行，促进经济金融发展。这些目标的实现就是银行监管的运作过程。虽然各国的监管机构和监管方法各有不同，但其基本的出发点均是对银行风险最大程度的限制。这也在各国的银行法中有所体现。

《美国联邦储备法》开宗明义，制定该法的目的之一是"建立美国境内更有效的银行监管制度"。有四个具体目标：维持公众对一个安全、完善和稳定的银行系统的信心；为建立一个有效的和有竞争力的银行系统服务；保护消费者；允许银行体系随着经济的变化而变化。

《英国银行法》前言中指出："本法令用以管理在经营业务时接受存款；授权英格兰银行行使职权对接受存款的机构予以管制；对这些机构的存款人进一步予以保护，对接受存款的广告要制定条款……禁止使用欺骗性的经济手段接受存款"。

《德国银行法》在其第六条中授权"联邦金融管理局监管所有的信贷机构，以保证银行资产的安全、银行业务的正常运营和国民经济运转的良好结果"。

《法兰西银行法》一开始就指出："法兰西银行是国家赋予权力在国家经济及金融政策体制下监控货币及信用供给的工作机构，为此，应确保银行体系的正常运行"。

《日本国普通银行法》第一条阐明了监管是以"银行业务公正性为前提，以维护信用确保存款人的权益，谋求金融活动的顺利进行，并为银行业务的健全而妥善地运营，有助于国民经济的健全发展为目的"。

（三）各国都采用严格的登记管理形式

各国商业银行的开业都必须经中央银行或当地金融监管当局批准，并依照当地法律注册登记，以便接受中央银行等金融管理当局的管理，范围主要对注册资本、人员素质、营业场所、组织章程进行管理。1979年4月，英国国会通过的银行法规定：一切吸收存款的金融机构，经英格兰银行承认并发给执照后，按其资本大小和信誉高低分为"认可银行"和"特别吸收存款机构"两种，前者至少要拥有净资产500万英镑以上，后者至少要拥有净资产25万英镑以上。日本则规定，银行开业资本不低于10亿日元。德国商业银行开业须经联邦监督局的书面批准，并且规定最低开业资本额为600万马克。

（四）各国都规定资本充足条件

最低资本及资本充足比率相结合成为各国银行监管内容的重要特征。各国监管当局除要求商业银行在开业时达到最低资本水平外，还建立风险监管机制，以此控制银行的无偿付能力风险，控制银行资产负债的程度，防止银行倒闭。各国的监管当局都要求银行在资本与总资产之间、资本与风险资产之间或与负债之间保持一定的比例关系，但具体要求并不完全一致。1975年以来《巴塞尔协议》的具体实施，特别是1988年银行资本充足比率的制定，使银行资本监管有了国际统一的、可相互比较的内容和标准，各国的标准也逐渐趋于统一。如美国金融管理当局采用两个主要比率来测量银行资本适度情况，一是核心资本占全部资本的比率，二是全部资本占全部资产的比率。同时，美国联邦银行管理机构把美国商业银行划分为三类：跨国银行机构、地区银行机构（资产都超过 10 亿美元）和社区银行机构（资产低于 10 亿美元）。目前，美国规定银行资本与总资产的最低比率已提高到 9％。日本则将这一比率定为 10％。德国规定贷款和资本总计不得超过自有资本加储备的 18 倍，即资本占资产总额的比率为 5.6％。英格兰银行在 1980 年设定了两个资本比率衡量各金融机构的资本充足情况，一个是除营业大楼以外的资本与其他非资本负债的比率；另一个是仅限于股份资本和储备与资产之间的比率。在法国，对商业银行资本适度性的规定为净值与风险资产加权的比率至少为 5％，法国银行资本比率相对较低，但法国银行业有巨额的放款损失准备。

（五）各国都对商业银行的清偿能力进行监管

西方国家的银行监管机构都对银行的清偿能力进行严格的监管。对商业银行来说，流动性必须合理，流动性太大会减少银行收益，流动性太小又可能不能满足客户的提存要求，以致发生提存危机导致银行倒闭。英国对商业银行流动性管理虽没有提出标准化比率，但提出对从其他金融机构所吸收的存款及给予其他金融机构的不可撤销且尚未提取的信贷，必须准备 100％的流动资产；对到期不确定的债务必须准备 25％的流动资产；对期限在一年以上的债务准备 5％的流动资产备付。在美国，由银行检查员对银行的流动性状况管理政策进行评价，检查员要检查存款结构、性质、趋势和存贷季节性变化、一级与二级准备金数量等。法国金融管理当局规定了两个流动性资产和短期负债的比率：第一个流动性比率规定流动性资产至少应等于短期负债的 60%，这一标准适用于投资银行与存款银行；第二个规定是中长期贷款与资本加储蓄项目（3 个月以上）的比率，即银行资金加 3 个月以上的储蓄存款加 2 年期以上的同业存款不得少于该银行中长期贷款的 80%。

（六）各国都对商业银行单一贷款规模进行限制

为了避免贷款过分集中的风险，西方各国中央银行一直对商业银行发放单一巨额贷款加以限制，并明确规定了对同一借款人贷款的最高额度。如：美国规定一家银行对同一借款人的贷款不能超过银行股东权益的 10%。德国规定任何银行对单一客户的贷款超过该行资本的 15% 时，应立即向金融主管当局报告。瑞士银行向海外某一银行的贷款超过 1000 万瑞士法郎必须经瑞士中央银行批准，同时，对每一客户的贷款，信用贷款占贷款的资本比例为 20%，担保贷款为 40%。英国规定所有核准机构对同一客户贷款额超过其实收资本的 10% 时，应先报经英格兰银行备案，并应额外增加坏账准备金；对同一客户授信超过银行实收资本 25% 时，应先经英格兰银行批准。在日本，商业银行对同一客户的贷款不得超过其资本的 20%。

（七）西方各主要国家普遍建立了存款保险制度

存款保险制度是由政府或法人出资组建保险机构、以存款银行及其所吸收的存款为参保对象和保险范围，并由政府对参加保险的形式、保险费率、赔偿方式等作相应规定的一种保险制度。目前，全球超过三分之一的国家（或地区）建立了这一制度。如美国于 1934 年正式成立了"联邦存款保险公司"，自联邦存款保险公司成立以来，美国破产银行的 99.9% 的存款者在 1934～1980 年这段时期恢复了他们在银行的全部存款；另外，不少商业银行陷入偿付危机时，都是由于联邦存款保险公司的抢救而免于破产和倒闭。存款保险制度的建立有力地增强了公众对金融机构的信心和加强了金融业的稳定。英国1979年根据银行法设立了"存款保险基金",商业银行参加时必须按其英镑存款大小认缴相应份额。日本也于1971年公布了《存款保险法》,规定对日本的银行及海外分支机构的本币存款实施保险,保险基金由政府、日本银行、银行业共同出资形成,每个存款人的最高保险金额为300万日元,参加投保的商业银行每年必须支付投保存款总额的0.008%的保险费。法国于1979年在官方的支持下建立了银行同业存款保险机构。存款保险制度作为各国银行监管中的补充手段,逐渐为各国金融监管当局所重视,并发挥其有效的作用。[1]

表 10-1　几个国家和地区存款保险的具体形式

	会员加入要求	保费占存款的百分比（%）	承保存款的百分比（%）	是否有基金支持	与央行和财政部之间的关系
日本	强制	0.036~0.048	存款的78.8%	有	财政部监管
中国台湾	结合	0.015	45%	有	财政部监管
韩国	强制	0.05	—	有	—
法国	强制	通知即付,但有限度	较低	无	隶属中央银行
德国	结合	0.03,但也可以加倍		有	
英国	强制	通知即付		无	独立法人
美国	强制	以风险为基础0.00~0.27	65.2%	有	独立法人
墨西哥	强制	0.03~0.07	100%	有	央行与财政部共同监管

资料来源："Deposit Insurance: A Survey of Actual and Best Practices", Gillian G. H. Garcia Charles Enoch, 1999.

---

[1]　凌江怀：《现代商业银行经营与管理》,广东旅游出版社1999年版,第296页。

三、西方国家商业银行风险监管模式的差异

从银行监管的产生和发展看，银行监管是为了应对金融危机的需要而建立和发展的。通常，不同的银行监管模式反映了各国政府职能和社会组织在哲学和社会学方面的差异。目前，世界各国由于银行制度、历史、国情等原因，银行的监管模式也存在很大差异。[①]

（一）法国银行集中化监管模式

1984 年颁布的法国银行法将监管信贷机构的责任赋予法兰西银行牵头组织的银行委员会。该委员会有 6 名成员，法兰西银行行长任主席，另外几名成员分别是财政部部长、国会议员、最高法院法官和退休银行家等。银行委员会每届任期六年，其决策由投票决定，当票数相等时由主席裁决。银行委员会每 2～3 周开一次会，它有三个主要任务：检查银行法律与规章的遵守情况并惩罚违法现象；检查银行业经营的条件并保证银行具有满意的财务状况；保证良好的职业准则得到遵守。

（二）德国银行分散式监管模式

德国于 1961 年在《银行法》颁布的同时，成立了隶属于财政部的联邦银行监管局，负责对银行业的监管。银行监管局实质是一个综合金融监管当局。银行监管局和中央银行在监管工作中既有分工又有协作，重大的原则性问题由联邦信贷监督局负责，中央银行就负责非现场监管的所有日常工作，并监管银行业的总体运营状况。同业协会则通过现场、非现场控制来控制其成员的清偿能力。联邦银行监管办公室负责现场监管，监管银行业是否有违法经营行为，一经发现，立即处置。2002 年 5 月 1 日，银行监管局正式改名为金融监管局，授权其监管所有的金融机构，

---

① 参阅杨凯生著：《银行风险防范和危机化解——国际比较研究》，中国金融出版社 2000 年版，第 135 页。

以保证银行资产的安全、银行业务的经营和国民经济的良好运行。

表 10-2　风险集中管理模式与风险分散管理模式的比较

管理模式	特点	弊端
风险集中管理（以法国为代表）	1. 由总行统一管理风险，管理体系与整个银行的管理体系配套 2. 大额授信由总行风险控制部门统一管理，经核定分配给分支机构使用 3. 风险管理信息向总行风险管理部门集中 4. 风险管理效果取决于汇总后的风险信息质量及相关分析人员的水平	1. 风险管理决策层远离一线。如果风险管理信息系统不能保证及时、准确的传递信息，决策者就无法保持对风险的高度敏感度 2. 在相应风险管理制度缺失的前提下，风险的集中管理也在一定程度上使得一线风险管理人员（对风险有最直观的认识人员）缺乏管理好风险的积极性
风险分散管理（以德国为代表）	1. 控制风险的权限下放，由分支机构根据各自面临的风险实时管理 2. 根据本地区客户的实际情况，自行确定风险限额 3. 风险管理信息分散在各个决策主体 4. 总行风险管理部门和审计部门具有监督职能，以保证风险不会给银行带来生存危机	1. 对规模庞大、分支机构众多的跨国银行而言，如果相应制度缺失，风险管理的责任、权利和利益难以有效统一，就可能使风险控制流于形式 2. 即便各个风险管理的决策主体能够保证采取最优的风险管理政策或措施，"合成谬误"也难以避免，并可能造成总体风险

资料来源：章辉赞，张红，殷红：《现代商业银行风险管理的体系与运行模式》，载《中国房地产金融理论探索》2005 年第 10 期。

（三）日本银行带有浓厚行政干预色彩的监管模式

日本是实行"二元制"金融管理体制的国家，即大藏省和中央银行分享金融管理职权。日本中央银行在大藏省的管辖下，主要负责民间银行业务的管理，通过具体的贷款政策、买卖证券、存款准备金制度和窗口指导等货币政策工具来指导和管理民间金融机构。

大藏省的监管对象是所有在日本登记注册的金融机构，包括所有日本国内金融机构及其驻外机构，也包括国外银行在日本的分支机构。日本银行只对在日本银行开设往来账户或需在日本银行获得贷款的金融机构进行监管。实际运行中，大藏省的监管权限大于日本银行，大藏省甚至可以超越法律而对金融机构作各种行政指导。银行陷入经营危机时，大藏省一般采取不公开处理，处理的办法或者是要求中央银行提供特别贷款进行救济，或者要求有实力的银行以合并的方式救济有困难的银行。1997年6月16日，日本又颁布了《金融监督厅设置法》，规定：撤销原来设在大藏省内部的金融检查部门，建立直属总理府（行政机构改革后称内阁府）的金融监督厅，目的是增加透明度和规范性。同时，日本一方面推出全新的《日本银行法》，用法律手段加强了日本银行的独立性；另一方面，正式设立金融监督厅，剥离大藏省的金融机构的监督职权归其行使，并原封不动地吸纳原属大藏省的证券交易监督委员会。2000年7月，再次剥离大藏省的金融行政计划和立案权限，金融监督厅也更名为金融厅，成为总理府的一个外部局。目前，日本的银行监管实际上变成了双重监管，即对商业银行的监管职能分别由金融监督厅与日本银行来履行，实行双重监管及稽核制度。

（四）英国银行的自律式的监管模式

英国实行君主立宪制，银行业多年来保持着丰富多样的历史传统，实行"一元化"的金融监管体制。

英格兰银行的自律式监管模式是建立在监管者与被监管者之间相互信任、共同合作的基础上的。这种模式也只有在像英国那样银行业主要集中在伦敦城中才较易实行。自律监管的优点是方式灵活、较有弹性，而缺陷是人为因素比较明显，监管不够规范。自 20 世纪 80 年代以来，这种情况开始逐步发生变化。1979
年颁布的《银行法》使英格兰银行的监管权力以法律的形式得到
确认，迈出了英国金融监管法制化、制度化的第一步。1987 年
更进一步确立了英国中央银行依法监管的基本框架。1997 年 5
月 20 日，英国政府把原来的各种金融监管机构合并在一起，成
立了新的全能金融监管机构——金融服务局（Financial Services
Authority，FSA）。FSA 成立后，英格兰银行承担的监管职能被
转移到 FSA，英格兰银行不再负责对银行业的监管，由金融服
务局统一对各类金融机构进行监管，并规定英格兰银行此后只在
总体上对金融体系的安全性和稳定性负责。

（五）美国银行的双线多边监管模式

这种监管体制从功能上看仍然是以分业监管模式为主。从效
率的角度来看，这种体制虽然能够发挥专业监管的优势，但如果
双层多头管理体制不能使联邦与地方两级各有分工和侧重，则避
免不了重复交叉管理，还会在监管过程中出现协调难度大的矛
盾，而且与金融自由化、国际化之间的冲突也较多。美国负责金
融监管任务的主要机构有联邦储备体系、货币监理局、联邦存款
保险公司。美国的这种多元监管体系形成了一种相互制约和相互
竞争的微妙关系，有利于提高监管透明度和质量。当然这种监管
体系的缺陷也是很明显的，尽管各个监管机构相互合作，各有侧
重，但由于多头管理，难免会出现职责重复、效率低下的情况。

第二节　西方国家银行风险监管体系的影响

一、西方国家商业银行常见的风险管理方法

（一）全面风险管理法

是指银行在面对风险时采取主动进取型的风险管理办法来增

加收益，即全面风险管理。其内容是对银行面临的全部风险进行通盘考虑，充分利用各部门的资源来控制风险。

全面风险管理的实施应遵循三项原则，即稳健性、系统性、分散与集中相统一。（1）稳健性。风险管理系统一定要确保透明、可信、及时和可操作才能实现稳健性；（2）系统性。一个有效的风险管理框架需要一个融合了策略、程序、基础设施和环境四方面因素的有机系统；（3）分散与集中相统一。风险的分散管理有利于各相关部门集中力量将各类风险控制好，而风险的集中管理则有利于从整体上把握银行面临的全部风险，从而将风险策略与商业策略统一起来。

建立全面风险管理系统，对于银行来说应该：（1）建立全行审计，对风险暴露的主要领域进行确认；（2）评估现有风险管理方法的实际效果；（3）建立针对每一风险的评估标准，并将现有方法与评估标准对照，评价银行的经营状况；（4）实施风险监督、控制程序和报告制度；（5）建立报告的模式和复查程序；（6）确定董事会、高级管理人员、风险经理和部门经理之间的权利和责任。

当全面风险管理组织结构建立后，风险经理再根据风险发生的可能性及其对银行稳定性和盈利性的影响程度进行分类。然后，银行就可以根据与风险管理相关的决策程序进行分析。最后，银行对所有风险进行综合管理以实现利益最大化。

（二）RAROC 管理法

RAROC（Risk-Adjusted Return On Capital），即风险调整后的资本收益率，是商业银行用于经营管理的核心技术工具之一。它是 20 世纪 70 年代末由美国信托银行首创，并在 20 世纪 90 年代后半期经过不断完善而得到国际先进银行的广泛采用后，成为全面风险管理的核心方法。

RAROC 管理的核心是按照所承担的风险衡量所取得的收益。这一机制改变了传统上以绝对量评估收益的标准，而是求出将风险因素扣除后的实际收益水平。RAROC 在两个层面上发生作用：一是针对业务人员有一套完整的对风险的监督体系。交易员可运用 RAROC 来判断不同交易品种的盈利能力，并决定在哪些地方投入更大的力量，部门经理运用 RAROC 来衡量项目经理的业绩，高层经理人员则可考核每个部门的经营状况；二是针对业务。如果一项交易从总体上降低了交易账户的风险，即使收益率比较低，也可以看作是有益的。[1]

（三）缺口管理法

在利率风险较大的情况下，银行还经常用缺口管理模型来避免风险。银行的利率风险主要来源于利率敏感性资产和负债。绝大部分银行的利率敏感性资产额和负债额是有差异的，这个差异就是"缺口"。[2]

缺口管理是假定银行资产负债缺口期限是单一的（如期限都是 90 天或 180 天等），但实际上，银行资产负债的期限结构不会是单一的，为了更准确地预测利率风险，有效地加强风险管理，就应当将各种期限的资产负债分别计算，得出累计缺口：

$$累计缺口 = \sum_{i=1}^{n} (ISA_i - ISL_i)$$

然后用缺口模型计算出各期限的利差损益值，再加总得出银行最终损益值。其值为 $\sum_{i=1}^{n} (ISA_i - ISL_i) \times \Delta rn$（$\Delta rn$ 为各不同期限利率变动额）。

---

① 李双，李婷：《西方商业银行风险管理新对策》，载《广东金融》2003年第 3 期。

② 关于缺口管理法可参阅本书第六章第三节。

表 10-3 银行积极的利率敏感性管理

利率预期变化	最佳的利率敏感性状态	积极的管理措施
市场利率上升	正缺口	增加利率敏感性资产
		减少利率敏感性负债
市场利率下降	负缺口	减少利率敏感性资产
		增加利率敏感性负债

表 10-4 缩小银行的利率敏感性缺口管理

正缺口	风　险	可能的管理对策
利率敏感性资产大于利率敏感性负债	利率下降时发生损失因为银行净利息收益率下降	1. 听之任之（利率可能升高或稳定） 2. 延长资产期限或缩短负债期限 3. 增加利率敏感负债或减少利率敏感性资产
负缺口	风　险	可能的管理对策
利率敏感性资产小于利率敏感性负债	利率上升时发生损失因为银行净利息收益率下降	1. 听之任之（利率可能下降或稳定） 2. 缩短资产期限或延长负债期限 3. 减少利率敏感负债或增加利率敏感性资产

资料来源：赵霜茁主编：《现代金融监管》，对外经济贸易大学出版社 2004 年版，第 144～145 页。

二、巴塞尔《新资本协议》对银行风险监管体系的新规定

2001 年 1 月，巴塞尔委员会公布了《新资本协议》（第二稿）。这文件是在 1999 年 6 月公布的文件基础上广泛吸收多方意见后形成的。2004 年始全面执行，完全取代了 1988 年的《巴塞尔协议》。该协议在全球银行业风险监管中具有主导性地位，广泛影响着各国银行在国际市场的竞争实力。

2001 年《新资本协议》草案延续 1988 年《巴塞尔协议》中以资本充足率为核心，以信用风险控制为重点的风险监管思路，

并吸收《有效银行监管的核心原则》中提出的银行风险监管的最低资本要求、外部监管、市场约束等三大支柱的原则：新协议强调了"三个支柱"在现代监管体制中的作用，支柱二"监管评估过程"和支柱三"市场约束规则"是支柱一"最低资本要求"的补充手段，三个支柱必须协调使用才能真正体现新协议的精髓，这是新协议区别于 1988 年协议的核心所在。

（一）《新资本协议》是对 1988 年《资本协议》的补充和完善

1. 银行面临的主要风险

新协议将计算最低资本充足率的银行风险概念，从单一信用风险扩展到信用风险、市场风险和操作风险三大风险。首次提出操作风险的具体计量方法，规定了相应的最低资本要求。并且充分重视利率风险的影响。由于 20 世纪 90 年代以后，在金融创新的推动下金融衍生工具及其交易迅猛增长，银行业越来越深地介入到衍生交易之中。1996 年初，巴塞尔委员会及时推出了《关于市场风险补充规定》，与此同时，一些主要的国际大银行也据此着手建立自己的内部风险测量与资本配置模型。

2. 有效银行监管的核心原则

该原则进一步提出了比较系统的全面风险管理的思路。金融危机促使人们更加重视市场风险与信用风险的综合模型以及操作风险的量化问题，由此，全面风险管理模式引起人们的重视。巴塞尔委员会推出的《有效银行监管的核心原则》集中体现了这一领域的最新研究成果。

（二）《新资本协议》框架强调了银行监管的三大支柱

1. 第一大支柱——最低资本要求

《新资本协议》规定了资本的充足水平要更全面、更充分地反映银行经营所面临的各种风险。在衡量最低资本充足时还引入了操作风险、市场风险以求实现全面风险管理的目标，并且将重点放在可以量化的操作风险上，提出了基本指标法、标准法、内部衡量法等三个具体处理方案①。

(1) 基本指标法。其主要是以某种单一指数作为银行总体风险的替代物。如每家银行根据总收入的某一固定比率确定银行对操作风险应持有的资本量。

(2) 标准法。它将银行营业活动根据业务进行划分，对每一种业务而言，资本要求是以固定比率乘以操作风险指数计算而得。操作风险总的资本要求等于全部业务所需监管资本之和。

(3) 内部衡量法。该法允许各家银行依据内部数据确定资本量，对每一种业务和风险类别银行需要三方面数据：操作风险指数、引起损失的事件发生的概率和事后发生的损失。将这些数据乘以巴塞尔委员会确定的比率即可计算出银行应有的监管资本量。此外，在银行获取更多的数据后，就可以开发更为高级的方法，如根据行业确定操作风险时，可以根据不同的行业采取标准方法或内部测试法。

显然，资本充足比率是一个以资本制约资产规模的监管指标。首先，资本充足性限制银行过度运用财务杠杆，有利于公平竞争；其次，资本是一种损失的缓冲体，资力雄厚表明银行抵御风险的能力强。资本充足性要求起到控制银行的无偿付能力风险，防止银行倒闭的积极作用；再次，资本实力是信誉的保证，令银行赢得公众信任，增强了经营的潜力。

2. 第二大支柱——监管约束

各家银行应建立起有效的内部程序，借以评估银行在风险基础上所设定的资本充足率，并对银行是否妥善处理不同风险的关系进行监督。《新资本协议》还提出了监管评估过程的四大原则：

---

① 孙亚忠，马雁军：《新巴塞尔资本协议与我国银行风险监管的发展》，载《晋阳学刊》2002 年第 1 期。

（1）银行应具备与其风险状况相适应的评估总量资本的一整套程序。（2）监管当局应检查和评价银行内部资本充足率的评估情况及其战略，以及银行监测和确保满足监管资本比率的能力；若对最终结果不满意，监管当局应采取适当的监管措施。（3）监管当局应希望银行的资本高于最低资本监管标准比率，并应有能力要求银行持有高于最低标准的资本。（4）监管部门应争取及早干预，避免银行的资本低于抵御风险所需的最低水平；如果资本得不到有效恢复和保护，则必须迅速采取补救措施。

银行监管当局作为一种外部监管部门，通过内部评级法计量风险以及对银行上报的资本充足水平和风险状况的可靠性做出正确的判断，对所建立的内部风险管理系统的可靠性及有效性进行及时的检查和评估。同时，还必须建立有效的监管人员资格认定制度、激励机制等从多方面提高监管人员素质，降低监管费用，还有对监管者进行再监管的问题。

由于巴塞尔委员会注意到不同国家在具体金融环境和进入体制上有所差异，因此在 2001 年颁布的《新资本协议》更加强调了各国监管当局应结合各国银行业的实际风险对银行进行灵活的监管。

3. 第三大支柱——市场约束

市场风险包括利率、汇率以及股票、债券等金融资产价格变化的风险。巴塞尔委员会推荐的衡量市场风险的方法是在险值法（Value at Risk，简称 VAR 法），它可以运用于多种不同的金融工具，并能将各类工具和资产的风险进行计算和加总，把银行的全部资产组合风险概括为一个简单的数字——潜在亏损。VAR 指的是在概率给定的情况下，投资组合的价值最多能损失多少（详细介绍见本书第一章第四节）。

《新资本协议》第一次引入了市场约束机制，强调了市场约束具有强化资本监管、帮助监管当局提高金融体系安全的潜在作用，并在适用范围、资本构成、风险披露的评估和管理程序、资本充足率等四个方面制定了具体的定性、定量的信息披露内容。

三、巴塞尔《新资本协议》在国际银行业的影响

《新资本协议》将市场风险和操作风险纳入到风险资产的计算范畴，从而使资本充足率的估算更具有风险敏感性，更能反映银行资产所面临的真实风险状况，以期实现全面风险管理的目标。

（一）风险控制从单一的资本充足率约束发展为三大支柱的共同约束

《新资本协议》框架主要是在全面继承以 1988 年《巴塞尔协议》为代表的一系列监管原则成果的基础上，从单一的资本充足率约束转向依靠最低资本充足比率、外部监管和市场约束等三个方面的共同约束。2001 年的《新资本协议》框架的主要内容更清晰地勾勒出国际银行业风险管理的基本发展趋势。

（二）操作风险受到国际银行界的普遍重视

《新资本协议》将重点放在可以量化的操作风险上，并提出了基本指标法、标准法、内部计量法等三个具体处理方案（前文有具体介绍）。操作风险的正式定义是：由于内部程序、人员和系统的不完善或失效或外部事件造成损失的风险为操作风险。银行办理业务或内部管理出了差错，必须做出补偿或赔偿；法律文书有漏洞，被人钻空子；内部人员监守自盗，外部人员欺诈得手；电子系统硬件软件发生故障，网络遭到黑客侵袭等，所有这些都会给商业银行带来损失。

（三）强调国际金融风险监管的变化

1. 多样化的外部监管与内部风险模型相结合

这一点在巴塞尔委员会《关于市场风险的补充规定》中已经

有了相当明显的突破。在这个补充规定中，不仅坚持了一些统一监管的基本原则，如资本金水平，还进一步给金融机构采取不同的风险管理方法留下了相当大的灵活性。

2. 定量指标和定性指标相结合

这一点在《关于市场风险补充规定》和《有效银行监管的核心原则》中都有明显的体现，而在后者中表现更为突出。

3. 国际合作监管

金融业的全球化使国际金融市场上迅速涌现出大量跨境经营的金融集团及一些主要的国际性金融机构，根据巴塞尔有关文件规定，对一家跨境银行的监管须在母国监管当局和东道国监管当局之间进行合理的分工合作。一般地，母国监管当局负责对资本充足率、最终清偿能力等方面实施监管，东道国监管当局负责对所在地分支机构的资产质量、内部管理和流动性等实施监管；同时，两国监管当局要就监管的目标、原则、标准、内容、方法以及实际监管中发现的问题进行协商和定期交流。

4. 从信用风险监管转向全面的风险监管

这主要表现在对于市场风险的监管。从 20 世纪 80 年代后期开始，国际监管组织和各国监管当局对金融创新产品及其风险都给予了高度关注。

1986 年，巴塞尔委员会发表了《银行表外风险管理的监管透视》，对表外业务的风险种类、风险评估以及管理控制等提出了初步的意见；随着金融衍生交易产品的发展，又颁布了《衍生产品风险管理准则》、《关于银行和证券公司衍生产品业务的监管信息框架》，针对金融衍生产品风险对资本的潜在威胁，1996 年初，又及时发表了《关于市场风险的补充规定》等原则。

5. 从合规导向的监管思路转向风险导向的监管思路

在注重合规性监管的同时，应加强风险性监管。(1) 调整监管思路，实现从"事后化解"到"事前防范"的转变，即根据银行资产质量、资本充足性、流动性、盈利性及内部管理的评价，提高监管要求，最大限度减少银行风险带来的损失，侧重于事前防范，我们应加强风险性监管。（2）以防范风险为基础，建立风险评估指标体系。该体系应包括银行面临的各类风险和识别依据，各项参数及其相互关系，以及具体指标和适度值。（3）建立银行风险早期预警系统。该系统应给出各类风险的具体特征和度量风险程度的方法，以及针对不同风险和风险程度应采取的监管措施。

风险导向的监管则强调动态性的监管，强调对商业银行的资本充足程度、资产质量、流动性、盈利性和管理水平实施监管。随着银行业的创新和变革，合规性监管的市场敏感度明显降低，促使监管转向风险导向型。

6. 从对银行的监管转向注重对金融集团的监管

以前巴塞尔委员会的监管是以银行为主要对象的，但是，随着金融服务集团化的趋势日益明显，金融集团在金融活动中的影响力迅速提升。监管机构开始从传统注重银行的监管转向注重对于金融集团的监管。

四、银行风险监管的国际经验

（一）商业银行内部控制机制

1.《新资本协议》规定的内部风险管理体系

为适应当前复杂多变的风险状况，巴塞尔委员会在《新资本协议》中提供了更多的风险管理选择方式，以供银行机构和监管当局根据其业务的复杂程度，以及自身的风险管理水平等灵活选择使用。《新资本协议》中除保留外部评级这一资产评级方式外，更多地强调银行要建立内部评级体系，并提出了计算信用风险的IRB法（Internal Rating-Based Approach），即内部评级法。IRB

法作为《新资本协议》的核心技术对全球银行业开展风险管理具有重要作用。[①]

首先，根据巴塞尔委员会的建议，银行需要具备评估借款人违约风险和贷款风险两个内部评级体系。贷款风险分类中，正常类贷款最少6～9个级别，不良贷款至少2个级别。内部评级法作为《新资本协议》的核心技术，正在成为全球银行业开展风险管理的主流模式。银行内部信用风险计量依据的是对借款人和特定交易类型风险特征的评估，一个或一组借款人的违约概率是内部评级法可计量的核心，但要全面反映银行潜在的信贷损失，还必须衡量违约损失率、违约风险值以及某些情况下的期限。只有具备内部评级的技术手段和制度体系，银行才有可能利用内部评级法进行资本监管。随着金融分析技术的进步和业务需求的上升，许多银行开始注重使用内部评级系统，既对债务人评级，又对金融工具评级。而且根据不同债务工具的具体特点，如抵押、优先股等，及特定债务的偿还能力进行评估。此外，还要考虑经济周期、行业特点、管理水平、产权结构等对借款人偿债能力的影响。内部评级法的风险评级系统，还包括模型建立、数据搜集、风险分析、损失量测算、数据存储、返回检验等一系列过程。

其次，内部评级要求具备完整性和安全性。贷款发起之前每个借款人都要评级，评级每年至少一次，高风险的借款人要经常性复议。内部评级方法对每一类风险都考虑了三方面因素：一是风险构成因素，各银行可以使用自己的估计数或标准的监管参数；二是风险权重函数，该函数将风险构成因素转化成为银行计算风险权重资产的风险；三是最低资本要求，即银行采取内部评

---

① 参见史东明：《巴塞尔新资本协议与我国商业银行风险管理》，载《中国金融半月刊》2003年第13期。

级方法时需要满足的法定资本量。

2001 年 1 月，巴塞尔委员会公布了《新资本协议》的第二稿，经过吸收多方意见和三年的过渡，该协议已于 2004 年全面实施。为了适应更为灵活的银行风险状况，巴塞尔委员会试图促使银行不断改进自身的风险管理水平，使用对于风险状况反应更为灵敏的衡量方式，进而更准确测定一定风险状况下所需要的资本金水平。

2. 建立以风险控制为基点的风险管理制度

内部控制的主要目标是有效的控制和化解风险，确保各项业务持续稳健的发展。为了实现这一目标，商业银行需要明确内部各部门的职责权限，采取一系列具有组织、制约、协调功能的控制方法、措施和程序，以提高银行管理质量和效率，保证银行财产安全和完整。建立健全风险控制制度是现代商业银行风险管理机制的核心内容。以风险控制为基点的风险管理制度包括：[1]

（1）银行的内部控制

银行的内部控制包括组织体系、信息处理系统、风险的预警、隔离与化解系统的建立与健全。银行风险管理的组织体系应从两个层面进行调整：首先是要适应商业银行股权结构变化，逐步建立董事会管理下的风险管理组织架构。董事会是银行经营管理的最高决策机构，在董事会的下面设置风险管理委员会作为银行风险管理战略、政策的最高审议机构，确保全行风险管理战略、偏好的统一和风险管理的独立性；其次，在风险管理的执行层面，要改变行政管理模式，逐步实现风险管理横向延伸、纵向管理，在矩阵式管理的基础上实现管理过程的扁平化，构建银行内部集中化的信息处理系统可为风险管理提供统一、准确、及时

---

[1] 章辉赞、张红、殷红：《现代商业银行风险管理的体系与运行模式》，载《中国房地产金融理论探索》2005 年第 10 期。

的基础数据，改善风险监测与控制技术手段。从而为银行利用模型化的、程序化的风险预测与管理模型提供技术上的保障。

（2）有效的内部检查与稽核制度

有效的内部检查与稽核制度是及时发现风险隐患、避免和减少损失的关键制度安排。国外商业银行内部检查与稽查制度一般包括三个方面：一是总行业务部门对其下属分支机构业务部门的对口检查。检查的形式主要有：要求报送并审查有关业务资料、财务报表、专门问题报告，召集分支机构行长或业务部门经理座谈会等；二是总行审计稽核部门对其下属机构进行定期或不定期的稽核或专项审计；三是银行日常自查、及时外聘审计、会计师进行检查。

稳健的管理者要建立良好的内部信息和控制系统。银行的管理应遵循国际公认的会计准则和会计程序，准确地评价银行资产组合和风险状况。内部控制系统应具备审慎的信贷审批程序、明确的授权和授信制度以及严格的行政管理程序，应保证向管理人员提供必要的信息，以监视各项业务开展是否符合法律、法规的规定，并跟踪监测所采取的措施正确与否。

（二）商业银行的外部监管

风险管理要求管理者有较强的市场敏感度，同时能够运用先进的与之相适应的风险管理技术和手段防范风险。风险管理过程中必须要求在不断变化的市场中不断创造出新的管理方法、理念和技术模型，以使银行保持旺盛的创新动力和灵活的创新机制，满足现实风险管理的需要。因此，这要求银行监管当局为银行提供一个良好的创新环境，改变合规性监管理念，加强引导与扶持①。

---

① 参阅李辉：《商业银行内部风险管理与外部风险监管的协调》，载《广西经济管理干部学院学报（金融与投资）》Vol. 16，No. 3，Jul. 2004。

银行监管当局的外部监管，要重点检查、评估商业银行决策管理层是否充分了解、重视和有效监控了本行所面临的各种风险，是否已经制定了科学、稳健的风险管理战略与内部控制系统，是否已建立了能够识别、计量、监测和控制各种风险的内部风险管理体系；要检查、评估商业银行采用的内部评级法是否可行，以及通过内部评级法计量风险和确定资本水平是否可靠；要对所建立的内部风险管理系统的可靠性及有效性进行及时检查和评估。在此基础上，监督检查商业银行是否根据其实际风险水平，建立和及时补充了资本金①。

（三）强调银行的内部控制与风险管理体系

尽管金融监管当局建立了诸多监管原则和标准，但这种监管毕竟是外部的，对于金融机构，特别是对于银行来说，是否能够稳健、安全经营，关键还在于其自身是否建立了良好的公司治理结构和有效的内部控制系统，即监管当局无法而且也不应代替金融机构的内部管理，否则，不仅不能实现对风险的有效防范与控制，还会增加监管的无效成本，阻碍商业银行的发展。

各国监管当局更加重视金融机构的内部控制制度和风险管理体系建设，主要依靠商业银行自身管理实现稳健经营和健康发展。因此，监管当局的主要职责在于，当金融机构没有建立完善的内部控制和风险管理体系，或者没有很好地贯彻执行内部控制和风险管理制度时，那么监管当局就应当介入，并根据问题的严重程度采取相应的监管措施，防止问题进一步扩大和蔓延。

各国监管当局在强调金融机构的内部控制和风险管理体系时，特别强调各金融机构应建立和使用内部评级体系与风险管理模型。因此，金融监管当局要求商业银行通过建立内部评级体

---

① 参阅何德旭：《新巴塞尔协议与我国银行业监管》，载《上海金融》2003年第7期。

系，对客户的信用状况进行评估，并在信用评级的基础上进行统一授信；同时借助风险管理模型来识别、监测和控制信用风险。①

五、西方国家的存款保险制度

存款保险制度是指当吸收存款的金融机构无力偿还债务时，为保护全部或部分债权人的合法权益，保持金融体系的稳定而借用保险组织形式制定的保护性安排。19 世纪出现的美国州存款保险制度就是其雏形，而全国性存款保险制度则产生于欧洲，1924 年原捷克建立了信用及存款保险制度，成为世界上第一个实施全国性存款保险制度的国家。存款保险制度的发展源于1929～1933 年空前的世界经济危机，为弥补美联储作为最后贷款人在处理银行破产问题上的力不从心，1933 年 9 月 11 日，美国成立了联邦存款保险公司（FDIC），此举为保持美国当时的金融体系的稳定作出了巨大贡献。但是 20 世纪 70 年代以后，随着美国银行迅速扩大的倒闭规模和速度，引发了对存款保险制度有效性的争议。

毋庸置疑，实行存款保险制度为整个银行业防止系统性风险增设了一道安全防线，可按照银行风险监管评级确定保费率，受保险的存款可设定一个最高限额以提高储户的风险意识，减少道德风险。存款保险制度不仅保护小额存款者不会由于吸收存款机构的破产遭受损失，防止系统性银行挤提的发生，而且提高了银行业的经营效率，维护了国家经济秩序的稳定，这是其他非银行金融机构所不具备的优势。其功能可概括如下②：

---

① 参阅赵霜茁主编：《现代金融管理》，对外经济贸易大学出版社 2004 年版。

② 韩敏：《西方存款保险制度的构建、比较及对我国的启示》，载《湖北民族学院学报（哲学社会科学版）》2000 年第 1 期。

1. 保险功能。根据保险合同对面临支付危机甚至不幸破产倒闭的投保金融机构进行及时援助或理赔，既保护了存款人的利益，又帮助投保机构渡过难关。

2. 监管功能。通过订立保险合同而确立起的双方利益制约关系强化了存款保险机构对投保金融机构的外在监督机制，带动银行业经营步入良性发展轨道。

3. 稳定功能。存款保险公司对投保金融机构及时援助和赔偿所赢得的公众信任，能够改善存款人预期，延缓或消除银行风险的"连动效应"，维护金融业的稳定，促进国家经济的协调和发展。

存款保险制度是一个国家金融安全的重要组成部分，也是市场经济下国家信用担保的转化形式。存款保险制度的建立为银行体系的稳定起到不可低估的作用，但是也不能忽视所引起的存款人、投保银行和存款保险机构的逆向选择和道德风险。

第三节　加速完善我国商业银行风险监管体系

一、我国商业银行风险管理存在的主要问题

从目前的情况来看，我国商业银行的风险管理仍停留在传统风险管理层面上，是一种以定性分析为主的、静态的、非全面的风险管理模式，即以资产负债管理为中心，侧重于对信用风险的识别、估算与控制以及对操作风险的事后评价，而对其他风险的管理比较薄弱。与国外迅速发展的银行风险管理实践相比仍存在很大差距。

（一）风险监管目标不明确，监管内容陈旧

当前我国银行风险监管的内容与实际商业银行经营中存在的

突出风险问题不相一致。考虑到金融市场的发展和金融创新的不断涌现，现代商业银行经营的市场风险、利率风险和操作风险在银行风险管理中日渐突出。而我国对于银行风险资产以及资本充足率的监管，主要考虑信用风险，基本上没有考虑利率风险和操作风险。目前，随着我国利率市场化的推进，利率波动将更为频繁，利率风险会逐渐加剧；而银行业务操作的环节不断增多，对于网络技术的依赖加大，由此所导致的操作风险也可能给我国银行业带来巨大的潜在损失。

西方发达国家对商业银行监管的主要目标是实现银行的稳健经营，保护存款人的利益。而我国由于长期实行计划经济体制，以及国有银行为主的产权体制的影响，认为银行不存在破产倒闭的问题。因此，保护存款人的利益问题就自然而然地被忽视了。直到目前，我国中央银行金融监管的主要目标仍然以保证国家货币政策的正确制定和执行、建立和完善金融宏观调控体系、稳定货币和发展经济等措施为主，而没有把保护存款人的利益放在特别重要的位置上。

（二）风险管理的组织架构还不完善，缺乏现代意义上独立的风险管理部门

我国的大多数银行，特别是国有银行，存在着较为严重的治理结构问题，风险承担的最终主体不明确，因而，无法形成现代意义上独立的风险管理部门。即便是成立了相应的风险管理部门，也由于风险承担主体的不明确使其管理风险的成效缺乏有效的约束机制，从而无力承担起独立的、具有权威性的、有效管理银行风险的职责，使得我国银行的风险管理始终停留在以盈利为目的的业务决策服务的层次上，而没有上升到银行的发展战略高度。我国银行风险管理组织架构的不完善直接影响到我国银行内部控制机制的建设。尽管我国商业银行已根据 1988 年《巴塞尔

资本协议》建立了风险管理的基本框架，内控制度建设也有了很大发展，但资产风险测算统计工作始终未能制度化，银行的内部控制尚未能完全适应防范和化解金融风险的需要，更不能适应商业银行审慎经营的需要。针对以上问题，我们必须充分借鉴国际经验，增强全面风险管理的理念；通过机构改革，强化信贷风险监管体系及信贷责任制，提高风险管理水平。

（三）风险量化管理落后

我国银行的风险量化管理还十分薄弱，大致停留在资产负债指标管理和头寸管理的水平上，风险管理的内容大多还只是简单的比例管理，采用一些静态的财务数据计算一些比例指标进行比较，所采用的分析方法也主要是账面价值分析法，而较少使用市场价值分析法。我国银行的风险管理人员利用现代风险量化技术管理风险的能力普遍较低，对于 VAR、信贷矩阵、持续期等都还不熟悉。量化风险是一门技术性非常强的管理科学，其技术基础涉及到经济学、管理学、统计学、系统工程学、物理学等，这就要求银行的风险管理人员具有很高的素质。我国银行这方面的人才还相当匮乏，还不能满足现代风险管理的需要。

（四）风险管理的创新受到一定的外部制约

当今世界风险管理方法随金融产品的创新而不断创新。风险管理创新的内在动力在于银行自身可持续发展的需要，与此同时，银行风险管理的创新还需要外界给它创造较为宽松的环境：一是必须具备市场化的交易主体和交易价格，即银行行为的市场化及银行的经营对象——货币资金的国内价格（利率）和国际价格（汇率）的市场化。这样，银行才能作为风险的承担者在市场上借助已有的或创新的风险管理工具规避和控制风险。二是成熟的金融市场。创新本身也会创造出新的风险，一旦管理不慎，金融市场无法消化，则可能引起金融动荡或危机。三是完备的法律保障。没有完备的法律法规来规范、约束和保障各种创新业务的开展，要使金融风险管理创新良性发展也不太可能。目前，国际金融市场上，一方面，各种金融衍生工具层出不穷，金融创新业务在银行业务中占据着越来越大的比重；另一方面，金融风险与市场不确定性不断增强，银行风险管理日趋复杂。

然而，我国目前还没有完全具备上述这些外部条件，普遍存在着风险管理机制缺失的问题，制约了我国风险管理创新的发展，国际银行业已普遍运用的风险规避工具如各类衍生工具业务，我国不论内部还是外部，都还不具备运用的条件。[①]

（五）国有商业银行不良资产增加，资本比率不足

事实上，我国银行机构的资产仍然存在由于财政透支借款、企业亏损贷款、企业三角债拖欠贷款、企业借转制之名故意逃避、悬空银行贷款以及由于银行自身经营管理不善等原因所导致的大量不良资产。过去，我国银行沿袭传统的"一逾两呆"分类方法，即把贷款划分为正常、逾期、呆滞、呆账四类，后三类合称不良贷款。但是这种方法存在很多弊端，从 1998 年开始，中国人民银行开始试行新的贷款资产分类方法。新的方法参照国际标准，将贷款分为五类，即正常、关注、次级、可疑、损失 5 类，对不良贷款资产的定义由期限原则改为偿还性原则。银行实行的新的贷款分类法使银行能够对企业生产经营活动进行即时分析，从而有利于准确地判断贷款质量，并及时采取防范和控制风险的对策。

以四大国有商业银行为例，在 2004 年之前，其核心资本充足率和资本充足率呈现出逐年下降的趋势。尽管在该段时间先后成立了信达、长城、东方和华融四家金融资产管理公司并剥离了

---

① 叶静芳：《中外商业银行风险管理能力比较研究》，载《中国农业银行武汉培训学院学报》2003 年第 4 期。

四大国有商业银行的 1.4 万亿元的不良资产，客观上具有提升银行资本充足率的效果，但仍未能扭转四大国有商业银行资本充足率下降的总趋势，直至 2004 年国务院决定动用 450 亿美元国家外汇储备，补充中国银行和中国建设银行实施股份制改造所需的资本金，接着，中国银行和中国建设银行以 50%面值向信达资产管理公司转售 2787 亿人民币（350 亿美元）的不良贷款，至此，中国银行与建设银行的资本充足率才达标了，但其他国有商业银行，特别是农业银行，其资本充足率还远远未达到规定的要求。

表 10-5　四大国有商业银行近年来核心资本充足率　单位:%

	1998	1999	2000	2001	2002	2003	2004
中国银行	9.16	8.88	8.16	8.3	7.85	7.11	8.48
中国工商银行	N.A	N.A	5.38	5.76	5.46	4.77	N.A
中国建设银行	N.A	N.A	6.71	6.59	5.78	5.17	8.57
中国农业银行	N.A	N.A	N.A	N.A	N.A	N.A	N.A

注：中国银行和建设银行 2003 年的数据已进行调整，以便剔除该年外管局注资的影响，与国家注资前资本充足率的计算同一口径。

资料来源：根据各家银行 1998～2004 年报数据整理。农业银行无任何年份资本充足数据披露。

表 10-6　四大国有商业银行近年来资本充足率　单位:%

	1998	1999	2000	2001	2002	2003	2004
中国银行	10.39	9.8	8.31	8.3	8.15	7.69	10.04
工商银行	N.A	N.A	5.38	5.76	5.54	5.52	6.00
建设银行	N.A	N.A	6.51	6.88	6.91	7.58	11.29
农业银行	N.A	N.A	N.A	N.A	N.A	1.44	N.A

资料来源：根据各家银行 1998～2004 年报数据整理。

二、加速我国商业银行监管体系的建设

在 2004 年初召开的央行年度工作会议上，央行行长周小川

已明确指出要尽快建立中国金融风险预警指标体系，加强对跨市场风险和系统性金融风险的监测和分析。为了整个金融业的安全与稳定，银监会、保监会、证监会三大金融监管机构不仅要保持各自相对的独立性，同时还要更加注意相互协作，共同建立一个风险预警指标体系，以维护中国金融的稳定与健康发展。

（一）完善银行内部风险管理，健全我国商业银行监管新体制

银行要不断完善内部风险管理，对风险进行定量分析和定性分析，对易量化的风险指标如信用风险、流动性风险、市场风险等进行定量分析和披露，而对难以量化的风险指标，如操作风险、道德风险和法律风险等进行定性分析和披露，以确保存款者的合法权益。银行的风险防范除了制定一套严密的科学的信贷管理制度，更强调对贷款责权利制度的落实和实施，切实实行贷款责任制，建立科学的激励机制和惩罚约束机制，注重提高信贷人员素质，以降低人为风险。因此，银行风险管理应以风险防范为主，并及时转化，及时补偿，对增量贷款风险重在风险的事前防范，对存量贷款风险重在风险的转移和消化，对已形成的事实上的贷款风险损失重在合理、及时地补偿。

众所周知，对商业银行的监管是我国中央银行和银监会的重要职能之一。中国银监会是国务院的一个部门，它代表政府对国家金融业实施监管，这种性质决定了我国实行"一元化"金融监管模式。这就要求建立集中统一，能发挥整体功能的金融监管组织体系。

我国银行监督管理新体制应具备如下特点：在组织体制上应该是具有独立性、超脱性和权威性的，应该做到责权明确；在监管指标体系上，应尽快与国际商业银行监管标准接轨，完善各种监管指标体系；在监管方式和手段上，应该是科学规范的。

（二）改善监管方式和完善监管内容

按照《商业银行法》第三十九条规定，客观上要求我们按照

《巴塞尔协议》，参照国际惯例，以金融质量管理和风险管理为核心，建立程序化、数量化、规范化的商业银行监管体系。

首先，银行监管部门的监督管理应由注重量的控制转向注重质的管理；由直接控制为主转向以间接控制为主。在风险监管方面，实行以资本充足率为主要指标的质的监控，以资本规模制约资产风险。金融机构要达到规定的资本充足比率，就必须努力增大资本额，调整资产结构，保持较高的资产流动比率，相应减少资产规模，增强自我约束机制。目前，由于各种条件的限制，规模管理事实上一时还不能完全取消，但随着风险资产管理和风险监督的完善，应逐步从注重量的控制转向注重质的管理，真正取消规模指标控制。

其次，改善监管方式。合规性监管仍将是我国银行监管的重要方式，但鉴于我国银行业风险的增加，我们应逐步过渡到风险性监管与合规性监管并重的监管方式。在合规性监管方面，我们还应加大非现场稽核的力度，以获得更好的监管效果。在风险性监管方面，我们必须看到与国际水平的差距，不断完善我们的风险监管措施，进行全面监管，如积极研究和借鉴外国比较成熟的风险监管方法，尽快建立起适合我国实际的金融风险监管制度和办法，切实防范银行风险。另外，随着计算机和网络技术在金融业经营中的应用，监管手段也要向电子化、网络化转移，以便运用现代科技对金融运行实施动态、实时、持续的风险监管，来及时化解风险，提高监管效率。

最后，逐步建立完善的监管体系。如在监管内容和措施上要包括预防性措施、抢救性措施和保护性措施。银行检查监督制度方面应包括：确立对监管内容进行分类的指标；根据分类指标量化监管内容，并根据监管内容对银行加以分类；建立根据监管内容对各类银行的评价制度，并制定对不同类别银行的区别性监管措施。在银行风险监管体系方面，以资本充足率为核心指标，建立完善的指标体系，对逾期贷款率、贷款利息回收率、资产收益率、资本收益率、综合费用率等一系列指标也要实行风险监管；实行从市场准入、市场经营到市场退出的全过程监管，尤其要加强金融机构日常经营的风险性监管和市场退出的监管；加强对新业务、表外业务和网络银行的监管以及国有独资商业银行以外的银行机构的监管，设法化解这些业务或机构已经形成或潜在的风险，维护金融稳定。

（三）加强对商业银行资本充足率和资金流动性的监管

资本充足率要求资本与总资产、资本与风险资产、资本与负债之间维持一种适当的比例。自有资本对各种资产的比例越高，银行经营的安全性就越高。对银行资本充足率的规定有利于控制商业银行业务活动规模的大小，减少银行经营风险。

目前，我国银行监管部门要加强对各家商业银行资本充足率实现情况的监管，同时，应大力开展再贷款和再贴现业务，让商业银行增加自有资本，以保证各商业银行的正常运作。流动性对商业银行的经营和安全会产生极大的影响。近年来，我国银行的居民储蓄迅速增长，在银行存款来源结构中占很高比例，而居民储蓄随时提取的可能性较大，因此，一定要加强对商业银行的流动性的监管：一方面制定出适合各行实际情况的流动性指标对其进行考核；另一方面督促各商业银行适当调整信贷结构，保持合理的流动性，防止商业银行为追求自身利益而进行盲目放款。此外，银监会还应按照国际通行做法，逐步放宽对商业银行资产分布结构的限制，让商业银行在增加资产收益与流动性方面有更多的选择。同时，通过公开市场业务等方式，为商业银行增强资金的流动性提供途径。

（四）加强对商业银行贷款风险的监管

1. 应完善商业银行贷款风险控制机制

根据《担保法》和《贷款通则》等，应建立和完善五个制度：一是贷款"三查"制度，明确规定"三查"的内容、程序、方法以及责任划分等；二是抵押担保制度，具体规定抵押担保形式、条件以及抵押担保贷款手续的必备条件，可以通过列示法列出不能用于抵押担保的动产和不动产，以及不具备担保资格的法人、非法人组织等；三是贷款风险回避、保障制，具体规定银行各类贷款中贷款申请人必须具备的条件以及需要组织银团贷款共担风险的情况，确定增加抵押担保贷款，控制信用贷款的措施和目标；四是逾期贷款催收责任制，规定逾期贷款催收的时间、方法、必备手续以及信贷人员的职责；五是反挤占、挪用监控制，规定贷款申请人贷款后使用贷款必须接受银行监督，以及监督的措施、办法等。

2. 加强对贷款规模的监管

监管部门应对各商业银行的贷款规模进行有效的监管，一方面，减少贷款过于集中、单一化给商业银行带来的风险；另一方面，保证银行发挥经济政策传导器的作用，以促进我国经济全面、合理的发展。我国监管当局也应建立大额贷款在总行备案，超大额贷款上报银监会审核并上交额外风险准备金的制度，以便更有效地防止某些商业银行可能从单纯追求利润出发，对某些企业进行巨额贷款而增大信贷风险的行为。

调整资产结构，提高流动资产在总资产中的比重。巴塞尔《新资本协议》对于流动性强的资产都给予了较低的风险权数，因此，我们应该适当改变我国目前银行资产结构单一、过于集中在信贷资产的情况，努力拓展多样化的金融业务，提高流动资产如短期证券、短期票据、短期投资、信托等金融资产占总资产的比率，就能够起到降低风险权重的目的。当然，在进行资产结构调整时也要考虑对收益的影响，并综合分析使得资本的增加幅度高于资产的增长幅度的方法，从而达到资本充足率的提高。

适当控制信贷资产占总资产的比例。信贷资产是商业银行资产业务中风险最大的一项业务，在巴塞尔《新资本协议》中其风险权重较大。目前，我国商业银行实行的是分业经营，其资产规模中证券资产规模较少，资产业务大多集中在信贷上，这就会使得我国银行的资产风险权重过高。为此，我国商业银行应尽快的实现资产多元化，以降低资产的风险权重。根据目前情况，可以采取资产证券化的方式来降低风险资产。①

3. 建立和完善商业银行贷款风险内部控制系统

贷款风险控制系统是由许多子系统组成的，控制的目的是通过自我调整制止或减少失误，以自我制约消除或防止损失。因此，控制的重点主要是管理中的薄弱环节和关键部位。

从内部会计控制系统来看，主要有五个控制点，即贷款指标通知单、借据、贷款期限、金额及利率。从内部管理系统来看，有贷款申请、调查、审批、贷后管理四个控制点，其中调查是关键环节。贷款管理三原则的核心是择优发放和按期归还。为做到这一点，贷款质量管理提出了贷前调查、贷中审查、贷后检查的贷款"三查"制度，核心就是保证贷款的安全稳妥。

有效控制和处理化解不良贷款。不良贷款的大量存在不仅使得风险资产加大，而且对银行的生存发展都会构成严重的威胁。基于我国银行特别是国有商业银行不良贷款率居高不下的现实，我们应该对这个问题引起足够的重视，全面改造信贷资产业务流程和风险控制体系，建立有效、集中的信贷管理体制和高度权威

---

① 参阅孙伟、杨涛：《新巴赛尔协议资本充足率要求与商业银行的应对措施》，载《北方经贸》2005 年第 10 期。

的稽核评审体制，实现不良贷款的有效控制。巴塞尔委员会制定的《有效银行监管的核心原则》认为良好的公司治理和内控制度是防范风险的第一道防线，市场约束机制是防范风险的第二道防线，监管者则是第三道防线。银行业监管是否有效，首先取决于银行业金融机构的内控机制是否有效以及其自身是否具有风险管理的能力和意愿。因此，风险监管首先要推动银行业金融机构建立完善的内部控制体系和适当的激励约束机制，《银监法》强调了监管者需从合规监管转向以市场为基础的审慎监管，要求监管者对银行业金融机构内控制度和风险管理的评价和监管，充分调动银行业金融机构管理风险的积极性①。

（五）在条件基本具备时建立我国存、贷款保险制度

我国《中央银行法》和《商业银行法》等重要金融法规尚未对存款保险制度做出规定。因为从目前情况来看，我国商业银行存在一个明显的不同于西方国家商业银行的特征，即我国商业银行主要是国有银行，一般不会出现破产倒闭，存款相对比较安全。所以，建立我国存款保险制度尚无迫切需要。但从形势发展来看，随着国有商业银行股份制改造的推进，众多中小商业银行在中国出现和外资商业银行在华势力的不断扩展，国有银行的垄断局面终将被打破，并且随着市场经济的发展，各种市场风险将会增加，加之银行业之间的竞争，银行破产倒闭的问题是或迟或早的事。因此，考虑到我国银行存款中 70％是居民储蓄，而国有商业银行又存在大量的不良资产，信用风险正在加剧，一旦出现银行倒闭，最大的受害者将是广大储户的现实情况，建立以保护小存款人利益为宗旨的存款保险制度，转移和分散银行贷款风险是十分迫切和重要的。

---

① 参见 http：//www.chinacourt.org/public/detail.php？id＝102787。

尽管以提高金融系统的稳定性和保护小储户利益为主要宗旨的存款保险制度在我国的建立适应时代的要求，有客观必然性，但是它也明显带有"双刃剑"的特征：一方面，存款保险制度提高了公众对金融机构的信心，增加了金融体系的稳定性；另一方面，存款保险制度的引入，同时也滋生了"道德风险"和"逆向选择"等难题，由此也会加剧金融体系的风险。为此，我们在建立这一制度时必须要审慎，以使我国银行业能够迅速稳定、发展。而避免发生存款保险风险事件的最好办法就是提高银行自身的抵御风险的能力。

（六）加强风险监管的国际交流与合作

当前是金融全球一体化的时代，金融风险的国际传递越来越快，影响面越来越大。我国银行业正在逐渐融入世界市场，加强国际交流与合作是防范金融风险的必然要求。在这种背景下，加强国际交流与合作也是我国金融监管与国际接轨的客观需要和必然要求。具体措施包括：第一，要与其他国家金融当局签订双边谅解备忘录，诸如在信息提供、相互磋商、技术合作等方面展开合作。同时，要积极参加各类国际性和区域性金融监管组织或机构的活动。第二，要全面推行金融监管国际化标准，如：健全信用评级机构及信用评定管理体系、规范会计、审计、律师等中介机构服务，运用现代化技术的金融监测预警系统和央行内外资统一监管体系等。同时，我国的金融监管法规立法和执法应更加公开化、透明化。

第十一章　完善商业银行风险防范体系的外部条件

对商业银行风险的防范和管理，除了依靠银行自身以外，还必须有一系列的外部条件。本章首先对这些外部条件及其对商业银行风险的影响进行了分析，然后结合我国目前的实际情况，提出了建立和完善我国商业银行风险防范体系外部条件的对策建议，在此基础上着重从银企关系和社会信用担保体系建设等方面作了探讨。

第一节　外部环境对商业银行风险的影响

商业银行作为经营货币信贷业务活动的企业，由于其经营活动的特殊性，联结着社会各行各业，这使得其处于一个极其复杂的经济系统（外部环境）中。具体来说，商业银行的经营对象是货币和货币资金；载体是金融工具和金融商品；组织者是政府和商业银行自身；参与者是各行各业经济主体，包括企业、政府、银行和居民个人等；而其全部的运营基础是金融市场；运行方式则为间接融资和直接融资，等等。[①] 上述任何一个要素都会从不

---

① 参阅倪锦忠、张建友、闻玉璧编著：《现代商业银行风险管理》，中国金融出版社 2003 年版，第 15 页。

同层面给商业银行带来不同程度的风险。在此，我们仅从以下几个主要方面进行探讨：宏观经济环境、法律环境、监管环境、客户环境。

一、宏观经济环境

商业银行总是根植于一定的经济生活之中，并在其中生存和发展的，而商业银行的任何经营活动也都是在这种特定的环境中进行的。从系统论的观点来看，环境是指研究系统之外的，对被研究系统有影响作用的一切系统的总和。① 如果我们把商业银行看作是一个系统，那么，一国的宏观经济状况则是一个至关重要的外部环境。作为经济运行风险集中地的商业银行，对其造成风险的宏观经济因素主要有以下几个方面。

1. 经济周期对商业银行风险的影响

在市场经济条件下，宏观经济往往带有周期性的运行规律。在经济繁荣时期，国民生产总值、国民收入增长速度加快，资金来源增加，意味着商业银行可能面临一个良好的供给市场；同时，企业的高开工率，失业率降低，社会投资欲望增强，市场对资金的需求上升，使得商业银行有一个强劲的需求市场。此时，商业银行风险在一定程度上得以降低。反之，在经济衰退时期，国民收入增长速度迅速下降，失业率上升，企业开工不足，社会投资急速下降，甚至出现负增长，市场总需求疲乏；此时，商业银行的存款总额和贷款总额都将迅速下降，并可能出现大量的不良资产，商业银行风险急剧上升。

经济周期还从另一个角度影响着商业银行风险。在不同的经济周期，由于人们对社会的信心状况不同，还可能对商业银行风险造成一个乘数效应。例如，人们由于对经济信心不足，害怕物

---

① 参阅毛秋蓉主编、杨宜副主编：《商业银行财务管理》，科学出版社2005年版，第18页。

价上涨，货币贬值，将不再存款，并且可能大量地取款；而此时企业经济效益大幅下降，经济实力下降，又导致出现大量的不良贷款。银行在同时面临存款下降、出现大量不良贷款的情况下，导致现金存量不足。此时，如果人们信心崩溃，发生挤兑，那么商业银行的风险将无法避免。

2. 价格体系对商业银行风险的影响

经济生活中各种要素价格的变化都将影响商业银行的风险。[①] 首先，以价格、利率与汇率为中心的市场价值指标是构成影响银行经营成本与利润的基本因素，这些变量的波动会对商业银行风险造成直接影响。例如，当一国商品价格、工资水平和利率普遍提高会加大生产经营单位的经营成本，使企业利润水平下降，从而给商业银行信贷资金带来风险。其次，通货膨胀率也将对商业银行风险造成一定的影响。例如，当一国通货膨胀率开始上升时，商业银行不仅面临着贷款回收困难的风险，而且还面临着放贷或投资的货币资金贬值的风险。另外，从商业银行作为借贷人的角度看，物价上涨幅度超过工资提高幅度时，可能引起存款人为保值而提款抢购商品，造成商业银行存款流失及挤兑风险；而物价上涨幅度超过银行名义利率水平时，也会使商业银行面临同样的风险。

3. 经济政策对商业银行风险的影响

经济政策是指一个国家制定的、用以指导整个国民经济或者部门经济运行的方针和政策，包括货币政策、财政政策、产业政策、外贸政策、物价政策等。这些政策的变动都会直接或间接、

---

① 参阅吴念鲁编著：《商业银行经营管理》，高等教育出版社 2000 年版，第 372 页。

短期或长期地对商业银行风险产生影响。[①] 例如，货币政策和财政政策的变化必然引起资金供求的变化，而资金供求的变化必然又将表现为国内外金融市场上利率和汇率的变化，利率和汇率的变化最终将对银行的经营成本与利润造成影响。另外货币政策的变化还将影响货币供应量，并直接影响商业银行信用创造能力的大小。

二、法律环境

市场经济是一种法制经济。在金融生态系统中，一切金融业务都表现为合法的订立和履行，同时金融监管也表现为一个合约法规的执行过程。因此，法律制度成为金融生态运行最重要的基础。[②] 在现代社会，任何金融机构和金融活动都必须在法制环境下生存和发展。商业银行作为金融生态系统中的一个重要主题，其一切经营活动必然与法律有着千丝万缕的关系。由此，法律环境对商业银行风险的影响也就不言而喻了。

商业银行的法律环境主要是指各种与金融业相关的法律、法规，而不同的法律、法规对商业银行风险的影响则不同程度地表现在不同层面。首先，商业银行监管的法律制度，可以规范商业银行的经营行为，提高商业银行内控水平，从而有利于防范和化解商业银行营运风险；其次，商业银行业务的法律制度，可以优化商业银行结构，强化商业银行功能，推动商业银行机构创新，催生新的金融工具，降低商业银行操作风险；第三，商业银行环境的法律制度，有助于优化商业银行发展环境，提高金融生态的生产力，从而在一定程度上防范和化解商业银行系统性风险；第

---

① 参阅张学陶编著：《商业银行市场营销》，中国金融出版社 2005 年版，第 72 页。

② 参见匡国建：《完善金融生态法律制度的思考》，载《金融研究》2005 年第 8 期。

四，商业银行自律的法律制度，有助于商业银行对自身行为进行约束，防止与其他金融机构的恶性竞争，增强金融生态的稳定性和适应性，从而在一定程度上能降低商业银行的竞争风险。总之，法律制度将直接规范影响着与商业银行发展业务往来的社会公众、企业、政府机构等各社会活动主体的行为，并因此能在一定的范围及程度上提高或降低商业银行的风险。①

商业银行的一切经济活动总是要在一定法律环境下进行。法律一方面提出了银行所必须遵守的规范，对银行的经济行为进行约束；另一方面，也规范着银行业务对象的行为，为银行合法从事各项经济活动提供了保护。目前，我国金融法律制度尚处于不断的改革过程中，法律环境正在不断的完善，其对商业银行风险的影响也将越来越大。

三、监管环境

在社会经济体系中，商业银行通过向社会公众提供贷款、接受存款以及提供其他金融业务与经济生活紧密联系，在国民经济中起着重要的核心作用。商业银行作为一种具有内在风险的特殊企业，由于其经营活动的特殊性，其风险将可能形成连锁反应，对整个经济体系造成潜在风险。因此，除了商业银行自身的风险防范外，客观上还要求有一种具有强制性和权威性的外在力量和机制，通过对商业银行经营行为的约束和监管，控制和防范商业银行风险，避免整个经济发生系统风险。而这种外在力量和机制通常表现为政府和金融管理当局对商业银行的监管。同时，市场监管也能对商业银行风险起到一定的防范作用。

---

① 有关法律制度环境对商业银行等金融机构体系的影响的进一步讨论，可参阅易宪容、黄少军著：《现代金融理论前沿》，中国金融出版社 2005 年版，第 22～24 页。

1. 政府和金融管理当局的监管

政府和金融管理当局对商业银行进行监管的目的，在一定意义上来说就是通过控制和防范商业银行风险，保持银行体系的稳定，从而维护整个国民经济健康、稳定、有序的发展。

政府和金融管理当局对商业银行的监管是以开业管制、分支机构管制、价格管制、资产负债管制等为主要内容的监管活动及制定相关的政策法规的总和。这些监管在不同的阶段、层次规范着商业银行的运行，对防范商业银行风险有着积极的作用。其中，又以资产负债控制最为重要。① 这种监管对商业银行风险的控制和防范作用主要体现在以下两个方面：第一，因为商业银行经营严重依赖外部资金来源，通过借短贷长的期限变换，充当借贷中介，在这些借贷过程中，商业银行极易受到信用风险、利率风险、外汇风险的冲击。例如，在短期利益的驱使下，商业银行可能过多地贷出资金，从而影响资金的正常周转。在这种情况下，监管就能发挥积极作用了。因为政府或金融监管当局可以通过对其资产负债表的控制，使其资产负债结构保持合理状态，从而尽可能有效地保证其资金充足周转顺畅，并能顺利化解各种可能面临的风险。第二，因为商业银行业务具有一定的商业保密性，因而通常商业银行所提供的财务信息公开程度不高，存款人不能充分了解其存款银行的财务状况。当一家银行开始被认为有问题时，可能很快产生信誉危机，甚至导致挤兑。此时，如果金融管理当局能出面进行干预和拯救，发挥最后贷款人的作用，就能引导民众，安抚民心，从而化解商业银行风险。但金融管理当局的干预和拯救是建立在其平时对银行的监管基础上的，是依据其平时对银行监管所得到的信息和印象来决定的。也就是说，如

---

① 参阅鲍静海、尹成远主编：《商业银行业务经营与管理》，人民邮电出版社 2003 年版，第 36 页。

果没有平时的监管，金融管理当局也就不能及时掌握银行的相关信息，从而可能延误干预时机，甚至是不干预，则该银行可能面临破产风险。

2. 市场监管

市场监管，是指市场力量对商业银行进行的监督约束，即投资者、交易所、社会舆论等通过资本市场的信号显示机制、产品市场的竞争机制、控制权市场的退出机制与银行家市场的声誉机制对银行实施的外部约束。[1] 市场监管的具体形式或措施主要有外部审计、商业银行机构资信评级、向公众披露信息等。[2] 通常，市场监管并不能单独发挥其效用，而是需要有相配套的条件，如：健全的法律体系、对信息披露的范围和报告频率的规定、严格的市场退出政策等。在这些条件下，可以增加商业银行营运的透明度，为市场机制的发挥提供良好的前提条件。此时，商业银行的客户和其他市场参与者就能更好地评估自己与商业银行进行业务交易时所要面临的风险，并增强他们的责任感。同时，可以激励商业银行更加有效地改善内部控制，加强风险管理，持续保持充足的资本水平，降低道德风险。

总之，外部监管能从外部对商业银行风险进行控制和防范，也促使商业银行自身从内部对其风险提高警惕，加强管理。

四、客户环境

同其他企业一样，商业银行经营也有其特定的客户，这些客户对商业银行的经营活动有着巨大的影响力，是影响商业银行的

---

① 参见阎庆民：《银行业公司治理与外部监管》，载《金融研究》2005年第9期。

② 参阅陈浪南主编：《商业银行经营管理》，中国金融出版社2001年版，第41页。

一个重要的外部环境因素。商业银行的主要客户是各类经济组织和城乡居民，他们既是资金的主要供应者，也是资金的主要需求者。客户环境对商业银行风险的影响主要表现在以下三个方面：（1）客户经营状况的影响。企业生产经营状况的好坏和对信贷资金使用的好坏，都直接关系到信贷资产的质量高低和效益好坏，从而直接影响着商业银行的信贷资金的风险及其大小。[①]（2）客户需求状况的影响。随着先进的科技和激烈的市场的竞争出现，客户认识和享用了更多的银行产品、服务及传送渠道。他们比以前更精明，需求也更加多样化。这样，他们就很容易转换银行，使银行挽留客户的难度和成本越来越大。客户的流失风险和挽留成本的增加，都会对商业银行产生一定的风险。（3）客户信用状况的影响。客户的各种失信行为会给商业银行造成风险。例如，客户不守信用，发生违约；或因经营管理不善，出现亏损而无力偿还银行贷款，或破产倒闭等，均会给商业银行造成直接的损失。

基于上面的分析，我们可以看到，各种不同的外部环境对商业银行风险的影响其实是相互交叉，相互影响，共同发生作用的。除了上面分析的几个主要的外部环境外，影响商业银行风险的还有：社会信用环境、国际金融环境、技术进步等。因此，我们在分析各外部环境对商业银行风险的影响的同时，还应从整体上进行更进一步的把握，从而为商业银行风险防范体系的建立和完善提供一个理论基础。

---

① 参阅倪锦忠、张建友、闻玉璧编著：《现代商业银行风险管理》，中国金融出版社 2003 年版，第 16 页。

第二节 我国商业银行风险管理体系
外部条件的完善

一、完善我国商业银行风险防范和管理体系的几个主要外部条件

建立商业银行风险防范和管理体系是一个复杂的系统工程，它需要有一系列的外部客观条件相配合，需要其他方面的改革相配套。同时，商业银行的存在和发展，其业务经营的正常开展，除需要一定的自身内部环境外，一定的外部环境也是必不可少的。系统论的观点认为，系统首要的任务是识别自身所处的客观环境，通过系统识别作出信息反馈，然后寻找新的平衡状态。商业银行的经营与管理作为一个系统，也必须认识其所处的环境。一方面，顺应环境的变化调整自身的功能、结构和运行方式；另一方面，通过各种途径，去改造客观环境，创造条件，使之变得适于自身的生存和发展。

商业银行风险防范与管理的外部条件主要是指客观经济社会环境，具体包括政治、经济、文化、法律以至社会生态环境，这些都同商业银行的生存和发展息息相关。结合我国当前的实际情况，完善我国商业银行风险防范和管理体系必须具备以下外部条件。

（一）商业银行的经营要求必须有一个正常的银企、政银、财银、银银之间的关系

1. 银企关系

银企关系是商业银行诸多外部关系中最基本最重要的一种。商业银行与工商企业的联系非常广泛而密切，企业存款是商业银行资金来源的主要途径，同时，工商企业又是商业银行放款的最

主要对象。工商企业的生产经营经常要依赖于商业银行的资金信贷，而商业银行要盈利和扩大业务范围，也必须通过向企业提供信用和各种中间业务。所以，正常的银企关系是商业银行健康发展的必要条件。当前我国银行信贷风险居高不下，主要就是银企关系不正常，企业信用低下，导致银行不良资产太多。

2. 政银关系

商业银行的基本特征之一就是自主经营、自负盈亏、自担风险、自我约束、自求平衡、自我发展，它从根本上要求摆脱各种行政干预的压力和外在的干扰。因此，要使商业银行能够健康地发展，就必须要求政府部门切实更新观念，转换职能，理顺商业银行与政府之间的关系。

3. 财银关系

在我国，商业银行要想正常运转，必须理顺财政与商业银行的利益分配关系。商业银行是自主经营、独立核算的金融企业，它的利益分配关系应遵循税利原则，税后利润归商业银行所有，如何分配由商业银行自己掌握。这一点对国有商业银行来说尤其重要，谨防改革过程中出现银行资金财政化的现象。

4. 银银关系

这里主要是指建立正常的商业银行与商业银行、商业银行与中央银行之间的关系。首先，商业银行与商业银行之间应该是业务交叉、平等竞争的关系。一方面，各商业银行之间应是平等的，它们是相对独立的经济实体，在经济地位、社会地位上都是完全平等的，谁也不应享有某种特权。另一方面，它们之间又是竞争的，商业银行业务交叉引起同业竞争，而竞争是市场经济的一个基本法则和规律。政府管理部门应努力为商业银行创造一个平等竞争、合法竞争的环境，引入竞争机制，实现优胜劣汰。第二，要正确处理好商业银行与中央银行之间的关系。中央银行是金融业的直接管理者和宏观调控机构。在市场经济条件下，中央银行对商业银行的监管，应以经济手段为主，辅之以法律手段和行政手段。西方国家中央银行主要通过货币政策"三大工具"来调控商业银行的经营活动，很少采用行政手段直接干预商业银行。作为我国中央银行的人民银行应按照国际规范和做法，加快改革步伐，使之成为真正的中央银行，担负起在市场经济中实施金融宏观调控的职责。

（二）要有稳定的政治环境和完善的法律环境

从政治环境上来说，国家政局的稳定状态，政府对经济的干预程度和方式，政府的施政纲领和行政效能，政府官员的品德和办事作风，以及社会集团或群体利益矛盾的协调方式，都会直接或间接影响到商业银行资产的安全性及健康发展。金融法规和其他立法的完善是商业银行从事业务及公平竞争、防范风险的有效保证。为规范商业银行的行为，保护存款人的利益和整个金融体系的安全，商业银行的经营行为必须置于金融法规的制约之下。市场经济发达国家一般都有一整套健全的金融法律体系，通常包括有《中央银行法》、《商业银行法》、《票据法》、《证券法》、《保险法》、《贷款法》等。为金融业的繁荣与规范发展起到了关键性的作用。

（三）要有较完善的市场体系和市场机制

完善的市场体系中有商品市场、金融市场、技术市场、劳动力市场等。金融市场特别是证券市场的发展水平在很大程度上制约着商业银行的发展。在现代市场经济中，以商业银行为代表的间接融资方式和以证券市场为代表的直接融资方式之间虽然存在竞争，但它们同时又是相互依赖、相互依存和相互配合的。证券市场发展滞后，一方面使企业资金来源渠道单一、增大经营风险，另一方面给商业银行带来一个强大的外部资金需求压力，影响商业银行的正常经营、业务发展和风险防范。我国当前的情况即是如此。20世纪90年代，英、美、德、法、日等国企业从银行的借款占全部资金来源的比重分别为12%、10%、30%、27%、49%，而我国则达80%以上。西方发达国家商业银行放款只占总资产的50%左右，证券投资约占20%～30%，而我国的银行资产90%用在贷款上。所以，要发展商业银行，首先应大力发展证券市场，完善金融市场体系，特别是要促进股份制经济的发展，培育股票市场，为企业直接融资提供市场，避免企业过分依赖银行及银行信贷资产单一化的状况。同时，在市场风险防范与规避过程中，利率市场化是一个重要的前提条件。

（四）要有较好的经济与技术环境

经济与技术环境包括一个国家乃至世界的经济发展水平、经济增长速度、所处发展阶段、市场物价水平、就业状况、资本投资规模、国际收支、外汇汇率、国际贸易、国际金融市场，以及技术变革和技术应用状况等等。经济和技术环境是对银行经营管理影响最大的一般外部条件，它会影响到银行的发展战略、经营方式、资产负债结构、技术装备、机构布局、业务种类、人员结构等诸多方面，而在银行风险管理中，利用新技术显得尤其重要。特别是当前，人类正经历着第三次工业革命，即所谓的信息时代。快速反应成为这一时代的绝对要求；广泛联系和彼此协作构成了共同发展的基础；竞争和赶超意识演变为生存条件；创新是取胜者应有的素质和力量所在。总之，科技革命极大地改变了这个世界，加速了生产力的发展和人类现代化的进程，并给金融业带来深远的影响。

二、我国商业银行风险防范和管理体系外部条件的建立和完善

（一）企业必须成为真正的企业，理顺银企之间的关系

国有企业特别是国有大中型企业，是我国国民经济的重要支

柱和主要财源。然而从总体上来看，目前国有企业难以适应市场化改革与发展的要求，效益欠佳，亏损较重的现状还未能得到有效的遏制。

中国经济体制改革的核心是搞活企业，建立与市场经济相适应的现代企业制度。改革开放初，以放权让利、经营权与所有权分离为基本思路，企业改革取得了一定的进展。首先，企业开始有了一定的经营自主权，旧体制下政企不分、政府直接经营企业、包办代替的现象有所改变。其次，企业经营机制不断完善，利润动机增强。长期为计划而生产的企业，开始把提高效益、增加利润作为主要目标。再次，企业在资金和产、供、销方面开始依赖市场，价格制度趋于灵活和有弹性。20 世纪 80 年代至 90 年代初，在价格改革初期，允许多种价格同时存在，即价格"双轨制"，使得浮动价格和自由价格比较适应市场的供求。近年来，随着我国经济体制改革的深化及向市场经济体制的过渡，价格机制初步形成，价格趋于市场化，价格体系也逐步趋于完善。最后，对企业产权改革作了初步尝试，并取得了一些成效和经验。主要表现在推进企业股份制改造，建立现代企业制度方面。自 20 世纪 80 年代中期起，全国各地，特别是在经济特区和沿海开放城市，已开始了股份制改革的试点，主要包括如下 5 个层次：（1）乡镇企业的股份合作试点，这是较早的自发地进行股份集资和股份合作的尝试；（2）集体所有制企业的股份制改革；（3）全民所有制企业的股份制改革；（4）企业集团股份经济的发展；（5）中外合资企业的股份制经济形式。

但是，企业改革，特别是国有企业改革并未取得实质性的进展，主要表现在：（1）国有企业产权关系仍然不明，产权所有者虚设错位，产权约束软化，国有资产大量流失。（2）国有企业，特别是国有大中型企业经营管理不善，缺乏活力，效益不佳。国有企业面临的困境给国家财政和银行带来沉重的包袱。(3) 转轨时期的投资体制和信贷体制既缺乏对企业的约束，效益又较差，而银行统包企业的流动资金贷款更是助长了企业的依赖性。企业经营不好，照样可以依赖银行贷款过日子，且贷款可以不还，贷了又贷，使得贷款规模一再突破。这种靠巨大的投资和信贷规模去维持经济的增长和国有企业的生存，其代价之大可想而知。(4) 实践证明，经营权与所有权的简单分离并不能从根本上消除国有企业缺乏活力和效率低下等固有弊端。大多数国有企业并未搞活，而企业行为短期化现象又非常严重，企业仍缺乏竞争机制和风险机制，未能成为真正意义上的商品生产者和经营者。可见，要使企业成为真正的企业，解决企业化这一市场经济运行的微观基础问题，任务是相当艰巨的。

当前，深化企业改革的主要任务是建立产权关系明晰、责权利明确、并符合国际惯例的现代企业制度。我们认为，现代企业制度形成的条件是所有权与经营权的分离，核心是理顺产权关系。因此，应紧紧抓住理顺产权关系这一核心，营造良好的市场环境来推动现代企业制度的建设。当务之急是：(1) 以产权关系为纽带改造企业的组织结构。一是通过多种方式，逐步把大多数国有企业改组成有限责任公司，变企业的无限责任为有限责任；二是积极稳妥地加快企业股份有限公司改造的步伐，让那些符合条件的企业尽快改造成股份有限公司，并使其成为一种重要的企业组织形式；三是对于还不具备上市条件但又符合内部股份制改造的国有企业，鼓励吸收内部职工入股和法人间相互持股，使企业实行股份制经营管理。(2) 在企业产权转换的基础上，全面落实企业经营自主权，建立真正意义上的企业。国有企业的机制只有实现这个根本性的转变，才能作为主体进入市场。(3) 取消企业行政级别，建立以企业经营规模和效益水平为依据的分类定级制度。按照国际通用的资产、利税、销售、创汇指标体系把企业分门别类，从而把计划经济体制下单纯依靠资产规模确定其社会地位的方法，转变到市场经济体制下主要依靠经济效益评价其社会地位的轨道上来，以利于企业向市场主体转化，形成优胜劣汰的竞争机制，促进社会生产力的发展。同时，按产权关系确定利益分配，按行业差别和效益特点确定企业税后利润上缴数额，按企业类别对企业负责人实行分类管理，把资产管理和对企业负责人的管理结合起来。

必须正确处理银企关系，对没有足够的自有资本或资本已经严重亏损的企业，不能让其依靠对银行贷款的无限期占用而生存下去。无法偿还贷款的企业，其相应的产权必须接受清理并强制性地对银行作出抵偿。对资不抵债，前途无望的企业，应按照破产法的有关规定，允许其破产。企业只有按照严明的企业法规运行，依据健全的财务制度经营，才能为银行信贷资金的正常使用提供良好的基础，为商业银行机制的有效运行提供必要的前提条件。

没有理顺银企之间的关系，是造成我国目前银行不良资产居高不下、金融风险不断积聚的主要原因。在本章第五节还将对此展开专门的讨论。

（二）加快财政体制改革，理顺财政与银行的关系

改革开放以来，我们在分清财政与银行的职能、正确处理两个部门的关系、协调财政政策和货币政策、用好两种资金等方面，做了一些改革，取得了一些成效。但关系不清、职能混乱的状况并未得到根本的改变，而且产生了一些新的矛盾和问题，主要表现在：

1. 两种资金界线模糊，相互侵占

一方面是财政资金信贷化，财政搞信用、办金融业务、设金

融机构、财政蜕变成"第二银行";另一方面是信贷资金财政化,信贷资金的使用承担了许多本来应该是财政资金解决的问题,银行演变成"第二财政"。两种资金性质异化,近年来并有加剧之势。

2. 两种政策不协调、不配套

在资金使用和政策搭配方面,既存在财政挤银行的现象,如财政借款、强行透支、对企业政策性亏损应补不补、基建资金应拨不拨等。也有银行挤财政的现象,如税前还贷问题、利率调整问题等。但总体而言,财政挤银行、财政资金信贷化的情况比较严重和突出。国有企业的定额流动资金要由银行供给,一些财政投资的基本建设、技术改造项目和国家的物资储备所需要的资金都由银行贷款,财政应拨补给企业的政策性亏损、基建的超支退税款等都占用银行的贷款,还要银行停息挂账等等。大量的贷款资金被财政性用途占用,丧失了信贷资金的特征,其中一部分已经或正在被严重资不抵债的企业所侵占,使银行资产负债平衡严重失真,信贷资金财政化已成为困扰国有商业银行走向良性循环的重大障碍。当然,财政与银行关系不顺有其深刻的体制原因,两者相互排挤、相互异化的深层原因是我国政治、经济体制在转轨前和转轨过程中的某些弊端造成的,既有政府行为不规范的问题,有政企职责不分的问题,还有财政和银行各自地位、关系的确立问题。

理顺财政与银行关系的主要对策:

1. 要正确处理好财政与银行的地位和相互关系

国家在政策等诸多方面都要把财政和银行置于完全平等的地位,并用法律形式将两者的关系确定下来,财政和银行在分工的前提下独立行事,在业务交叉和政策需配套使用时,平等协商地解决。

2. 财政与银行资金必须分口管理，分别使用

实行财政资金与银行资金的分口管理和分别使用制度，是由财政资金与银行资金的不同性质和功能决定的。财政部门征收的税利、费用等，是政府用于发展经济和事业的经费，财政拨给各单位的使用资金不再收回。银行资金则不是政府集中的国民收入，而是向企业、单位和居民吸收的临时性周转资金或备用资金。这些资金的所有权不属银行而属存款者，存款者可以随时支取，银行必须保证支付本金和利息。这些资金不能用于财政开支。当然，在财政体制未得到根本性改变以前，财政负担过重、财政困难的局面在一个时期内仍会存在，财政占用银行资金的现象也不可能一下子消失。但这一时期财政性占用部分应另账处理，作为政策性业务分别核算。同时，加快财政体制改革的步伐，改善财政收支状况。应根据国力的实际情况安排固定资产的投资，并提高企业税后留利中用于补偿流动资金的比例，以减轻银行的负担。

3. 对于现存的各种财政信用，要进行清理

对于不正当的财政信用要限期取消，正当和必要的继续保留，但要由中央银行纳入全社会信用总量中统一进行管理，在对全社会的信用管理中，应以制度、规章管理为主，以规模管理为辅。对于经济发展中政策性较强、收益又较低的业务，如基础工业的投资、国家战略物资的储备等，应建立专项基金，由政策性银行进行贷款和管理，贴息由财政负担。

4. 要大力发展国债市场

要从市场经济下宏观调控的视角来理解发行国债的作用与功能，改变传统的把发行国债只是简单地看作筹集资金和弥补财政赤字的思维方式，通过国债的发行、贴现、流通、转让等，使之真正成为宏观调控的重要工具和手段。在此过程中，中央银行可

以自主地通过直接或间接方式购买一部分国债，为试用公开市场业务调控经济做好资金等方面的准备，商业银行和其他商业性金融机构亦应在国债的发行、承购、办理兑付、转让等方面发挥应有的作用。

（三）中央银行必须成为真正的中央银行，理顺商业银行与中央银行的关系

目前，中央银行宏观调控乏力，具体表现在：首先，中央银行缺乏独立性。在中国，中央银行既不能独立于财政，又不能独立于中央和地方政府，因而中央银行不能根据经济、金融形势变化的需要，独立地选择货币政策和调控手段。比如，当经济过热、信贷规模过大时，需要紧缩银根，但人民银行在政府干预下，为了照顾国有企业和地方利益而不能从货币政策的需要出发提高利率。其次，随着经济体制改革的深化和市场经济的发展，旧的计划经济体制下的宏观调控手段和机制大都被打破，金融调控在整个宏观调控体系中的地位和作用变得越来越重要，但中央银行尚未创造出适于市场经济运作的宏观金融调控工具。一些在西方国家被证明非常有效的货币政策工具，如存款准备金率、再贴现率、公开市场业务等，在中国作用有限。中央银行宏观调控手段仍带有明显的计划经济的特征，没有真正担负起在市场经济中对全国金融活动监管的职责，这是导致宏观调控乏力和金融混乱的主要原因之一。再次，人民银行还经营一些营利性的具体业务，办理一些政策性贷款业务，集管理机关与经营企业于一身，职能混乱，很难把精力集中到货币供应量和信用总量的调控上来。

中央银行是金融业的直接管理者和宏观调控机构。它把所有的金融单位和资金的买卖者置于统一的金融市场中，通过各种金融调节手段的运用来达到货币政策目标。作为我国中央银行的人民银行应按照国际规范和做法，加快改革步伐，使之成为真正的

中央银行，担负起在市场经济条件下实施金融宏观调控的职责。在直接控制方面，作为资金总枢纽、总闸门的中央银行，应继续对货币供应量、贷款总水平、贷款结构和利率水平实行控制。目前我国中央银行和银监会等金融监管部门，应运用经济手段、行政手段和法律手段相结合的调节方法，对金融市场和金融业进行宏观调控，并根据市场经济发展的水平和需要，逐步过渡到以间接的经济手段调控为主，通过有效运用再贷款手段和试行对商业银行资产负债的比率管理，通过对基础货币的控制来调控全国的货币供应总量和信用总量。经济手段主要是指上面提到的间接信贷管理中的"三大杠杆"：（1）变动存款准备金率，控制商业银行可以运用的资金。需要抽紧银根时可提高存款准备率；反之，降低准备金率。（2）调整再贴现率。根据放松或抽紧银根的需要，提高或降低对商业银行的再贴现利率。（3）公开市场业务。中央银行通过在金融市场上买卖有价证券，来调节资金的供求。行政手段主要是：（1）中央银行根据国家经济政策目标制定相应的金融政策，主要包括信贷政策、利率政策、外汇政策等。引导社会资金流向，调整经济结构。（2）银监会等定期不定期地对金融机构特别是商业银行进行检查、监督，看其各项经营活动是否执行国家政策法规。法律手段：制定银行法、金融市场法、外汇法、票据法、证券法等有关经济、金融法规。通过上述诸种调控手段，使金融业的发展在微观上保持有序和高效，在宏观上控制好供求总量和利率总水平，实现货币稳定和金融安全的目的。

（四）允许多种金融机构和多种信用工具的存在，建立多元化的金融市场体系

多种金融机构并存首先是为了适应金融市场的多层次、经营对象的多样化的需要。大中小不同规模的银行所经营的主要业务是不同的，各种类型的银行金融机构也有各自的主要业务领域和

客户群，它们既相互竞争又相互补充，对金融体系内部结构的完善和各种业务的正常开展都是不可缺少的。其次，多种信用机构的存在，可以打破垄断，开展市场竞争。我国金融业特别是银行业高度垄断的局面尚未打破，这样的金融体制是不利于市场竞争以及金融业自身的发展的。就金融机构之间的竞争而言，笔者认为应包括如下三个层次：第一层次是国有商业银行实行业务交叉和竞争，实现多种经营和全方位发展。这一目标目前已基本实现。第二层次是允许多种金融机构并存，彼此展开竞争。包括国内不同所有制形式的金融机构，如现有的国有商业银行、股份制商业银行、集体所有制性质的农村信用社和城市信用社、民间私人信用机构以及外资银行等，逐步打破经营性垄断、控制性垄断和政策性垄断，进行平等的竞争。第三层次是加速非银行金融机构的建设，形成银行和非银行金融机构之间、直接金融和间接金融之间多元竞争的局面。

信用工具是金融市场交易和流通的工具，是金融市场的"商品"。我们知道，在商品市场上，如果商品品种齐全，花色多样，市场就会显得繁荣，反之，如果品种少，花色式样又单一，就不能满足各种消费偏好的消费者的需要，市场就会显得冷落萧条。金融证券业也是如此，如果上市的各种信用工具多，意味着众多品种及花色的"商品"可供顾客选择，金融证券业就会发达兴旺。因此，没有众多的信用工具，是无法想像有一个完善和发达的金融体系和金融市场的。

金融机构和信用工具的多元化，多元竞争主体的形成，是现代市场经济条件下实施商业银行风险管理、风险转移和风险规避的必要条件，在这方面，我们仍有很长的路子要走。

（五）社会保障体系的建立

无论企业破产还是银行倒闭，都应当对职工和存户提供一定的社会保障，以避免由此引起的社会不安定因素，同时，也是化解银行风险的一个重要屏障。原则上，所有企业及其职工、银行以及存户都应为保障基金提缴资金，以便对一旦遭受破产或倒闭的职工和存户承担起基本补偿义务。现在，失业保障基金和养老保险制度已在实施和完善，建立中国式的存款保险制度也应尽快提上议事日程。①

第三节 我国信用担保体系的建立

在经济活动中，信用是指一种建立在受信人在特定的期限内付款或还款承诺的信任，是伴随着金融交易而产生和发展的，一般表现为以偿还为条件的商品或货币的让渡形式。② 信用担保则是一种信誉证明和资产责任保证结合在一起的金融中介行为，是一种人格化的经济关系。担保人以保证的方式为债权人提供担保，当被担保人不能按合同约定履行债务时，由担保人进行代偿，承担债务人的责任或履行债务。可以说，信用担保实际上发挥了类似于抵押物的作用，它不仅延长了金融交易中的信用链条，而且大大降低了交易费用和交易风险。

信用担保很早就产生了，它几乎是和古老的信用形式（民间信用、高利贷、典当等）同时产生的。③ 那时，由于商品经济尚不发达，经济活动中的信用还很薄弱，所以信用担保就发挥了其巨大的中介行为的功能。其服务对象十分广泛，除了民间借贷、

---

① 存款保险制度也是商业银行风险防范和管理的重要因素，对这一问题主要在本书第九章中展开讨论。

② 参阅陈乃醒：《中小企业信用担保体系》，南开大学出版社 2004 年版，第 75～77 页。

③ 参阅陈乃醒：《中小企业信用担保体系》，南开大学出版社 2004 年版，第 81 页。

高利贷等金融活动，甚至连土地、房产等大宗生活、生产资料的买卖都需信用担保。随着商品经济的发展和社会专业化分工的发展，信用担保也越来越趋向于专业化。在当前的经济活动中，信用担保已成为金融制度体系的一个高度专业性和颇具特殊针对性的领域。在当今社会，信用担保的服务对象主要是中小企业。对中小企业来说，由于我国资本市场起步较晚，向银行贷款是中小企业融资的主要渠道。对银行来讲，中小企业则是其一个巨大的潜在市场。但由于中小企业自身缺陷、社会制约因素、金融制约因素等方面原因，双方交易难以完成贷款。因此双方都希望能借助于一个中介从而完成交易，而信用担保就是一种已经专业化了的中介行为。现在，信用担保体系也成为化解中小企业融资困境的一种重要中介机构，在国际上已经有比较悠久的历史和成熟的经验。我国应该借鉴国际成功经验，逐步建立和完善适合我国社会主义市场经济发展的中小企业信用担保体系。

一、我国信用担保体系建立的背景

中小企业是一个庞大的"强位弱势"企业群体。① 从经济与社会发展的稳定和宏观方面来看，中小企业这一庞大的特殊企业群体，在整个社会和国民经济中占据着非常重要的地位。主要表现在：中小企业是国民经济健康协调发展的重要基础；是社会稳定的重要保证；是鼓励民间投资的重要载体；是缓解就业压力的重要突破口。但从个体和微观角度看，它又是一个特殊弱势群体。这主要表现在：中小企业普遍规模较小、产品市场占有率较低、技术设备水平低、劳动生产率总体水平偏低等方面，这造成其在与大企业的激烈竞争中处于劣势，尤其是集中地反映在融资困难这一突出问题上。因此，要充分发挥中小企业在国民经济和

---

① 参见陈文晖：《中小企业信用担保体系的国际比较》，经济科学出版社2002年版，第1页。

社会发展中的重要作用，鼓励社会各界大力创办和发展中小企业，就必须尽快解决中小企业融资难、贷款难问题。[1] 而要解决融资难、贷款难的核心问题就要提高中小企业的信用，就要帮助银行分担发放中小企业贷款的风险。

目前，建立中小企业信用担保体系已是世界各国解决这一问题的通行做法。实践证明，建立中小企业信用担保体系是各国政府综合运用市场经济手段和宏观经济调控措施的成功典范，是变行政干预为政策引导的有效方式，是强化信用观念、重塑银企关系、改善中小企业融资环境和化解金融风险等的重要手段。

二、我国信用担保体系的建立

1. 我国信用担保体系建立的目的

信用担保体系的建立，从宏观上说或者长期目的是为了：（1）引导信贷资金的投放，调整产业结构；（2）促进中小企业的健康发展，发挥中小企业在扩大就业、促进技术创新、增加财政收入和活跃市场、促进竞争、创造需求等方面的积极作用；（3）分担民间投资的风险。在微观上说或者近期目的是为了：（1）促进中小企业发展，增强中小企业信用，解决中小企业融资难的状况；（2）解决银行发放中小企业贷款难问题。信用担保体系能为商业银行的信贷提供一定的保证，在一定程度上防范和化解商业银行风险，能降低商业银行不良贷款的积累，从而在整体上对金融风险有了某种防范。

总之，中小企业信用担保体系并不是传统意义上的政府行政担保，而是政府支持下的市场化担保，政府仅以其出资额承担有限责任。其意义在于建立银行与中小企业之间的良好信用关系，提高中小企业的信用观念，推动我国以政府为主体的信用制度建

---

[1]　参阅陈乃醒：《中小企业信用担保体系》，南开大学出版社 2004 年版，第 100～102 页。

设和以社会为主体的信用体系的形成。其根本目的是逐步由中小企业信用担保体系发展成为以中小企业为主要服务对象的社会化信用体系，推动中小企业信用担保体系机构逐步发展成为信用记录、信用评价、信用担保相结合的社会化的信用中心。[①]

2. 我国信用担保体系的发展历程

目前，国内研究资料基本认为，我国的中小企业信用担保实践起步于1992年，代表者是重庆的私营中小企业互助担保基金会以及上海的工商联企业互助担保基金会和广东的地方性商业担保公司。回顾我国信用担保体系的建设历程，从1992年开始探索到现在，我国社会信用体系建设通常分为三个阶段：起步阶段、发展阶段和完善阶段。[②]

（1）起步阶段

此阶段始于1992年，也即我国信用担保体系的探索阶段，其标志即是以信用评价为代表的信用中介机构的出现和发展。

1992年，重庆、上海等地的私营中小企业为解决融资难、贷款难问题，并防止相互之间担保造成担保连带债务问题，自发地探索建立企业互助担保基金会，由此开始了中国中小企业信用担保体系建设的探索。1994年，广东、四川等地也开始出现一些地方性商业担保公司。在此阶段，中小企业担保实践的特点主要是企业互助，地方政府也给与一定的财政资金帮助。

（2）发展阶段

这一阶段又包括了两个阶段，即1998年起的积极推动阶段和1999年起的规范试点阶段，标志是以信用担保为代表的信用

---

① 参阅陈乃醒：《中小企业信用担保体系》，南开大学出版社2004年版，第117页。

② 参阅陈文晖：《中小企业信用担保体系的国际比较》，经济科学出版社2002年版，第205～208页。

中介机构的快速发展。

信用担保体系的积极推动阶段的代表有：①1998 年，济南、铜陵、镇江等城市探索采取设立担保资金和组建独立担保机构方式帮助中小企业解决融资难，特别是贷款难的问题，并开始进行试点。②浙江、福建、云南、贵州等省的一些市县开始探索组建（以私企为服务对象）中小企业贷款担保基金或中心。③陕西、广东、湖北、北京等地开始出现（科技、建筑等）专业性担保机构。④上海、北京等地开始以政府财政部门与商业担保公司共同办理具体担保手续，对银行发放中小企业贷款进行担保的试点。这个阶段中小企业担保实践的特点是地方自我试点与资金扶持，试点模式呈现多样化。

1999 年起的规范试点阶段主要有：①河南、山东、宁夏、吉林、天津等地政府陆续下发地方性中小企业信用担保体系试点指导意见并组建相应机构；②北京、上海还在互助担保和商业担保的基础上分别成立了科技担保公司和工业经济担保公司；③深圳等地开始出现信用担保、商业担保、互助担保等担保机构相互配合协调发展的局面。总之，这一阶段中小企业担保实践的特点是在多种形式试点的基础上按照中央的统一要求进行规范操作，各级财政、人民银行、商业银行、科技、农业、计划、工商等部门和工商联也积极参与和支持中小企业信用担保体系试点，并有力地推动了我国中小企业信用担保体系的快速发展。

（3）完善阶段

此阶段始于 2000 年，其标志就是以政府部门为主体的信用信息披露系统和社会中介为主体的信用联合征集体系的起步和推进。

这一阶段中小企业信用担保实践的主要特点是在思想意识方面，社会各界对市场经济必须是信用经济的认识达到高度统一。

此阶段的主要代表有：①2000 年 8 月 24 日，国务院办公厅印发《关于鼓励和扶持中小企业发展的若干政策意见》（国办发〔2000〕59 号），决定加快建立信用担保体系，并提出了具体的要求、规定等；②2001 年 4 月十部委联合下发信用管理指导意见；③2002 年 3 月 28 日，上海和北京在同一天开通了各自的城市企业信用信息系统，4 月，财政部、国家经贸委和中国人民银行联合下发《关于进行全国信用担保机构基本情况调查的通知》；④在民间，中国诚信、华安、华夏、大公、远东、联合、新华信以及中国联合信用网、中国企业信用网、中国信用信息网等社会信用中介机构也积极开拓业务领域。同时，一些国外信用机构也积极发展中国市场。

3. 我国信用担保体系存在的问题

目前，由于中央有关部门和各地政府的重视，再加上企业和银行的客观需要和参与，我国中小企业信用担保体系已经有了一定的发展，在促进中小企业发展，增加财政税收，规避金融风险等方面发挥了积极作用。但是，由于我国中小企业信用担保体系尚处于发展初期，而且处于中国社会经济的改革时期，这就使其在发展过程中必然会存在一些问题。这些问题一方面制约着信用担保体系的发展，另一方面又为我们完善中小企业信用担保体系指明了方向。对这些问题的解决过程也就是我国信用担保体系的完善过程。

（1）信用担保机构在业务操作过程中存在的主要问题

由于我国信用担保体系尚不健全，虽然有些担保机构靠自己的摸索已经取得了较好的成绩，但总的来说，担保机构在业务实际操作中还存在一些问题：① ①政府干预担保业务。在我国，中

---

① 参阅陈乃醒：《中小企业信用担保体系》，南开大学出版社 2004 年版，第 123～124 页。

小企业信用担保机构或是政府出资组建或是得到政府的积极支持，所以政府在中小企业信用担保体系中处于主导地位，甚至有些地方政府部门还直接操作中小企业信用担保业务。这样，担保机构在进行担保项目的选择时，就丧失了充分的自主权，不能真正按照市场规则进行业务操作。②缺少后续资金，也即资本投入不足。这也是由于我国目前的担保机构主要由各级政府出资建立。这些资金多是由政府一次性注入，不仅数额相对于担保需求较少，而且在经营过程中可能出现的代偿，使得基金数额绝对较少。加上担保机构自身盈利能力差，这就使其在资本投入方面严重短缺。这样不但担保业务规模不能做大，还会造成银行对担保机构缺少信心。③专业的担保人才匮乏。在我国，由于担保还是比较新的行业，尤其是对担保方面的理论研究不足，与担保相关知识的出版物稀缺，所以对担保业务的教育、培训和人才培养都还处于相对薄弱环节。

（2）信用担保体系在发挥作用过程中存在的主要问题

虽然开办中小企业信用担保业务的初衷是为了解决中小企业融资难、贷款难的问题，促进中小企业发展，但在实际操作过程中，担保机构在企业融资中发挥的作用十分有限。[1] 这主要是因为：①企业获得信用担保的条件较为严格，与银行贷款条件基本相当。②信用担保体系本身的机制尚不健全，发挥积极作用的能力有限。例如：各地信用担保机构缺乏统一的市场准入管理，对于专为中小企业服务的政策性担保机构的市场定位、功能职责认识不清。③有些地区民间资金相对富裕，民间融资手续简便、利率相对较低，也在一定程度上冲击了信用担保市场的发展。

---

① 　参见梁冰：《我国中小企业发展及融资状况调查报告》，载《金融研究》2005 年第 5 期。

（3）信用担保机构与外部主体关系的问题

信用担保机构与外部主体关系，主要指与政府、银行和中小企业之间的关系。首先，信用担保机构与政府的关系主要表现为政府的过多干预，这一点在上文中已有论述，这里不再重复。其次，信用担保机构与银行之间的关系主要表现为银保关系不够融洽。① 例如，目前有些地方的中小企业信用担保机构和协作银行的配合还有障碍。在贷款担保的放大倍数、风险分担比例以及共同对贷款项目的监管问题上，双方分歧较大，风险、责任承担不对称。第三，信用担保机构与中小企业之间的关系。从中小企业的角度来说，信用担保机构的门槛高，企业获得信用担保的条件较为严格，甚至与银行贷款条件基本相当。对信用担保机构来说，则存在受保企业信用差的问题。在受保企业中存在着很多信用等级可信度低、信誉度差的企业，这些企业可能随意逃废债务，转嫁风险。这样，担保机构与受保企业之间势必难以建立良好的协调关系。

信用担保体系的建设是一项艰巨的系统工程，其中的各种关系必然是错综复杂的，存在的问题也必然是多样的。在这里只是从某些角度对其中一些主要的、突出的问题做了些分析，要真正全面分析、探讨信用担保体系建设中存在的问题，还必须从多层次、更广的角度进行分析。由于篇幅的关系，在此就不一一探讨了。

4. 对策建议

针对上文分析的问题，我们在借鉴外部经验和考虑中国财政、金融和中小企业管理体制特点的同时，可以从以下几方面提出几点建议：

---

① 参阅陈乃醒：《中小企业信用担保体系》，南开大学出版社 2004 年版，第 263 页。

（1）针对各参与主体的建议。①政府。政府要正确定位，致力于改善担保机构的服务环境。例如，建立严密的政策、法律制度；建立统一的社会信用制度，从制度上解决信用担保的基础和前提问题；对担保机构进行有限的风险补偿和资金注入等。②银行。银行要与担保机构建立融洽的合作伙伴关系，实现利益共享。要改善银保关系，可以从以下几方面入手：互通信用信息；分担经营风险；共管信贷资金；建立长期担保合作关系等。③受保企业。受保企业要规范经营，扩大规模，提高诚信度，与担保机构互相配合，共同提高信用度。这样，既能为企业再次融资降低成本，又为担保机构业务发展夯实了基础，从而真正实现信用担保体系的社会意义。④担保机构。担保机构必须提高自身业务管理水平。首先，要提高监督、分析受保企业信用、业务的能力。其次，要积极建立社会化的筹资模式，扩大资本，扩大规模，提高信用度，提高放大倍数。第三，要设计多元化的产品，拓展业务，从而增加利润，分散经营风险。第四，要积极引进专业人才，完善内部管理。第五，要建立安全的风险控制模式。例如，建立再担保体系，提升信用，扩大担保资金的总量；强化内部风险控制机制，加强债务追偿制度；与银行建立风险联动机制；为在保项目购买保险等。①

（2）理顺政府、银行、中小企业和担保机构之间的关系。政府应该处于一个宏观的主导地位，应该为提供一个良好的信用环境、完整的信用制度和明确的法律规范而努力。同时，政府还可以从全局对银行、中小企业和担保机构三者进行监督、协调，促进三者的共同发展。银行、中小企业和担保机构三者均应依据市场规则进行业务活动，加强相互之间的信任关系，在信任中寻求

---

① 参见胡国斌：《信用担保——刀尖上的舞蹈》，载《特区经济》2005 年第 8 期。

共赢，最终达到共同发展的目的。

（3）加强宣传和教育，培养企业和个人的信用意识，[①] 创造良好的社会信用环境。良好的信用秩序是信用担保机构得以正常运作的基础，也是企业生存、发展的必备条件。社会信用环境及企业信用水平低下，必然会增加信用担保机构的营运成本，给担保机构带来潜在风险；同时，这必然也会增加企业的融资成本，影响企业的盈利水平。因此，必须通过新闻、舆论、文化、教育等各种媒体，大力宣传推广个人及企业重视诚信观念。尤其是要大力发挥教育的作用，加强对中小学生的诚信教育，从小培育他们的信用观念。

目前，我国信用担保体系尚处于完善过程，在此期间仍会出现种种问题，但这都是事物发展的常态，不能因此将之扼杀。解决问题的根本办法是在实践中逐渐摸索和完善的，我们应该以实事求是态度，结合我国财政、金融和小企业管理体制的实际情况，在借鉴国内外成功经验的基础上，寻找适合我们的道路。

三、信用担保体系与商业银行之间的关系

随着地方性、股份制商业银行的增加和业务的扩张，银行业之间的竞争愈来愈激烈；而我国加入 WTO 又给金融业带来了新的冲击。在这种形势下，商业银行为扩大市场规模，提高竞争力，应积极寻找更广阔的客户群体、形成多样化的客户结构。我国经济体制改革后，中小企业迅速崛起，发展成一个庞大的企业群体，占有重要的市场份额，应该是商业银行扩展业务，寻找客户的一个广大市场。但是由于中小企业中普遍存在着资金少、经营规模小、信用度低等问题，使得商业银行容易对其产生不信任，不敢主动放贷。而信用担保作为一种信誉证明和资产责任保

---

① 参阅陈晓红：《中小企业融资创新与信用担保》，中国人民大学出版社2003年版，第198页。

证结合在一起的中介服务活动，就恰好介于银行和企业之间。由于担保的介入，能分散和化解银行贷款的风险，银行资产的安全性得到了保证，减少了银行对中小企业的后顾之忧。因此，银行可以在中小企业中选择机制好、效益好、竞争力强和有广阔发展前景的中小企业客户，积极地开展各种业务活动，提高经营效益，有效防范信贷风险。可以看出，担保机构对商业银行的作用和价值是显著的。与担保机构建立平等的、利益均衡的合作关系对商业银行的意义在于：担保机构承担的风险相对降低了银行的信贷风险和管理成本，提高了银行信贷资金的安全性，有助于商业银行调整信贷结构、盘活信贷资产、寻求新的利润增长点。

我国中小企业信用担保体系的建立能有效分散银行风险，但建立中小企业信用担保机构与银行分担责任的机制并非是一蹴而就的，还必须有多方面的合作与支持：[1] 第一，需要培育良好的社会信用环境。第二，需要政府有关法律、法规及政策的大力支持和强力推动，而不能仅仅靠信用担保机构与银行间的业务接触和谈判来解决问题。第三，在风险分担问题上，应该按照分散风险的原则，由担保机构与银行以市场方式决定。例如，担保机构承担 80%～90%的风险责任，银行承担 10%～20%的风险责任。这样，既可增强双方的责任感，有效地防范和控制贷款企业的信用风险，也可在一定程度上分散担保机构的风险责任，有利于银行和信用担保机构的双赢。[2] 第四，在放大倍数问题上，双方可以依据一定的市场原则和实际情况进行协商。总之，信用担保机构与商业银行应该建立积极协作的关系，双方只有在融洽的环境

---

[1]　参阅陈乃醒：《中小企业信用担保体系》，南开大学出版社 2004 年版，第 140 页。

[2]　参见王传东、王家传：《中小企业信用担保的国际经验与借鉴》，载《国际金融研究》2005 年第 10 期。

中，才能实现共赢，实现共同发展，并且共同推进中小企业的发展。

第四节　对重建新型银企关系的若干思考

在传统计划经济体制下，银行同企业的关系基本上是管理与被管理，监督与被监督的关系，银行以政府机关的身份，过多地依靠行政手段，进行管理和监督，企业只有无条件服从，是一种以行政控制为主的居高临下的关系。随着改革的不断深化，特别是近年来企业的转制和银行商业化改革步子的加快，各种新旧矛盾进一步激化，原有的与市场经济相悖的银企关系进一步扭曲、变形，严重地阻碍着国民经济的正常运行和健康发展，制约着企业改革和银行改革的深化。因此，按照市场经济的要求，重建新型的银企关系，创造正常的银行经营环境，成为摆在我们面前的一项迫切任务。

一、当前银企关系进一步扭曲变形的突出表现及原因分析

改革开放以来，银行逐渐取代财政成为我国企业资金的主要供给者，银行在经济生活中的地位和作用日显重要，银企关系亦按市场取向的改革有了不少新的变化，但形势的发展并不尽如人意。当前银企之间的关系，特别是最基本的信用关系，甚至出现了一定程度的无序和混乱。从银行方面来看，近年来银行不良信贷资产在贷款总额中的比重一直居高不下，资金周转速度减慢，银行自我发展后劲不足。从企业方面来看，近年来企业高负债经营状况日趋严重，资产负债比率上升，经济效益下降，相当一部分企业无力归还银行贷款，银行与企业间矛盾的加剧，既延缓了国有企业建立现代企业制度的进程，也影响了国有银行向真正意义上的商业银行的转变。

1. 经济转轨时期银企信用关系的扭曲

银行信用是以偿还为条件的价值的特殊运动形式，它是从属于商品交换和货币流通的一种经济关系，在不同的社会经济条件下，这种信用的表现形式具有很大的差异性。在传统的计划经济体制下，国有企业生产由国家指令性计划统一安排，财政统收统支，再生产所需的资金由财政无偿划拨，不存在归还问题。在成熟的市场经济条件下，也不会发生大量积欠贷款的问题。企业向银行借款必须偿还，如果资不抵债，即宣告破产，或者被兼并。无论在哪一个时期，企业的正常负债都是被允许的，有时也会发生偿还困难。可是我国目前正处于经济体制转轨时期，难于形成规范化的信用关系，所有制改革滞后，一方面，国有企业不必担心因到期不能还本付息导致破产的威胁，因为破产也是破国家的产；另一方面，作为债权人的银行同国有企业一样都是属于国家所有，银行贷款相当于一定意义上的"信用贷款"，缺乏尽快清偿债务的内在压力和约束机制，加之许多拖欠的贷款是行政干预的结果，无人负责，这样，就不可能建立真正还本付息的信用准则和市场经济中规范化的信用关系。而且当出现还贷困难时，政府会在力所能及的范围内，通过延长还贷期限、减免债务来扶持国有企业（左长青1999）。结果是：银行成为企业的"银靠山"，企业没钱便找银行，而且贷款可以不还，贷了又贷，企业对利率高低和期限长短并不感兴趣，它们关心的只是贷款的数量。在企业巨大的资金渴求下，银行信贷规模一再突破，正常的银企信贷关系已严重扭曲。

2. 银行不良债权急骤增加，信贷资产大量流失

在银行贷款数量急骤增长、规模不断突破的同时，贷款结构却在劣化、质量不断下降，银行不良债权越来越多，国家信贷资产大量流失。目前，不良贷款在国有商业银行信贷资产存量中占

总资产的比重居高不下，并且这些不良债权正通过各种形式和渠道迅速大量流失：有的企业停产整顿、被收购兼并、解散或破产，银行贷款被架空；有的企业明关暗不关，让银行挂账停息；有的企业连年亏损，资不抵债，银行收贷无望；有的企业多头开户，资金流向隐蔽，沉淀贷款无法收回；承包租赁中银行信贷资产流失更为严重；等等。银行金融资产的大量流失，使其效益下降，经营环境恶化。这从某一侧面反映出当前银企信用关系的恶化及令人堪忧的银行经营状况。

3. 行政干预过多，银行经营自主权难于落实

由于银企关系、政企关系没有理顺，各级商业银行受到政府的干预和控制，银行经常按地方政府的决策，向一些建设项目和企业贷款，银行无权选择和进行可行性论证，这些决策经常有失误，导致了银行的损失。同时，作为国家所有的银行，它们无条件地垫补国有企业的亏损，无止境地向国有企业提供所需的资金，对一些停产半停产的国有企业提供"安定团结"贷款以便发放工资。这样，国有商业银行或多或少具有政府的行政职能，不能成为真正意义上的商业银行。尽管国家已成立了几家政策性银行，不少政策性业务已从商业银行中分离，但金融界仍普遍感到政策性、商业性业务难于界定，历史包袱难卸。目前银行和企业在经营上都遇到一个共同的难题：自主权没有真正到位，难以按照市场经济规则去运行。

4. 银企改革不同步，金融改革滞后引发出的一系列新旧矛盾激化

当前，金融改革仍面临着许多问题，主要是作为我国金融市场主体的国有商业银行的企业化改革未能取得突破性进展，困难很多，面临着严峻的挑战。首先，国有商业银行产权体制是个根本性的问题。在现行的产权不明晰、主体虚设错位、约束软化的

产权体制下，国有商业银行是难以成为真正意义上的金融企业的。其次，现存资金信贷体制和利率体制存在缺陷。这突出表现在目前银行信贷资金僵化的分配体制，以及利率市场化改革的滞后上面。信贷资金的配置仍带有明显的行政色彩，从而异化了银行资金的本质。国家统一、呆滞的利率体制不仅与市场化的改革形成鲜明的反差，而且排斥了利率杠杆的调节作用，剥夺了金融企业的基本权利。当企业纷纷解困转制，向市场体制过渡的时候，既没有进行制度创新，又没有真正实现机制转换，基本上仍按原有体制运作的国有商业银行，其诸多的不适应，自身利益的严重损害，及所面临的被动局面便可想而知了。

不少研究者指出：现行的银企信贷关系已异化为包保关系；银行信用质变为财政信用；企业经营风险转嫁为银行信贷风险；资金管理异化为权力管理；银行服务职能异化为关卡职能；等等。这种严重异常的银企关系，已明显制约了我国社会主义市场经济的发展，并成为银行防范风险、实施风险管理的主要障碍。

二、市场经济条件下新型银企关系应具有的基本特征

1. 独立自主

独立自主性原则的含义是指：必须承认市场活动的参与者是有其自身利益的经济法人，他们必须自主经营、自担风险、自负盈亏。商业银行是金融市场的主体，是经营货币商品的特殊企业，必须按照商品经济的原则实行企业化经营。中华人民共和国《商业银行法》亦规定："商业银行以其全部法人财产独立承担民事责任"，"商业银行依法开展业务，不受任何单位和个人的干涉"。这从法律上确立了我国商业银行的企业地位和自主经营权。在传统计划经济体制下，整个国民经济的运行，社会再生产的各个环节都按中央计划进行，银行和企业一样，必须听命于国家计划指令。银行成为财政的附庸，成为国民经济的出纳会计，并形成资金管理上的统包统配，企业吃银行、银行吃国家资金的"大锅饭"体制。在市场经济条件下，不论是企业还是银行，都是市场的参与者，首先必须确立它们独立自主经济法人的地位。企业应是自主经营、自负盈亏、自我约束、自担风险的经济主体和独立法人，商业银行则是以安全性、流动性、盈利性为经营原则，追求盈利最大化。这时银企双方都以市场主体的角色出现在竞争舞台上，彼此不存在有形或无形的行政关系，政府也不能以指令性方式指挥银行与企业的具体行为。资金作为商品，以利率为价格在银行与企业间进行公平交易，供求双方发生借贷关系之后，银企之间就形成了法律意义上的债权债务关系。

2. 平等互利

作为市场的成员，企业和银行在地位上应该是平等的，而作为资金借贷的双方，它们又是互利的。企业的生存和发展，离不开银行资金信贷的支持和各种服务，反过来，银行各项业务的开展也离不开企业的需求。企业从银行那里获得生产、经营所需的营运资金，并得到银行的各种服务，而银行则获得利息收入和各种服务费收入。作为独立的市场主体，银企都有各自相对独立的经济利益，商业银行的经营目标是为了盈利，其盈利来源是各种生息资产的收益和各种中间业务收入与各种存款及负债的利息支出和银行管理费用总和之间的差额。银行业务经营的目的，就是力图在兼顾资产流动性与安全性的同时，获取最大利润。因此，银企双方任何以损害对方利益为目的的行为，都是违背市场规律并为对方所不能容忍的。而银行的利润实际上是企业利润的再分配，这就把银行的效益和企业的效益连在了一起，两者业务上的密切往来使之必须成为协作发展的经济伙伴。这就要求银行在讲求自身贷款质量和经济效益的同时，要强化自己对企业发展的服务功能，帮助企业排忧解难，方便企业的经营活动，为企业的生存和发展提供一个良好的融资环境和公平竞争环境。而企业必须大力提高劳动生产率，加强经营管理，提高产品质量和市场占有率，以良好的企业形象和较强的市场竞争能力来赢得银行的信任和贷款。这两个方面的有机结合，就能够使以市场为媒介的银企伙伴关系相互促进，相得益彰。

3. 相互选择

市场活动必须遵循平等自愿、双向选择的原则，这就要求银企之间进行公平、自愿、机会均等的竞争，实现相互选择。企业可以自由选择银行，银行也可以自由选择企业。银行不再承担对一批固定客户提供贷款的责任，而是选择效益好、信誉高、有发展前途的企业作为自己的基本客户。同时，企业也是选择实力强劲、诚实信用、服务周到的银行作为自己的合作伙伴，以满足自己的资金需求和各种服务需要。业务交叉和相互选择，意味着打破垄断，给银企双方造成市场竞争的压力，从而导致银行业务功能的拓展、服务质量的提高、经济效益的改善及信贷资金的优化配置。银行要对贷款实行风险管理，健全贷款的评审、决策、管理、回收责任制度，按照贷款的风险程度和授信程度，严格把握贷款的投放权责，坚决杜绝不负责任的乱放乱贷行为。银行与企业要通过法律的形式约定贷款的种类、用途、金额、利率、还款期限以及违约责任等事项。

4. 规范经营

市场经济同时又是法制经济，各种利益主体在参与市场活动时，都必须严格遵守它严密而完善的游戏规则，恪守诚实信用、公平竞争的商业道德，依法规范经营。这是保证市场活动正常进行，避免混乱和无序，维护各市场主体的合法权益，维持它们之间的正常关系的前提条件。我国当前银企关系紊乱，信用关系恶化，一个重要的原因就是在市场经济发展初期法制建设滞后，以及人们的法制观念淡薄，有法不依、执法不严。稳定的金融秩序和健康的经济增长，都离不开健全的信用制度。商业银行与企业之间的关系是建立在良好信用基础上的，是平等的互利互惠的信用关系。银行对信贷资金的发放必须按照资信评估的等级高低和人民银行 1996 年发布的《贷款通则》的有关要求进行，它有权拒绝任何"首长贷款"、"人情贷款"或"关系贷款"。对于符合贷款条件的企业，银行应想方设法提供规范化的服务。银行要充分发挥自身的优势，挖掘各种信用潜力，以满足企业多样化的信用要求。与此同时，企业本身也应强化信用意识，规范信用行为，依法还贷付息。

5. 融合生长

随着市场经济的不断发育，产业资本和金融资本会相互融合、相互渗透、混合生长。这是历史所证明的市场经济成长的一般规律。尽管世界上有些国家限制银行业对工商业的直接投资和经营，强调分业经营。但金融资本与产业资本的融合仍表现出强大的生命力。当今在世界上有影响的大型企业集团，一般都是产业资本与金融资本联姻，以产业为基础，以金融为核心，多功能、全方位发展的。显然，金融产业集团有助于银企双重效益的实现，促进经济结构和企业组织结构的调整和优化组合，不失为产权制度改革和企业模式发展的一个方向。

三、我国建立新型银企关系的对策思路

1. 加大改革力度，尽快建立和完善现代企业制度

当前，国有银行商业化改革不能仍停留在机制转换这些浅层次的水平上，而应该抓住产权改革、制度创新这一深层次的根本问题，建立产权明晰的现代企业法人制度。只有做到责任到位、权力分明、利益清楚、相互约束，才能适应市场经济的发展要求。通过理顺所有权和银行经营权的关系，落实银行法人财产

权，真正确立商业银行在市场经济中的金融主体地位，使之成为自主经营、自负盈亏、自我约束、自求发展的金融企业。只有这样，才能摆正银行与企业的关系，从体制上克服企业吃银行"大锅饭"的传统积弊，保证银行信贷资产约束的硬化。

2. 加强资产风险管理，建立风险防范机制

首先，在资金管理机制方面，要用资产负债管理全面取代规模指标管理，建立现代商业银行资金运作机制。

其次，在盈亏制约方面，要用风险约束机制取代现存的信贷资金软约束机制。以各商业银行总行为母银行，省、市级分行与基层行处都应成为独立的企业法人，逐步形成三级管理、三级经营、分级核算、各自独立、自负盈亏的银行企业化经营体制。对于亏损，基层行处要担负全部责任，并允许依法申请破产、改组或兼并，形成真正意义上的盈亏机制和风险机制。针对当前银企关系恶化，银行不良债权大量增加、资产大量流失的状况，各银行必须专门制定"资产风险管理办法"，切实防范新的贷款风险。要认真评估企业和项目的风险度，以产业政策和风险度来决定贷与不贷、贷多贷少；要努力压缩原有风险资产，切实清收不良贷款，盘活资金；认真研究企业由于兼并、合并、股份制改造、租赁承包、划小核算单位等组织形式变化以及破产倒闭带来的风险；积极参加企业转制过程中的资产评估和债务落实，继续推广和完善包括抵押贷款在内的各种贷款安全保障措施。企业新增贷款要采用抵押贷款形式，同时，发放抵押贷款一定要明确承债主体及借款方的产权归属情况，堵塞漏洞，避免争议，降低风险。

3. 尽快完善金融体系，加速培育金融市场

首先是要尽快完善多层次、多功能的金融组织体系，在大力发展商业银行的同时，加速政策性银行的建设，真正实现政策性金融与商业性金融业务的分离；发展和扶持城市合作银行、农村

合作银行、区域性银行以及民营银行等；健全信托、租赁公司、企业财务公司、证券公司、保险公司、典当、拍卖行等非银行金融机构，为工商企业提供多功能、全方位服务。

其次是要加速培育金融市场体系，继续发展社会直接融资，增加融资渠道和融资方式，减轻企业对银行信贷的过分依赖。目前我国相当一部分企业建成之前就缺乏足够的资本金，建成后营运资金几乎全靠银行贷款解决，这大大增加了银行贷款的风险和负担，不利于建立规范的银企关系。因此，企业在向市场经济转轨的过程中，必须从根本上改变没钱找银行的传统习惯，做好资金结构多元化的大文章，不要把资金要求压在银行一家身上。企业临时性资金需求，可通过贴现等方式来解决；短期资金需求，可申请银行贷款解决；中长期资金需求，可通过资本市场筹资。多元化的融资渠道，既可真正缓解企业资金紧张状况，也降低了银行信贷风险。

再次是逐步放宽利率管制，增强利率杠杆对信贷结构总量的调节作用。

4. 转换政府职能，逐步理顺政府、企业、银行的关系

减少政府的行政干预，真正落实企业、银行的独立性和自主权，是建立正常的银企关系的重要环节。当前，转换政府职能，一个重要的方面就是要防止企业过多地依赖政府，不承担法人实体的经济责任，要政府主动让权，减少对企业、银行日常经营的直接插手和干涉，还经营自主权于企业、银行自身。避免政府对银行信贷投放不必要的行政干预，这是减少当前银行不良债权的重要前提。

5. 健全金融法规，强化金融监管

过去的一些年里，我国的主要金融法规如《中华人民共和国银行法》、《中华人民共和国商业银行法》、《中华人民共和国票据

法》、《贷款通则》等已陆续出台，颁布实施。但真正要全面落实、依法办事，还要假以时日。银行要学会守法、用法。一是要用法律来规范自身行为，真正诚实信用、依法经营。二是要用法律来保护自身的权益，规范银企之间的关系，特别是债权债务关系，保障银行的合法权利不受损害。真正在法制的基础上，建立平等互利、规范经营、相互促进的与市场经济相适应的新型银企关系。必须强化金融宏观监管部门的监管职能，采取得力措施严格监查稽核制度，严肃金融法纪法规，规范银行经营行为；本着依法、公平、公正、合理的监管原则，协调银行与企业、银行与银行、银企与地方政府的关系，逐步实现金融良性循环。同时，金融监管部门本身也要解决监管独立性不强、监管人员素质不高、监管手段落后、监管程序不完善等问题，尽快实现监管调控制度化、规范化。

参考文献

一、外文文献

1. *The New Palgrave Dictionary of Money and Finance*, Edited by Peter Newman, Murray Milgate and John Eatwell, Published by the Macmillan Press Limited, 1992.

2. Harwood, A. (1997), *Financial Reform in Developing Countries*, *in Sequencing Financial strategies for Developing Countries*, edited by Alison Harwood and Bruce L. R. Smith. Washington D. C. The Brooking Institute Press.

3. Eichengreen, Barry (2001), "International Financial Crises: Is the Problem Growing", Personal Homepage, University of California, Berkeley, August.

4. Stiglitz, J., and Weiss, A. (1981), "Credit Rationing in Markets with Imperfect Information", *American Economic Review*, 73.

5. Demirguc-Kunt, Asli, and Detragiache, Enrica, "Financial Liberalization and Financial Fragility", MF Working Paper, WP/98/83, June.

6. Carol Alexander, *Operation Risk*, published by Pearson Ed-

ucation Limited.

7. Alexander J. Mcneil, *"Extreme Value Theory for Risk managers"*.

8. Basel Committee, 2001, *Operational Risk management*, January.

9. Peter Rose, *Commercial Bank Management*, McGraw-Hill, Richard D. Irwin. 1996.

二、中文文献

1. （英）约翰·霍利韦尔（Holliwell, J.）著；励雅敏等译：《金融风险管理手册》，上海：上海译文出版社 2000 年版。

2. （美）彼得·S. 罗斯（Peter S. Rose）著；刘园译：《商业银行管理》，北京：机械工业出版社 2004 年版。

3. （瑞士）德瑞克著；查萍译：《金融服务运营风险管理手册》，北京：中信出版社 2004 年版。

4. 国际清算银行（BIS）：http://www.bis.org。

5. J. P. 摩根银行风险矩阵模型网站：http://www.Riskmetrics.com。

6. 全球风险管理者协会（Global Association of Risk Professional）：http://www.garp.com。

7. 安东尼·G. 科因等：《利率风险的控制与管理》，北京：经济科学出版社 1999 年版。

8. 安东尼·桑德斯：《信用风险度量》，北京：机械工业出版社 2001 年版。

9. 菲利普·乔瑞：《VAR——金融风险管理新标准》，北京：中信出版社 2000 年版。

10. 皮埃特罗·潘泽：《用 VAR 度量市场风险》，北京：机械工业出版社 2001 年版。

11. 约翰·B. 考埃特，爱德华·I. 爱特曼：《演进着的信用风险管理》，北京：机械工业出版社 2001 年版。

12. 卡罗尔·亚历山大：《商业银行操作风险》，北京：中国金融出版社 2000 年版。

13. 简·菲利普·鲍查德，马克·波特：《金融风险理论——从统计物理到风险管理》，北京：经济科学出版社 2002 年版。

14. 凌江怀主编：《金融学概论》，高等教育出版社 2004 年版。

15. 凌江怀：《现代商业银行经营与管理》，广东旅游出版社 1999 年版。

16. 凌江怀：《货币金融学》，中国经济出版社 2002 年版。

17. 凌江怀：《银行商业化新探》，中国经济出版社 1998 年版。

18. 李健主编：《国有商业银行改革：宏观视角分析》，经济科学出版社 2004 年版。

19. 彭文平：《金融发展二阶段论》，经济科学出版社 2004 年版。

20. 葛奇：《美国商业银行利率风险管理》，中国银行纽约分行 1998 年版。

21. 葛奇等：《美国商业银行流动性风险和外汇风险管理》，中国经济出版社 2001 年版。

22. 张礼卿：《资本账户开放与金融不稳定：基于发展中国家（地区）相关经验研究》，北京大学出版社 2004 年版。

23. 姜波克等：《人民币自由兑换与资本管制》，复旦大学出版社 1999 年版。

24. 姜波克：《国际金融》，复旦大学出版社 2001 年版。

25. 王广谦：《中央银行学》，高等教育出版社 1999 年版。

26. 王国刚等：《资本账户开放与中国金融改革》，社会科学文献出版社 2003 年版。

27. 江春、胡昌生、张蕾、王文祥：《中国金融业成功应对WTO》，武汉大学出版社 2001 年版。

28. 李扬：《中国金融发展报告》，社会科学文献出版社 2005 年版。

29. 罗纳德·麦金农：《经济发展中的货币与资本》，上海三联出版社、上海人民出版社 1988 年版。

30. 爱德华·肖：《经济发展中的金融深化》，中国社会科学出版社 1989 年版。

31. 殷孟波：《中国金融风险研究》，西南财经大学出版社 1999 年版。

32. 黄金老：《金融自由化与金融脆弱性》，中国城市出版社 2001 年版。

33. 张洁：《发展中国家银行危机研究》，中国经济出版社 2002 年版。

34. 苏同华：《银行危机论》，中国金融出版社 2002 年版。

35. 宋清华：《银行危机论》，经济科学出版社 2000 年版。

36. 何泽荣：《入世与中国金融国际化研究》，西南财经大学出版社 2002 年版。

37. 张奕春、王先庆：《国际投机资本与金融动荡》，中国金融出版社 1998 年版。

38. 张维迎：《博弈论与信息经济学》，上海三联出版社、上海人民出版社 2000 年版。

39. 陈雨露：《国际资本流动的经济分析》，中国金融出版社 1997 年版。

40. 杨凯生：《银行风险防范和危机化解国际比较研究》，中国金融出版社 2000 年版。

41. 宋清华、李志辉主编：《金融风险管理》，中国金融出版社 2003 年版。

42. 靳树均：《现代商业银行风险管理研究》，中国优秀硕博论文

2004 年版。

43. 赵其宏：《商业银行风险管理》，经济管理出版社 2001 年版。

44. 王自力：《反金融危机——金融风险的防范与化解》，中国财政经济出版社 1998 年版。

45. 赵晓菊：《银行风险管理——理论与实践》，上海财经大学出版社 1999 年版。

46. 任远主编：《商业银行经营管理学》，科学出版社 2004 年版。

47. 谢太峰、郑文堂、王建梅著：《金融业务风险及其管理》，社会科学文献出版社 2003 年版。

48. 夏德仁：《论国有商业银行风险的防范与化解》，中国优秀硕博论文 2004 年版。

49. 黄宪、赵征、代军勋主编：《银行管理学》，武汉大学出版社 2004 年版。

50. 王兆星：《商业银行中间业务风险监管》，中国金融出版社 2004 年版。

51. 王松奇：《思考金融问题》，清华大学出版社 2004 年版。

52. 巴塞尔银行监管委员会：《巴塞尔银行监管委员会文献汇编》，中国金融出版社 2002 年版。

53. 李志辉：《现代信用风险量化度量和管理研究》，中国金融出版社 2001 年版。

54. 王春峰：《金融市场风险管理》，天津大学出版社 2001 年版。

55. 田玲：《德国商业银行风险管理研究》，科学出版社 2004 年版。

56. 姜表舫、陈方正：《风险度量原理》，同济大学出版社 2000 年版。

57. 章彰：《商业银行信用风险管理：兼论巴塞尔新资本协议》，中国人民大学出版社 2002 年版。

58. 倪锦忠、张建友、闻玉璧编著：《现代商业银行风险管理》，中国金融出版社 2003 年版。

59. 毛秋蓉、杨宜：《商业银行财务管理》，科学出版社 2005 年版。

60. 陈浪南主编：《商业银行经营管理》，中国金融出版社 2001 年版。

61. 张学陶：《商业银行市场营销》，中国金融出版社 2005 年版。

62. 陈乃醒：《中小企业信用担保体系》，南开大学出版社 2004 年版。

63. 陈文晖：《中小企业信用担保体系的国际比较》，经济科学出版社 2002 年版。

64. 陈晓红：《中小企业融资创新与信用担保》，中国人民大学出版社 2003 年版。

65. 刘朝阳、张衔：《中国金融体制改革研究》，中国金融出版社 2003 年版。

66. 张杰：《制度、渐进转轨与中国金融改革》，中国金融出版社 2001 年版。

67. 谢平、许国平：《路径选择——金融监管体制改革与央行职能》，中国金融出版社 2004 年版。

68. 夏斌：《转轨时期的中国金融问题研究》，中国金融出版社 2001 年版。

69. 王廷科：《经济转轨中的金融观察与分析》，中国经济出版社 2001 年版。

70. 国家信息中心中国经济信息网：《中国行业发展报告——银行业》，中国经济出版社 2005 年版。

71. 尹龙：《网络金融理论初论——网络银行与电子货币的发展及其影响》，西南财经大学出版社 2003 年版。

72. 邓顺国：《网上银行与网上金融服务》，清华大学出版社，北京交通大学出版社 2004 年版。

73. 上海财经大学金融学院、现代金融研究中心、金融学院银行系：《中国金融发展报告——〈辛巴塞尔协议〉框架下的中国银行业改革研究》，上海财经大学出版社 2005 年版。

74. 鲍静海等：《商业银行业务经营与管理》，人民邮电出版社 2003 年版。

75. 甘当善：《商业银行经营管理》，上海财经大学出版社 2004 年版。

76. 彭建刚：《商业银行管理学》，中国金融出版社 2005 年版。

77. 陆世敏：《现代商业银行经营与管理》，上海财经大学出版社 1998 年版。

78. 戴国强：《商业银行经营学》，高等教育出版社 1999 年版。

79. 魏建、张虹：《论金融不良资产的清算——以中国的不良资产为例》，经济科学出版社 2001 年版。

80. 张杰：《中国金融制度的结构与变迁》，山西经济出版社 1998 年版。

81. 张维迎：《企业理论与中国企业改革》，北京大学出版社 1999 年版。

82. 李炳炎、徐银芬：《金融深化改革与金融风险防范对策》，中国经济出版社 2000 年版。

83. 李扬、王松奇主编：《中国金融理论前沿》，社会科学文献出版社 2000 年版。

84. 李扬、王国刚、何德旭主编：《中国金融理论前沿 II》，社会科学文献出版社 2001 年版。

85. 郑晓东等：《21 世纪：国有商业银行创新与发展》，社会科学文献出版社 1998 年版。

86. 袁管华：《开放条件下的国有商业银行制度创新导论》，中国社会科学出版社 2000 年版。

87. 周道许：《现代金融监管体制研究》，中国金融出版社 2000 年版。

88. 卡罗尔·亚历山大：《商业银行操作风险》，中国金融出版社 2005 年版。

89. 中国工商银行：《治理结构与风险防范》，中国金融出版社 2005 年版。

90. 林毅夫、谭国强：《自生能力、政策性负担、责任归属和预算软约束》，载《经济社会体制比较》2000 年第 4 期。

91. 高洪星、杨大勇：《经济转型期不良贷款与政策性贷款研究》，载《财贸经济》2000 年第 10 期。

92. 冯嗣全：《银行信用风险：现状、成因与对策》，载《财经论丛》1998 年第 1 期。

93. 胡援成等：《商业银行的信贷风险管理研究》，载《当代财经》1999 年第 9 期。

94. 张兴胜：《国有银行双重目标约束下的代理人风险》，载《当代财经》2000 年第 8 期。

95. 傅东渔、胡振飞：《金融风险与委托——代理理论》，载《湖北农村金融研究》1998 年第 2 期。

96. 周培胜：《我国信贷市场寻租现状及其成因分析》，载《江西财经大学学报》1999 年第 6 期。

97. 王德振、兰耕耘：《国有商业银行转轨：从分级经营到一级法人》，载《农村金融研究》1998 年第 11 期。

98. 凌江怀、赖永飞：《利率市场化改革与银行风险控制》，载《华南师范大学学报》2001 年第 6 期。

99. 凌江怀：《国有商业银行股份制改造及股票上市》，载《华南师范大学学报》2003年第5期。

100. 刘瑞：《我国国有商业银行产权制度改革探讨》，载《西安金融》2001年第2期。

101. 冯宗宪等：《我国银行业国际竞争力分析》，载《改革》2000年第4期。

102. 孔刘柳：《论银行信贷登记咨询制度与统一授信制度》，载《财经研究》2000年第7期。

103. 李豫：《论建立银行信贷登记咨询制度》，载《上海金融》2000年第4期。

104. 刘力臻：《混业经营——我国金融业未来发展的趋势》，载《现代商业银行》2000年第9期。

105. 刘宏：《信贷资产证券化研究》，载《现代商业银行导刊》1999年第11期。

106. 陈军：《关于信贷风险预警的研究》，载《上海金融》2000年第11期。

107. 王春峰：《金融市场风险测量模型——VAR》，载《系统工程学报》2000年第1期。

108. 常修泽、高明华：《中国国民经济市场化的推进程度及发展思路》，载《经济研究》1998年第11期。

109. 黄金老：《利率市场化于商业银行风险控制》，载《金融研究》2001年第1期。

110. 甘春来：《入世后我国国有商业银行风险的变化及对策》，载《国际经济问题》2002年第8期。

111. 张礼卿：《亚洲金融危机的教训》，载《国际金融研究》1998年第1期。

112. 郭玉得：《WTO与我国银行业潜在的危机及对策研究》，载《商业研究》2005年6月。

113. 王元龙、温彬：《加入 WTO 后过渡期：中国银行业的应对》，载《国际金融研究》2005 年第 5 期。

114. 王国刚：《中国资本账户开放：经济主权、重点和步骤》，载《国际金融研究》2003 年第 3 期。

115. 李扬：《中国利率市场化：做了什么，要做什么》，载《国际金融研究》2003 年第 9 期。

116. 刘锡良、徐文彬：《风险与金融风险的经济学再考察》，载《金融研究》2002 年第 3 期。

117. 陈学彬：《银行不良资产与金融风险和通货膨胀关系的博弈分析》，载《经济研究》1997 年第 2 期。

118. 刘光灿：《中国资本项目对外开放顺序研究》，西南财经大学 2002 年博士学位论文。

119. 周小川：《关注金融改革》，载《上海金融报》2003 年 3 月 27 日。

120. 章辉赞、张红、殷红：《现代商业银行风险管理的体系与运行模式》，载《中国房地产金融理论探索》2005 年第 10 期。

121. 李双、李婷：《西方商业银行风险管理新对策》，载《广东金融》2003 年第 3 期。

122. 史东明：《巴塞尔新资本协议与我国商业银行风险管理》，载《中国金融半月刊》2003 年第 13 期。

123. 何德旭：《新巴塞尔协议与我国银行业监管》，载《上海金融》2003 年第 7 期。

124. 孙伟、杨涛：《新巴赛尔协议资本充足率要求与商业银行的应对措施》，载《北方经贸》2005 年第 10 期。

125. 阎庆民：《银行业公司治理与外部监管》，载《金融研究》2005 年第 9 期。

126. 匡国建：《完善金融生态法律制度的思考》，载《金融研究》

2005 年第 8 期。

127. 梁冰：《我国中小企业发展及融资状况调查报告》，载《金融研究》2005 年第 5 期。

128. 胡国斌：《信用担保：刀尖上的舞蹈》，载《特区经济》2005 年第 8 期。

129. 王传东、王家传：《中小企业信用担保的国际经验与借鉴》，载《国际金融研究》2005 年第 10 期。

130. 凌江怀、董春柳：《建立更有弹性的人民币汇率制度》，载《华南师范大学学报》2005 年第 1 期。

131. 温彬：《人民币升值对我国商业银行的影响研究》，载《国际金融研究》2005 年第 9 期。

132. 郑国中：《人民币汇率改革考验中资银行》，载《经济导刊》2005 年第 9 期。

133. 高扬：《发展中国远期外汇品种的优先次序》，载《国际经济评论》2005 年第 9 期。